SOBRE A MORTE

SERVIÇO SOCIAL DO COMÉRCIO
Administração Regional no Estado de São Paulo

Presidente do Conselho Regional
Abram Szajman
Diretor Regional
Danilo Santos de Miranda

Conselho Editorial
Ivan Giannini
Joel Naimayer Padula
Luiz Deoclécio Massaro Galina
Sérgio José Battistelli

Edições Sesc São Paulo
Gerente Marcos Lepiscopo
Gerente adjunta Isabel M. M. Alexandre
Coordenação editorial Cristianne Lameirinha, Clívia Ramiro, Francis Manzoni
Produção editorial Maria Elaine Andreoti
Coordenação gráfica Katia Verissimo
Produção gráfica Fabio Pinotti
Coordenação de comunicação Bruna Zarnoviec Daniel

Cet ouvrage, publié dans le cadre du Programme d'Aide à la Publication 2016 Carlos Drummond de Andrade de l'Institut Français du Brésil, bénéficie du soutien du Ministère de l'Europe et des Affaires étrangères.

Este livro, publicado no âmbito do Programa de Apoio à Publicação 2016 Carlos Drummond de Andrade do Instituto Francês do Brasil, contou com o apoio do Ministério francês da Europa e das relações exteriores.

SOBRE A MORTE

Invariantes culturais e práticas sociais

ORGANIZAÇÃO
MAURICE GODELIER

TRADUÇÃO
EDGARD DE ASSIS CARVALHO
E MARIZA PERASSI BOSCO

Título original: *La mort et ses au-delà*

© CNRS Éditions, Paris, 2014
© Edições Sesc São Paulo, 2017
Todos os direitos reservados

Tradução Edgard de Assis Carvalho e Mariza Perassi Bosco
Preparação Elen Durando
Revisão Andréia Manfrin Alves, Maria Elaine Andreoti
Capa e projeto gráfico Flávia Castanheira

Dados Internacionais de Catalogação (CIP)

So 128 Sobre a morte: invariantes culturais e práticas sociais / Organização de Maurice Godelier; Tradução de Edgard de Assis Carvalho e Mariza Perassi Bosco. – São Paulo: Edições Sesc São Paulo, 2017. –

368 p.

ISBN 978-85-9493-040-8

1. Antropologia. 2. Cosmologia. 3. Morte. 4. Invariantes culturais. 5. Práticas sociais. I. Título. II. Godelier, Maurice. III. Carvalho, Edgard de Assis. IV. Bosco, Mariza Perassi

CDD 128

Edições Sesc São Paulo
Rua Cantagalo, 74 – 13º/14º andar
03319-000 – São Paulo SP Brasil
Tel. 55 11 2227-6500
edicoes@edicoes.sescsp.org.br
sescsp.org.br/edicoes
/edicoessescsp

NOTA À EDIÇÃO BRASILEIRA

Organizado pelo antropólogo Maurice Godelier, este livro busca compreender a morte na Grécia e na Roma antigas, nos mundos judaico e islâmico, na Idade Media cristã, na China e na Índia contemporâneas. Além disso, inclui a perspectiva de budistas, povos amazônicos e aborígenes australianos.

Para tanto, vários estudiosos procuram responder a questões diversas. Como essas sociedades, em tempos distintos, explicam a finitude humana? De que forma a morte é representada e como é vista pelos que agonizam? A quais necessidades sociais, religiosas e culturais respondem práticas como o enterro, a cremação e a mumificação? Em quais circunstâncias a morte afeta a percepção do morto aos olhos dos vivos? Quais ritos envolvem a separação definitiva e o luto? Existe vida depois da morte?

Diante da violência sistemática que banaliza a vida humana, em escala cada vez maior, compreender a morte e a dignidade necessária para vivê-la constitui o intuito deste estudo, publicado pelas Edições Sesc São Paulo.

- 9   **INTRODUÇÃO**
  Maurice Godelier

- 45   **A MORTE NA GRÉCIA ANTIGA**
  Françoise Frontisi-Ducroux

- 57   **A MORTE NA ROMA ANTIGA**
  Jean-Louis Voisin

- 103   **A MORTE NO MUNDO JUDAICO**
  Sylvie-Anne Goldberg

- 137   **A MORTE NO ISLÃ**
  Christian Jambet

- 153   **A MORTE NA IDADE MÉDIA CRISTÃ**
  Jean-Claude Schmitt

- 173   **A MORTE NA CHINA**
  Joël Thoraval

- 207   **A MORTE NA ÍNDIA**
  Jean-Claude Galey

239 **A MORTE ENTRE O POVO TAI BUDISTA**
Bernard Formoso

259 **A MORTE NO UZBEQUISTÃO**
Anne Ducloux

275 **A MORTE ENTRE O POVO TICUNA** (Amazônia)
Jean-Pierre Goulard

293 **A MORTE ENTRE O POVO MIRANHA** (Amazônia)
Dimitri Karadimas

311 **A MORTE ENTRE O POVO BARUYA** (Melanésia)
Maurice Godelier

321 **A MORTE ENTRE O POVO SULKA** (Melanésia)
Monique Jeudy-Ballini

341 **A MORTE ENTRE OS NGAATJATJARRA** (Austrália)
Laurent Dousset

365 SOBRE OS AUTORES

INTRODUÇÃO

MAURICE GODELIER

Inicialmente, é necessário explicar a origem e o sentido deste livro. Em 2011, alguns médicos, juristas e especialistas em políticas da saúde nos fizeram a seguinte pergunta: "Vocês poderiam nos esclarecer sobre os modos como a morte é concebida e vivida em outras sociedades que não a nossa, ou como o foi em outras épocas que não a nossa?". Questão de ampla magnitude que, evidentemente, dirigia-se em primeiro lugar aos historiadores e aos antropólogos, mas também a outras disciplinas das ciências sociais.

Por que uma pergunta como essa foi feita pelos médicos? Para compreendê-la, é preciso relembrar em que contexto isso aconteceu. Segundo eles, a razão dessa pergunta seria uma situação comum, sobretudo nas sociedades ocidentais: nelas as pessoas têm vivido por um tempo cada vez mais longo, e muitos morrem não de "velhice", mas de uma série de enfermidades consequentes à idade avançada. Acrescente-se a isso o fato de que, no decorrer da velhice, os idosos se encontram solitários ou muito isolados e terminam suas vidas em casas de repouso ou em ambiente hospitalar. Eis a razão da criação, nos hospitais, de departamentos de cuidados paliativos nos quais médicos e cuidadores empenham-se em ajudar as pessoas não a se curarem e viverem melhor, mas a morrerem melhor. Desde então, esses profissionais passaram a assumir funções que tradicionalmente pertenciam aos parentes próximos ou aos amigos do moribundo, e, se a pessoa professasse uma determinada religião, traziam à sua presença, de acordo com o caso, um padre católico que lhe administrava a extrema-unção, um padre ortodoxo que lhe administrava o Santo Sacramento ou representantes de outros credos. Diante dessas circunstâncias, o que médicos e cuidadores poderiam oferecer a uma pessoa no fim da vida, além de sua compaixão e suas atenções, uma vez que não são nem membros de sua família nem comprometidos com qualquer missão religiosa[1]?

Sabendo que, *a priori*, nenhum historiador e nenhum antropólogo tinham respostas para perguntas tão atuais, nos pareceu útil solicitar a alguns deles, especialistas em sociedades diferentes da nossa, seja no espaço, seja no tempo, que nos permitissem examinar seus materiais e que fizessem um resumo de seus saberes no que diz respeito às representações da morte e ao tratamento do morto na sociedade em que eram especialistas. Treze profissionais aceitaram participar do desafio e, se acrescentarmos nossa própria contribuição sobre o povo Baruya, dispomos de catorze conjuntos de representações e de práticas elaboradas por sociedades muito diferentes, em épocas diversas, para darem sentido à morte e se desfazerem de seus mortos. Entre essas catorze contribuições, cinco tratam da Grécia e da Roma antigas, do judaísmo, do Islã e da Idade Média cristã e são, de fato, contribuições de historiadores. Duas se referem à Índia e à China, dois continentes que oferecem aos antropólogos a imensa riqueza de tradições escritas, acumuladas durante dezenas de séculos e sobre as quais eles fundamentaram seus dados de campo. As outras sete contribuições foram escritas por antropólogos, cujas análises baseiam-se quase exclusivamente em pesquisas de campo, frutos de

---

[1] Os encontros propiciaram a publicação de uma série de obras pela PUF (Presses Universitaires de France), entre as quais: *Fin(s) de vie: le débat*, coordenada por Jean-Marc Ferry; *Maladie et santé selon les sociétés et les cultures*, organizada por Maurice Godelier, Paris: PUF/Fondation Eisai, 2011.

uma prolongada imersão no seio da sociedade que escolheram estudar. Duas delas referem-se à Ásia: os uzbeques de Samarcanda, na Ásia Central, e o povo tai budista do Sudoeste Asiático. A primeira enriquece nosso conhecimento sobre as transformações do islã contemporâneo em uma sociedade pós-soviética, a outra analisa uma sociedade na qual o budismo ao mesmo tempo se opõe e se combina ao taoismo, ou seja, ao confucionismo. As cinco últimas sociedades estudadas referem-se ao povo ngaatjatjarra, da Austrália, aos povos baruya e sulka, da Melanésia, e aos ticuna e miranha, da Amazônia.

Catorze é um número muito pequeno em relação aos milhares de sociedades que se sucederam no decorrer da história e das quais um grande número ainda coexiste nos dias de hoje nos cinco continentes. Em contrapartida, é gigantesca a disparidade entre a Índia – onde centenas de milhões de homens e de mulheres continuam a nascer em uma ou outra das múltiplas castas e subcastas (ou varnas) e a participar de ritos dos quais alguns têm suas raízes no vedismo dos primeiros séculos de nossa era – e o povo baruya, pequena tribo no interior das Terras Altas da Nova Guiné, que provavelmente não existia antes do século XVII, e hoje conta com cerca de dois mil membros.

Entre as múltiplas lacunas de nossa amostragem, faltam principalmente a África e os povos de caçadores ou de criadores-caçadores da Sibéria. No decorrer de nossa apresentação, faremos alusão a eles. Este livro não é uma enciclopédia e não pretende eclipsar nenhuma das múltiplas obras sobre a morte e sobre os ritos funerários publicadas no Ocidente, algumas delas notáveis. Rigorosamente baseados nessas catorze sociedades, cujo peso na história da humanidade é imensamente desigual, já se pode demonstrar a existência de alguns *invariantes* comuns a todas ou a muitas delas. Esses invariantes parecem constituir uma base comum de representações e de práticas a partir das quais foram elaboradas múltiplas variações, cujas razões seria necessário investigar, em princípio, no contexto sociológico e histórico onde elas nasceram. Seu princípio, contudo, não é suficiente para explicar sua conservação na existência, sua permanência durante séculos ou seu desaparecimento.

Na leitura das catorze contribuições, percebe-se que, para conduzir suas análises, os especialistas adotaram uma grade de perguntas que são praticamente as mesmas – isso sem nenhuma combinação prévia e sem que nenhuma sugestão lhes fosse feita. Essas perguntas procuraram incluir respostas a interrogações que as sociedades teriam feito a elas próprias. Especifiquemos que é de modo metafórico que nos referimos às sociedades como se fossem sujeitos. Elas não o são; são sempre os indivíduos que elaboram as representações e inventam práticas das quais algumas serão compartilhadas por outros indivíduos e grupos que constituem sua sociedade e, por isso, se transformarão na ideologia dominante nessa sociedade. As perguntas são as seguintes:

– Como as sociedades explicam a si próprias que a humanidade é mortal? Ela era mortal na origem dos tempos? Ela se tornou mortal um dia, mas por que razão? Em consequência de quê?

– Como elas se representam o próprio ato de morrer, de "exalar o último suspiro"?

– Quais são as condutas socialmente prescritas diante de um indivíduo que agoniza?

– As circunstâncias nas quais a morte sobrevém afetam o *status* do morto aos olhos dos vivos e, com isso, as relações e as condutas dos vivos diante desse morto? Entre essas circunstâncias, citemos a morte de uma mulher no parto, a morte de um guerreiro em combate, a morte em consequência de um acidente ou por homicídio, e a essas mortes involuntárias acrescentem-se as mortes desejadas, os suicidas, por exemplo. A morte não será nem concebida nem vivenciada da mesma maneira se o morto for um bebê, uma criança, um adolescente, um adulto, um velho, um homem ou uma mulher. A morte também concerne aos animais, às plantas etc.

– Prolongando a pergunta precedente, como se trata um morto se este for um parente, um amigo, um inimigo ou um estrangeiro?

– De que modo essas sociedades se desfazem do cadáver? Por sepultamento, cremação, exposição aos animais, mumificação? O que se faz com as cinzas e/ou os ossos etc.? Em que lugares os mortos são sepultados, incinerados, expostos e eventualmente abandonados?

– Quais são os ritos que conduzem à separação (definitiva ou temporária) dos vivos e dos mortos?

– Os funerais são seguidos de um período de luto necessário para que os vivos que perderam um dos seus retornem lentamente à vida que levavam antes? Quem fica de luto? E se toda forma de luto implicar a conservação da memória do morto (ou da morte), de que formas e por quanto tempo essa memória é guardada?

– Se a morte não é o fim da vida, para onde vão os mortos depois de sua morte? Que formas de existência eles passam a ter?

Essas são as principais perguntas que fizemos, meus colegas e eu, para analisar os dados de que dispúnhamos, sem combinar nada entre nós previamente. Essas perguntas se impunham. Coube a nós apenas, porém, a tarefa de comparar as catorze sínteses propostas. Fizemos isso optando por descobrir se no meio de todas as diferenças entre as concepções de morte e de mortos oriundas de sociedades tão diversas – umas sem casta, sem classes e sem Estado, outras, ao contrário, divididas em classes ou castas hierarquizadas e submetidas a um poder de Estado – era possível encontrar invariantes comuns.

Invariantes são esquemas de pensamento aos quais se encontram associadas normas de conduta, práticas e instituições que prolongam esses esquemas e extraem deles seu sentido. Após o exame dos dados, a constatação foi de que um certo número de esquemas e de normas de conduta se encontravam presentes e atuantes nas catorze sociedades. Tudo aconteceria como se existisse uma base comum a todas as concepções da morte, para além de suas diferenças ou por meio delas. A seguir, apresentamos a lista e a natureza desses invariantes.

A morte não parece estar ligada aos primórdios da humanidade. Para os gregos, a morte, a velhice e as doenças permaneciam encerradas na caixa que Pandora havia trazido consigo quando veio habitar entre os seres humanos. A caixa continha os males que Zeus desejava infligir à humanidade para se vingar do roubo do fogo praticado por Prometeu. Apesar das recomendações de Prometeu, seu irmão Epimeteu, apaixonado pela bela Pandora, empenhou-se em abrir a caixa. A partir de então, os homens foram condenados a trabalhar, a morrer, a se unirem às mulheres, a se casarem para se reproduzir. Na narrativa do *Gênesis*, Adão e Eva foram expulsos do paraíso por haverem tentado se apropriar do fruto da Árvore do Conhecimento, que os teria feito iguais a Deus. Eles também foram condenados a trabalhar, a morrer e a se casar para se reproduzir. Para o povo ticuna, tribo indígena que vive na Amazônia, em sua origem, os seres humanos eram imortais. Viviam em um estado de não mortalidade denominado *ü-une*. Um dia, porém, uma jovem que participava dos rituais da puberdade respondeu à voz e às palavras de um estranho, apesar de ter sido proibida de fazê-lo. Esse estranho era um espírito, o espírito da Velhice, que propôs à jovem que eles trocassem suas peles. Ela aceitou, e, desde então, os seres humanos perderam seu estado de *ü-une*, de não mortalidade, e passaram para o estado de *yunatu*, o estado mortal.

Argumenta-se que na Antiguidade, bem como ocorre nos dias atuais, os indivíduos acreditavam que a morte era um estado "natural", um processo inscrito na vida. Citemos, por exemplo, esse pensamento de Marco Aurélio, o grande imperador e pensador estoico que conquistou a admiração do mundo romano:

> O que é morrer? Se considerarmos a morte em si mesma e se, por meio do pensamento e da análise, dissiparem-se os vãos fantasmas associados a ela sem razão, o que se pode pensar a respeito da morte senão que ela é uma simples função da natureza. E para temer uma função natural é preciso ser uma verdadeira criança[2].

Sem dúvida alguma, é importante constatar que já na Antiguidade era perfeitamente possível para os filósofos e para os membros das elites grega e romana o esforço de "pensar a natureza tal como ela é e sem adição estranha[3]", como indica a belíssima frase de Engels[4]. Pode-se constatar igualmente que, em nossa época, essa é a atitude de inumeráveis médicos, biólogos e, para além dos meios científicos, de todos esses homens e mulheres que não têm fé, ou melhor, que não acreditam que um deus criou o universo a partir do nada e o homem a partir de um punhado de terra. Apesar de nossa estima por Marco Aurélio e de também pensarmos que a morte é uma função da natureza, somos confrontados com o fato incontestável de que essa

---

2 Marco Aurélio, *Pensées pour moi-même*, livro II, cap. 12, Paris: Garnier, 1933, pp. 43-4.

3 Em *Ludwig Feuerbach ou o fim da filosofia clássica alemã*, Engels assevera que a história do desenvolvimento da natureza difere da sociedade em um ponto. Na natureza, nada ocorre em função de objetivos conscientes e voluntários, ao contrário da sociedade, na qual todos os homens são dotados de consciência e agem sob comando da reflexão ou da paixão. [N.T.]

4 Friedrich Engels, *Ludwig Feuerbach ou la fin de la philosophie allemande*, Paris: Éditions Sociales, 1946, p. 12. Ed. bras.: Karl Marx e Friedrich Engels, *Obras escolhidas*, v. III: *Ludwig Feuerbach ou o fim da filosofia clássica alemã*, trad. Apolônio de Carvalho, Rio de Janeiro: Vitória, 1963, [1885].

visão é universalmente ausente, senão excluída, das representações que, no decorrer de sua história, a humanidade construiu para pensar a morte e transformá-la em um acontecimento social, socializá-la conferindo a ela um sentido compartilhado.

Segundo fato incontestável: não são nem a filosofia nem as ciências sociais experimentais modernas, cujos resultados podem ser verificados sejamos americanos ou chineses, que produzem significações compartilhadas por centenas de milhões de indivíduos, como no caso das religiões que se pretendem universais, como o cristianismo, o islamismo e o budismo, ou de religiões tribais, como as do povo baruya ou do povo ticuna, que compreendem alguns milhares de pessoas. Por serem representações totalizantes do universo e do lugar que os homens ocupam nele, somente as religiões têm essa capacidade de produzir significações, recebidas por todos aqueles e todas aquelas que as vivem não como verdades científicas, mas como verdades existenciais nas quais acreditam.

Por essa razão, unicamente as religiões, ou o que se designa assim no Ocidente, combinam uma visão do universo – uma cosmologia – com as normas morais e sociais de conduta diante dos outros, de si e do mundo. É preciso explicar por que, há milênios, os povos que conheciam a natureza ao seu redor, que nela encontravam os meios materiais de continuar a existir e que também viam as plantas, os animais e os humanos nascerem e morrerem constantemente em torno deles, não podiam (ou se recusavam a) pensar que em suas origens a humanidade conhecia a morte. Sem serem deuses, os humanos viviam uma vida paralela e quase semelhante à dos deuses ou dos espíritos da natureza a quem se atribui o dom de jamais morrerem verdadeiramente.

Mas – e este é o segundo invariante que pode ser evidenciado nos catorze sistemas cosmorreligiosos que comparamos – em nenhum lugar a morte se opõe verdadeiramente à vida. Ela se opõe ao nascimento. A morte é o que disjunta, separa de maneira irreversível o que estava unido e que havia feito nascer um ser vivo. No decorrer dessa disjunção, "alguma coisa" deixa o corpo e logo ele começa a apodrecer, enquanto essa "coisa" parte e começa a levar uma outra forma de existência.

O que então é essa "coisa" que se separa definitivamente do corpo e continua a existir, mas sob outra forma? Em geral, ela é invisível aos humanos, mas pode se manifestar sob a forma de um espectro, de uma voz, pode aparecer nos sonhos ou mesmo tomar emprestado o corpo de um ser não humano, um animal, por exemplo. Essa coisa é o que se denomina "alma".

O que é a alma? É o que faz o corpo viver e o deixa na hora da morte. A alma é, ao mesmo tempo, uma realidade habitualmente invisível e intocável e um princípio – um princípio "vital". A alma não é necessariamente única e exclusiva no corpo, como afirmam as religiões monoteístas. Um corpo pode ser habitado por dez almas, como acreditam os chineses, por 32, na crença dos tai budistas, pois segundo o budismo o número 32 é o símbolo da totalidade perfeita, porque o próprio Buda era dotado de 32 signos que o designavam como perfeito e porque o corpo humano é constituído de 32 partes. Como escreveu Bernard Formoso, para o povo Deng Tai não budista do Laos e do Vietnã, o número de almas subia para noventa. Cada órgão, cada parte de um corpo seria animada por uma alma distinta, e a boa saúde dependeria do funcionamento harmonioso dessas diversas almas, constituindo o princípio da vida. Mas a alma, ou as almas, podem deixar o corpo à noite durante os sonhos e começar a vagar, correndo o risco de serem capturadas por espíritos maléficos e perderem-se na loucura ou na doença[5].

Uma pergunta se impõe: do que é feita uma alma? Será que, como se disse ou se escreveu, ela seria uma realidade puramente "espiritual", distinta e incomparável à realidade material dos corpos, feitos de carne, ossos, sangue e pele? Vamos nos deter sobre essa questão da essência "espiritual" das almas e escolher três exemplos entre os catorze casos.

Para os chineses, um ser humano é composto de um corpo e de dez almas. Três são almas sutis e luminosas e dependem do *yang*, sete são densas e sombrias e dependem do *yin*. Na hora da morte, as almas se separam. As almas sutis e luminosas irão habitar a placa votiva, representativa do morto que será enterrado, e serão conservadas por seus descendentes no altar doméstico ou da linhagem familiar até que reencarnem em um deles. As almas sombrias e densas irão acompanhar o corpo no túmulo. Sejam elas *yang* ou *yin*, as almas são

---

5   Origem dos ritos de evocação das almas entre o povo tai budista ou da proibição de socorrer uma pessoa adormecida entre o povo baruya, por temor de que o espírito da pessoa ainda não tivesse reabitado seu corpo.

constituídas da mesma realidade, da energia *qi*, que se manifesta sob forma sutil e em expansão, no caso das almas sutis e luminosas, ou sob forma condensada, nas almas sombrias e densas. Essa energia *qi* é a mesma que circula no universo e, em consequência disso, o indivíduo é um microcosmo em relação de correspondência com o macrocosmo, que é o universo. Quanto ao destino das almas sutis que sobrevivem à morte, elas podem se transformar em espectros, mortos maléficos dos quais se tem medo e que é preciso enxotar, ou mortos benéficos, ancestrais a quem se deve cultuar por devoção e para atrair sua proteção. Alguns deles poderiam até mesmo se tornar deuses. Como escreveu Joël Thoraval, a China Imperial era um país em que nasciam deuses todos os dias, depois, é claro, da aprovação do "Tribunal dos Ritos" que a Corte Imperial sediava.

Na China pós-maoista de hoje, imersa na mundialização, a celebração do Ano Novo, o Ano do Cavalo, no 23º dia do último mês lunar, tem feito com que milhões de chineses, representados pelos chefes de família, se dirijam a seus ancestrais e os convidem a compartilhar da ceia festiva preparada em sua honra[6]. Eles se dirigem simultaneamente aos deuses presentes na casa, aos deuses da porta, do quintal, e ao Imperador Celestial e oram para que eles cuidem da saúde dos membros da família e protejam as crianças. Nesse momento, é reafirmada a continuidade ontológica entre os vivos e os mortos, entre os diferentes reinos, mineral, vegetal, animal e humano, mas também divino, pois uma das almas humanas pode vir a se tornar um deus. Permanecemos no coração do pensamento chinês e da crença na proximidade ontológica entre os dez mil seres no seio de uma imensa rede de correspondências e de analogias. Ao ouvir esse pensamento, como opor o material e o espiritual e recusar à alma, às almas, aos mortos e aos deuses toda a materialidade? Isso é impossível, mas essa materialidade habitualmente invisível (assim como para nós são invisíveis uma corrente elétrica ou a radioatividade) é, ao mesmo tempo, princípio de vida.

Vamos escolher outra sociedade, o povo ngaatjatjarra do Grande Deserto australiano, para novamente demonstrar, desta vez entre os

---

6   Agradeço a Patrice Fava, que vive e trabalha na China há muitos anos para conhecer melhor o taoismo, por ter me esclarecido a respeito dos ritos dos quais ele mesmo participou.

caçadores-coletores, que a morte não se opõe à vida, mas ao nascimento. Remetemos o leitor à análise que nos foi feita por Laurent Dousset, a partir de dados etnográficos de primeira mão até agora ignorados ou pouco conhecidos. A seguir, um breve resumo dessa análise.

Entre o povo ngaatjatjarra, o nascimento de um ser humano insere-se no processo de reprodução do cosmo. Esse processo foi modelado no tempo das origens por entidades míticas, cujos vestígios constituem os sítios totêmicos pelos quais apenas os homens são responsáveis após sua iniciação. Essas entidades míticas estão associadas a espécies naturais, animais ou vegetais, bem como a espíritos-crianças que eles produzem e que vivem ao redor dos sítios totêmicos marcados por pedras sagradas. Para que as crianças nasçam do ventre de suas esposas, os homens devem celebrar um rito no sítio totêmico pelo qual são responsáveis. Esse rito tem por efeito atrair um dos espíritos-crianças que habitam esse sítio e de reproduzir as espécies naturais associadas ao herói mítico. Após ter se passado por uma dessas espécies, o espírito-criança penetra na mulher e dá vida a um feto gerado de seu sangue menstrual. De certa forma, a criança reproduz o ancestral totêmico, pois é a encarnação de um espírito-criança e de uma espécie natural produzidos por esse ancestral. O ancestral mítico, o espírito-criança e a espécie natural constituem o totem de concepção que se transforma no princípio vital da criança, responsável por seu nascimento e por sua existência.

Esse princípio não é o único a produzir um ser humano. É necessário ainda que um segundo rito se complete: ele consiste na transmissão, imediatamente após o nascimento da criança, do nome e da personalidade de um ou de uma de seus ascendentes (entre seus avós), que se ocupam do bebê em seu retorno à comunidade e lhe insuflam o sopro da vida. Consequentemente, o ser humano é produto da combinação de dois componentes, um princípio vital, representado por seu totem de concepção e que o conecta a um ancestral mítico, e o espírito que um de seus ascendentes lhe transmitiu.

O que significa morrer para o povo ngaatjatjarra? Trata-se da dissociação do princípio vital e da personalidade do indivíduo. Após sua separação do corpo, o princípio vital, ou seja, o espírito totêmico proveniente do ancestral mítico, retorna para o estoque disponível de espíritos-crianças. O espírito pessoal herdado de um outro ser humano desaparece se o defunto não o tiver transmitido ritualmente a um recém-nascido. Nesse caso, morrer é a consequência de uma dissociação, de uma separação irreversível, mas, se isso explica como se morre, não explica por que se morre.

Para o povo ngaatjatjarra, nenhuma morte é natural. A morte é necessária, mas sempre tem uma causa humana. São os espíritos canibais que a provocam, toda vez que são solicitados pelos seres humanos. Por essa razão, toda morte deve ser explicada e vingada. Paradoxo de uma sociedade obrigada a sobreviver em condições naturais extremas, que por essa razão desenvolveu formas complexas de solidariedade e de reciprocidade no convívio com o bando, e entre os bandos, e que imputa a morte de cada um de seus membros à malignidade secreta, oculta, dos seres humanos.

Tomemos um terceiro e último exemplo de explicação do que é a morte e da correlação e oposição entre morte e nascimento: o exemplo da produção da pessoa na visão cristã do homem e do mundo. O corpo cristão nasce da união sexual de um homem e de uma mulher, que juntos apenas geraram um feto que cresce no ventre feminino. Um feto, contudo, ainda não é uma criança. Para que se torne uma criança, é preciso que uma alma seja introduzida nele. Essa alma é criada por Deus e inserida no corpo do feto quando for vontade de Deus, pela ação do Espírito Santo (pois o Deus dos cristãos é um deus em três pessoas, o Pai, o Filho e o Espírito Santo, que são um só). Uma vez encarnada, a alma será manchada pelo pecado original cometido por Adão e Eva e transmitido à criança por seus pais em seus relacionamentos sexuais. No século XII, a monja e grande mística Hildegarda de Bingen[7] teve uma visão desse mistério sob a forma de uma bola de fogo que descia do céu e penetrava no coração do feto.

Nessa cosmovisão religiosa, o nascimento é igualmente a combinação de um corpo e de um princípio vital produzido e introduzido no feto a partir do exterior por um terceiro, um ator "sobrenatural", um deus. A morte consistirá na dissociação e na separação temporária da alma e do corpo, alma que, a partir de então, ficará à espera

---

7 Hildegard de Bingen *apud* Jean Claude Schmitt, "Le Corps en chrétienté", *in*: Maurice Godelier e Michel Pannof (éds.), *La Production du corps: approches anthropologiques et historiques*, Paris: Archives Contemporaines, p. 340.

do momento de comparecer diante de Deus, seu criador, para prestar contas dos atos que cometeu "enquanto viva" e ser julgada por eles. A morte aparece como um fato natural, mas não é, uma vez que, originalmente, Adão e Eva, de quem todos nós descendemos, não eram mortais. Eles se tornaram mortais como punição por sua má conduta diante de Deus, e todos nós herdamos seu pecado e sua punição. A alma cristã é novamente um princípio vital que (após o batismo que irá lavá-la do pecado original) arcará, durante sua existência pós-morte, com as consequências das boas e más ações que a pessoa cujo corpo ela veio habitar cometerá no decorrer de sua vida.

Veremos a seguir que, se em todas as religiões a morte não é o fim da vida porque alguma coisa do morto subsiste após sua morte, o destino daquilo que sobrevive a ele (uma ou diversas "almas" ou princípios vitais) não é o mesmo se a morte for concebida ou vivida em uma religião tribal, como as do povo ticuna ou do povo sulka, ou a partir de uma religião de libertação, que livra o homem do sofrimento e da impermanência das coisas e dos seres, como o budismo (que de filosofia se transformou em uma religião da salvação, como são o cristianismo e o islamismo). Após ter evidenciado a presença desse invariante em todas as religiões, ou seja, de que a morte não é o fim da vida, mas sim uma passagem para outros modos de existência, permanece a pergunta: existiriam outros modos de existência?

Isolamos uma multiplicidade deles. Todos pressupõem que a morte que analisamos aqui seja a de um próximo e não a de um inimigo ou de um estrangeiro. Igualmente, que a morte desse próximo não tenha sido "anormal".

Em qualquer sociedade, as condutas sociais apropriadas diante de um moribundo são prescritas. Seja quando se trata de proibir que os parentes próximos e amigos manifestem sua dor e sua aflição na presença do agonizante, como ocorre na China, na Índia ou entre os adeptos do budismo tai na Birmânia, seja, ao contrário, quando todos têm o dever de manifestar sua dor e de suplicar ao moribundo que permaneça entre os seus (baruya). Pode-se também preparar o moribundo para a morte fazendo vir os bonzos, que com seus cantos o fazem recordar "as mensagens dos deuses" que irão acolhê-lo. Um padre será chamado para administrar a extrema-unção, no caso dos católicos, ou um pope virá administrar o santo sacramento, no caso dos cristãos ortodoxos.

Quando a pessoa morria, as sociedades se confrontavam com uma dupla necessidade: a de se livrar do cadáver e a de separar o morto do mundo dos vivos, pois sua alma, ou almas, subsistiam após seu falecimento. Esse duplo objetivo era realizado por meio dos ritos denominados funerários. Eles precediam, acompanhavam e sucediam os funerais, momento em que os vivos se separavam (e separavam a sociedade como um todo) de seus mortos. Em Roma, antes de cerrar os olhos do morto, um parente próximo lhe dava o último beijo e chamava por ele várias vezes. Depois disso, o corpo era retirado do leito, lavado, perfumado e vestido com uma toga branca. A casa do morto transformava-se em um lugar funesto. A porta da frente era tingida de negro e as carpideiras começavam suas lamentações. A partir daquele momento, se os ritos não fossem respeitados, o morto iria se tornar um perigo não só para sua família, para sua linhagem (sua gente), como também para a cidade inteira. Como demonstra Jean-Louis Voisin, em Roma, o Estado obrigava os cidadãos a celebrar os funerais, tanto privados quanto públicos, segundo os ritos para prevenir que os mortos se tornassem maléficos e para que a cidade ficasse em paz com os deuses.

Os mortos bons eram aqueles que não voltavam para assombrar os vivos e prejudicá-los. Os mortos maléficos eram os que faziam isso. Em Roma, entre os dias 13 e 21 de fevereiro, todas as atividades públicas ou privadas eram interrompidas, os templos fechados, os casamentos proibidos. Nesse período, as famílias iam até as sepulturas de seus parentes e ofereciam flores, perfumes e um banquete. Esses ritos eram dirigidos às "almas de seus pais"; a cidade não se preocupava com a morte de mulheres. Em contrapartida, acreditava-se que no mês de maio, durante três dias, os mortos maléficos e os mortos esquecidos fossem visitar suas casas e suas famílias. Era dever do dono da casa fazer-lhes uma oferenda e depois enxotá-los dali. No mundo católico, há séculos são celebradas anualmente, um dia após o Dia de Todos os Santos, missas em intenção das almas de todos os mortos.

Tratar dos mortos maléficos nos levaria mais longe. Isso porque esses mortos não são apenas aqueles que não haviam sido tratados corretamente de acordo com os rituais. Incluem-se também os mortos assassinados, os que se suicidaram ou ainda os inimigos, abandonados sem sepultura em um campo de batalha, entre outros.

A ausência dos ritos seria apenas *uma* das causas da existência dos mortos maléficos. Nos casos das religiões da libertação ou das religiões da salvação, intervém o fato de que os mortos são julgados pós-morte e que, de acordo com o julgamento que se faz dos méritos e deméritos acumulados por eles quando vivos (hinduísmo) ou o de seus pecados e de suas boas ações (as três religiões monoteístas), são reenviados para viver em outro corpo (hinduísmo) ou mandados para o inferno ou para o paraíso (judeus, cristãos e muçulmanos)[8].

Outro invariante: os ritos funerários sempre incluíam um momento em que ocorria a separação do cadáver. Os modos de fazê-lo diferiam de acordo com o costume de enterrar o corpo ou de incinerá-lo, de expô-lo em uma superfície para se decompor e ser devorado pelos abutres ou, igualmente, de ser embalsamado ou mumificado[9]. Em algumas raras sociedades da Amazônia ou da Nova Guiné, para evitar que o morto seja sepultado sob a terra, a mercê dos vermes e dos seres maléficos que vivem nas profundezas, ele é incinerado e suas cinzas são misturadas a uma pasta feita de bananas amassadas ou de outros ingredientes. Em seguida, o morto é ingerido por membros de sua família, que lhe oferecem seus próprios corpos como sepultura para evitar que ele sofra o horror de ser enterrado. Trata-se de um ato sagrado realizado ao abrigo dos olhares e sem a presença de qualquer membro do bando ou da tribo.

De acordo com essas maneiras de se livrar do cadáver, na Índia, por exemplo, as cinzas são dispersadas nos rios sagrados, principalmente no rio Ganges. É possível também, como ocorre em inúmeras sociedades, a realização de segundos funerais. Quando as carnes do falecido já estão decompostas, os ossos que restam são recolhidos e

---

8   No fim do século XII, os católicos associaram à ideia de existência a de um purgatório que, por sua vez, se associou à de um inferno e à de um paraíso. No purgatório, os vivos que tivessem pecado, mas não o bastante para ir para o inferno, purgavam suas faltas, esperando que, com isso, também alcançassem o paraíso. Cf. Jacques Le Goff, *La Naissance du purgatoire*, Paris: Gallimard, 1981.

9   No Antigo Egito, a condição para a imortalidade era que o corpo fosse conservado, daí se originam as práticas de mumificação. Cf. o Livro dos Mortos: "Saudação, meu pai Osíris... se eu despertar [após a morte] que seja em bom estado, sem estar desagregado, que meu corpo se encontre em um lugar desse país onde não possa ser destruído, onde não possa ser aniquilado por toda a eternidade" ("Penser la Mort", *Le Point*, Paris: mai-juin 2010, p. 15).

depositados na forquilha de uma árvore da floresta pertencente ao clã do morto, como acontece entre o povo baruya. Pode-se também juntá-los para colocá-los no ossuário de um cemitério. Na Índia, em razão da prática generalizada da cremação, não existem cemitérios, apenas alguns mausoléus destinados a mortos importantes. Na Europa medieval e cristã, os mortos eram enterrados em um cemitério, geralmente adjunto à igreja paroquial. Na China, os mortos também eram enterrados, mas seus túmulos ficavam dispersos entre as terras da família. Na Mongólia, ainda hoje os mortos são enterrados em um cemitério, mas sem qualquer marca no terreno que permita localizá-los. Todas essas diferenças na maneira de se desfazer do cadáver de um parente próximo, e de colocá-los mais ou menos longe dos vivos podem ser explicadas, mas fazer isso ultrapassaria as fronteiras desta introdução.

Após os funerais (isto é, após o primeiro funeral, quando existem dois), começa para os vivos um período de luto, e para os mortos, uma nova forma de existência. Durante o período de luto, os familiares manifestam sua dor e sua tristeza por meio de uma profusão de signos. Entre o povo baruya, homens e mulheres fazem um corte na testa com uma faca, ou um sílex, e deixam escorrer o sangue em suas faces. Usam capas de pele rasgadas, não se lavam, e o viúvo ou viúva do defunto usa relíquias do morto sobre o corpo (cabelos, dedos mumificados etc.). No caso do povo ngaatjatjarra, cujos funerais podem ser adiados por algumas semanas, os que vêm assistir à cerimônia ficam alojados, enquanto esperam, em "espaços de tristeza" reservados ao silêncio e às lágrimas. A partir de então, durante um longo tempo, o nome do morto ou a morte não podem mais ser mencionados. Isso seria fazê-los retornar ao mundo dos vivos. Esses nomes, entretanto, não são esquecidos para sempre. Com frequência, são guardados na memória para serem retransmitidos aos descendentes algumas gerações mais tarde. Podem também ser voluntariamente apagados da memória dos vivos, isso depois de um tempo mais ou menos prescrito, ao fim do qual os mortos se tornam uma massa anônima (por exemplo, os manes[10]), da qual se destacam os nomes de alguns mortos gloriosos ou temidos.

---

10 Na antiga religião romana, os manes eram as deidades ctônicas associadas às almas dos entes queridos recentemente falecidos. [N.T.]

Existem por toda parte relatos das relações de correspondência socialmente definidas e codificadas entre condutas de luto e de parentesco. Na China, essa codificação manifestava igualmente, e de forma direta, a relação entre parentesco e poder político por meio da instituição imperial dos cinco graus de luto, literalmente, os "cinco tipos de vestimenta", *wufu*[11]. Diversos códigos imperiais, entre os quais os primeiros remontam a obras rituais antigas, como os *Li*, redigidos na segunda metade do primeiro milênio antes de nossa era, estabeleciam a exata duração do tempo no qual o luto devia ser observado e o tipo de vestimenta que era aconselhável usar. O primeiro grau referia-se ao pai e à mãe. Durava 27 meses e as roupas usadas eram de juta grosseira. Para os graus de parentesco mais distantes, em linha ascendente ou descendente, bem como em linhas colaterais, os deveres a cumprir em relação ao defunto diminuíam progressivamente. Um sistema como esse, imposto pelo Estado, selava diretamente, de um lado, a devoção filial que cada um deveria dedicar às pessoas que ocupavam um lugar superior, por sua geração, idade ou sexo, no seio de sua família e de seu clã, e, de outro lado, a obediência que todos esses súditos deviam ao imperador.

Na Índia, os enlutados têm a cabeça raspada e devem tomar banhos rituais para se livrarem lentamente das impurezas do cadáver. Durante a primeira fase do luto, a família do morto é proibida de preparar os próprios alimentos. Vizinhos a alimentam e um brâmane lhe prepara pratos especiais. Os negócios pessoais do morto são banidos da cidade, e durante o ano que se segue nenhum casamento e nenhuma festa podem ser celebrados ali. No aniversário da morte, a família oferece uma ceia aos brâmanes, o que encerra seu luto e demonstra que esses brâmanes são obrigatoriamente os intermediários entre os vivos, os ancestrais e os deuses.

No caso dos judeus, enquanto estão de luto, os parentes próximos do morto não saem de casa durante uma semana e são alimentados pelos parentes ou pelos amigos. Usam roupas rasgadas, seguindo o exemplo de Jó. Os espelhos da casa são recobertos. Durante os trinta dias subsequentes, os homens não se barbeiam nem cortam os cabelos, e durante o resto do ano a família, em princípio, deve evitar qualquer compra supérflua.

---

[11] Cf., *infra*, o texto de Joël Thoraval, "A morte na China".

Entre os gregos ortodoxos, no terceiro e no nono dias após o sepultamento, a família do morto leva um prato de trigo cozido e coloca sobre o túmulo e, a cada vez, o prato utilizado para transportar o alimento é quebrado. No quadragésimo dia, reza-se uma missa e uma oferenda bem mais rica é preparada e levada. O luto prolonga-se por três missas: a primeira, celebrada um mês após o falecimento; a segunda, após um ano; e a última, três anos depois. Nessa ocasião, como se fazia na Antiguidade, procede-se ao que se assemelha aos segundos funerais, quando os ossos do morto são recolhidos e transferidos para um cemitério privado.

O fato invariante é que a morte de um ser humano próximo por laços de parentesco, mas que também pode ser por outros tipos de laços, obriga um certo número de pessoas a ficar de luto durante um certo tempo, ao fim do qual podem voltar a viver como os outros membros de sua sociedade, mas não necessariamente como viviam antes do falecimento dessa pessoa.

Simultaneamente, porém, no momento em que um certo número de pessoas (até mesmo de grupos) ligadas ao falecido por certos laços entram em luto, começa para a alma do morto (ou para certas almas) uma nova forma de existência. A alma deixa o corpo e deve partir. Ela não pode retornar à sua antiga morada nem ao convívio dos seus. Em muitas sociedades, os ritos são destinados a impedir que o espírito do morto siga aqueles que o enterraram ou incineraram seu corpo. Entre o povo baruya, após ter enterrado um morto e fechado seu túmulo, a multidão começa a correr de volta para o vilarejo sem jamais olhar para trás. As pessoas jogam atrás de si buquês de plantas mágicas, cujo objetivo é enxotar o espírito do morto que os seguiu. Na Índia, durante a cremação, no exato momento em que o principal parente de luto despedaça o crânio do defunto, a alma deixa o cadáver e se lança no ar sob a forma de uma chama azul. Antes de se transformar em ancestral, a alma corre o risco de permanecer como um espectro perigoso, por isso, ao retornar à cidade, o cortejo (constituído exclusivamente de homens) dissimula as pistas, deixando atrás de si barreiras de espinhos e de fios de algodão branco que irão desorientar o morto se ele tiver a intenção de retornar ao convívio dos seus.

Em resumo, quer os cadáveres sejam reduzidos a cinzas, conservados ou dispersados, quer sejam sepultados ou expostos, a alma ou as almas que os animavam sempre os abandonam e devem partir para começar uma nova forma de existência. Entre o povo baruya, os falecidos vão para a morada dos mortos. Para alguns clãs, esse lugar é imaginado como uma cidade situada no interior da Terra, para outros, uma morada nas estrelas. Nos dois casos, os mortos vivem ali uma vida semelhante à que levavam quando estavam vivos, mas dessa vez sem doenças, sem morte, em resumo, uma vida em uma espécie de paraíso sem fim.

Em contrapartida, nas religiões da libertação ou nas da salvação, a existência dos mortos após a morte é completamente diferente. Tomemos o hinduísmo como exemplo de uma religião da libertação. Ao nascer, o indivíduo é um devedor de sua vida diante de seus ancestrais, dos deuses e dos brâmanes, representantes dos deuses na Terra. Ele é responsável por seu darma, pelo lugar que ocupa na sociedade como pessoa singular e como membro de sua casta. Enquanto durar sua vida, ele deve se emancipar dessa dívida e resgatá-la a qualquer preço, por meio de seus atos, do cumprimento rigoroso dos rituais e de sua devoção a uma divindade escolhida (consultar Claude Galey adiante). Após a cremação, a alma desencarnada comparece diante de Yama, o deus da morte, que avalia os méritos e deméritos do morto enquanto era vivo e lhe cobra o saldo da dívida de sua vida. De acordo com o julgamento de Yama, a alma ou se torna um ancestral e é reenviada ao mundo para reencarnar em outra pessoa ou, então, tem acesso direto ao mundo dos deuses, quando se funde ao universo, ao princípio universal de brâman, que é simultaneamente matéria e espírito, para empregar categorias ocidentais. A libertação é alcançada quando a dívida da vida é "paga" e cessa a transmigração da alma (*samsara*). Esse é o destino da maioria das pessoas, mas alguns indivíduos podem escapar dele ao renunciar ao mundo e levar uma vida solitária e ascética em busca da libertação, ou seja, em busca da fusão com o Todo de brâman. A libertação budista consiste na extinção de todo sofrimento e na espera do nirvana, a fusão da alma individual com alguma coisa que poderia ser denominada a verdadeira essência do universo. A via para alcançar tudo isso pressupõe, igualmente, que sejam avaliados os méritos e deméritos de cada um, e que as almas um dia escapem da roda dos renascimentos. O budismo, porém, é uma religião verdadeiramente universal, pois, diferente do hinduísmo, afirma que todos podem seguir o caminho do Buda, que o monopólio dos brâmanes não existe e que as diferenças de casta ou de classes devem ser ignoradas, sem que, no entanto, se deseje suprimi-las. Quanto aos deuses, é preciso que cada um aprenda a dissipar sua existência ilusória, bem como a existência do eu[12].

O islamismo, em compensação, é uma religião da salvação. Segundo suas escrituras, já nos últimos instantes de um moribundo, anjos descem do céu para começar a retirar a alma do corpo, enquanto demônios se esforçam para seduzi-la e arrastá-la com eles. Finalmente, a alma é transportada para o céu, onde os anjos, Mumkar e Nakir, a submetem a um interrogatório no qual examinam seus atos quando ainda pertencia ao mundo dos vivos, sua fidelidade aos preceitos do *Alcorão*, sua devoção familiar, sua atitude para com os pobres e os órfãos, seu combate (*jihad*) contra as forças do mal, seus pedidos de perdão a Deus por seus pecados etc. Nesse momento, desvela-se a verdadeira personalidade do defunto. Deus é invisível, mas julga, e, no fim desse exame, a alma é enviada ao inferno ou ao paraíso. Para o fiel, os desafios da morte e desse julgamento são imensos e aterradores. Como escreveu Christian Jambet, a morte é a prova da existência e da onipotência de Deus. Após o fim do mundo, os corpos não apenas ressuscitarão como todas as coisas retornarão a Deus, e Deus procederá a uma segunda Criação.

Para o cristianismo, a morte talvez seja ainda mais pesada. Isso porque o próprio Deus, personificado por seu filho Jesus, morreu em uma cruz para redimir a humanidade de seus pecados, permitindo assim que os que têm fé Nele, e que quando vivos obedeceram aos seus mandamentos, um dia possam se encontrar no paraíso, sentados à direita do Pai. Às ideias de ressurreição dos corpos e de Juízo Final, comuns às três religiões do Livro, associa-se a do sacrifício de um Deus pela salvação da humanidade. Esse Deus é único, assim como entre os judeus e muçulmanos, mas unido em três pessoas, o Pai, o Filho e o Espírito Santo, representação de Deus rejeitada tanto pelos judeus como pelos muçulmanos. Para o profeta Maomé, um deus em três pessoas não era um deus único, e Jesus não era filho de Deus, mas o último profeta antes dele. No caso das religiões monoteístas, elas são diametralmente opostas às representações religiosas dos chineses, pelo menos às dos grandes mandarins eruditos e do

---

12   Ives Lambert, *La Naissance des religions*, Paris: Armand Colin, 2007, pp. 456-7.

imperador, que – visto que para eles o universo não tinha começo nem fim – consideravam absurdo que um deus pudesse ter criado o universo a partir do nada, e difamante para a dignidade dos deuses que um entre eles tenha sido torturado e condenado à morte como um criminoso vulgar.

Comparemos agora as diferenças entre os destinos pós-morte de um baruya ou de um sulka, de um fiel das religiões da libertação e outro das religiões da salvação. Segundo as leis da tribo, o morto baruya chega à morada dos mortos e, tenha ele cometido crimes ou tenha se conduzido bem durante sua vida, irá viver dias felizes na cidade dos mortos e nunca mais irá passar por doença ou sofrimento. Se não pagou por seus crimes enquanto estava vivo, não os pagará após sua morte. Em sua existência após a morte, ele não será julgado e não ressuscitará em seu corpo.

Evidentemente, não é esse tipo de existência após a morte que devem enfrentar os mortos das religiões da libertação e das religiões da salvação. Todos serão julgados, mas os julgamentos e seus veredictos serão diferentes. No hinduísmo, o morto será julgado toda vez que for reenviado ao ciclo dos renascimentos por Yama, o deus da morte, mas pode ter a expectativa de que em uma próxima vida seus méritos o livrarão dessa perpétua transmigração e que, tendo saldado a dívida de sua vida, sua alma se fundirá com brâman, princípio absoluto e consciência universal do Todo Grandioso. Para os budistas, a libertação conduzirá à fusão do indivíduo com o nirvana, palavra que significa "a extinção".

Para os fiéis das religiões da salvação, a existência após a morte não é a mesma. O morto será julgado por Deus uma única vez, e seu corpo será ressuscitado. Corpo e alma serão novamente reunidos, e ele ou será atirado ao inferno ou entrará no paraíso. Para essas religiões, a morte é, ao mesmo tempo, temida e sublimada. Para aqueles que agiram no respeito e no amor a Deus quando estavam vivos, significa o "acesso a um novo limiar" (Sylvie-Anne Goldberg), a promessa de uma felicidade eterna. Para os outros, é o começo de uma danação eterna.

O que as religiões da libertação e as da salvação têm em comum é a ideia de que o fim dos sofrimentos e/ou a justiça não pertencem a este mundo, e que, se existirem, será apenas além desta vida, após a morte, depois que cada um de nós tiver sido julgado por seus atos, que a humanidade poderá usufruir desse estado.

Observa-se aqui então o surgimento de diversas fraturas radicais no mundo das religiões. Essas fraturas surgiram no decorrer da história da humanidade, e é a própria história que nos deve permitir compreendê-las e até mesmo explicá-las. Isso porque Zaratustra, Gautama, Jesus, Maomé e outros viveram em determinadas sociedades e épocas antes de se afirmarem diante de seus contemporâneos como o profeta de um deus ou o filho de Deus ou o Iluminado (isto é, o Buda). Conectados à sua época, cada um deles propôs uma visão do homem, do universo, da vida e da morte que ultrapassou as fronteiras de sua sociedade e de seu tempo.

A grande reviravolta para se compreender o nascimento e, sobretudo, a multiplicação dos deuses, aconteceu no período neolítico, época em que a humanidade domesticou um certo número de plantas e de animais, em que a agricultura e a pecuária lentamente distanciaram os homens da caça e da coleta sem, no entanto, eliminá-las por completo. A humanidade também começou a depender cada vez mais dos elementos da natureza (plantas e animais) que, em parte, também dependiam do homem para se reproduzir. Apenas em parte, pois, se uma epidemia se abatesse sobre um rebanho, ele era dizimado, necessitando-se de tempo para sua recomposição; se não chovesse ou se o Sol não aquecesse a Terra no momento certo, a colheita ficava comprometida e a sobrevivência dos grupos humanos corria perigo. Foi nessa época, quando nasceram e se desenvolveram essas novas formas de dependência dos humanos em relação à natureza, que uma multiplicidade de deuses surgiu no pensamento dos homens, deuses da chuva, do Sol, do vento etc., a quem se invocava para pedir ajuda e a quem se nutria com oferendas para que ao labor dos homens se juntassem as benesses dos deuses. O xamanismo, dominante entre as sociedades de caçadores-coletores e que implicava a possibilidade de se comunicar e de selar alianças com os "senhores" dos animais de caça, e também de diagnosticar e curar os animais dos males que se abatiam sobre eles, não desapareceu com o desenvolvimento da agricultura e da pecuária. Ele continua presente até os dias de hoje em inumeráveis sociedades, mas sem ser mais associado ao destino coletivo dos membros de uma sociedade, e sim ao destino singular dos indivíduos que a compõem.

A segunda fratura aconteceu ao longo dos milênios que viram nascer, em diversas regiões do Oriente próximo e distante, cidades que se transformaram em cidades-estados, criando rivalidades umas com as outras, umas se tornando o centro de um império, outras obrigadas a se submeter ou a desaparecer na violência das guerras, dos massacres ou da deportação das populações. Foi nessa época que surgiram as castas, as classes, as ordens hierarquizadas. Os deuses também foram hierarquizados nos panteões, que exibiam em seu altar-mor um deus mais poderoso do que os outros. Jean Bottéro[13] calcula a existência de 2,5 mil a 3 mil deuses e deusas no panteão dos antigos sumérios, divindades cujo culto era celebrado por sacerdotes e aos quais todos os dias se faziam oferendas e dirigiam preces[14]. Cada cidade, cada Estado colocava-se sob a proteção de um ou de diversos deuses que figuravam nesses vastos panteões. O mais belo exemplo dessas alianças é a promoção de Marduque, que de início era um deus menor e se tornou o deus dos deuses quando Nabucodonosor, que o havia escolhido como deus, se tornou o "Rei dos Reis". Supunha-se até mesmo que alguns deuses, como Assur, possuíam as cidades que levavam seus nomes, bem como as terras que as circundavam e alimentavam.

Foi no decorrer dos últimos séculos desse longo período de criação de formas de sociedade cada vez mais desiguais, que recorriam mais e mais à violência das guerras ou à intimidação para se impor às outras sociedades das quais eram rivais e concorrentes no controle das fontes de riqueza, das rotas de comércio e das populações submissas, que surgiram as religiões da libertação e as religiões da salvação.

Antes de prosseguir, iremos retomar um ponto: o surgimento de um culto dos ancestrais que provavelmente também se desenvolveu em associação com as transformações da época neolítica. Ao comparar as práticas religiosas de dois grupos da etnia evenque, povos da Sibéria, entre os quais um ainda vivia quase exclusivamente da caça e da coleta e outro praticava a pecuária, criando rebanhos de renas que completava com a caça e a coleta, Roberte Hamayon constatou que o xamanismo era dominante no primeiro grupo, mas ocupava

---

13 Jean Bottéro, *La Plus vieille religion: en Mésopotamie*, Paris: Gallimard, 1998, p. 103.
14 Pequenas tábuas de argila datadas de 2600 a.C. revelaram uma lista de 560 nomes de divindades sumerianas hierarquizadas entre si e ligadas por laços de parentesco.

um lugar secundário no segundo. Para eles, em primeiro lugar figurava o culto aos ancestrais:

> preenchem coletivamente um papel de garantia e de justiça para o grupo de filiação; eles o legitimam em sua existência como tal e em seus direitos, e sancionam as faltas cometidas pelos membros vivos no que diz respeito à sua ética e às leis de sua perpetuação. [O contexto é o] de uma relação não de aliança, mas de filiação, não horizontal, mas vertical, não de reciprocidade, mas de subordinação[15].

> Ao dispor de animais domésticos que podem servir de substitutos para ele, o criador os sacrifica a seus ancestrais implorando seus favores. Trata-se da ascensão das práticas do sacrifício e da prece[16].

O sacrifício transfigura o ato de matar os animais domésticos e faz dessa prática uma fonte potencial de benefícios religiosos e materiais. A humanidade havia incorporado a lógica do doador – doar aos deuses e aos espíritos da natureza. O culto dos ancestrais, no entanto, jamais constituiu a fonte ou o pilar de uma religião politeísta. Cada clã honrava seus ancestrais, e, mesmo se o modo de honrá-los fosse igual em todos os clãs, o panteão dos deuses que veneravam era o mesmo para todos os membros da sociedade, qualquer que fosse seu clã. De fato, à medida que a organização das sociedades se modificou e que a forma tribal de organização das sociedades se generalizou, o culto dos ancestrais se propagou, mas sem se tornar completamente universal. Além disso, enquanto a forma tribal se expandia, e junto com ela a divisão da sociedade em clãs e outros grupos de parentesco, a prática do culto dos ancestrais não se propagou necessariamente de forma mecânica com essa expansão. Durante séculos, as religiões politeístas e os cultos dos ancestrais, quando existiam, foram religiões de grupos étnicos divididos em tribos e clãs. O problema é descobrir quando e como surgiram as religiões monoteístas.

---

15 Roberte Hamayon, *La Chasse à l'âme: esquisse d'une théorie du chamanisme sibérien*, Université de Paris x: Société d'Ethnologie, 1990, p. 634.

16 *Idem*, "Introduction au chamanisme, à partir d'exemples sibériens", *Revue de la Société des Élèves, Anciens Elèves et Amis de la Section des Sciences Religieuses de l'EPHE*, Paris: 1992, n. 5, p. 34.

Para isso, é preciso olhar para a história do povo hebreu. Esse, como todos os outros povos do Oriente Médio, selou uma aliança com um Deus, Javé, para que ele os protegesse contra seus inimigos, os conduzisse à vitória e lhes concedesse suas benesses. Isso não os impedia de venerar outros deuses, como testemunham as inscrições e os vestígios arqueológicos[17]. Essa aliança, porém, era o ponto central de sua identidade étnica e religiosa[18]. Essas escolhas de um deus sem que seja negada a existência de outros deuses é designada pelo termo "monolatrias", uma variante do politeísmo, mas que não é politeísmo. Para passar da monolatria ao monoteísmo foram necessárias uma ruptura teórica e uma nova elaboração da noção de Deus. Para compreender as razões dessa ruptura e dessa inovação conceitual, foi preciso procurar as razões na história do povo hebreu, que se persuadiu de que Javé era o maior dos deuses e que os colocava à frente de todas as nações. A história do povo hebreu, porém, vem constantemente desmentir essa perspectiva. Em 722 a.C., o reino de Israel foi destruído pelos assírios e sua população dispersada ou deportada. O reino da Judeia subsistiu, mas em 587 a.C. o exército babilônio invadiu Jerusalém e incendiou a cidade. Uma parte da população, as elites, foi deportada para a Babilônia. Como explicar essa sucessão de desastres?

Na época, alguns sugeriram a ideia de que a falta não era de Javé, seu Deus, mas sim dos próprios judeus, e que Javé havia se servido dos inimigos do povo judeu, dos assírios, depois dos babilônios, para puni-los por suas faltas e por terem se afastado Dele. Mas, depois de ter se servido dos inimigos de Israel, ele também os castigou.

Em 539 a.C., os persas, povo indo-europeu originário do Irã, tomaram a Babilônia e libertaram os judeus. Em 538 a.C., Ciro os reenviou a Jerusalém com a missão de reconstruir o Templo de Jerusalém, a casa de seu Deus, Javé, mas os proibiu de colocar um novo rei na liderança de seu povo. Por essa razão, o poder passou para as mãos dos grandes sacerdotes do Templo de Jerusalém. Benéfica em relação às religiões e às divindades de todos os povos que ele havia conquistado, a política de Ciro foi levada adiante por seu filho Cambises e

---

17 Cf. Israel Finkelstein e Neil Asher Silberman, *La Bible dévoilée: les nouvelles révélations de l'archéologie*, Paris: Bayard, 2002.

18 Cf. os escritos de Jean Soler, *L'Invention du monothéisme*, Paris: Hachette, 2004.

por Dario, que na Bíblia seria considerado um "messias". Dario se proclamou "o rei dos reis, o rei dos povos" e lembrou que devia seu poder a Ahura-Mazda, "O grande deus que criou esta Terra e o céu nas alturas, que criou o homem, que criou a felicidade para o homem, que tornou Dario um rei"[19]. Para os judeus, permanentemente aniquilados por impérios imensos e, ao mesmo tempo, libertados e reenviados a Jerusalém, encorajados por Dario a reconstruir seu templo e a adorar Javé, seu Deus, seria necessário reconhecer que Ahura-Mazda era o maior dos deuses e separar-se de Javé?

Diante desse dilema que colocava em questão sua identidade, os pensadores judeus desenvolveram a ideia de que não existia senão um deus que havia criado o mundo, que esse deus não era Ahura-Mazda, mas precisamente Javé, e que o povo judeu era e sempre seria o povo eleito. Um dia, o reino de Israel deveria renascer e, finalmente, ser o líder de todas as nações, de todos os povos. Por meio de uma extraordinária reviravolta intelectual, o deus protetor dos judeus foi transformado em um Deus Universal, o único que jamais havia existido. Paradoxalmente, a religião judaica conservava seu caráter étnico ao transmutar seu deus em Deus Universal e único. Foi assim que ocorreu o nascimento e a fundação do judaísmo, provavelmente a primeira religião verdadeiramente monoteísta. De todos os povos do Oriente Médio que selaram alianças com um deus protetor, somente os hebreus transformaram sua monolatria em um monoteísmo. Ao mesmo tempo, sua religião prometia a salvação, não apenas a de um povo coletivamente, mas a de cada um de seus membros, de acordo com sua fé e seus atos. À ideia de uma ressurreição dos corpos, aparentemente assimilada do zoroastrismo, se associaria a da sobrevivência da alma após a morte e a de um julgamento pós-morte dos atos dos vivos. A concepção da transcendência absoluta e da unicidade de Deus estava em evolução, bem como a de um Juízo Final pronunciado por Deus.

As infelicidades dos judeus, porém, não iriam cessar com a destruição do reino de Israel, nem após a construção do Templo de Jerusalém. Mais uma vez, a Judeia seria submetida a um poder estrangei-

---

19 Inscrição em quatro línguas gravada sobre a monumental estátua de Dario encontrada em Suse. Essas quatro línguas eram o persa, o elamita, o acadiano e o egípcio.

ro, o poder dos gregos[20], contra os quais os judeus se revoltaram para, posteriormente, serem esmagados pelos romanos[21], que anexaram a Judeia ao seu Império. Foi nesse contexto histórico que aconteceu outra ruptura radical, dessa vez na concepção de uma religião monoteísta, com o surgimento de um homem, Jesus. Ele afirmava ser o Messias esperado pelo povo judeu e se dizia filho de Deus e, por isso, o próprio Deus, que havia chegado para redimir os pecados não apenas dos judeus, mas também dos não judeus com seu próprio sacrifício e abrir novamente a via da salvação. Deve-se ao apóstolo Paulo, após a morte de Jesus e por meio de seus ensinamentos, a transformação do monoteísmo dos judeus em um monoteísmo revelado para toda a humanidade e, ao mesmo tempo, a transfiguração do Deus transcendente do judaísmo, protetor, mas autoritário, em um Deus do amor, um Deus misericordioso para os homens. Foi esse que se tornou o Deus dos cristãos[22].

A ideia da existência de um Deus único, que julgará os vivos e os mortos, iria ser retomada por Maomé, que se declarou o último dos profetas depois de Jesus. Ele rejeitou a ideia de que Jesus era Deus e filho de Deus. Rejeitou também a ideia de um Deus único, imanente em três pessoas. Assim como os cristãos, ele afirmava que a palavra de Deus se dirigia a toda a humanidade, e que o caminho da salvação estava aberto a todos aqueles que se convertessem à verdadeira religião, a do Islã. Após o surgimento do budismo, no século VI a.C., e após o cristianismo, nasceu essa terceira religião, no século VII da nossa era, dirigida a todos os seres humanos, de qualquer idade, sexo ou sociedade, e que iria empreender a tarefa de convertê-los à única e verdadeira fé, pela palavra, pelo exemplo e pela força. Aqui se completará nosso inventário, inevitavelmente lacunar e grosseiramente ilustrativo, dos principais tipos de religiões que hoje coexistem sobre

---

20 Com a chegada de Alexandre (332 a.C.), começou a sucessão de impérios helenísticos, Dinastia Lágida, depois Império Selêucida, que terminou em 167 a.C.

21 A dominação romana durou de 142 a.C. a 135 d.C.

22 "Se o Cristo não ressuscitou, é vã a nossa pregação, e é vã a nossa fé." (apóstolo Paulo, primeira carta aos Coríntios: 15,14). Para um cristão, a prova de que Jesus é filho de Deus e também o próprio Deus reside inteiramente nessas poucas palavras.

a face da Terra[23], religiões essas que, diante do problema da existência da morte, se desenvolveram sobre uma base de esquemas mentais, de normas de ação e de práticas comuns a todas que, em diferentes épocas da história da humanidade e em diferentes contextos sociológicos e históricos, constituíram um número igual de invariantes a partir dos quais surgiram variações, mutações e, por vezes, rupturas, produzidas nas representações da morte e dos mortos. Recordemos quais são esses invariantes, dos quais apresento uma lista:

– O primeiro invariante é o postulado de que a morte não é o fim da vida, que a morte não se opõe à vida, mas ao nascimento, e que, ao se oporem, nascimento e morte estão ligados um ao outro, formam um sistema ou fazem parte de um sistema.

– O segundo invariante é o de que o nascimento seria a conjunção de diversos componentes do indivíduo, e que a morte consistiria na disjunção desses elementos.

– O terceiro invariante é o de que entre os elementos unidos no nascimento e separados na morte existe sempre um ou vários que sobrevivem e que irão começar uma nova forma de existência.

– O elemento que resta é normalmente invisível e se designa por termos como alma, espírito etc. Esse componente, que pode ser singular ou plural, tal como as 32 "almas" dos tai budistas, e que se separa do corpo após a morte, precede o nascimento do indivíduo e é inserido a partir do exterior no feto que se desenvolve no corpo de uma mulher. Por essa razão, em todas as sociedades as relações sexuais entre um homem e uma mulher não bastam para gerar uma criança. É necessário que agentes externos, ancestrais, deuses ou Deus, intervenham para "animar" o corpo do feto e transformá-lo em um corpo humano completo e que respira. A alma ou as almas, porém, não são o sopro da vida. O sopro da vida é interrompido com a morte. A alma ou as almas continuam a viver, mas sob outra forma. A alma revela-se como um princípio de vida, um princípio vital.

– Pelo fato de a morte não ser concebida como o fim definitivo da existência de um indivíduo, no decorrer de seus derradeiros mo-

---

23 Falta a esse inventário particularmente o taoismo, a religião mais antiga da China, que é importante e continua viva até os dias de hoje.

mentos de vida, seus parentes próximos devem ter diante dele uma conduta socialmente prescrita.

– Uma vez confirmado o falecimento, após um tempo (mais ou menos longo) é preciso se desfazer do cadáver e separá-lo definitivamente do mundo dos vivos. O modo de se desvencilhar do cadáver, qualquer que seja ele, obedece a condutas individuais e coletivas ritualizadas. São os ritos funerários que precedem, acompanham e sucedem os funerais.

– Depois que o cadáver foi tratado segundo os costumes, um certo número de pessoas, que tinham relações de parentesco ou outros tipos de laços com o morto que os tornavam próximos dele, irá guardar luto, ou seja, irá deixar de viver como vivia antes do falecimento, se isolará do resto de sua sociedade por um tempo mais ou menos longo e manifestará, aos olhos de todos, o que significou esse desaparecimento.

– Todas as sociedades imaginam que os mortos, após sua morte e após um tempo mais ou menos longo, no qual continuam a não querer deixar seu antigo lar, sua família, sua cidade, se dirigem para um lugar que é a morada habitual dos mortos, no qual irão prosseguir sua existência sob outra forma. Mas, se os vivos não cumpriram corretamente os ritos funerários e os rituais do luto, o destino pós-morte do defunto pode ficar comprometido. Por isso, o cumprimento rigoroso dos ritos é duplamente necessário para os vivos e para os mortos. Se os ritos não são respeitados, corre-se o risco de transformar os mortos em mortos "maléficos", que voltarão para assombrar e prejudicar os vivos.

Em nossa opinião, este poderia ser o esboço de um inventário de representações compartilhadas da morte e das ações que os vivos devem realizar em resposta à morte de um dos seus. É bom lembrar que excluímos de nossa análise os princípios e as práticas que as sociedades adotam diante da morte de um estrangeiro ou do assassinato de um inimigo. Os invariantes que isolamos constituiriam uma espécie de base comum para as diversas elaborações culturais diante da morte.

Quais são as variações mais importantes entre as que já descobrimos? Não nos deteremos na diversidade de maneiras de se desfazer do corpo de um morto, enterrar, incinerar, expor aos abutres, mumificar, ingerir etc. Todas elas têm suas razões nas representações do homem e do universo e são adotadas pelas sociedades que as praticam. Também não nos deteremos nas diferentes maneiras de demonstrar o luto.

Mais fundamentais e mais radicais são as variações que se seguem.

1. O morto irá ressuscitar ou não após a morte?
2. Se o morto ressuscitar, será no mesmo corpo, no corpo de um de seus descendentes, contribuindo com isso para fazê-lo nascer, ou reencarnará em outros seres humanos ou outras formas de existência (hinduísmo, budismo)?
3. O morto será julgado após sua morte pelos seus atos cometidos enquanto estava vivo e mesmo por aqueles que teria cometido em uma vida precedente? É um deus ou Deus que o julga?[24]
4. Ao sair de seu julgamento e segundo o peso de seus méritos e deméritos, de suas boas ações e de seus pecados, o morto estará destinado a viver eternamente no inferno ou no paraíso ou deve recomeçar uma vida nova para aumentar seus méritos até o momento em que, finalmente, poderá alcançar o mundo dos deuses e participar de brâman (hinduísmo) ou desaparecer no nirvana (budismo). Observa-se que os princípios das religiões da libertação ou das religiões da salvação determinam para os mortos destinos totalmente opostos no mundo supraterrestre. Para o budismo, ao término de seus renascimentos, o indivíduo "iluminado" desaparece na Grande Totalidade do Universo. Para as religiões da salvação, o cristianismo e o islamismo, após a morte, o indivíduo encontra-se eternamente *só* diante de Deus na expectativa de ser chamado a sentar-se ao lado Dele no paraíso ou de ser atirado para sempre ao inferno.

---

24 No Antigo Egito, os mortos eram julgados após a morte, fosse por Rê, o Criador, fosse por Osíris, o deus dos mortos. O defunto devia recitar uma "declaração de inocência", e sobre seu coração era colocado um dos pratos da balança do julgamento, enquanto sobre o outro prato uma estatueta representava a deusa Maât. Cf. Bernardette Menu, *Maât: l'ordre juste du monde*, Paris: Michalon, 2005, pp. 83-92. Segundo B. Menu, "não apenas um egípcio declara sem restrições sua inocência, depois de ter prometido não mais trair seu coração, como também pela força de seu verbo ele se separa de suas faltas. Ele se coloca, assim, em oposição ao penitente cristão que, em sua confissão, reconhece seus pecados para ser perdoado" (comunicação pessoal pela qual agradecemos vivamente).

> *A morte é objeto da produção de um imaginário social e cultural que prolonga um conjunto de ritos e de práticas simbólicas institucionalizadas por meio das quais a morte é socializada e adaptada à sociedade que reflete sobre ela e a vive.*
>
> JEAN-PIERRE VERNANT[25]

Antes de concluir, dois problemas devem ser mencionados. Fora a contribuição de Anne Ducloux sobre a morte entre os uzbeques, que descreve o papel das mulheres nos funerais, as mulheres aparecem pouco ou nada nos outros textos. Sabe-se que Atenas e Roma eram duas cidades que davam muito menos atenção à morte das mulheres, isso porque elas não tinham o *status* de "cidadãos", embora em Atenas as mulheres que morriam no parto fossem consideradas iguais aos guerreiros mortos em combate[26]. Na Índia, as viúvas das altas castas deviam acompanhar seus maridos na morte. Nós mesmos, nos sete anos de pesquisa de campo entre o povo baruya, jamais assistimos à morte ou aos funerais de uma mulher e não interrogamos os baruya para saber se quando uma mulher morria as coisas se passavam da mesma forma que para os homens.

Outro problema. O judaísmo e o hinduísmo não são religiões universais, mas o cristianismo, o islamismo e o budismo são, por isso cada uma delas procurou converter à sua fé os povos que antes de sua chegada acreditavam em outras religiões, por exemplo o povo baruya, que confiava na existência dos espíritos da natureza e tinha como divindades o Sol, a Lua, a serpente Píton, deusa da chuva e das menstruações etc. Hoje em dia, todos os membros do povo baruya são protestantes. O que significa sua conversão?

Joël Thoraval demonstra como o budismo, que chegou à Índia há quase dois mil anos, impregnou profundamente a cultura chinesa, em-

---

25 J.-P. Vernant, *La Mort dans les yeux*, Paris: Hachette, 1985; G. Gnoli e J.-P. Vernant (éds.), *La Mort, les morts dans les sociétés anciennes*, Paris/Cambridge: Éditions de la Maison des Sciences de l'Homme/Cambridge University Press, 1982.

26 Nicole Loraux, *Les Mères en deuil*, Paris: Le Seuil, 1990.

bora, quanto aos princípios, sua doutrina e suas práticas tenham sido incompatíveis com as antigas concepções chinesas da morte, assim como aconteceu com o confucionismo. Para o confucionismo, a cremação praticada pelos budistas opõe-se à devoção filial que requer a preservação da integridade do corpo legado a cada um por seus ascendentes, pai e mãe[27]. Enquanto na antiga concepção chinesa o devir dos mortos, sua transformação em ancestrais, dependia, antes de tudo, do rigor demonstrado por seus descendentes no cumprimento dos ritos, para os budistas a salvação da alma individual é governada por seus atos individuais, depois do exame de seu carma passado. A ideia budista da reencarnação segundo os atos destruía a importância do *status* social do defunto, fundamental para os chineses[28]. Pode-se citar, também, o teólogo xiita Muhammad ibn Sinan (falecido em 765 d.C., que atribuía ao sexto imã, Ja'far al-Sadiq (falecido em 835 d.C.), a ideia de um destino pós-morte diferenciado para os fiéis e para os infiéis.

> A alma retorna sete vezes em sete corpos diferentes. O fiel renasce em um corpo humano, enquanto o infiel renasce em todos os tipos de corpos metamorfoseados. [...] Os que acreditam e agem de modo virtuoso não serão metamorfoseados. Em contrapartida, serão metamorfoseados aqueles que tomaram partido de Satã e de sua descendência e que foram criados na ignorância e no pecado[29].

Não importa se após a morte nos reunimos aos outros mortos para prosseguir em uma vida tranquila ou somos metamorfoseados em animal, atirados ao inferno ou recebidos no paraíso; em parte alguma os mortos jamais estão verdadeiramente mortos.

Em todas as épocas, os homens viram morrer ao seu redor plantas, animais e seres humanos e, fossem eles caçadores, criadores de

---

27 Os mesopotâmios davam igualmente extrema atenção à integridade do corpo, à orientação e à preservação dos túmulos. Cf. G. Gnoli e J.-P. Vernant, *La Mort, les morts dans les sociétés anciennes*, op. cit., p. 8.

28 Joël Thoraval nos lembra que o regime maoista combateu violentamente as antigas religiões chinesas, bem como as superstições, negou a existência de um mundo invisível, proibiu a dispersão dos túmulos e encorajou a cremação. No Uzbequistão, o presidente Karimov proibiu certas manifestações do islamismo tradicional para não chocar as centenas de milhares de turistas estrangeiros.

29 Muhammad ibn Sinan, *Kitab al-Haft*.

rebanhos, guerreiros etc., mataram e fizeram com que seres vivos morressem. Tudo se passava como se a experiência concreta da vida e da morte jamais pudesse levar à conclusão de que a morte, uma vez constatada, não era definitiva. Tudo acontecia como se, desde o surgimento de nossa espécie, o *Homo sapiens sapiens*, sobre a Terra (talvez mesmo antes, no homem de Neandertal e, mais antigamente ainda, no *Homo heidelbergensis*[30]), a morte não pudesse nem ser concebida nem vivida simplesmente como o fim da vida. *Como se esse pensamento fosse impensável, ou seja, pensável, mas inaceitável para o pensamento.*

Tudo se passa como se, desde que a humanidade existe, ela tivesse inconsciente e conscientemente negado a morte, fazendo com que fosse mais aceitável e menos temida se não representasse o fim definitivo da vida, mas sim o início de outra vida, de outra forma de existência para os seres humanos. De menos temida, a morte poderia ser até mesmo glorificada, quando se tratava de um cidadão morto como herói, no combate para defender sua "cidade", ou sublimada, quando para um fiel que sempre obedecera aos preceitos de sua fé, sendo representada e vivida como o início da verdadeira vida, quando um homem ou uma mulher iriam finalmente ser julgados por seus atos e comparecer diante de Deus, seu criador.

A afirmação invariante de que a morte não se opõe à vida, mas ao nascimento, encontrada em todas as sociedades e todas as culturas, constitui sempre um elemento-chave do que denominamos religiões. Trata-se da expressão consciente, da formulação pelo pensamento na consciência e por meio da consciência, da negação da morte como fim definitivo de uma vida. Por sua própria universalidade, essa negação não pode ter sua fonte senão nas profundezas inconscientes da alma humana. Como a morte é inevitável, essa ne-

---

30   E mesmo antes: a mais antiga sepultura conhecida hoje na Europa remonta a 300 mil anos e foi descoberta dentro de uma gruta na serra de Atapuerca, perto de Burgos, na Espanha. Trinta e dois indivíduos, de todas as idades, foram enterrados ali e, ao lado de um deles, foi colocado um magnífico biface em quartzo vermelho. Todos esses indivíduos foram identificados como pertencentes ao *Homo heidelbergensis*, uma espécie de homem que precedeu o aparecimento dos homens de Neandertal e dos homens do Cro-Magnon, nossos ancestrais. Essa descoberta confirmou a hipótese de que a capacidade de imaginar um mundo supraterreno invisível já existia antes de nosso aparecimento.

gação e sua aceitação ambivalente manifestam a capacidade humana de imaginar mundos que ultrapassam o mundo em que os seres humanos vivem cotidianamente, conferindo sentido a ele. Ninguém jamais viu realmente uma alma sair de um corpo nem dois anjos puxarem a alma do corpo pela ponta dos dedos (islamismo), no entanto, na Índia, a labareda azul que sai do crânio do defunto quando o principal membro da família de luto lhe aplica um golpe de bambu não pode ser para o hindu senão a alma que deixou o corpo em meio às chamas que envolvem o cadáver. É preciso acreditar nisso para poder ver.

 É preciso também ver para crer. Isso porque as crenças mais abstratas, mais espirituais, sempre precisam de provas visíveis, tangíveis, concretas para demonstrar que são, de fato, verdadeiras. A labareda azul que se eleva na fogueira é um exemplo entre milhares de outros. Citemos os dentes de Buda, conservados com devoção, dos quais um se encontra em um templo no Sri Lanka e o outro na China, não longe de Pequim. Citemos os pedaços da Verdadeira Cruz que circularam por toda a cristandade antes de serem encerrados nos altares das igrejas, que só assim eram consagradas ao verdadeiro Deus. Existia também o sudário em que Jesus teria sido envolvido, no qual se podia ver a face do Cristo estampada para toda a eternidade. Infelizmente, desde o século XIV até 1988, data em que foi analisado pelos meios científicos modernos, o Santo Sudário foi denunciado diversas vezes como uma falsificação fabricada na Idade Média.

 O povo baruya também não fica atrás; eles afirmam que seus objetos sagrados, os *kwaimatnié*, que insuflam a força do Sol nos iniciados, foram dados a seu ancestral por Kanaamakwé, o nome secreto do Sol. Esse ancestral chamava-se Djivaamakwé, e, depois de ter recebido os *kwaimatnié*, voou pelos céus por uma estrada vermelha como fogo. Pousou em um lugar conhecido como Bravegareubaramandeuc, perto de Menyamya, e então distribuiu esses *kwaimatnié* aos homens que ali viviam, especificando para cada clã a função que esses objetos iriam ter durante as iniciações dos homens, das mulheres e dos xamãs. Mais tarde, o povo baruya precisou fugir de Bravegareubaramandeuc e encontrou refúgio longe de seu lar, nos vales de Marawaka e de Wonenara, de onde gradualmente expulsou os habitantes e tomou suas terras. Esse é o lugar em que essa tribo reside ainda hoje. Como se pode ver, mitos, lendas e fatos reais fundem-se para constituir a memória e a história do povo baruya, como é o caso do mito do Imperador Amarelo, do qual teria se originado o povo chinês.

Assim, o pensamento humano obedece a duas lógicas. Uma delas, baseada nos dados da existência concreta e, mais recentemente, nos resultados das ciências experimentais e das ciências dedutivas, depois que esses resultados foram universalmente verificados, define as fronteiras entre o possível e o impossível. Durante milênios, os homens sabiam que um simples ser humano não podia percorrer de um salto uma montanha ou um rio como o Yangtzé. Jamais duvidaram, porém, que para certos seres humanos, possuidores de um mana[31] excepcional – como Tu'i Tonga, o chefe supremo do reino de Tonga, descendente de Tangaroa, o maior dos deuses polinésios, dotados de algo divino em si mesmos, ou que eram ajudados pelos deuses, como aconteceu com Aquiles durante a Guerra de Troia – era possível que o impossível fosse possível. Se o impossível é igualmente possível, as conclusões que cada um pode tirar da experiência cotidiana prática do mundo jamais poderão ser apresentadas e vividas como verdades últimas, autossuficientes. Ao produzir mundos imaginários que se transformam em instituições, em práticas individuais e coletivas, ou seja, em realidades "sociais" que demonstram sua evidência sem jamais fornecer a prova, o pensamento humano permitiu à humanidade enfrentar a morte e negá-la sempre que ela se opusesse ao nascimento e não à vida, sublimando-a com frequência ao conceber o momento no qual iria ter início para os seres humanos um destino "metafísico".

Talvez seja tempo de retomar Marco Aurélio. Nós mesmos, que escrevemos estas linhas e que tentamos reunir os invariantes subentendidos nas representações que os homens fizeram da morte, pensamos, como ele e como muitos outros, médicos, cirurgiões, cientistas de outras disciplinas, que "a morte é uma simples função da natureza". Apesar dos progressos da ciência da vida, entre a multidão

---

31 Categoria do pensamento selvagem que significa "poder sobrenatural, emanação da força espiritual de um grupo". Em seu ensaio *Esboço de uma teoria geral da magia*, Marcel Mauss (1872-1950) utilizou a categoria para desvendar as bases ritualísticas que envolvem as práticas mágicas. Cf. *Sociologia e Antropologia*, trad. Paulo Neves, São Paulo: Cosac Naify, 2009, [1950], pp. 47-181. [N.T.]

de seres humanos, os que pensam assim não são muito numerosos e provavelmente jamais serão muitos mais. A razão científica não é contagiosa como as religiões o são. Não podemos, porém, subscrever a proposição de Marco Aurélio quando ele argumentava, irônico e talvez com uma ponta de desprezo, que "para temer uma função natural é preciso ser uma verdadeira criança". Os mundos imaginários das religiões não são produtos de uma humanidade ainda na infância. Eles não se dissiparão automaticamente com o progresso das "Luzes" do conhecimento e os benefícios da educação. Eles são testemunhas do esforço permanente dos homens para enfrentar seus limites, conjurar seu medo diante da morte e esperar por um mundo melhor, no qual a injustiça e o sofrimento terão sido vencidos. Utopias, certamente, mas que obrigaram os homens a se inventar.

Não há, entretanto, nenhuma necessidade de se afirmar, como Kant, que a imortalidade da alma "é um postulado da pura razão prática, o que eu entendo como proposição teórica que, como tal, não pode ser comprovada", mas que é "necessária" se a humanidade deseja avançar rumo a um "Bem Soberano"[32]. A humanidade pode se esforçar para melhorar sua existência e a existência de todos os seus membros, não apenas a dos grupos humanos sempre minoritários, sem por isso ir ao encalço de um Bem Soberano e ser obrigada a conferir a cada um dos seus uma alma imortal e uma outra vida após a morte.

Minhas últimas palavras serão para agradecer aos meus colegas por terem se comprometido comigo nessas diferentes viagens após a morte e para além dela. É à CNRS Edições, porém, que todos devemos agradecer por terem aceitado publicar nossos ensaios com tanta presteza e entusiasmo.

---

32 Emmanuel Kant, *Critique de la raison pratique*. Paris: PUF, 1993, [1788], p. 132, Livre II, chap. 2, § 4, trad. François Picavet. Ed. Bras.: *Crítica da razão prática*, trad. Valério Rohden, São Paulo: Martins Fontes, 2003.

A MORTE NA GRÉCIA ANTIGA

FRANÇOISE FRONTISI-DUCROUX

A velhice na face da Terra é um mal de importação recente, trazido nas bagagens da primeira mulher, Pandora, criatura fabricada pelos deuses para fazer a infelicidade dos homens. Até então, a raça humana vivia ao largo dos sofrimentos, da dura fadiga, das doenças dolorosas que trazem a morte.... Quando morriam, os homens pareciam sucumbir ao sono. Foi Pandora que, ao abrir sua caixa, espalhou pelo mundo as preocupações, os sofrimentos e as misérias. Narrado pelo poeta misógino Hesíodo, esse mito descreve muito bem o horror dos gregos pelo "odioso envelhecimento": a perda das forças, a degradação física, a inexorável decadência até a morte. Em suma, tudo o que faz com que os humanos não sejam deuses, a face sinistra da condição humana.

Eis uma representação recorrente.

Nós a encontramos em outro mito referente à imortalidade. Trata-se da deusa Aurora, conhecida por gostar muito de homens jovens. Loucamente apaixonada pelo belo Títono, ela conseguiu obter para ele a vida eterna. Lamentavelmente, ela esqueceu de garantir ao rapaz a perpétua juventude! A lua de mel durou pouco. O belo Títono amadureceu, envelheceu, o que para uma deusa ocorreu em um ritmo muito rápido, depois caducou, encolheu, emagreceu, ressecou tanto que sua esposa precisou encerrar aquela coisinha ruidosa e encarquilhada dentro de uma gaiola.

Essa visão pessimista da idade avançada é igualmente atestada pela iconografia grega. Assim como as estátuas exaltam a beleza do corpo humano em seu esplendor juvenil ou no vigor da maturidade, as pinturas nos vasos oferecem uma imagem convencional e idealizada, semelhante à forma de representação dos deuses. Exibindo corpos análogos, os adultos se diferenciavam dos jovens imberbes por uma barba negra, e os velhos, raramente curvados, por sua cabeleira e barbas brancas. Nesse universo figurativo estetizado, distingue-se uma figura estranha: Geras, a Velhice. Uma pequena série de imagens em vasos exibe Geras em turras com Hércules – herói que, após sua admissão entre os imortais, se casou com a deusa Hebe-Juvência –, que tenta eliminar a pequena personagem disforme, magra e curvada, de nariz pontudo, com um falo enorme e pendente. Não se sabe a que aventura de Hércules essas imagens fazem alusão. Assim como Teseu, e mais tarde Alceste, o herói Hércules, que havia conseguido descer vivo ao mundo dos mortos para resgatar o cão Cérbero, talvez esteja tentando eliminar Geras. Aparentemente sem sucesso. O que sempre acontece é que essa triste personificação da idade avançada é tratada como uma caricatura, em um grafismo totalmente oposto ao estilo canônico da representação estetizada do corpo humano.

A representação contrária, o idoso belo, de barbas e cabelos brancos, não está ausente da tradição textual. É representado pelo sábio Nestor, deão do exército grego que acabara de sitiar Troia. Sua excepcional longevidade e sua experiência lhe conferiam o papel de bom conselheiro. Todos os guerreiros o respeitavam e pacientemente o escutavam discorrer, em pleno combate, sobre suas lembranças de conquistas do passado. Isso porque ele se lamentava incessantemente da perda de sua juventude vigorosa: "Minha força não é mais aquela que meus membros ágeis exibiam. Ah! Se eu ainda fosse jovem, se meu vigor ainda estivesse intacto".

Terminada a guerra, Nestor retornou à sua pátria para ter um fim digno e feliz rodeado pelos seus. No campo adversário, os troianos também tinham seu nobre velhote, o rei Príamo, objeto de veneração que conquistou o respeito de Aquiles, seu pior inimigo. Terrivelmente consciente de sua impotência, Príamo vivia assombrado pela presciência de uma morte horrível, via-se massacrado em seu próprio palácio, atirado como ração às feras: "A visão de cães dilacerando uma cabeça branca, uma barba branca, as partes vergonhosas de um velho que acabou de ser abatido, o que poderia existir de mais deplorável!". De fato, ele foi decapitado no altar dos deuses e seu cadáver permaneceu sem sepultura.

No melhor dos casos, a idade avançada é o tempo dos arrependimentos e das histórias. Mas as narrativas nostálgicas dos anciãos e seus conselhos sentenciosos nem sempre eram acolhidos com tanta amenidade como os do velho Nestor. O ancião grego também era irritante, sua mania de repetir as coisas impacientava os jovens, sua implicância com tudo exasperava, tanto que nas peças teatrais de Aristófanes os filhos faziam de tudo para tentar — sem sucesso — enclausurar seus pais, aqueles velhos insuportáveis.

Para evitar esses males, uma única solução: morrer jovem. Essa foi a sorte desejada e concedida aos filhos de Cídipe, uma sacerdotisa de Hera. Como sua carruagem havia ficado sem os bois, seus dois filhos, Cleobis e Bitão, tomaram o lugar dos animais e puxaram a carruagem da mãe, permitindo que ela chegasse a tempo para celebrar o sacrifício no templo. Em agradecimento, a sacerdotisa pediu a Hera que concedesse a seus filhos o que havia de melhor para eles. A deusa os fez morrer no mesmo instante.

Ainda mais radical foi a lição de sabedoria extorquida de Silene pelo rei Midas, que, para isso, a embriagou. O segredo da existência não é nascer, mas sim morrer o mais rápido possível. Lição esclarecedora, mas que se refere à vida inteira e não apenas ao envelhecimento.

A morte, no entanto, não é mais desejável do que a velhice. O vocabulário testemunha a continuidade de uma para a outra. Se os velhos reclamam da diminuição de suas forças, seu *menos*, os mortos, por sua vez, são definidos por eufemismo como os "sem força", *amenos* (sem *menos*: composição com o prefixo negativo *a*) ou, ainda, os "fatigados", *kamontes* ou "totalmente esgotados", *kekmekotes* (no particípio passado, ressaltando um estado que já foi completado).

Existem, contudo, diversas maneiras de morrer e de representar a passagem desta para a outra vida. No plano fisiológico, textos mais antigos, como os da epopeia homérica, descrevem minuciosamente a morte do guerreiro. O poeta não negligenciou ali nenhum detalhe dos golpes e ferimentos: os pontos de impacto das lanças, dos dardos e das espadas, no meio do ventre, no peito, junto ao fígado, em pleno coração, as carnes diláceradas, o sangue negro jorrando das veias cortadas, as entranhas que o ferido tentava reter com as duas mãos, as cabeças decepadas de um só golpe, a medula espinhal que escorria pelas vértebras, o crânio esmagado liberando o cérebro... As modalidades guerreiras de infligir a morte e de recebê-la foram descritas em sua diversidade e com precisão cirúrgica. O derradeiro instante desenrolava-se em três tempos: os joelhos se rompiam e o combatente tombava, depois sua visão se turvava e, finalmente, o sopro escapava pela barreira formada pelos dentes. O sopro era a psique[1], a respiração, mas também era considerado a alma de quem morria abandonando o corpo. O estado intermediário merece uma atenção particular. O fim da vida se anunciava pela cessação da visão: uma névoa pairava sobre os olhos do moribundo. Essa indicação, que pode parecer banal, remete a um aspecto fundamental da representação grega da vida. A vida definia-se, antes de mais nada, pela visão. Nascer era ver o dia, viver era enxergar a claridade do Sol e as faces de seus semelhantes. Morrer era cessar de ver, ser privado das relações visuais com os próximos, que iriam cerrar os olhos do defunto, recobrir sua face e cumprir o ritual funerário, a fim de que o morto pudesse descer ao mundo tenebroso do Hades, cujo nome significa invisível (*A-idès*: não visível, com o prefixo de negação *a* para definir a morte de modo negativo em relação à vida).

A interrupção visual que precedia a morte desempenhava papel tão importante que um poeta a personificou. Achlus, seu nome, podia designar os sintomas oculares da embriaguez ou da vertigem amorosa, mas no poema "Escudo de Héracles", incluído nas obras de Hesíodo, essa noção transformou-se em uma monstruosa entidade guerreira da morte. Ela não era a única, uma vez que acompanhava

---

[1] Do grego *psukhē*. O significado original da palavra era "alento", depois "sopro, respiração". A expressão significa também "alma das sombras", em oposição à alma dos corpos. É o princípio geral da vida. Em *Além do princípio do prazer* (1920) e *O inquietante* (1919), Freud tratou especificamente do tema. Cf. Sigmund Freud, *Obras Completas (1917-1920), v. 14: "O homem dos lobos" e outros textos*, trad. Paulo César de Souza, São Paulo: Companhia das Letras, 2010. [N.T.]

as Queres, entidades que rangiam seus dentes brancos – ameaçadores, aterradores, sangrentos, assustadores – precipitando-se sobre os guerreiros caídos por terra, ávidas de beberem seu sangue negro. O primeiro que atacavam era envolvido por elas, que cravavam nele suas imensas unhas; com isso, a alma do morto descia rapidamente para o Hades, para o interior do Tártaro[2] gelado. Depois que seus corações estavam saciados do sangue humano, elas repeliam o cadáver e voltavam novamente a exercer seu furor no tumulto da batalha... Junto delas permanecia *Achlus*, lamentável e horrível, pálida, ressequida, o corpo minguado pela fome, os joelhos entumecidos, as unhas alongadas nas duas mãos. De suas narinas escorriam fluidos, de suas bochechas caíam gotas de sangue que pingavam no chão. Ela permanecia ali, de pé, a boca num ricto assustador, uma névoa de poeira descendo de seus ombros, completamente umedecida pelas lágrimas[3].

As Queres, primeiras a serem mencionadas, sugadoras de sangue que vampirizavam os feridos, por mais assustadoras que fossem, eram extremamente coerentes com as criaturas demoníacas que, em muitas civilizações, se esperava encontrar junto aos mortos. A especificidade de Achlus, a "Bruma da morte", é que essa noção essencialmente visual, sintomática da perda de consciência do moribundo, associava em si todas as características físicas da corrupção do corpo: o ricto facial, o alongamento das unhas, o ressecamento e a intumescência, o apodrecimento, a emanação de fluidos corporais e a poeira. Tratava-se de uma figura aterradora de morta-viva, um cadáver ambulante semidecomposto que surgia no campo de batalha, tornando visível o que não deveria ser visto, ocultado pelos funerais. A perda da visão, portal para a morte, foi transmutada pelo poeta em uma aparição, um *eidolon*, outra noção visual (de mesma raiz que o latim *videre*), cuja função era tornar visível o invisível e, entre outras coisas, fazer rever os mortos.

Essa figura aterrorizante insere-se em uma *ekphrasis,* a descrição de uma obra de arte. Presume-se que ela decorava o escudo de Héracles.

---

2   Na mitologia grega, o Tártaro situa-se às portas do Hades. É um lugar de expiação dos pecados, onde todas as formas de tortura física ou psicológica são aplicadas. Em seu interior gelado são mantidos os piores criminosos. [N.T.]

3   Pseudo-Hesíodo, "Aspis Hērakleous" (Escudo de Héracles), 249s.

Uma imagem que contrastava totalmente com outras representações figurativas da morte em combate. As pinturas dos vasos muitas vezes exibem o corpo de um guerreiro levado por duas divindades aladas. Elas são Hipnos e Tânatos (Sono e Morte), duas crianças da noite que nos tempos felizes da Idade de Ouro eram vistas em dupla e faziam os humanos dormirem tranquilamente ao fim de uma vida isenta de envelhecimento. No campo de batalha, esses dois seres sobrenaturais, trajando armaduras e elmos, belos como os guerreiros que recolhiam, mais uma vez curto-circuitavam a velhice, pois o morto que transportavam ainda era belo, era o cadáver de um jovem ou de um homem abatido pelo inimigo na força da idade. Mesmo ao evocar a morte vergonhosa de um velho indefeso, Príamo costumava dizer: "Dilacerado pela ponta de bronze de uma lança, o jovem guerreiro morto conserva a boa aparência, nele tudo é belo, mesmo estando morto". A morte heroica era uma morte bela: *kalos thanatos*.

Assim como seu irmão gêmeo, o benevolente Hipnos, que traz o sono tranquilo para os humanos, Tânatos, a face estetizada da morte, é um deus masculino. Os aspectos negativos, aterradores, mas "realistas", são assumidos pelo poder feminino (fato nada surpreendente, pois foi por intermédio da mulher que todos os males foram introduzidos entre os humanos). A legião estava formada. Às Queres e a Achlus, sinistramente eficazes no campo de batalha, vieram se juntar as Eríneas vingativas, as Harpias rapinantes, as Esfinges e as Sereias, com seus encantamentos fatais. E, sobretudo, as Górgonas, Medusa e suas duas irmãs, cujas faces monstruosas pontuavam o entorno dos gregos, presentes em toda parte, nos frontões dos templos, nos ornamentos das taças, na decoração dos móveis, nas joias, nas moedas... Ubiquidade figurativa paradoxal, pois elas eram uma visão impossível, a morte súbita por uma simples troca de olhares. Mais uma forma, também, de evitar a degradação do corpo e a decomposição do cadáver, pois seu olhar mortal petrificava as pessoas. No melhor dos casos, elas transformavam a vítima em estátua, com maior frequência em rochedos. Associado a elas, exibe-se outro eixo das representações gregas: a homologia entre a morte, a pedra e a invisibilidade. O olhar petrificante da Medusa era a própria morte, instantânea, invisível por ser insuportável à visão. Para os gregos, a estátua cega de pedra também era invisível, pois sem o olhar tudo o que se referia à visão era pensado como reversível. Ver era ser visto, e, como viver era ver, morrer era não ver mais e não ser mais visto. Com um golpe do olhar, a Górgona transmutava o homem vivo que olhava para ela – sua última visão – em pedra opaca e cega, considerada também algo tão invisível como os mortos que desciam ao Hades. Depois que Perseu decapitou a Medusa, a cabeça monstruosa ainda conservou toda sua eficácia e, segundo a *Odisseia*, permaneceu nas mãos de Perséfone, a esposa de Hades, que a utilizava para impedir que os humanos acedessem ainda vivos ao seu reino.

Isso porque a alma, a psique, subtraída do corpo, tinha uma espécie de sobrevida. A coisa não acontecia sem causar certa perplexidade. Aquiles surpreendeu-se ao constatar esse fato depois de ter tentado, em vão, abraçar o fantasma de Pátroclo: "É verdade, existe mesmo alguma coisa na morada do Hades, uma alma, psique – melhor ainda, uma sombra, *eidolon*, mas desprovida de espírito, *phrenes*". O fantasma de Pátroclo tinha vindo pedir a seu amigo que o sepultasse o mais rápido possível, pois no Hades as sombras dos defuntos já instaladas ali não lhe permitiam entrar, impedindo-o de atravessar o rio. Essa era a função do ritual funerário, estritamente codificado, no qual as mulheres desempenhavam um papel importante (toalete do morto, lamentações, gritos, gestos de luto...): operar a separação definitiva entre os dois mundos, a fim de assegurar a paz de uns e dos outros, pois, privadas dos funerais, abandonadas na errância, as almas insatisfeitas eram suscetíveis de retornar para atormentar os vivos. Ao longo da história grega, inspirada pela devoção ou pelo medo, a obrigação ritual dos funerais era objeto de prescrições renovadas, tanto para as práticas privadas como para as cerimônias públicas. Nas guerras, entre as cidades gregas, pelo menos, os inimigos se concediam uma trégua para transportar seus mortos, cujos restos deviam ser reconduzidos ao lugar de origem. No que dizia respeito a essa lei, não havia espaço para brincadeiras. No fim do século v a.C., ao conquistarem uma vitória naval sobre os espartanos, os atenienses condenaram à morte seus próprios estrategistas vencedores, que não tinham tido tempo de resgatar os cadáveres. Foram todos executados (salvo dois que conseguiram fugir).

Depois de ter recebido tudo o que tinha direito, fosse incinerado ou sepultado, o defunto ainda receberia homenagens da parte dos vivos, visitas ao túmulo, oferendas, comemorações, e teria até mesmo a possibilidade de "retornar" coletivamente todos os anos, no dia das "marmitas", durante a festa das Antestérias: após ter colocado marmitas com mingau para os mortos, cada um se protegia cuidadosamente em sua própria casa, até que a multidão de fantasmas fosse mandada de volta pela frase ritual: "Fora daqui, as Queres – os Mortos".

Eles passavam o resto da eternidade no mundo supraterrestre. A representação tradicional é conhecida: o cortejo das almas conduzido por Hermes, o Psicopompo[4], a viagem pelo rio Aqueronte, na barca de Caronte, paga por um óbolo deixado sob a língua do morto, a passagem diante dos juízes Minos, Éaco e Radamanto, o envio dos melhores entre eles aos Campos Elíseos... Se, de fato, acreditarmos na experiência de Ulisses, que foi consultar o adivinho Tirésias na entrada dos Infernos, o destino das almas nas trevas do Hades estaria longe de ser feliz. Atraídos pelo sangue das vítimas sacrificadas, os "cabeças sem forças", lançavam-se aos urros sobre elas, ávidos por recuperar alguma consciência ao beber o líquido vital, e a tarefa de Ulisses era enxotá-los a golpes de espada a fim de triá-los, permitindo que se aproximassem apenas aqueles que ele desejava ouvir e rejeitando as hordas anônimas que surgiam ao cair da noite. Aquiles, que ao que tudo leva a crer era dotado de um *status* superior, não dissimulou nada diante de seu antigo companheiro: "Eu preferia ser um simples valete, viver a serviço de um pobre camponês quase sem recursos a reinar sobre os mortos, sobre todo esse povo sem vida"[5]. Todas aquelas almas de heróis defuntos, tristes, inertes, a quem Ulisses deu a palavra, falaram de seu sofrimento. Ele também percebeu ali a presença de grandes criminosos que sofriam seus castigos: Tântalo, devorado pela sede no meio de frutas e de águas que não podia tocar; Sísifo, cativo de seu rochedo. O caso de Sísifo, que todos acreditavam ser pai de Ulisses (ele teria se adiantado a Laerte no leito nupcial), é bem particular: um de seus crimes foi ter conseguido retardar a própria morte por meio de um truque. Zeus havia enviado Tânatos para buscá-lo, Sísifo o capturou

---

4   Os psicopompos são designados "guias de almas". Em muitas religiões, são conhecidos como espíritos, anjos ou deidades cuja função é escoltar as almas recém-desencarnadas para o outro mundo. [N.T.]

5   *Odisseia*, XI, 489s.

e, por isso, nenhum dos dois iria mais morrer. Zeus interviu para libertar Tânatos, fazendo Sísifo morrer antes. Ele, porém, havia tomado a precaução de ordenar à sua mulher de privá-lo dos funerais. Por essa razão, quando desceu aos Infernos, foi proibido de entrar, mas obteve de Hades a permissão de voltar à Terra para punir sua mulher. Depois que voltou, não desceu mais aos Infernos e viveu até ficar bem velho. Por essa razão, os deuses o puniram: ocupado eternamente em carregar sua pedra até o pico de um rochedo para, em seguida, vê-la rolar para baixo novamente, Sísifo não teve mais chance de pensar sobre uma nova fuga.

Os gregos acreditavam nas palavras de Homero? Nessa sombra de sobrevivência lúgubre e alimentada de rancor em relação aos vivos, da qual Ulisses foi testemunha? Pode ser que muitos tenham suspeitado de uma destruição total, como deu a entender Platão: quando Sócrates retomou os mitos antigos para expor sua própria concepção de imortalidade da alma, fez isso para contradizer "esse medo, experimentado pelo homem comum, de que no momento da morte a alma humana se dissipa e que aí esteja o fim de sua existência"[6].

O medo do vazio ou de um mundo supraterrestre desesperador encontra-se na origem dos Cultos de Mistérios, dos quais os mais conhecidos são os de Elêusis[7]. Em muitos lugares do mundo grego, as cerimônias de purificação, secretas e lucrativas, cujos detalhes não são conhecidos, ensinavam aos seus iniciados o caminho a seguir no mundo do além para evitar que afundassem nos pântanos pútridos e gelados e pudessem alcançar as pradarias luminosas reservadas aos bem-aventurados.

Outra preocupação prevaleceu tenazmente no transcorrer dos séculos. Os mortos reencontrados por Ulisses, assim que recobravam os sentidos, só se preocupavam em saber o que se passava na Terra. Isso porque era ali que poderia sobreviver seu *kleos*, sua reputação, as marcas que haviam deixado no mundo dos vivos, como afirmou Helena a Heitor: "Os deuses nos prepararam um duro destino a fim

---

6   *Fédon*, 77b.

7   Também conhecidos como Mistérios Eleusinos, rituais religiosos secretos voltados ao culto das deusas da agricultura, Deméter e Perséfone, com extremo valor simbólico entre os séculos VI e IV a.C. [N.T.]

de que sejamos celebrados para sempre entre os homens que virão". Foi para obter um *kleos* imperecível que Aquiles escolheu a vida breve e gloriosa em lugar de uma existência longa e obscura (mesmo que depois tenha se lamentado disso...). Razão pela qual era belo morrer em combate e deixar a lembrança de uma conquista heroica, realizada no esplendor da juventude. A bela morte, *kalos thanatos*, concedida também a Cleobis e Bitão por sua devoção, permitia a sobrevivência na memória dos vivos. A perpetuação da memória alcançada pelo canto poético nos tempos da epopeia foi substituída pela oração fúnebre que exaltava publicamente o sacrifício coletivo dos combatentes que haviam tombado pela pátria.

Essa operação de memorização oral – sendo a voz o suporte material do *kleos* (verbo *kalein*) – encontrou seu complemento visual no monumento funerário. A estátua ou a estela, construídas sobre os túmulos, constituíam outro meio de garantir a sobrevivência da lembrança do defunto no tempo. Ao ressaltar a imagem do morto, representado em uma beleza convencional, as inscrições gravadas podiam ser lidas pelos visitantes e por quem passasse por ali, e quando o nome era repetido em voz alta faziam reviver a memória do desaparecido. Essa forma de glória imperecível também era acessível às mulheres, cuja modéstia e devotamento conjugal e maternal eram gravados no mármore pelo esposo reconhecido. Algumas venceram esse desafio: suas estelas ainda podem ser encontradas em Atenas, no Cemitério Cerâmico ou, em último recurso, nos museus.

Tratava-se da sobrevivência memorável contra a obscuridade de uma morte anônima. Contra a imortalidade também: paradoxalmente, essa foi a escolha de Ulisses, que diante de uma vida eterna ao lado de Calipso – deusa perspicaz que, sem dúvida alguma, iria poupá-lo do envelhecimento, mas que o faria ser esquecido por todos –, preferiu voltar para Ítaca, retornar ao tempo dos mortais e, ao lado de Penélope e de Telêmaco, chegar à velhice e depois à morte, cuja triste realidade ele já havia entrevisto. Programa consumado de uma existência humana.

Pós-escrito

Para uma civilização que atravessou mais de dez séculos e que entrou na aceleração da história, é impossível fazer uma síntese completa da maneira como os gregos pensavam a morte em algumas páginas. Às anotações precedentes, seria necessário acrescentar as construções dos filósofos – Platão, entre outros –, que de maneira geral se ligaram ao excruciante problema do depois. Sobrevivência da alma, individual ou coletiva, transmigração cíclica, reencarnação, metempsicose, fusão com o Todo Universal, catasterismo, por vezes imortalidade ou ainda, simplesmente, o nada, solução capaz de suprimir todo o medo... A diversidade de respostas é suficiente para indicar que a questão permanece em suspenso. Não é certeza, porém, que essas teorias, que nos parecem exemplares do pensamento grego, tenham sido compartilhadas, tampouco conhecidas da maioria dos contemporâneos desses grandes homens.

Foi por essa razão que, a partir das práticas e dos mitos formulados pelos poetas, resolvi fazer um inventário plausível do maior número de crenças, sem dúvida contraditórias e até mesmo confusas.

REFERÊNCIAS BIBLIOGRÁFICAS
BRUIT ZAIDMAN, Louise. *Les Grecs et leurs dieux*. Paris: Armand Colin, 2006.
KAHN, Laurence; LORAUX, Nicole. "Mort: les mythes grecs". In: BONNEFOY, Yves (org.). *Dictionnaire des mythologies*. Paris: Flammarion, 1981.
LORAUX, Nicole. *Façons tragiques de tuer une femme*. Paris: Seuil, 1985.
_____. *Les Expériences de Tirésias*. Paris: Gallimard, 1989.
_____. *Les Mères en deuil*. Paris: Seuil, 1990.
VERNANT, Jean-Pierre. *L'Individu, la mort, l'amour*. Vernant, Œuvres II. Paris: Seuil, 2007.
_____. *La Mort dans les yeux*. Paris: Seuil, 2007.

Estrangeiro, tenho poucas coisas a dizer, pare e leia. Aqui está o túmulo sem beleza de uma bela mulher. Seus pais lhe deram o nome de Claudia. Ela amou seu marido do fundo de seu coração e lhe deu dois filhos. Um permanece na terra, o outro já está debaixo dela. Sua conversação era encantadora; seu andar, gracioso. Ela cuidou de sua casa e fiou a lã. Eu disse: parta.

A MORTE NA ROMA ANTIGA

JEAN−LOUIS VOISIN

Encontrado em Roma, no Trastevere, esse epitáfio versificado[1], datado de 130-120 a.C., um dos mais antigos, que se refere à mulher de uma família extremamente importante, relembra a lei comum do gênero humano, ao mesmo tempo banal e dramática: é necessário morrer. Esse epitáfio, no entanto, começa interpelando os vivos, nesse caso o passante estrangeiro. Uma exceção? Não mesmo. Era um costume corrente. Na Toscana, na Germânia Superior ou nas fronteiras de Setif, na Argélia, em todo o mundo romano é possível encontrar, graças à inscrição gravada no monumento funerário, esse diálogo entre um morto, que tem um nome, e um viajante anônimo. Familiaridade com a morte? Seguramente. Ela se baseava no sentimento de que para todos, qualquer que fosse sua classe social e jurídica, a hora fatal chegaria.

---

1 CIL (*corpus inscriptionum latinarum*), I², 1211 = VI, 15346 = ILS (*in loco sacro*) 8403. Tradução adaptada de E. Woolf, *La Poésie funéraire épigraphique à Rome*. Rennes: Presses Universitaires de Rennes, 2000, pp. 126-7.

Como observa Georges Dumézil, porém, "por mais amado e admirado que fosse, o morto era, em princípio, a fonte da pior das sujeiras", sem diferenciar aqui o ser humano vivo, que foi amado, do corpo morto ainda não sepultado. Se a noção de "sujeira" é difícil de circunscrever e de definir[2], "a morte era, em si mesma, uma sujeira", tal como consta Jacqueline Champeaux[3]. Por isso, era preciso se proteger dela, evitar sua eventual propagação, purificar as pessoas, as coletividades, os lugares e as coisas que haviam entrado em contato com o morto e que, por esse simples fato, poderiam ter sido contaminados. A morte em si era causa de sujeira? Ela perturbava a ordem aparentemente natural da vida? Ou era o cadáver, sua evolução e sua imagem que causavam a sujeira? Ou as duas coisas? Ao mesmo tempo, a sujeira era o modo de expressão da exclusão temporária da família atingida pela morte.

São esses paradoxos que gostaríamos de explicar, ou pelo menos apresentar, a partir da observação, passo a passo, dos últimos momentos de um homem vivo, os ritos que precediam as exéquias, os próprios funerais, o túmulo e seu entorno, as relações entre mortos e vivos, enfim, a angústia diante da morte, os deuses do além-túmulo e do mundo supraterrestre. De início, uma quádrupla lembrança é indispensável.

Em primeiro lugar, o fato de que a história da Roma antiga e de seu império se estendeu por cerca de treze séculos, de meados do século VIII a.C. até a última quarta parte do século V d.C. Um lapso de tempo imenso sobre o qual nossas fontes documentais, distribuídas de modo bastante desigual em termos de qualidade e quantidade, não permitem que se escreva uma história contínua sobre a morte. No que diz respeito aos períodos mais antigos, com exceção das lendas e dos mitos, sempre delicados de se utilizar, com exce-

---

2   A respeito dessa noção complexa, agradeço a N. Laubry, que me sugeriu a leitura da obra de Mary Douglas, *De la souillure: Essai sur les notions de pollution et de tabou*, Paris: Maspero, 1971. Leitura feita, pareceu evidente que havia muito a se reter dessas páginas a fim de definir e compreender melhor essa noção em Roma. Nesses ensaios, existe material para uma pesquisa complementar.

3   G. Dumézil, *La Religion romaine archaïque*, Paris: Payot, 1974, p. 369. Dumézil referia-se à religião romana arcaica, mas, se as evoluções são perceptíveis, elas não atingem o *status* do morto; J. Champeaux, *La Religion romaine*, Paris: Le Grand Livre du Mois, 1998, p. 33.

ção da historiografia antiga, sempre difícil de interpretar, as fontes são essencialmente arqueológicas[4], com suas próprias especificidades e suas problemáticas particulares. Ao longo desses treze séculos, constataram-se evoluções que podem ser explicadas pela observação de novos costumes e pelo surgimento de novas correntes religiosas que, por razões práticas – como a falta de espaço e o custo do terreno, principalmente nas zonas urbanas –, conduziriam à ampliação das necrópoles de superfície com a anexação de partes subterrâneas, os hipogeus e as famosas "catacumbas", quando a natureza do solo permitia[5].

Por outro lado, Roma não se limitava à Cidade das Sete Colinas, nem mesmo ao Lácio. Seu império estendia-se por toda a Itália e pelas províncias que mantinham, com nuanças, sua identidade cultural. Em 212 a.C., todos os homens livres do império receberam a cidadania romana. Em virtude disso, passaram a pertencer à religião romana e deviam seguir seus rituais. Esse fato não os impedia de conservar sua própria religião, particularmente suas crenças diante dos mortos. Entre essas religiões existia uma certa porosidade. A maior parte delas não era exclusiva de cada um e comportava, além da religião imperial e da religião cívica, vários níveis de práticas (religião familiar, de vizinhança profissional) que facilitavam as trocas. Diante de uma diversidade como essa, como englobar sob uma mesma vestidura romana as condutas, os pensamentos e sentimentos dos habitantes de cada província, de cada cidade, no que dizia respeito à morte e aos mortos? Entre um felá egípcio e um soldado raso galês, entre um mercador da Síria e um camponês da região de Aurès, as atitudes diante dos mortos, os rituais

---

4 Para Roma e sua história, um dos monumentos mais interessantes é, sem dúvida alguma, o "Herôon de Eneias", localizado em Lavínio, a sudoeste da cidade, descoberto em 1974. Trata-se de um túmulo funerário do começo do século VII, construído aos poucos e transformado em santuário, que os antigos consideravam como o túmulo de Eneias, o lendário herói troiano, ancestral de Remo e Rômulo.

5 Uma nova tese, menos funcionalista, que explicaria parcialmente o desenvolvimento desses tipos de monumentos por meio de mutações sociais, formas de integração e comemoração de grupos, foi desenvolvida por J. Bodel, "From Columbaria to Catacombs: Collective Burial in Pagan and Christian Rome", *in*: L. Brink e D. Green (eds.), *Commemorating the Dead: Texts and Artifacts in Context. Studies of Roman, Jewish and Christians Burials*, Berlin/New York: Walter de Gruyter, 2008, pp. 177-242.

observados, o desenrolar dos funerais, exibiam tanto diferenças como similitudes. O poder romano tinha consciência dessa extraordinária diversidade. Por volta do ano III a.C., em decorrência de um pedido de seus administrados, que desejavam mudar de lugar as sepulturas familiares em mau estado, Plínio, o Jovem, governador da província de Bitínia e Ponto (ao norte da Ásia Menor), pediu permissão para isso ao imperador, o *pontifex maximus* ("sumo pontífice, chefe da religião romana"), pois tratava-se de uma porção de "solo religioso", ou seja, em princípio, um local marcado pela morte e ali considerado um lugar de sepulturas. O que ele queria saber, como disse, era se devia seguir os costumes romanos. Levemente irônica, a resposta de Trajano foi dada sem ambiguidade: inútil referir-se às Leis de Roma, era aconselhável aplicar o princípio da delegação de autoridade e imitar os antigos governadores ou, dito de outra forma, seguir os costumes locais (Plínio, *Cartas*, 10, 68-69), nos quais, em teoria, o sumo pontífice não devia intervir.

Assim, para não diluir infinitamente essa proposição e para preservar uma certa coerência, foi adotada aqui uma dupla abordagem, cronológica e também espacial. Abordagem cronológica: os exemplos abarcam o essencial do século II a.C. até o fim do século II d.C.[6]. Privilegiar esse período de quatro séculos foi justificável na medida em que, apesar das transformações políticas e sociais mais importantes, os comportamentos para com a morte e para com os mortos, caso tenham passado por evoluções, permaneceram relativamente estáveis. Sobretudo, o eco dos séculos anteriores continuou perceptível neles, bem como o surgimento de novas atitudes que iriam se expandir em tempos ulteriores. Duas interferências explicarão algumas incursões entre passado e presente no período definido anteriormente. Abordagem espacial: foco em Roma e seu entorno, em Pompeia[7], cuja riqueza documen-

---

6   Um dos sítios mais notáveis é o conjunto que compreende as necrópoles da Óstia e da Isola Sacra (ao norte da Óstia), cuja utilização estendeu-se do século II a.C. ao século V d.C. Cf. os capítulos sobre o mundo dos mortos em J.-P. Descoeudres (éd.), *Ostia, port et porte de la Rome antique*, Genève: Georg/ Musée d'Art et d'Histoire, 2001, pp. 365-92 e 440-52. Por razões já especificadas, excluo igualmente o judaísmo e o cristianismo, que pertencem ao mundo romano.

7   Em último lugar, consultar William Van Andringa, *Quotidien des dieux et des hommes: la vie religieuse dans les cités du Vésuve à l'époque romaine*, Rome: École Française de Rome, 2009, pp. 341-54.

tal é excepcional, e na Itália. O que não nos impedirá, mais uma vez, de deixar esses territórios para realizar algumas expedições rurais ou provinciais. Em terceiro lugar, como em quase todas as civilizações e todas as culturas, o morto e a morte tangem o mundo do sagrado e da religião. Deve-se recordar que a religião romana[8] não era um decalque da religião grega. Ela era politeísta, seus deuses eram individualizados, hierarquizados, organizados, e cada um tinha uma função particular. Havia uma distinção e um entrelaçamento entre a religião privada no seio da família e a religião pública e comunitária da cidade, e uma não podia existir sem a outra; ela se baseava em um conjunto de ritos e não em um ato de fé ou um dogma[9], não comportava nem iniciação nem ensinamento e, desde o exato momento em que o historiador percebeu sua existência até seu lento desaparecimento, essa religião não deixou de evoluir pela anexação de novas divindades, de deuses estrangeiros ou de abstrações divinizadas. Por isso, é difícil visualizá-la no singular, por sua grande diversidade, pela maneira como os romanos pessoalmente a enriqueceram de elementos de outras religiões e pelo fato de suas fontes serem tão lacunares em relação à percepção que se tem da maioria dos indivíduos, ou seja, daqueles que não deixaram nenhum vestígio material ou escrito. O essencial era conservar a *pax deorum*. Essa paz entre deuses e homens permitia a esses receber a aprovação e a sustentação dos deuses nas ações que realizavam. Esse laço era garantido pela *pietas* dos homens, ou seja, pelo cumprimento escrupuloso dos ritos[10], "a justiça aos olhos dos deuses", escreveu Cícero[11]. A partir

---

8   Todas as obras gerais sobre a religião romana comportam páginas sobre os funerais e sobre os mortos, por isso é inútil citá-las no contexto deste artigo.

9   Em consequência, converter-se à religião romana era algo sem sentido. Honravam-se os deuses de Roma quando se era cidadão romano, o que não impedia um estrangeiro que recebia a cidadania romana de conservar seus próprios deuses, nem um cidadão romano de escolher um deus particular (com exceção do deus dos judeus e o dos cristãos), sem por isso abandonar os deuses de Roma.

10 Sobre esse ponto, ver J. Scheid, "Les Sens des rites: l'exemple romain", *in*: J. Scheid (éd.), *Rites et croyances dans les religions du monde romain: huit exposés suivis de discussions*, Vandœuvres-Genève: Fondation Hardt, 2006, p. 51, t. 53; e J. Scheid, *AION*, 1984, pp. 117-39.

11 *De natura deorum* (Da natureza dos deuses), 1, 43, 116.

de então, no que se refere ao domínio funerário[12], e isso era uma novidade, a arqueologia veio em socorro da análise dos textos para que se pudesse compreender melhor esses ritos, para ajudar a reconstituí-los e a reconstituir suas próprias sequências, mesmo que muitas vezes tenha sido difícil compreendê-los e reconstruí-los, pois não passavam da "repetição rigorosa de uma sequência de gestos". O realismo dos romanos restaurou esses ritos e até mesmo os reinventou e adaptou. Eram ritos ao mesmo tempo conservadores e abertos, opressivos e flexíveis. Por isso, quando o imperador Augusto, que acabava de ser eleito sumo pontífice, desejou acompanhar o cortejo fúnebre de seu genro e amigo Agripa, e proferir um discurso em seu louvor, surgiu um problema em relação ao ritual. De fato, era proibido para ele ver um cadáver. Para resolver essa questão, foi colocado um véu entre Augusto e os despojos de Agripa, o que lhe permitiu respeitar a lei e relativizar o impacto provocado pela sujeira, algo mais negociável do que absoluto. Quanto aos sacerdotes, salvo algumas exceções (flâmine dial, *rex sacrorum*, vestais), eles jamais constituíram uma casta como as dos magistrados e senadores, cidadãos que detinham autoridade. A vocação não tinha para eles nenhum sentido, ou o sacerdote era eleito ou era afiliado. No que se refere aos sentimentos manifestados em relação aos mortos e à morte, eles afloram, por vezes, nas inscrições funerárias e nos ornamentos decorativos dos túmulos, apesar das formas convencionais, e se expressam mais explicitamente em obras de escritores[13] e de poetas, sem que se saiba verdadeiramente se eram representativos de uma grande parte da população ou se pertenciam aos signos distintivos e às preocupações de um grupo social marginal que se poderia classificar pela denominação moderna de intelectuais.

---

12 Sobre os ritos funerários conhecidos por meio dos fragmentos de Varrão, cf. L. Deschamps, "Rites funéraires de la Rome républicaine", *in*: F. Hinard, *La Mort au quotidien dans le monde romain: actes du colloque organisé par l'Université de Paris IV (Sorbonne 7-9 octobre 1993)*, Paris: De Boccard, 1995, pp. 171-80; e sobre a dificuldade de reconstruir os ritos alimentares ligados ao culto funerário, cf. J. Scheid, *Quand faire, c'est croire: les rites sacrificiels des Romains*, Paris: Aubier, 2005, p. 161-88.

13 Dois exemplos: sobre Ovídio, cf. Xavier Darcos, *Ovide et la mort*, Paris: PUF, 2009; sobre Plínio, o Jovem, cf. M. Ducos, "La vie et la mort dans la correspondance de Pline le Jeune", *in*: *La Vie et la mort dans l'Antiquité: actes du colloque organisé en janvier 1990 par l'Association Guillaume Budé*, Dijon: 1992, pp. 93-108.

Finalmente, se a morte punha fim à vida de apenas um indivíduo ou de um grupo de indivíduos, suas consequências e suas repercussões sempre ultrapassavam o fato individual. Elas atingiam a família, as *pessoas* e muitas vezes provocavam transformações radicais. Essas consequências afetavam também a cidade, que contava com um cidadão a menos, e mais um morto a ser integrado em seu espaço. Quando os funerais não ocorriam segundo as regras e os ritos, a morte constituía um perigo para todos, para a família e a cidade. Além disso, por intermédio das necrópoles, das festas e do calendário, a cidade estruturava o espaço e o tempo concedidos aos mortos. Em Roma, a dimensão cívica e comunitária da morte jamais podia ser esquecida. Ela comandava e organizava tanto o acontecimento individual como o programa dos funerais a ser seguido. No contexto deste artigo, foi difícil nos determos nas mortes resultantes de combates, nas mortes por decisões de justiça e nos aspectos religiosos particulares. Todas elas são reveladoras de um modo de pensar e de agir, mas, exceto pela morte em combate, todas são excepcionais, seja a *devotio*[14] do general, a pena de morte das vestais acusadas de "incesto" ou a morte voluntária, que jamais foi condenada antes do começo do século II d.C. – em especial a morte dos que se enforcavam e que, proposta como exemplo, podia assegurar uma promoção social pós-morte.

Os últimos momentos

Quando viveu em Atenas, por volta de 147-148 d.C., onde foi para aperfeiçoar sua educação e sua cultura, Aulo Gélio, jovem romano de boa fortuna, frequentava as aulas de um filósofo de nome Lucius Calvenus Taurus. Esse filósofo costumava convidar alguns de seus estudantes para jantar em sua casa. Após a ceia, eram discutidas questões "sutis e refinadas, apropriadas para estimular os espíritos

---

14 Ritual da religião romana realizado em um momento de extrema necessidade frente a um perigo iminente e consistente de derrota diante do exército inimigo, quando se oferecia a vida de um general romano aos deuses do mundo subterrâneo. [N.T.]

exaltados pelo vinho"[15]. As questões eram do seguinte tipo: "Em que momento o moribundo morre? Será no momento em que dá seu último suspiro ou quando ainda vive?". Essas questões foram abordadas pelos mais sérios filósofos, respondeu Taurus, e foi ainda mais exato: "Uns pensavam que a palavra morrer se aplicava a um momento em que o ser humano vivo ainda possuía o sopro vital; outros, que essa palavra só tinha valor quando não houvesse mais nenhum sinal de vida; para eles, o ser humano de quem se dizia 'ele está morrendo' já pertencia inteiramente à morte".

Determinar o momento exato da passagem da vida para a morte era apenas um pretexto para uma discussão filosófica sobre a essência da instantaneidade e sobre a dissolução do elo entre corpo e alma? Exceto pelos juristas, que não intervinham senão quando a morte se efetivava[16], quando se abria o testamento, e que não eram os que definiam a morte, distinguir os derradeiros momentos, analisá-los, prevê-los, era algo que preocupava os romanos. Notadamente, para não serem enterrados ou conduzidos à pira funerária ainda vivos – diversos casos foram confirmados[17]. E também para distinguir um corpo de um cadáver, algo essencial no plano religioso. Ou, ainda, como era costume nos tempos mais antigos, para depositar o moribundo diretamente no chão, na porta da frente de sua casa. Esse derradeiro gesto foi explicado racionalmente por Sérvio, um comentador de Virgílio do século IV d.C.: era preciso entregar o último suspiro à Terra-mãe ou ser cuidado por um passante. Isso traduzia um fato: o infeliz já era considerado um ser fora do espaço normal dos vivos[18]. Na explicação racionalista dos antigos, isso expressava uma constante preocupação de não sofrer, de se beneficiar de uma morte suave.

---

15 Aulo Gélio, *Noctes Atticae* (Noites Áticas), 7, 12.

16 Uma exceção, porém, quando uma mulher morria no parto, seu filho, que ainda não havia nascido, era considerado vivo? Sim, pensavam os juristas romanos. Cf. M. Ducos, *in*: F. Hinard, *La Mort, les morts et l'au-delà dans le monde romain: actes du colloque de Caen (20-22 novembre 1985)*, Caen: Centre de publications de l'université de Caen, 1987, pp. 145-57.

17 Assim foi com Acilius Auiola, L. Aelius Lamia, C. Aelius Tubero (Val. Max., 1, 8, 12; Pline, *Nat.*, 7, 173).

18 Cf. J. Scheid, *AION*, *op. cit.*, p. 120.

De acordo com os médicos da escola hipocrática, simultaneamente a uma morte violenta ou acidental[19], existia uma "morte natural". Para Cláudio Galeno (cerca de 129-200 d.C.), a morte seria "a extinção do calor inato e o esgotamento radical da umidade devidos a processos que são a própria essência da atividade vital"[20]. Esse "calor inato" tem sua fonte no coração. No pensamento médico, a morte aparecia como a destruição do calor natural, quando o coração não o alimentava mais. Se a determinação do momento exato do falecimento *a posteriori* quase não tinha interesse para os médicos da Antiguidade, o mesmo não ocorria quando se tratava de detectar os sinais precursores da morte. No século I d.C., Aulo Cornélio Celso fez uma lista desses sinais: aspecto do rosto, posição do doente no leito, maneira de dormir, extremidades frias, características das dores, aspecto dos materiais excretados pelo corpo, pulsação. A pessoa morria: a morte era logo reconhecida pela imobilidade, a parada da respiração (acreditava-se que se morria expirando), a cessação dos batimentos cardíacos, o olhar fixo, o resfriamento do corpo e o relaxamento dos músculos e, finalmente, a rigidez cadavérica.

Para a totalidade dos médicos e para o senso comum, a passagem da vida para a morte efetuava-se sem zona intermediária. Na Grécia, havia algumas exceções, como Demócrito de Abdera (cerca de 460-356 a.C.), que imaginava etapas transitórias, ou Asclepíades de Bitínia, que foi para Roma na primeira metade do século I a.C., e que poderia devolver a vida a qualquer um que fosse considerado morto. De fato, tratava-se de um erro de diagnóstico, que se devia às confusões entre estado comatoso e morte e à importância conferida aos sinais aparentes da morte em um corpo.

Para os romanos, esses derradeiros momentos eram de extrema importância. Os que sabiam que iriam morrer cobriam a cabeça, como se aceitassem o fato de não verem mais a luz do dia, ou se penteavam, trocavam de roupa. Esse foi o último gesto de César, essas

---

19 Sobre as mortes acidentais e violentas conhecidas por meio das inscrições, cf. A. Gunnella, "Morti improvvise e violente nelle iscrizioni latine", *in*: F. Hinard, *La Mort au quotidien dans le monde romain: actes du colloque organisé par l'Université de Paris IV (Sorbonne 7-9 octobre 1993)*, op. cit., pp. 9-22.

20 M. D. Grmek, *in*: F. Hinard, *La Mort, les morts et l'au-delà dans le monde romain: actes du colloque de Caen (20-22 novembre 1985)*, op. cit., pp. 131-5.

foram as últimas vontades de Augusto. Os romanos observavam esses últimos minutos, gravavam na memória, organizavam coletâneas que reuniam as últimas palavras do morto, quase sempre inventadas, que faziam circular. Os textos dos historiadores latinos estão repletos delas. Ao imaginário familiar acrescentavam-se os dos heróis nacionais, cujas mortes eram comunicadas às crianças como exemplo de *virtude* a ser imitada. Isso incomodava Sêneca, que escreveu a Lucílio: "Essas histórias passadas são repetidas incessantemente em todas as escolas. Quando chegarmos ao ponto seguinte, o desprezo da morte, você me contará a história de Catão"[21].

Naturalmente, quanto mais ilustre era o personagem morto, maior a atenção e mais picantes os detalhes. Foi assim que Caio Suetônio Tranquilo narrou as derradeiras palavras de César, de Augusto, de Nero, de Galba, de Vespasiano. Ele revelou com riqueza de detalhes a agonia de César, a de Calígula, as diferentes versões da morte de Tibério ou de Cláudio, a morte voluntária do imperador Otão. Comparou a morte serena de Augusto e de Vespasiano, os "bons" imperadores, em oposição às mortes atrozes de Tibério, Calígula, Cláudio e Nero, os "maus" soberanos. Ele, porém, não foi o único. Narrativas equivalentes foram produzidas por Tácito e por Plutarco. Essa atenção aos últimos instantes de vida estendeu-se pela Antiguidade tardia, em autores pagãos que se basearam em diferentes fontes, nos relatos das últimas palavras do imperador Juliano e em tantos fins de vida que o autor anônimo da *História Augusta* revelou ou inventou. Tradição seguida pelos autores cristãos, como Lúcio Célio Lactâncio em sua obra *A morte dos perseguidores*, na qual os imperadores perseguidores tinham um fim miserável, bem como nos inumeráveis atos e paixões dos mártires. Por que esse interesse na *ultima verba*[22]? Porque, para Suetônio[23], o que é válido para praticamente todos os autores

---

21   *Epistulae morales ad Lucilium* (Cartas a Lucílio), 3, 24, 6.
22   De um ponto de vista estritamente literário, é possível notar que os quatro Evangelhos narram as últimas palavras do Cristo e se inscrevem na tradição da biografia antiga. Do mesmo modo, as últimas palavras de um santo são assunto obrigatório na hagiografia.
23   Sobre tudo isso, ver, por exemplo, J. Gascou, *Suétone historien*, Roma: École Française de Rome, 1984, p. 385, ao qual se acrescentará R. F. Martin, *Les Douze Césars: du mythe à la réalité*, Paris: Perrin, 1991, pp. 349-85. Prolongando e romanceando um pouco esse discurso, um antigo funcionário da União Europeia,

antigos, "a morte era um reflexo da vida ou, pelo menos, sua sanção; mortes belas para vidas belas, mortes ignóbeis para vidas ignóbeis". As últimas palavras e os derradeiros momentos resumiam aquele que morria, podiam redimir uma vida malconduzida e salvá-la do opróbio ou, ao contrário, encerrá-la ali mesmo. Forjava-se assim o retrato que o morto deixaria para as gerações futuras; para o romano, uma imagem da mais suma importância.

Saber que alguém estava realmente morto evitava complicações; saber que iria morrer era ainda melhor, particularmente para os dirigentes, que podiam preparar secretamente sua sucessão. A astrologia e os presságios de morte, os *omina mortis*[24] – signos enviados pelos deuses aos homens, que, se estivessem atentos, podiam percebê-los e compreendê-los, ou ignorá-los, por desatenção ou futilidade do espírito –, são mencionados em grande número entre todos os autores, de Cícero ao autor anônimo da *História Augusta*, passando por Suetônio, que acreditava em seu valor. Em razão disso, Septímio Severo fez com que pintassem seu horóscopo no teto das salas em que fazia justiça, o que lhe permitiria prever o momento de sua morte, anunciada por pelo menos quatro presságios[25].

Nessas condições, a morte, qualquer morte, constituía um espetáculo. Donald G. Kyle, um estudante universitário americano, escreveu um ensaio substancial e brilhante sobre o tema *Espetáculos da morte na Roma antiga*[26]. Sem dúvida alguma, ele se dedicou essen-

---

François Fontaine, escreveu uma espécie de ensaio que obteve muito sucesso, *Vingt Césars et trois Parques* (Paris: Fallois, 1994) que ilustra a frase de Montaigne, no fundo bem romana: "Onde quer que sua vida acabe, ela está toda aí".

24 Na origem, tratava-se de palavras que designavam o futuro. Desde a época clássica, porém, o campo definido pelo *omen* (o signo, o presságio) ampliou-se e passou a englobar toda uma série de fenômenos ricos em ensinamentos sobre o futuro.

25 Sobre esse ponto, cf. E. Smadja, "Divination et idéologie impériale en Afrique romaine", *in*: E. Smadja e E. Geny, *Pouvoir, divination, prédestination dans le monde antique*, Besançon/Paris: Presses Universitaires Franc-Comtoises/Diffusé les Belles Lettres, 1999, pp. 299-316.

26 D. G. Kyle, *Spectacles of Death in Ancient Rome*, London/New York: Routledge, 1998. Com enfoque semelhante, mas com a inclusão de incidentes políticos, cf. também: P. Plass, *The Game of Death in Ancient Rome: Arena Sport and Political Suicide*, Madison: University of Wisconsin Press, 1995.

cialmente aos elementos públicos, singulares e constitutivos da vida romana, tais como as execuções públicas e os *munera*, dos quais os combates de gladiadores[27] constituíam o aspecto mais célebre. Esses combates, originalmente procedentes de um ritual funerário osco--lucaniano, surgiram em Roma em 264 a.C. Até o fim da República, eram realizados em honra de um morto, antes de se transformarem em um espetáculo cuja crueldade Cícero[28] criticou, mas do qual tirou "uma lição de força diante da dor e da morte"[29]. Por trás dessas exibições exacerbadas e teatrais da morte, nas quais se mesclavam a institucionalização legal da violência, antigos rituais de purificação e talvez até mesmo vagas lembranças de sacrifícios humanos executados sobre os túmulos[30], além de uma certa dose de sadismo e voyeurismo, sem que se soubesse avaliar, era esboçada uma certeza: morrer assemelhava-se a um espetáculo. E, quanto mais numeroso ou seleto era o público, melhor a posição social do morto. Se na Antiguidade romana jamais se vivia sozinho, salvo exceções, era raro, igualmente, que se morresse só. Quando era o caso, a morte era com frequência considerada a sanção de uma vida condenável e desonrosa. Vida e morte aconteciam sob o olhar dos outros, dos próximos e de sua família, de sua linhagem (sua gente), de seus clientes, dos vizinhos e, mais geralmente, de seus concidadãos.

Em que idade se morria e em que proporção? Para certas camadas da população, podem ter existido registros de falecimento, provavelmente guardados em arquivos no Santuário "da Vênus chamada

---

27 Sobre as relações teatralizadas dos gladiadores e da morte, sobre as formas e sentidos dessa morte, cf. os estudos de G. Ville, *La Gladiature en Occident*, Rome/Paris: École Française de Rome/Diffusion de Boccard, 1981; E. Teyssier, *La Mort en face: le dossier gladiateurs*, Arles: Actes Sud, 2009.

28 Marco Túlio Cícero (106-43 a.C.). Inimigo do Estado, ferrenho defensor da liberdade, Cícero refletiu profundamente sobre filosofia, direito, política e ética. Seu famoso dircurso contra Catilina, cônsul de Roma, pronunciado no Templo de Júpiter em 63 a.C., permanece atual para o debate contemporâneo. As *Discussões tusculanas* permitem a apreensão dos diferentes modos de discurso sobre as paixões da alma humana. Foram escritas por volta de 45 a.C., tendo como objetivo principal popularizar a filosofia estoica. [N.T.]

29 *Tusculanae disputationes* (Discussões tusculanas), 2, 17, 41.

30 Segundo uma nota de Jean Bayet: Tito Lívio, *Ab urbe condita libri* (História de Roma), 1, 25.

Libitina"³¹, no monte Esquilino, junto ao qual situavam-se empresas e materiais de pompas fúnebres em Roma. Esses registros eram necessários para o bom funcionamento dos serviços administrativos, como o que taxava os cidadãos romanos, e apenas eles: o serviço do vigésimo sobre as heranças, imposto que incidia sobre as sucessões e doações em linha indireta e que financiava a aposentadoria dos legionários. Um imposto que não poderia ser aplicado se os falecimentos da população cidadã não fossem registrados.

As inscrições funerárias, que quase sempre indicavam a idade do falecido, podiam ser fonte de informação? Hesita-se em generalizar. De um lado, deve-se levar em conta a super-representação dos homens, dos meios urbanos, das classes sociais "médias" ou privilegiadas, dos adultos, dos velhos³² e, *a contrario*, a ausência de informações sobre o meio rural, as mulheres, as crianças pequenas e os recém-nascidos, os pobres e miseráveis. De outro lado, as variações da mortalidade podem resultar de diferenças culturais na maneira de inscrever mais as crianças do que os idosos (ou o inverso), e é sempre estranho comparar números de amostragens coletadas de cinco em cinco anos (75, 80, 85, 90 anos etc.). A simples exploração das inscrições funerárias também é algo muito delicado. No melhor dos casos, elas podem fornecer algumas indicações demográficas, isso quando se trata de meio restrito e mais ou menos homogêneo, como uma legião, uma família célebre, um grupo social definido, por exemplo o dos senadores, ou uma dinastia. As comparações feitas com populações pré-industriais jamais foram convincentes.

Finalmente, as fontes mais confiáveis, apesar de suas falhas, são as fornecidas pelos recenciamentos egípcios ou pela tábua de mor-

---

31 Dionísio de Halicarnasso, *Rhōmaikē arkhaiologia* (Antiguidades romanas), 4, 15, 5; Suetônio, "Nero", in: *De vitis Caesarum* (Vida dos doze Césares), 39, 1. Sobre essas questões, cf. Catherine Virlouvet, "Existait-il des registres de décès à Rome au Ier siècle ap. J.-C.?", in: *La Rome impériale: démographie et logistique. Actes de la table ronde (Rome, 25 mars 1994)*, Rome: École Française de Rome, 1997, pp. 76-88; e François Hinard e Christian Dumont, *Libitina: Pompes funèbres et supplices en Campanie à l'époque d'Auguste*, 2003, p. 46.

32 Cf. W. Suder, "La Mort des vieillards", in: F. Hinard, *La Mort au quotidien dans le monde romain: actes du colloque organisé par l'Université de Paris IV (Sorbonne 7-9 octobre 1993), op. cit.*, pp. 31-45; M.-Th. Fontanille, *Vieillir à Rome: approche démographique*, Bruxelles: Latomus, 2004.

talidade de Ulpiano, um jurisconsulto da época dos Severos que, ao negligenciar a mortalidade infantil, concluiu que a expectativa média de vida da população era de 30 anos. Feitas todas as correções, e segundo os demógrafos atuais da Antiguidade, aparentemente a expectativa de vida no nascimento era de 21 a 22,5 anos, com uma taxa de mortalidade infantil bem elevada, e de 30 a 35 anos para os que conseguiam sobreviver à tenra infância. Calcula-se que, para os senadores do Alto Império, um grupo social privilegiado, a metade dos efetivos de uma geração havia desaparecido aos 25 anos, e que somente 10% dessa classe ultrapassava os 60 anos de idade. Mesmo em Roma, existia uma excessiva mortalidade em relação à zona rural, em particular nos meses de verão e no começo do outono, sem que por isso a cidade fosse uma "cidade-túmulo", como muitas vezes era designada, exceto em caso de epidemia, cujos efeitos eram agravados pelo fato de Roma ser superpopulosa. Foi o que aconteceu de 165 até o início da década de 180, quando ocorreu uma epidemia (peste ou, mais provavelmente, varíola?) que afetou o mundo romano e exterminou mais de 10% da população global do império, talvez entre 25 e 30% em certas regiões e na capital. Entre as províncias, as disparidades podiam ser importantes: se em Roma a expectativa de vida no nascimento era de aproximadamente 22,1 anos para os homens e 19,7 anos para as mulheres, no Egito era de 34,3 anos para os homens e 29,1 anos para as mulheres, e na África do Norte, de 46,7 anos para os homens e 44,1 anos para as mulheres. Todos esses números continuam incertos em razão da grande quantidade de parâmetros e, finalmente, pelo fato de nossa documentação se restringir a casos particulares. Fatores que tornam difícil, para não dizer impossível, o estabelecimento de estatísticas gerais.

Uma vez falecida, a pessoa tornava-se um cadáver[33] e causa de sujeira. O despojo mortal contaminaria os parentes próximos e até mesmo a comunidade. Por isso, era aconselhável afastá-lo, ou melhor, fazer com que aquele elemento perigoso para todos desaparecesse. Esse era o sentido dos funerais, *funus*, que aconteciam em

---

33 Sobre esse novo *status* do corpo, cf. os trabalhos de A. Allara, "Corpus et cadaver, la 'gestion' d'un nouveau corps", resumidos em F. Hinard, *La Mort au quotidien dans le monde romain: actes du colloque organisé par l'Université de Paris IV (Sorbonne 7-9 octobre 1993)*, op. cit.

diversas etapas, escalonadas durante uma semana ou mais, como se para os vivos fosse um processo de desligamento progressivo daquele que não pertencia mais ao mundo dos vivos e ainda não tinha se reunido ao mundo dos mortos. Dois tempos pontuavam esses funerais. Um acontecia na casa do morto, o outro no exterior: ambos constituíam as exéquias, no sentido rigoroso do termo. Nenhum representante de um culto público aparecia na casa; os funerais pertenciam ao registro do culto doméstico, familiar e privado. As decisões públicas referentes aos funerais, que são de nosso conhecimento, são excepcionais e dizem respeito essencialmente à época do principado romano, ao imperador ou a membros da família imperial; foi assim com os funerais de Augusto, em 14 d.C., ou com as disposições recentemente encontradas que descrevem as medidas tomadas em honra de Germânico, sobrinho e filho adotivo do imperador Tibério, morto em 19 d.C.

Antes das exéquias

O cenário a seguir é um modelo ideal, teórico[34], que não leva muito em consideração as evoluções. Não leva igualmente em consideração a variedade de particularismos, que adquiriam mais vida à medida que cada família se tornava responsável pelo sepultamento dos seus e de seu culto funerário e seguia suas próprias tradições. Esse esquema foi reconstituído a partir de fontes literárias mais ou menos completas, mais alusivas do que descritivas, de baixos-relevos[35] que,

---

34   Nenhuma fonte antiga descreve integralmente um exemplo de funeral com toda sua duração e todos seus rituais. Para uma descrição tradicional mais precisa, cf. E. Cuq, "Funus" (in: C. Daremberg e E. Saglio, *Dictionnaire des antiquités grecques et romaines*, Paris: Hachette, 1896, v. 4), renovado por J. Maurin em *AION, op. cit.* As interpretações atuais são múltiplas, por vezes contraditórias, questionadoras e abrem novas perspectivas. Mesmo a cronologia e a disposição de certas sequências estão sujeitas a controvérsias. Trata-se aqui de uma tentativa de síntese que é coerente, mas que, não é preciso dizer, pode ser revista e criticada em função da região, do meio social, das épocas, de novos trabalhos etc.

35   O mais eloquente baixo-relevo talvez seja o do Amiterno (São Vitorino) do século I a.C., conservado no museu da comuna de Áquila, e, sem dúvida alguma, representa os funerais de um antigo militar de quem o bastão de centurião e

em princípio, revelam os funerais das grandes famílias, da arqueologia funerária e de trabalhos de pesquisadores em um domínio que não cessa de se desenvolver e de se enriquecer em um ritmo cada vez mais acelerado.

Em geral, os testemunhos que sobreviveram se referem à dimensão pública e ostentatória dos comportamentos ritualizados daqueles que formavam o grupo dirigente de Roma ou que constituíam a elite das diferentes cidades. Antes de mais nada, referem-se aos comportamentos de homens cujos sentimentos permanecem quase desconhecidos e também aos de algumas mulheres, grandes damas. Sobre os outros, os pequenos, os humildes, nossas informações são poucas, mas não inexistentes, graças a algumas fontes literárias e a escavações recentes que não se limitam mais aos testemunhos inscritos em monumentos. Pelo visto, os sepultamentos dessas pessoas seriam variantes simples e modestas dos sepultamentos da elite social. Ao que leva a crer a lei de Pozzuoli, datada do principado de Augusto, que seria representativa das legislações italianas dessa época, é provável que os cadáveres dos pobres fossem rapidamente levados e que os das pessoas mais humildes entre eles fossem para a vala comum. Os encarregados desse serviço seriam os *vespillones*, cujo nome, muitas vezes oriundo de etimologias fantasistas e conferido pelos latinos, seria uma indicação de que eles trabalhavam à noite (*vesper*). Alguns cadáveres, porém, jaziam abandonados ou demoravam a ser retirados: quando Nero tentou se refugiar em um local a seis quilômetros ao norte de Roma, pouco antes de se suicidar, seu cavalo se assustou com um cadáver deixado na estrada. Esses casos seriam numerosos? Impossível saber.

Após o último beijo no defunto, dado no exato momento do falecimento por um parente próximo, quando isso era possível, seus olhos eram cerrados e seu nome chamado em voz alta diversas vezes (*conclamatio*); em seguida, o corpo era retirado do leito e colocado de joelhos em contato com a terra. Depois disso, era lavado com água quente, perfumado e vestido com a grande toga branca (signo distintivo do cidadão romano). Se fosse pobre, o morto era envolvido em um tecido negro; se fosse magistrado, era vestido com as insígnias honoríficas das funções que havia exercido; se no decorrer da exis-

o elmo são reconhecíveis. Consultar igualmente os baixos-relevos de Haterii (Museu do Vaticano) do fim do século I d.C.

tência tivesse recebido uma coroa (signo de seu valor militar ou de uma vitória nos jogos), ela seria colocada em sua cabeça. De acordo com o costume assimilado da Grécia e comprovado pela arqueologia desde o século VI a.C., antes de ser documentado pela tradição literária, no Lácio colocava-se uma moeda ou um pedaço de moeda na boca do falecido: era o "óbolo a Caronte", o preço da passagem exigido pelo barqueiro dos Infernos. O corpo era então retirado do quarto e, com os pés virados para a porta de entrada, levado para o átrio da casa (a parte pública), onde ficava exposto sobre um leito cerimonial, cercado de tochas e lamparinas, rodeado de flores e essências perfumadas. Os amigos do morto depositavam coroas. Um escravo o abanava. Ao redor do defunto posicionavam-se os membros da família, as carpideiras, os tocadores de flautas.

A presença das tochas e da luz que elas fornecem em pleno dia suscitou inúmeras interrogações da parte dos historiadores modernos, ainda mais importantes pelo fato de que a utilização de lamparinas, candelabros ou tochas pode ser constatada durante os funerais, nas festas ligadas aos mortos e nos próprios túmulos. Além de anunciar o falecimento no contexto de um *funus* – sem contar as questões perigosas e quase infindáveis do simbolismo[36], que tanto podem representar por metonímia a "noite simbólica" própria ao mundo dos mortos quanto a divinização dos astros –, uma explicação regular e avançada para essa prática poderia ser a que está de acordo com os textos antigos, que explicam seu uso por uma conduta etiológica. Tochas, lamparinas ou candelabros relembrariam uma

---

36 A esse respeito, por exemplo, cf. os escritos de inspiração diversa publicados no mesmo ano, mas bastante evocadores, de H. Menzel, "Lampen im Römischen Totenkult", in: *Festschrift des Römisch-Germanischen Zentralmuseums zu Mainz*, 1952, BD 3, pp. 131-8, que atribui às luzes funerárias diversas características (clarear após a morte, afastar os maus espíritos, assegurar o repouso ao defunto, identificação com a alma, cuja viagem ela também ilumina, símbolo da Luz Divina); e de P. Boyancé, "Funus Acerbum", *Revue des Études Anciennes*, Bordeaux: 1952, n. 54, pp. 275-89, retomado em *Études sur la religion romaine*, Rome: École Française de Rome, 1972, pp. 73-89, que se debruça sobre as diferentes significações que, segundo ele, revestem a tocha do rito funerário e privilegia o valor apotropaico das luzes utilizadas, em primeiro lugar, para os mortos prematuros. Mosaicos funerários, sarcófagos, em particular na África, mostram constantemente representações de chamas. Esse costume era tenaz: os concílios merovíngios continuavam a proibir que se acendessem pavios nas tumbas.

disposição arcaica, real ou imaginária, segundo a qual os funerais seriam celebrados de noite para que os sacerdotes e os magistrados não corressem o risco de se deparar com o cortejo fúnebre. Nessa época histórica, somente as crianças e os pobres eram sepultados à noite, sem cerimonial social. Além disso, o caderno que fixava as atividades do serviço público a serem realizadas pelos agentes das pompas fúnebres de Pozzuoli não mostra registros noturnos. Desse ponto de vista, o édito do imperador Juliano (em 363, *Codex theodosianus*, 9, 17, 5), que tentou estabelecer, ou restabelecer, o costume dos sepultamentos noturnos para evitar que a visão dos mortos afetasse os sacerdotes e os magistrados, demonstrou uma atitude ao mesmo tempo puritana e reacionária.

Desde o falecimento, a casa do morto, bem como sua família, tornava-se *funesta* ou *funestata*, "fúnebre", ou seja, uma família de luto e, ao mesmo tempo, cujos membros estavam contaminados pela sujeira provocada pela morte de um dos seus, exceto se esse morto fosse uma criança impúbere, cujos despojos haviam sido retirados durante a noite. Para o resto da cidade, esse grupo familiar constituía um perigo de contaminação. Por exemplo, o medo de contaminação era tão grande que um *funestatus* não podia fazer sacrifícios aos deuses, tampouco o *flamen dialis* (sacerdote encarregado de celebrar o culto a Júpiter, um dos três flâmines mais importantes e o primeiro em dignidade) e sua esposa podiam tocar um cadáver ou entrar em um local onde se incinerava um morto. Uma interdição similar aplicava-se aos sacerdotes do culto imperial, especificada no regulamento da Gália Narbonense. De fato, qualquer contato de um detentor de funções religiosas com um morto era proibido, fato que o imperador Tibério relembrou a Germânico quando este sepultava os ossos dos legionários mortos na derrota que Armínio, o chefe das tribos germânicas, infligiu a Públio Quintílio Varo na floresta de Teutoburgo[37]. Além disso, a flamínica, esposa do *flamen dialis*, não podia usar sapatos feitos do couro de um "animal morto" de morte natural, só podia calçá-los se tivessem sido fabricados com a pele de um animal sacrificado. Como revela Varrão[38], seguindo a

---

37   Cf. Tácito, *Annales*, 1, 62, 2.
38   Cf. Varrão, *De lingua latina*, 7, 84.

mesma ordem de ideias, era proibido que o couro fosse introduzido em certos santuários e, naturalmente, que ali se pudesse encontrar um cadáver.

A família *funesta* também devia se fazer notar pela comunidade dos vivos e distinguir-se para não propagar essa sujeira. Os passantes eram advertidos de que havia um morto na casa, e se evitava acender qualquer tipo de fogo diante de uma porta forrada de galhos negros de arbustos ou de ciprestes, ou ao ouvir a sonoridade fúnebre das trompas, às quais se juntavam lamentações e choros das mulheres. Durante muito tempo, uma mulher denominada *praefica*, contratada por ocasião da morte, cantava louvores ao morto diante da casa. Distinguir-se pelas vestes era mais uma preocupação para os que faziam parte do círculo do morto; eles deixavam de usar as roupas habituais de cidadãos e negligenciavam a própria aparência. Os homens não se barbeavam, vestiam uma toga escura ou preta (a toga *pulla* ou *atra*), geralmente usada por gente inferior, e não podiam desempenhar suas funções públicas. As mulheres usavam o *ricinium*, vestimenta que simbolizava o luto. Elas deviam abandonar as roupas consideradas luxuosas, modernas, elegantes, e usar uma espécie de xale arcaico com o qual envolviam o corpo. Elas procuravam refletir a imagem da morte? Ampliamos a argumentação. Os mortos eram conduzidos ao lugar do sepultamento sempre com vestes brancas, e os que choravam por eles usavam vestes pretas. Apenas os indigentes eram enterrados com roupas pretas.

Os funerais

Depois de sete dias de exposição do corpo, começavam a ser realizados os funerais externos. Eles eram organizados em três momentos: o transporte do corpo até o local onde seria incinerado ou sepultado, em um cortejo cuja importância e trajeto dependiam do *status* social do morto; o sepultamento no túmulo propriamente dito, o *humatio*; e os atos de purificação.

Na frente do cortejo fúnebre (*pompa funebris*), caminhavam os trompetistas, os trompistas, as carpideiras e os flautistas. A *praefica* entoava a "nênia"[39] (*naenia*) dos funerais ao som das flautas, simultaneamente um lamento, uma glorificação do defunto, gritos, melopeias, gemidos de dor, que servos e carpideiras remunerados repetiam em um coro de frases musicais. Como relembra Cícero, essas manifestações de dor, as *pietas,* prescritas pela sociedade, quase sempre herdadas dos costumes etruscos, precisaram ser controladas e limitadas a partir da Lei das Doze Tábuas, em 450 a.C. Essas medidas foram eficazes? As lamentações se tornaram mais moderadas? As mulheres evitaram se dilacerar e infligir ferimentos em suas próprias faces? O número de músicos foi restringido? Difícil confirmar.

O cortejo era seguido por candelabros e tochas especiais, diferentes das tochas nupciais em sua composição. Eles prenunciavam a liteira na qual, dentro de um caixão de madeira aberto, o corpo do defunto era transportado, algumas vezes com a face coberta, outras vezes representado por uma estátua em posição vertical. Todos podiam vê-lo. Segundo a riqueza e a posição política ocupada pelo morto na cidade, a liteira era mais ou menos luxuosa. Era transportada nos ombros, sempre por um número par de pessoas, que em geral eram filhos do defunto, parentes próximos ou herdeiros. Quanto mais ilustre era o morto, mais elevadas na hierarquia social eram as pessoas que o carregavam. Em 115 a.C., Quinto Cecílio Metelo Macedônico foi levado à pira funerária por seus quatro filhos; um era magistrado e os outros três eram cônsules. Um deles ainda havia sido censor e general triunfante.

Atrás da liteira vinham os familiares, amigos, clientes, os *prosequi*, "os que seguem", por dever, por afeição, para honrar o defunto. Na frente deles, vinham os retratos em cera dos ancestrais, ou seja, as *imagines maiorum,* as imagens dos mais velhos, no caso das famílias que tinham o privilégio de ostentá-los. Eram carregados por familiares vivos que os imitavam vestindo roupas paramentadas ligadas às funções que esses ancestrais haviam ocupado. Com isso, reavivavam sua lembrança e representavam a vida de grandes homens que haviam ilustrado a vida do defunto que logo iria se juntar a eles.

---

39 Os romanos conheciam uma deusa de nome Nênia, cujo santuário ficava fora dos limites da Urbes, junto à porta Viminal. Ela protegia os derradeiros momentos do cadáver na Terra após sua morte. Nênia talvez fosse a personificação da melopeia cantada nos rituais.

Encarnavam a sucessão ininterrupta das gerações e manifestavam diante dos espectadores a vitalidade da família. Os filhos caminhavam com a cabeça coberta, enquanto as mulheres exibiam o rosto descoberto. Elas deixavam o *ricinium* e vestiam uma *palla* preta (um mantô que se usava sobre outras roupas), a cor dos deuses dos mundos inferiores. Vestir essa cor significava que essas mulheres iriam se afastar da sociedade e permanecer momentaneamente ligadas ao reino das sombras e da morte. Elas não usavam os cabelos penteados, mas desgrenhados, sem cuidados: essa negligência voluntária traduzia o desgosto do mundo, a recusa de agradar ou de se submeter aos códigos de beleza do mundo dos vivos. Essa participação em um mundo que não era o dos mortos, mas que tampouco era o dos vivos, podia ir ainda mais longe: para demonstrar que se distanciavam da vida cotidiana habitual, os magistrados que participavam dos funerais não ostentavam suas insígnias. No dia dos funerais do imperador Augusto, os cavaleiros se propuseram a abandonar seus anéis de ouro e a usar anéis de ferro, enquanto os senadores apareceram no senado vestindo togas de cavaleiros; seu sucessor, Tibério, e o filho deste, Druso, usaram roupas escuras como as do povo.

Ao atravessar o Fórum, o cortejo parava e ouvia o louvor público ao defunto, pronunciado por um membro de sua própria família. Quase sempre um discurso declamado na tribuna das arengas, com eventuais conotações políticas. Foi o que fez o jovem César, em 69 a.C., ao exaltar a memória de sua tia Júlia, esposa de Caio Mário, vencedor da guerra dos cimbros e dos teutônicos. Para as famílias dos grandes, esse exercício obrigatório, além de relembrar as conquistas do defunto para sua comunidade, manifestava também a preocupação de reter na memória coletiva a *fama* e a *glória* familiares. A linhagem masculina era privilegiada, pois sua presença representava a personalidade cívica do morto, seu *status* social, seu lugar na cidade. Nesse sentido, os funerais das crianças e das mulheres só podiam ser restritos e curtos. Segundo o comentário de Nicole Belayche, "A morte delas não interessava à cidade"[40].

Políbio, general grego, historiador e refém que viveu em Roma em meados do século II a.C., descreve, em um célebre texto, o cortejo fu-

---

40 Em F. Hinard, *La Mort au quotidien dans le monde romain: actes du colloque organisé par l'Université de Paris IV (Sorbonne 7-9 octobre 1993)*, op. cit., p. 162.

nerário dessas grandes personagens que ele associa a uma demonstração das qualidades militares dos romanos, algo que nunca havia sido ressaltado. Ele menciona com entusiasmo os sentimentos que percebia nos espectadores daquele impressionante espetáculo:

> Todos experimentam uma emoção tão grande que o luto deixa de parecer limitado à família e toma conta do povo como um todo. [...] Para um jovem animado por sentimentos de glória e de virtude, não existe espetáculo mais belo de se contemplar: quem não se sentiria inspirado ao ver reunidas imagens de homens cujo valor é glorioso, como se estivessem vivas e em movimento? Que espetáculo mais belo do que esse se poderia mostrar a ele?[41]

Os deuses estavam ausentes desse cortejo, embora fossem entidades presentes ao longo de toda a vida de um romano. Políbio ressaltou também que as práticas rituais funerárias tinham um fio condutor, o de um "contraste dramático" construído sobre a alteridade e a alteração, sobre a inversão e o deslocamento dos hábitos da vida cotidiana[42]. Um único exemplo, já assinalado: o morto era vestido com a toga do cidadão, como se estivesse vivo; era sua última aparição pública, mas seus familiares se faziam notar por seu aspecto negligente, como se estivessem mais próximos das sombras do que dos vivos.

Assim que chegava ao lugar da sepultura, fora da cidade, o cortejo cumpria seus últimos deveres para com o morto. A parte pública dos funerais agora cedia lugar a uma sequência que se podia qualificar de transformação: de um lado, a transformação de um morto em um defunto que podia receber as honras funerárias; de outro, a transformação de uma família contaminada em uma família purificada. Duas transformações possíveis graças a um conjunto de ritos que implicava sacrifícios, banquetes, atos purificadores. Esses atos purificadores já haviam começado na casa do morto, com os *everriae*, uma cerimônia na qual o local era varrido e higienizado.

Uma questão preliminar se coloca: esse conjunto de ritos desenvolvia-se de maneira idêntica em caso de incineração ou de sepulta-

---

41 *Historiae*, 6, 53-54.
42 J. Scheid, *AION, op. cit.*, pp. 117-39.

mento? Com algumas nuanças parecidas, é o que se supõe, mas as fontes escritas fornecem pouca informação sobre os ritos observados por ocasião dos sepultamentos. A razão disso é simples: quase todas essas fontes foram escritas em um período no qual a incineração constituía a prática dominante. Durante longo tempo, os historiadores se perguntaram sobre a importância que se deveria dar à alternância entre esses dois tipos de sepultura. Elas efetivamente podiam traduzir uma diversidade de populações, de condições sociais, de concepções diferentes das relações com os mortos, da morte e da vida após a morte. Esses dois tipos de sepultamento coexistiram em proporções desiguais, de acordo com os séculos, os lugares e segundo as sensibilidades, os costumes, muitas vezes dentro de uma mesma sepultura e de uma mesma família. Apesar de tudo, para Roma e o Lácio, algumas linhas de força se destacam: a incineração com a prática das "urnas-cabanas" (réplicas miniaturizadas das casas dos vivos) foi dominante no fim da Idade do Bronze (1000-900 a.C.) e no início da Idade do Ferro (século IX a.C.). A incineração foi progressivamente substituída pelo sepultamento, que, a partir do século II a.C., recuou fortemente em relação a ela; finalmente, ao longo de todo o século II e no decorrer do século III d.C., reafirmou-se um retorno do sepultamento, suplantando a incineração, que, por sua vez, jamais desapareceu por completo. Atualmente[43], os historiadores concordam, com prudência, em reconhecer que não haveria nenhuma interferência entre a maneira pela qual o morto recebia sua sepultura e as crenças dos romanos. Pelo menos antes da influência das formas de religiosidade que passaram a conferir uma importância crescente ao mundo supraterrestre e, eventualmente, à retribuição, fosse qual fosse sua forma, e que tendiam para o sepultamento. A princípio, o que contava era que os ritos fossem respeitados e que os vivos e os restos dos mortos permanecessem em espaços separados. Dessa longa coexistência, restou um testemunho no caso da incineração, a prática do osso *resectum*, um osso, geralmente um dedo, retirado do corpo antes que ele fosse queimado e sepultado na terra: era

---

43 Cf. a visão de conjunto proposta pelas atas do colóquio *Incinérations et inhumations dans l'Occident romain aux trois premiers siècles de notre ère*, de 7 a 10 de outubro de 1987 (org. M. Vidal), Toulouse: Association pour la Promotion du Patrimoine Archéologique et Historique en Midi-Pyrénées, 1991.

o *humatio*. Esse costume relembrava que o modo de sepultamento mais antigo, na época histórica, era a inumação; quando a incineração se expandiu, os pontífices teriam imaginado esse subterfúgio para realizar o sepultamento. Como destacou Cícero, um rito indispensável, pois,

> antes que os ossos de um defunto fossem recobertos de terra, não se permitiam olhares religiosos sobre o local em que seu corpo havia sido queimado, mas depois que a terra recobriu seus ossos, o defunto está sepultado nesse lugar: o local recebe o nome de "túmulo" (*sepulcrum*) e, a partir de então, adquire um grande número de direitos religiosos[44].

Como afirmava Varrão, contemporâneo de Cícero, as cinzas também deveriam permanecer sob a terra, sem isso a família continuaria *funesta*:

> Quando um romano foi incinerado, se não se recobrir seu túmulo de terra, sua família continuará contaminada por ele; e permanecerá assim, mesmo no caso da retirada de um osso do morto para a purificação familiar, isso até que, no decorrer da purificação, o osso seja enterrado sob o solo (*humus*), isto é, segundo a expressão dos pontífices, enquanto o morto não for *inhumatus* (inumado)[45].

Vamos acompanhar o desenrolar mais habitual dessa última sequência dos funerais. Ela começava junto do túmulo, ou da pira funerária, em presença do morto, com o sacrifício[46] de uma porca "presenteada" (*porca praesentanea*) a Ceres, uma deusa não infernal[47], responsável

---

44 *De legibus*, 2, 22,57.

45 *De lingua latina*, 5, 23.

46 Um dos aspectos essenciais do sacrifício romano era o de ser uma refeição compartilhada desigualmente entre os deuses imortais, servidos em primeiro lugar, e os mortais. As deidades não infernais recebiam a parte de honra, os *exta*, enquanto no caso das deidades infernais, dos mundos inferiores, o conjunto de oferendas era totalmente queimado; tratava-se de um holocausto. Intervinha aí um terceiro ator, o defunto.

47 Segundo Festus, o qualificativo *praesentanea* originava-se do fato de que "uma parte do sacrifício se faz em presença do morto cujos funerais são celebrados". Essa sequência se complicava pela presença do sacrifício da *porca praecidânea*, "precidânea" (entre os antigos romanos, a palavra "precidânea" referia-se às ví-

pela superfície da Terra e pelo crescimento das plantas, mas que se comunicava com o mundo subterrâneo. Esse sacrifício associava a deusa, o defunto e os celebrantes, que normalmente compartilhavam da vítima: os *exta* (as vísceras) eram servidos à deusa; o defunto recebia sua parte na pira funerária, quando se tratava de uma incineração, ou ao lado do túmulo, quando havia sepultamento; os familiares compartilhavam o restante da porca em uma mesa, provisória ou permanente, arrumada ao lado do túmulo. Nesse banquete, cada um ocupava um lugar hierarquizado, de acordo com o respectivo *status*, e pela primeira vez o defunto ficava totalmente apartado dos seus. Para os vivos, essa refeição fúnebre (o *silicernium*) incluía um menu pré-fixado pelos costumes: ovos, legumes, favas, lentilhas, sal, pão, aves. Em seguida, os recipientes utilizados eram destruídos.

A cerimônia de sepultamento devia ser simples, pois os recursos destinados a ela eram parcimoniosos: no caso dos mais modestos, o corpo do defunto era estendido em uma simples vala na terra ou colocado em duas meias-ânforas encaixadas uma sobre a outra e que constituíam o sarcófago mais econômico que havia. Mais dispendiosos, o caixão (de madeira ou chumbo), o sarcófago em terracota ou mármore, com ou sem decoração, eram colocados em monumentos funerários.

A incineração acontecia de duas maneiras: ou o cadáver era queimado dentro da própria vala em que ia ser enterrado ou era estendido em uma liteira, em um leito ou dentro de um caixão, de olhos abertos, e depois colocado sobre a fogueira (*rogus, pyra, bustum,* que significa tanto a pira funerária como o túmulo), muitas vezes construída em diversos níveis. Junto ao corpo ficavam os objetos pessoais ou preciosos utilizados pelo defunto (armas, vestes, joias, cerâmicas).

---

timas imoladas previamente, na véspera da festa do sacrifício), uma porca inteira oferecida a Telo, deusa da Terra, e a Ceres. Esse sacrifício não fazia parte do ritual normal dos funerais, mas podia ocorrer antes das colheitas, quando um defunto não havia sido sepultado durante o ano, como uma compensação concedida à terra. O essencial do debate pode ser encontrado em H. Le Bonniec, *Le Culte de Cérès à Rome: des origines à la fin de la République*, Paris: Klincksieck, 1958, pp. 91-107; L. Deschamps, *in*: F. Hinard, *La Mort au quotidien dans le monde romain: actes du colloque organisé par l'Université de Paris IV (Sorbonne 7-9 octobre 1993)*, *op. cit.*, p. 179; J. Scheid, *Quand faire, c'est croire: les rites sacrificiels des Romains*, Paris: Aubier, 2005, pp. 167-74.

Até mesmo os pequenos animais pelos quais ele tinha afeto eram mortos e queimados junto com ele. Sobre a pira funerária, os espectadores atiravam presentes, roupas, víveres, perfumes, incensos, carnes sacrificadas, e chamavam o defunto pela última vez, depois disso o fogo era aceso. Em geral, a pira era construída no local em que se efetuava o sepultamento, quase sempre rodeado de bosques de ciprestes, árvore consagrada às deidades dos mundos inferiores, os *chthonius,* que se acreditava terem o poder de dissipar os odores desagradáveis exalados da pira funerária. Durante a cremação, os espectadores assistiam à cerimônia em pé, posicionados em círculo ao redor da pira, e respondiam em coro à *praefica,* que fazia a ligação entre os vivos e o defunto. Assim que terminava a incineração, os parentes mais próximos recolhiam em um lençol os ossos calcinados, depois lavavam e guardavam dentro de uma urna que, em seguida, era colocada no interior do túmulo.

Após o cadáver ter sido incinerado, as cinzas recolhidas, o osso *resectum* previamente retirado e enterrado, a sepultura recoberta de terra e o nome do morto chamado pela última vez, era pronunciada a palavra *ilicet.* Essa contração das palavras *ire licet* ("pode partir") deve ser compreendida, como assegura Lucienne Deschamps[48], em um duplo sentido: para o falecido, cujo cadáver havia se desligado progressivamente de sua comunidade de origem, significava deixar o mundo dos vivos e entrar no mundo dos Manes, com passagem facilitada pela deusa Ceres; para os espectadores, era o sinal de que todos poderiam retomar suas ocupações normais. O túmulo havia se tornado a morada do defunto. Constituído segundo as modalidades rituais, ele passava a existir por direito sagrado; tratava-se agora de um *locus religiosus*. Estava apto a ser um lugar de culto.

Ao retornarem ao lar, os que haviam participado dos rituais eram purificados pela água e pelo fogo, e a casa era desinfetada por meio de fumigações. Seguiam-se então as "férias mortuárias" (*feriae denicales*), tempo de luto e de repouso para os homens e para os animais,

---

48 Cf. L. Deschamps, "Rites funéraires de la Rome républicaine", *in*: F. Hinard, *La Mort au quotidien dans le monde romain: actes du colloque organisé par l'Université de Paris IV (Sorbonne 7-9 octobre 1993), op. cit.*

que se encerrava nove dias depois com a *novemdialis cena*⁴⁹, o "banquete da novena". Esse banquete acontecia ou em um lugar público, como o Fórum, ou na própria casa da família. Os participantes e convidados, por vezes muito numerosos, não vestiam mais roupas fúnebres: sua presença significava que o luto e a sujeira haviam terminado. Reunificada e purificada, a família reaparecia na cidade, na qual se inseria novamente. Era também um momento em que as famílias ricas e ilustres organizavam jogos funerários de gladiadores. Paralelamente, um sacrifício (o *novemdiale sacrificium*) era oferecido ao próprio morto. Dessa vez, porém, era dirigido aos Manes do defunto e constituía um holocausto, como era aconselhável fazer quando se tratava de deidades dos mundos inferiores. Naturalmente, separados para sempre do defunto, os vivos, a família, não se sentavam à mesa... Um segundo sacrifício, não muito conhecido, o de um cordeiro, talvez fosse celebrado na casa para purificar o espírito protetor doméstico, exceto se esse sacrifício já tivesse precedido o banquete familiar aberto a todos.

Se o morto não tivesse sido sepultado, nem mesmo simbolicamente pelo rito do osso *resectum*, se os deveres (*iusta*) não tivessem sido cumpridos, a família do morto não poderia recuperar sua pureza. O que acontecia, então, com os afogados e com aqueles cujos corpos não tinham sido encontrados? Sem túmulo permanente, os defuntos seriam condenados a perambular eternamente e a maldizer os vivos? Nesse caso, os romanos construíam um cenotáfio, um memorial fúnebre sem sepultura. Não possuir sepultura levava o defunto a vagar eternamente, a se transformar em um morto maléfico. Alguns se tornavam maléficos pela maneira como tinham morrido, principalmente se fosse por enforcamento ou por meio de punição, como os crucificados.

Três objetivos deveriam ser atingidos com esses funerais: agradar o defunto, a fim de que ele não voltasse para atormentar os que haviam ficado, e instalá-lo em seu túmulo, sua nova morada, que a cidade e a lei protegeriam, desde que a família honrasse sua me-

---

49 Sobre esses delicados problemas de duração, cf. N. Belayche, "La Neuvaine funéraire à Rome ou la mort impossible", *in*: F. Hinard, *La Mort au quotidien dans le monde romain: actes du colloque organisé par l'Université de Paris IV (Sorbonne 7-9 octobre 1993), op. cit.*, pp. 155-69; e J. Scheid, *Quand faire, c'est croire: les rites sacrificiels des Romains*, pp. 166-7 e 175-7.

mória; purificar (*purgare*) a família na qual havia acontecido o *funus*, contaminada por ele, e conduzi-la ao estado normal de uma vida na comunidade dos vivos; "restabelecer a ordem do mundo ao entregar à terra o que lhe pertence e restituir à superfície do solo seu papel de fronteira sobre a qual comumente não deveria existir nada morto"[50]. Lucano resume esse último ponto em dois versos: "A terra leva tudo o que gerou, o céu recobre aquele que não tem urna"[51].

O túmulo, o *monumentum*

"Você construirá meu túmulo (*monumentum*) como eu o encarreguei de fazer?", perguntou Trimálquio a Habinas, um de seus convidados e marmorista de seu império, no célebre banquete do Satíricon[52]. E prosseguiu:

> Eu lhe peço, sobretudo, que faça representar muito bem, sob os pés de minha estátua, minha cadelinha, meus perfumes, minhas coroas, [...] para que, graças a você, me seja possível viver após minha morte. E mais, que do lado que dá para a estrada, a largura de meu monumento seja de cem pés, e que o lado voltado para o campo tenha duzentos pés de profundidade; quero que ao redor de minhas cinzas brotem todos os tipos de árvores frutíferas e muitas parreiras de uvas também. Comete-se um grande erro ao construir casas muito confortáveis quando se está vivo e não dar importância àquelas em que se vai permanecer por um tempo muito maior. É por isso que, em primeiro lugar, eu quis que ficasse bem claro que "esse túmulo não faz parte de minha sucessão". Além disso, farei tudo o que for necessário para que meu testamento me garanta que ninguém irá me trapacear quando eu estiver morto.

---

50 L. Deschamps, "Rites funéraires de la Rome républicaine", *in*: F. Hinard, *La Mort au quotidien dans le monde romain: actes du colloque organisé par l'Université de Paris IV (Sorbonne 7-9 octobre 1993)*, op. cit.

51 Lucano, *Pharsalia* (Farsália), 7, 818-819.

52 Petrônio, *Satyricon* (Satíricon), 71 (tradução adaptada de O. Sers. Paris: Belles Lettres, 2001). A respeito dessa descrição do túmulo, cf. o artigo fundamental de P. Veyne, "Vie de Trimalcion", *in*: *Annales* ESCP, março-abril 1961, retomado em P. Veyne, *La Société romaine*, Paris: 2001, pp. 13-56.

Junto de meu túmulo, como guardião do monumento, instalarei um de meus escravos alforriados, isso para que ninguém venha defecar ali. Peço também que sobre meu monumento você mande esculpir barcos navegando a plenas velas, e eu em uma estrada, vestindo uma toga, com cinco anéis de ouro, retirando moedas de uma bolsa para distribuí-las entre o povo (você sabe que ofereci um banquete público no qual doei duas moedas a cada conviva). [...] À minha direita, você colocará a estátua de minha Fortunata com uma pomba em uma das mãos e a outra segurando minha cadelinha em uma coleira, e depois meu queridinho, e ânforas de tamanho grande, bem fechadas para que o vinho não evapore. Pode esculpir também uma urna quebrada e sobre ela uma criança em prantos. Coloque no centro de tudo um relógio, para que quem quiser saber a hora seja forçado a ler meu nome. Como epitáfio, veja se esse te parece conveniente o bastante: "Aqui jaz. Caio Pompeu Trimálquio Mecenato repousa aqui. O sevirato lhe foi conferido em sua ausência. Ele poderia ter pertencido a Roma e a todas as decúrias, mas esse não foi seu desejo. Homem de dever, valente, fiel, partiu há pouco, deixou trinta milhões de sestércios e jamais deu ouvidos a um filósofo. Porte-se bem – Você também!".

Subjacente à caricatura literária da ostentação escandalosa e vulgar desse escravo alforriado, novo rico, que cuidou dos preparativos de sua sucessão e de seus funerais ainda em vida (o que era relativamente frequente), foram identificadas realidades sociais e culturais referentes ao túmulo. Confirmadas pela arqueologia, elas recobrem quase todos os aspectos desses funerais: definição, localização, descrição, inscrição, direitos, decoração, público, significação.

Do século I a.C. ao século V d.C., a principal definição da palavra *monumentum* (ou *monimentum*) permaneceu a mesma: "aquilo que serve para chamar a atenção, para rememorar". Mais tarde, por metonímia, o termo passou a ser aplicado a todas as construções comemorativas, principalmente as funerárias: "as 'reminiscências' inscritas nos túmulos que ladeavam a estrada ali estavam para relembrar a todos que eles mesmos tinham sido seres mortais e que os que por ali passavam também eram", explicou Varrão[53]. Ter uma sepultura e recordar-se de um defunto eram dois deveres conjugados: se

---

53 *De lingua latina*, 6, 49.

o termo *memoria* habitualmente designava a "lembrança" de alguém, designava também o monumento que perpetuava a recordação do defunto e que continha sua respectiva inscrição funerária. Em contrapartida, os cadáveres dos condenados à morte eram jogados no rio Tibre ou atirados aos cães e aos abutres; sua memória era *damnata*, "condenada"; seus nomes eram mergulhados no esquecimento.

A localização dos túmulos? Eles eram erigidos no campo, no interior das propriedades familiares, distantes da habitação, em geral como mausoléus, no caso das vilas da aristocracia que pontuavam a paisagem rural. Ou, então, nos arredores de uma cidade, diante de suas portas, ao longo de uma estrada principal, no exterior do *pomerium*, a linha religiosa e jurídica que delimitava o interior e o exterior da cidade, que separava o civil do militar e os vivos dos mortos. Isso, porém, não fora sempre assim. Originalmente, era possível ser enterrado no perímetro da cidade, até mesmo dentro da própria casa ou nas vizinhanças do solo privado. Em 450 a.C., embora essa prática fosse aparentemente anterior, a Lei das Doze Tábuas passou a proibir o sepultamento ou a cremação do morto no interior da cidade. Mais do que por escrúpulos religiosos, os anciãos explicavam essa proibição como uma preocupação sanitária e um temor pelos incêndios[54], uma vez que a inumação era purificadora. Incessantemente repetida em Roma, até o século IV d.C., essa interdição aplicava-se igualmente às antigas cidades do Lácio e às colônias romanas. Havia exceções: crianças de menos de quarenta dias, que continuaram a ser enterradas em casa, algumas raras famílias dispensadas dessa lei e, mais tarde, o imperador Trajano, cujas cinzas foram depositadas sobre a coluna de seu Fórum.

As sepulturas diferiam, o que dependia de o cadáver ter sido sepultado ou incinerado. No primeiro caso, o corpo era encerrado em um sarcófago de pedra, mármore, chumbo, argila ou mesmo colocado em um leito dentro do túmulo; no segundo caso, as urnas também eram muito variadas: vasos de argila, vidro, mármore, alabastro, ouro, prata, chumbo ou simplesmente ânforas cortadas em duas, e até mesmo em potes de couro curtido, que não eram selados, como

---

54 Por outro lado, as piras funerárias eram separadas das zonas habitadas por regulamentações municipais. Eram instaladas com maior frequência nas próprias necrópoles; em Pompeia, elas são encontradas essencialmente na área funerária.

acontecia com as urnas mais preciosas, que eram fechadas em um pequeno cofre com vidrinhos de perfume. Em seguida, a sepultura recebia uma marca exterior visível, mais ou menos suntuosa, que a transformava em um monumento funerário.

De um lado a outro do império, certamente com algumas especificidades locais, qualquer um que entrasse em uma cidade romana, ou dela saísse, "desfilava com toda pressa diante das cinzas e dos ossos de seus antepassados"[55]. A partir de Roma, ao longo de mais de quinze quilômetros de seu traçado retilíneo, a Via Ápia exibia um conjunto de monumentos funerários. De acordo com a localização, a época, a condição social e a riqueza, o nível cultural, a fantasia individual, os monumentos assumiam as formas mais diversas – urna, estela, coluna, pirâmide, "caixão" na África, torre, mausoléu, túmulo em forma de pódio, túmulo-altar, túmulo-templo etc. –, bem como assinalavam se tinham sido destinados aos defuntos cremados ou aos sepultados. Os ritos não exercem qualquer influência sobre os edifícios funerários, construídos por arquitetos especializados, pelo menos quando eram de dimensões importantes e comportavam a casa do guardião. Em Isola Sacra, a ilha artificial que ligava o porto de Claudio e o de Trajano, no centro do conjunto da Ostia Antiga, em Roma, foi descoberta a necrópole de Porto, utilizada entre o fim do século I e o século IV de nossa era. Dois grandes tipos de túmulos foram erigidos ali. De um lado, ficavam os túmulos alinhados ao longo de uma estrada de mão dupla. Eram construídos para serem vistos: tinham o formato de capelas ou de salas coletivas, com fachadas bem cuidadas, por vezes precedidas de uma antessala, com um ou dois andares. Pertenciam a famílias titulares desses túmulos que ali sepultavam seus membros, inclusive as crianças e os escravos alforriados. De outro, situavam-se os túmulos individuais: eles podiam abrigar os restos mortais dentro de uma ânfora, ou sob um telhado, agrupados em um local à parte, e constituíam a derradeira morada dos mais pobres, "o campo dos pobres". A estrada determinava, condicionava e hierarquizava a ocupação dos espaços segundo o princípio da maior visibilidade possível. Alguns refratários a esse costume, como o poeta Propércio, embora fiéis ao culto dos mortos, recusavam-se a ter "seus nomes inscritos no meio de uma estrada".

---

55 Juvenal, *Saturae* (Sátiras), III, 146.

No início do império, desenvolveu-se simultaneamente a prática do *columbarium* (um termo moderno, literalmente "casa de pombos"), no qual as urnas cinerárias dos escravos e dos escravos alforriados das grandes famílias ou da casa imperial eram reagrupadas e organizadas. A princípio, esses monumentos foram erigidos na superfície e comportavam nichos para receber urnas cinerárias individuais.

Posteriormente, no século II, esses *columbaria* foram progressivamente abandonados em benefício de salas subterrâneas, os hipogeus – transformados posteriormente nas catacumbas, que receberam o nome de um lugar conhecido como Roma *ad catacumbas*, "próxima da ravina", junto de uma área utilizada como necrópole –, cujas galerias podiam exibir células funerárias (*cubicula*) para um grupo de pessoas e cavidades retangulares destinadas a receber um corpo cada uma (*loculus*), sem que essas fundações privadas fossem reservadas a uma religião particular. Somente a partir do fim do século II que os cristãos de Roma criaram seu primeiro cemitério comunitário e organizaram suas próprias catacumbas, as Catacumbas de Calixto.

A grande maioria desses monumentos funerários exibia epitáfios[56]. Eles ecoavam a palavra do morto. Era aconselhável, porém, ler o nome do defunto em voz alta para reavivar sua lembrança. Pronunciá-lo permitia ao defunto permanecer para sempre entre os vivos: "É uma felicidade para as cinzas aqui recolhidas que seu nome seja pronunciado; as inscrições contidas nos próprios túmulos nos prescrevem isso"[57]. Era preciso atrair a atenção do passante para esses tipos de túmulos, obter dele ao menos um olhar, um pensamento. Para isso, Trimálquio fez uso de um estratagema constatado na prática: colocou um relógio solar em seu túmulo. A partir do século I d.C., se forem excluídos cerca de 1.500 epitáfios em verso[58], os epitá-

---

56 Sobre esse assunto, cf. as sínteses de Charles Pietri, "Inscriptions funéraires latines" (*in*: *Christiana respublica: éléments d'une enquête sur le christianisme antique*, Rome: École Française de Rome, 1997, v. 3, pp. 1047-468), e de Jean-Marie Lassère, "Les Inscriptions privées" (*in*: *Manuel d'épigraphie romaine*, Paris: Picard, 2005, v. 1, pp. 220-90).

57 Ausônio, *Parentalia*, 11-12.

58 Cf. os artigos de G. Sanders em *Lapides memores: païens et chrétiens face à la mort. Le témoignage de l'épigraphie funéraire latine*, Faenza: Fratelli Lega, 1991. Ao contrário do que frequentemente se acredita, esses epitáfios aparecerem primeiro

fios, com suas respectivas especificidades regionais⁵⁹, correspondem a uma fórmula banal e familiar. Em sua apresentação mais completa, as inscrições se dividiam da seguinte maneira: consagração aos deuses Manes; nome do defunto; importância social, no caso dos magistrados; menção às suas carreiras; indicação da longevidade; citação dos nomes e do parentesco dos que haviam dedicado e construído o túmulo⁶⁰; o *elogium*, que relembrava as qualidades do morto; uma apóstrofe destinada aos passantes, para que eles dirigissem ao morto um voto tradicional, do gênero "Que a terra lhe seja leve!"; e, finalmente, frases cujo intuito era proteger a sepultura e os direitos da família. Quanto mais se avançava no tempo, mais a retórica funerária se enriquecia com adições, tais como a dedicatória "à eterna memória de...", a associação dos Manes à Terra Mater, a idade do defunto ou mesmo as circunstâncias da morte.

Considerados lugares privados, esses túmulos eram protegidos pelo direito da cidade⁶¹: o terreno onde eram depositadas as cinzas ou o corpo de um indivíduo tornava-se *res religiosa*. Teoricamente, essa área não poderia ser destinada a outro uso e, com frequência, estava previsto na inscrição que não se poderia aliená-la. Sua superfície era delimitada com precisão, e os que podiam se beneficiar dela eram indicados. Por vezes, eram lançadas imprecações contra todos os que causassem prejuízo ao monumento. Transferir um corpo, deslocá-lo, reparar um túmulo, também eram considerados atos delicados que implicavam problemas religiosos, jurídicos e adminis-

---

nos meios populares, em particular entre os escravos alforriados, antes de terem sido recuperados pelos membros da aristocracia, no fim do século III d.C.

59 Sobretudo na região de Lyon, os epitáfios funerários terminam com a frase "dedicado sob o signo da acha", com uma representação da *ascia herminette*, objeto duplo que contém de um lado um martelo e do outro uma enxada. Ainda se discute qual seria o sentido preciso dessa frase.

60 Se um indivíduo tivesse preparado sua derradeira morada quando ainda era vivo, essa precaução era sinalizada.

61 Apesar de sua data, a síntese de Fernand De Visscher continua a ser a única nesse domínio: *Le Droit des tombeaux romains*, Milano: Giuffrè, 1963. Cf. também Max Kaser, "Zum römischen Grabrecht", *in*: ZRG 95, Weimar: Böhlau, 1978, pp. 156-92; e, mais recentemente, Silvio Panciera, *Libitina e dintomi: Libitina e i luci sepolcrali. Le Leges libitinariae campane. Iura sepulcrorum: vecchie e nuove iscrizioni*, Roma: Quasar, 2004, *passim*.

trativos[62]. Entretanto, o Colegiado de Pontífices de Roma concedeu autorizações, e grandes necrópoles da época republicana, tais como a do setor oriental do monte Esquilino, foram transformadas em parques e jardins. Se o imperador Constantino fez destruir uma boa parte dos túmulos da Necrópole do Vaticano para edificar a Basílica de São Pedro, seu filho e sucessor Constâncio, com base em uma lei de 349, evocou com extremo rigor as prescrições tradicionais; previu até mesmo um período de aplicação retroativa que, no entanto, isentava de acusação penal a ocupação do Cemitério Vaticano.

Quanto à decoração do túmulo ou do sarcófago, sua evolução coincidiu com a das artes plásticas em Roma, e, como ressalta Robert Turcan, ao contrário do que ocorria na Grécia, onde se celebrava, antes de tudo, o culto dos deuses, em Roma, ao longo da Via Ápia, essas decorações emergiram e aumentaram, "a princípio, em honra dos mortos e, correlativamente, dos vivos"[63]. A constante nessas decorações era a exaltação cada vez mais marcante dos indivíduos, traduzida num retrato funerário mais expressivo do que realista, edificante e, certamente, moralizador, que para alguns chegava a uma quase heroicização do defunto. Essa constante é perceptível desde o primeiro túmulo conhecido, o dos Cipiãos, do século III a.C., entalhado em mármore travertino, que recobria cerca de trinta sarcófagos. Ninguém que passasse pelo local poderia ignorar aquele que jazia ali. No caso dos grandes, seus altos feitos militares eram representados direta ou indiretamente por meio de um símbolo. Para outros, muitas vezes eram evocados os principais acontecimentos da vida, mas o mais frequente era a sugestão de suas atividades por meio de ferramentas e de animais. Um dos primeiros e mais surpreendentes testemunhos dessa prática pode ser encontrado em Roma, no túmulo do padeiro Marceu Virgílio Eurisácio, construído entre 20 e 30 a.C.: o friso da edícula detalha as etapas da fabricação do pão em uma padaria industrial. A função funerária do monumento extingue-se diante da mensagem confiada aos vivos.

---

62 Esse assunto é tratado por Nicolas Laubry, "Le Transfert des corps dans l'empire romain: problèmes d'épigraphie, de religion et de droit romain", *in*: *Mélanges de l'École Française de Rome (Mefra): Antiquité*, Rome: École Française de Rome, 2007, n. 119, v. 1, pp. 149-88.

63 Robert Turcan, *L'Art romain*, Paris: Flammarion, 1995, p. 17.

Assim que se cumpriam os ritos funerários, era como se o túmulo permitisse a reintegração do defunto ao mundo dos vivos: o monumento narrava a história, difundia postumamente sua fama, registrava a imagem que os vivos iriam guardar dele. O túmulo assegurava uma continuidade entre vivos e mortos: em seu epitáfio, por meio do qual se reivindicavam flores, luzes, perfumes, o defunto encorajava os vivos a festejarem sua memória. Uma longa inscrição, proveniente da Gália e conhecida sob o nome de "O testamento do Língone"[64], prescreve os deveres a serem cumpridos em relação a um morto, cujo nome ignoramos, por homens vivos designados (escravos alforriados, herdeiros, curadores): eles deveriam cuidar do monumento, do jardim funerário e do espelho d'água, preparar um banquete no dia do aniversário da morte e, cinco vezes por ano, celebrar cerimônias funerárias no altar que guardava a urna cinerária. A partir de então, preparado para o culto funerário, o túmulo tornava-se um lugar de reencontro entre mortos e vivos.

Mortos e vivos

Entre os túmulos que ladeavam as estradas, podiam ser construídas casas de moradia, fazendas, albergues, estábulos, butiques e lojas, entre os quais viviam indigentes que roubavam as oferendas destinadas aos mortos ou que se ofereciam a quem quisesse pagar, como faziam as prostitutas citadas por Marcial. "Em geral, os romanos ignoravam as necrópoles, ou seja, o espaço reservado aos mortos[65], ou, mais precisamente, ignoravam o cemitério fechado. Os próprios túmulos, como o de Aulo Vécio, ou o da sacerdotisa Mamia, ambos em Pompeia, ao longo da via que conduz à Porta de Herculano, oferecem um banquete de pedra: são um convite para sentar ali e conversar. Outros estão recobertos de grafites ou de propagandas de jogos e espetáculos. Entretanto, todo mundo desejava ser enterrado, tama-

---

64 Cf. Yann Le Bohec (dir.), *Le Testament du Lingon*, Lyon: Centre d'Études Romaines et Gallo-Romaines, 1991. Trata-se de uma cópia manuscrita, datada do século X, de uma inscrição que se pressupõe seja da segunda metade do século II.

65 Pierre Gros, *L'Architecture romaine*, v. 2: *Maisons, palais, villas et tombeaux*, Paris: Picard, 2001, p. 382.

nho era o temor diante do destino dos *insepulti*, mortos privados de sepultura que se transformavam em mortos perigosos e maléficos[66], afogados, enforcados, supliciados, assassinados ou mortos "sagrados", como os atingidos por raios fulminantes, cujos restos mortais deveriam ser deixados no local e depois encerrados dentro de um *puteal*, uma espécie de poço delimitado por um espaço circular.

Associações populares e religiosas, essencialmente masculinas, quase sempre denominadas "colegiado funerário", costumavam adquirir espaços de terra que permitiam que os mais pobres recebessem uma sepultura decente em um local exclusivamente reservado para eles. Na realidade, quase todas as associações de profissionais ou religiosos (como a célebre Faculdade de Diana e de Antínoo, em Lanúvio, no Lácio), os executivos da vida plebeia, comprometiam-se a prestar serviços a seus membros a partir do pagamento regular de uma cota: um cartaz com o regulamento afixado na parede especificava as modalidades de serviços e relembrava os compromissos de uns e de outros.

Se o culto dos mortos dependia de cada família, o calendário religioso público de Roma incluía dois períodos no decorrer dos quais os vivos se ocupavam especialmente dos mortos. Faltar a esses compromissos era considerado um ato individual de heresia que poderia repercutir sobre toda a comunidade. Esses períodos também eram repletos de interditos que sobrecarregavam a vida pública.

Entre os dias 13 e 21 de fevereiro (o último mês do ano arcaico) aconteciam as *Parentalia* ou *Dies Parentales*, duas expressões que jamais apareceram nos calendários romanos – a segunda pode ser encontrada em Ovídio. O desenrolar dessa festa inteiramente consagrada aos mortos relembrava os rituais observados durante a primeira parte dos funerais. Se seguirmos o calendário de Filocalo, uma fonte tardia e de pouca credibilidade nesse quesito, essa festa talvez começasse com um sacrifício oferecido pela Grande Vestal, uma sacerdotisa do culto público. Esse seria o único indício de um possível ritual público no decorrer de um período em que os rituais

---

66 A antiga obra de Émile Jobbé-Duval, *Les Morts malfaisants: "larvae, lemures", d'après le droit et les croyances populaires des Romains* (Paris: Librairie Sirey, 1924), ainda não foi superada, embora algumas de suas afirmações tenham sido parcialmente revistas e melhoradas.

domésticos prevaleciam. Durante oito dias, porém, todas as atividades da cidade, fossem elas privadas ou públicas, eram interrompidas, os templos de Roma ficavam fechados, os casamentos eram proibidos e os magistrados abandonavam suas insígnias. O dia 21, último dia, era o dia dos *Feralia,* o único termo inconteste nas *Crônicas Epigráficas*[67]. Da festividade pública, pressupondo-se que ela existiu, nada se sabe. Nem mesmo a oferenda de peixe e favas, que uma idosa teria feito à deusa Tácita, a Silenciosa, é algo comprovado. Sobre uma pira funerária, construída ao lado das sepulturas de seus parentes, as famílias traziam e depositavam oferendas de flores, quase sempre violetas, perfumes e uma refeição destinada aos mortos, constituída de sal, lentilhas, uma caçarola de cereais, vinho e pão embebido nele. Como dizia Ovídio, nossa principal e quase única fonte de informações, "Não se precisa de muito mais para apaziguar os Manes de seus antepassados"[68]. Talvez um cordeiro fosse sacrificado e queimado em holocausto diante do túmulo? Dutos em terracota (alguns foram encontrados) ou tijolos perfurados permitiam que se vertessem essas libações dentro do túmulo ou sobre a urna, cuja tampa por vezes continha um orifício. Após o dia 22, uma refeição festiva, a *Caristia,* reunia os membros da família. A vida cotidiana voltava ao normal depois desses nove dias, durante os quais ela havia sido suspensa.

No mês de maio, nos dias 9, 11 e 13, ocorriam as *Lemuria*[69]. No decorrer desses três dias, presumia-se que os fantasmas dos mortos vinham visitar suas famílias e a casa onde haviam habitado. No meio da noite, o chefe da casa, com os pés descalços, afastava com um gesto obsceno as sombras que vinham ao seu encontro, lavava três vezes as mãos, andava pela casa inteira, atirava favas negras atrás de si e repetia nove vezes: "Atiro essas favas e por meio delas redimo a mim e aos meus!". Em seguida, lavava novamente as mãos, fazia

---

67 Sobre as *parentalia,* cf. o trabalho inovador de N. Laubry, *Tombeaux et épitaphes de Lyonnaise: contribution à l'étude de la romanisation des pratiques funéraires dans les provinces gauloises sous le Haut Empire,* tese (doutorado em Letras e Civilizações Antigas), Université Lyon 3, Lyon: 2009, pp. 376-98.

68 *Fasti,* 2, 253.

69 Convém não confundir os *lêmures* com as *larvas,* como já assinalava Platão. Difíceis de definir, eles seriam espíritos malvados que atormentavam os vivos.

ruídos com objetos metálicos e ordenava à sombra que deixasse sua morada. Depois disso, olhava atrás de si. Na época, pensava-se que as sombras seguiam os vivos e, antes de obedecer-lhes, recolhiam as oferendas. Esse rito seria destinado a banir os lêmures, que aterrorizavam os vivos e invadiam suas casas na tentativa de enredá-los em seu mundo funesto? Seria um rito que permitia conservar a pureza da família? Durante muito tempo, essas duas festividades foram consideradas antagônicas, como se nas primeiras se tratasse de celebrar os mortos benéficos e na segunda, de se defender dos mortos aterrorizantes. A tendência atual é considerar essas celebrações um conjunto coerente e complementar de festas de purificação das quais restam apenas alguns ritos conservados de maneira desigual. A primeira reiteraria a separação entre vivos e mortos no seio da comunidade e honraria os mortos ritualmente sepultados; a segunda trataria de mortos esquecidos, errantes e maléficos.

A essas festividades acrescentavam-se uma festa privada e uma pública. A primeira variava em função dos ritos familiares. Tratava-se de uma celebração pessoal do defunto efetuada por sua família no dia do aniversário de sua morte, bem como em outros momentos do ano. Oferendas (flores, perfumes, libações) eram levadas à sepultura, e um banquete fúnebre, do qual uma parte carbonizada era oferecida ao defunto, era consumido pelos convivas. Estruturas em material resistente destinadas a esses banquetes foram encontradas em diversas sepulturas em Pompeia. A festividade pública, por sua vez, acontecia três vezes por ano, nos dias 24 de agosto, 5 de outubro e 8 de novembro, com a abertura do *mundu*[70]. Tratava-se de uma vala que, segundo a tradição, havia sido escavada em Roma pelo fundador da cidade, Rômulo, e na qual cada um de seus companheiros havia atirado terra de seu país de origem. Cheia e fechada por uma estrutura abaulada que lembrava a abóbada celeste, essa vala colocava em contato o mundo subterrâneo, habitado pelos mortos, com o mundo dos vivos e, por seu próprio formato, com o mundo das alturas. Aberta, essa vala deixava passar os Manes, que durante uma semana se espalhavam pela cidade, deixando tudo paralisado.

---

70 Em Roma, teriam existido dois *mundu* sucessivos e que correspondem a duas etapas do desenvolvimento da cidade: o primeiro sobre o Monte Palatino; o segundo, no Fórum, sobre o Comício.

Como afirmava Ovídio, entre essas festas existia um laço comum: as oferendas feitas aos Manes, que "só exigiam poucas coisas: a devoção para eles era algo mais agradável do que os ricos presentes"[71]. A expressão "Aos deuses Manes" era quase sempre a abertura do epitáfio clássico. No sentido etimológico do termo, *manes*, sempre no plural, significa "os bons", "os benéficos". Segundo a explicação de Dumézil[72], a designação por essa antífrase tinha como objetivo tornar inofensiva a multidão indistinta de mortos, "a população confusa do outro mundo". Nas inscrições mais antigas, não há nenhuma alusão a eles. A consagração aos deuses Manes, praticamente sempre resumida em *D.M.*[73], aparece no decorrer do século I d.C. A tendência foi a de os Manes se individualizarem e se transformarem nos ancestrais e nos parentes do defunto, depois nos gênios particulares de cada túmulo e de cada indivíduo: "Desejo que teus deuses Manes te acolham e te protejam no repouso", escreveu um marido na conclusão de um longo poema funerário, o célebre *Elogio fúnebre de uma matrona romana*, datado do último trimestre do século I a.C. Apesar de tudo, o poder desses Manes, que permaneceu uma apreciação pessoal, era insignificante entre os vivos; ressalta-se em Virgílio – um Virgílio que fala como leitor de Lucrécio – esta declaração: "Você acredita que as cinzas dos mortos e que os Manes sepultados no túmulo se preocupam com nossa fidelidade?, perguntou Ana à sua irmã Dido, que era apaixonada por Eneias mas que desejava permanecer fiel aos Manes de seu primeiro marido, Siqueu"[74].

---

71   *Fasti*, 2, 533.

72   Georges Dumézil, *La Religion romaine archaïque*, p. 371.

73   Uma anotação permite compreender as hesitações para se saber exatamente o que eram esses Manes. A palavra subsequente a eles aparece algumas vezes no dativo, outras no genitivo, o que pressupõe que sejam entendidos ou como duplos do defunto ou como deuses distintos. Sua presença é tão forte que, por vezes, são encontrados em certas inscrições cristãs como uma espécie de reflexo. Cf. também N. Laubry, *Tombeaux et épitaphes de Lyonnaise: contribution à l'étude de la romanisation des pratiques funéraires dans les provinces gauloises sous le Haut Empire*, op. cit., pp. 291-315.

74   *Eneida*, I, 34.

A morte e o mundo supraterrestre

Se os mortos estruturavam o espaço por meio de seus túmulos e pelas festividades que demandavam, se acompanhavam os vivos em suas lembranças, a morte, por sua vez, era difícil de apreender. Ela não tinha representação na religião romana tradicional, e sua iconografia, como a de uma mulher alada que levava o defunto, foi emprestada do mundo etrusco. Embora fosse uma realidade cotidiana, no mundo divino a morte era, antes de tudo, uma abstração vaga e imprecisa. No entanto, era temida. A retórica funerária que se lê nas inscrições, em particular a expressada nos poemas desse gênero, é bastante discreta. O vocabulário da época insistia mais nas circunstâncias da morte, em seu resultado (aqui jazem os restos, as cinzas, os ossos de...), do que na própria morte. Ela, entretanto, estava presente, não era ignorada, havia roubado uma vida, havia feito alguém vivo passar para o mundo das sombras, da noite, havia transformado alguém vivo em uma sombra. Ela? Sem um nome particular[75]. Outras divindades, ciumentas, são apontadas: o Fatum, a Fortuna, as Parcas. Elas provinham do mundo grego que os poetas popularizaram. Fora os Manes, as potências divinas infernais apareciam pouco nas inscrições, bem mais na literatura.

Havia o deus Orco, uma noção obscura, considerado uma pessoa divina por Platão (que o comparava a Plutão) e por Cícero, que saberia distinguir um morto de um vivo. Mas esse "senhor do mundo dos mortos" não possuía templo nem culto. Além disso, tinha como concorrente (ou seria um outro vocábulo?) Dis Pater, o Rico, igualmente uma imagem de Plutão. Havia também Nênia, uma deusa da qual não se sabe muita coisa, senão que ela tinha um santuário fora da periferia da Urbes. Seria ela a personificação da melopeia? Seria a protetora dos derradeiros momentos que o cadáver passava sobre a Terra após a morte? Para Libitina, que se acreditava fosse a deusa que presidia os funerais, a deusa tutelar de todas as funções ligadas à morte, não havia culto. Assim, é mais provável[76] que se tratasse de uma invenção de eruditos romanos que associavam o Cemitério

---

75 Exceto *Mors*, em uma lista de abstrações fornecida por Cícero, *De natura deorum*, 3, 17, 44.

76 Por último, cf. J. Scheid, *À Rome, sur les pas de Plutarque*, Paris: Vuibert, 2012, p. 42.

Esquilino ao templo suburbano da Vênus Libitina, situado diante da Porta Esquilina. A multiplicidade de deuses que correspondiam a cada etapa da passagem da vida para a morte (Viduus, "que resgatava a alma do corpo"; Caeculus, "que fechava os olhos"; Orbana, "que fazia perecer a semente") também não passa de interpretações de antigos arqueólogos romanos e não tinha qualquer incidência sobre a vida religiosa.

Foi ainda sob a influência grega, por vezes com um toque etrusco, que se esboçou uma geografia dos infernos, múltipla, contraditória: o morto se tornaria uma sombra fantasmagórica? Teria uma vida após a morte? Sob que forma? Viveria ao relento? Seguiria rumo às estrelas? Ou, de maneira mais prosaica, permaneceria sob a terra na qual seus restos haviam sido sepultados? Com exceção dos intelectuais e dos homens de letras, os romanos não pareciam se preocupar excessivamente com essas questões. Preferiam enfrentar e lidar mais com o mundo real do que com a metafísica.

Nas decorações em Isola Sacra, nenhuma alusão foi feita à ideia de morte, nenhuma preocupação com uma continuidade, com um mundo supraterrestre, foi representada. No testamento do Língone, não foi explicitada qualquer preocupação com a imortalidade, exceto sua implicação jurídica. Por mais realista que fosse, Trimálquio confiou os cuidados de seu túmulo não a um homem de religião, mas a seu escravo alforriado, um homem de sua confiança para esses assuntos. É igualmente difícil associar os conteúdos alimentares depositados nos túmulos, as oferendas de perfumes e todos os tipos de libações a um viático para uma viagem ou a uma crença precisa em uma vida supraterrestre. No máximo, o que tem sido descoberto aqui e ali é uma ideia confusa e pouco articulada de uma vida após a morte. De modo mais prático, seria honrar o defunto, garantir a perenidade de sua lembrança por meio da fidelidade a uma tradição, e a própria tranquilidade pelos gestos meticulosamente cumpridos. De acordo com o testemunho das inscrições, o destino dos mortos prematuros, das crianças em particular, suscitava protestos diante do que se considerava uma injustiça, mas esses protestos não passavam de ilustrações convencionais. O que se lê com mais frequência é uma forma de resignação, por vezes libertadora, diante da lei comum que era o retorno obrigatório à Terra-Mãe, um empréstimo que era necessário quitar. Em certos casos, acrescentava-se uma pincelada de niilismo que encorajava o passante a desfrutar da vida antes de se juntar àquele que ele acabava de saudar. Ou, então, a ideia de um repouso, de um sono, imagens clássicas assimiladas da literatura. Mas pouco se consegue desvendar, para não dizer nada, exceto nas inscrições tardias, sobre a manifestação de uma crença em uma vida futura. Sem que se possa afirmar com precisão, alguns acreditavam que o morto continuava a viver após a morte, de uma forma ou de outra.

Extremamente heterogênea, a arte funerária, que reunia e combinava as tradições artísticas etruscas, latinas, itálicas, gregas, helenísticas, falava igualmente mais do morto, de como tinha sido sua vida ou seu destino, do que da própria morte. Essa arte mostrava-se muito discreta em relação ao mundo supraterrestre e representava até mesmo temas que não tinham relação evidente com a morte. Se os motivos, inspirados ou não na mitologia grega, eram certamente funerários (cabeça de Medusa, tocha invertida, leão aniquilando um animal, papoula etc.), outros (sono, caça, banquete) possuem um significado simbólico que divide os especialistas, incapazes de esquecer que, desde a Antiguidade, múltiplas leituras eram possíveis. Na época imperial, por exemplo, a morte podia ser sugerida pela presença de entalhes funerários de Eros, quase sempre colocados nas arestas do sarcófago[77]. A partir do século II a.C., sob a influência do helenismo, de suas filosofias e religiões, desenvolveram-se em Roma e na Itália noções como as de imortalidade astral, beatitude eterna ou reunião da alma dos mortos ao mundo dos deuses, nas quais se reflete uma espécie de salvação individual. Mas apenas os que frequentaram as filosofias gregas elaboraram sistemas complexos e se debruçaram com interesse sincero e voraz sobre as questões do mundo supraterrestre, da separação da alma e do corpo, de seu eventual futuro e de sua imortalidade.

Fora dessa pequena elite intelectual, cuja influência é difícil de avaliar, nenhum dogma religioso, nenhuma filosofia fundamentou

---

77 A respeito da decoração dos sarcófagos e suas significações, cf. R. Turcan, *Messages d'outre-tombe: l'iconographie des sarcophages romains*, Paris: De Boccard, 1999; Paul Zanker, *Die mythologischen Sarkophagreliefs und ihre Betrachter*, München: Bayerischen Akademie der Wissenschaften, 2000; P. Zanker, B. Ewald, *Mit Mythen leben: Die Bilderwelt der römischen Sarkophage*, München: Hirmer, 2003.

ou esclareceu com exatidão as crenças populares dos romanos. Para a maioria deles, por mais estimativas que se possa fazer, a morte era o nada, um sono eterno, uma espécie de letargia, o fim obrigatório de uma vida, o último ato que um homem poderia inscrever no trajeto retilíneo de sua vida. A preocupação era a de ter passado por ela com dignidade, de ter honrado o próprio nome, de ter encontrado a glória e ter aceitado o destino, que sempre atingia todos os homens e ditava as condutas e os comportamentos dos vivos. Momento em que se faz necessário "colocar entre parênteses o arsenal tão variado quanto cambiante das especulações sobre a mortalidade", conforme se questionava John Scheid[78], com certa provocação e uma ponta de excesso, como reação diante do exagero das explicações que culminavam em uma perspectiva teleológica da religião romana que deveria preparar a generalização da crença na imortalidade da alma e, finalmente, a chegada do cristianismo. De qualquer modo, esse tema ultrapassa as atitudes comuns e coletivas induzidas pela religião romana a fim de se cristalizar em torno de crenças que pertenciam a cada um individualmente e por meio das quais cada um podia ter sua própria experiência espiritual. Seria essa uma das razões pelas quais, a partir do século II d.C., os nomes individuais aparecem em número maior, assim como os retratos, como se a morte se tornasse uma experiência pessoal, acima de tudo?

Embora acreditasse de modo confuso em uma vida após a morte, uma vida diminuída, descolorida, sem sofrimento nem alegria[79], o romano preferia admitir, sobretudo, a existência de um mundo subterrâneo. Era ali, depois de ter prestado serviços aos seus e à sua cidade, que ele poderia alcançar a glória de permanecer na lembrança dos vivos. Mesmo morto, ele ainda permitia que seu descendente fizesse parte de uma linhagem e de uma ordem social. Sua vida não tinha valor senão *a posteriori*, com sua morte. Surpreendente, públi-

---

78 Cf. J. Scheid, *AION*, 1984, p. 118, que visa a obra essencial de Cumont, 1949.

79 Segundo Salústio, grande pontífice da época, ao falar da morte que seria infligida aos dirigentes da Conjuração de Catilina, César explicou: "A morte, longe de ser um suplício, é um repouso de nossos tormentos, é a libertação de todos os nossos males; é apenas do lado de lá da morte que não há lugar nem para o sofrimento nem para a alegria". *De Catilinae coniuratione*, 51, 20. Trata-se de um estado de ataraxia, de um ideal filosófico?

ca, corajosa, digna, a morte concedia o que todo romano buscava: permanecer na memória dos vivos. Se esse *exemplum* era aceitável, sobretudo na época republicana, ele não se encontrava totalmente ausente na época imperial. De certo modo, as mortes exemplares propostas por Tácito – que embora muito reais também pertenciam ao arsenal literário – exaltavam essa nostalgia de uma época ultrapassada. Em seu modo de ver, existia uma arte marcial de se morrer bem e que se confundia com os valores encarnados pelos *grandes*, uma arte marcial na qual tudo era codificado, assim como nos ritos funerários, nas decisões a serem tomadas, nos gestos a serem executados, nos sentimentos a serem manifestados. Ao morrer, continuava-se igual ao que se havia sido durante a vida. Melhor do que isso, uma bela morte redimia uma vida medíocre. A morte era um ato, não um objeto de reflexão. Nesse sentido, para um romano, a morte pertencia à vida, confundia-se com ela.

REFERÊNCIAS BIBLIOGRÁFICAS

Não é intenção deste artigo ser exaustivo, mas colocar à disposição do leitor os principais instrumentos que lhe permitirão aprofundar um ponto particular e lhe fornecerão a chave para conduzir, se assim o desejar, sua própria pesquisa. Para não sobrecarregar esta lista, decidi citar apenas alguns artigos, nenhum manual ou obra geral, não detalhar colóquios, evitar qualquer referência historiográfica, apesar do interesse que isso pudesse despertar, e privilegiar as obras recentes que quase sempre oferecem uma bibliografia bastante completa e que relembram os títulos anteriores. Afora algumas exceções e apesar de suas qualidades, deixei de assinalar as obras que focalizavam uma única província do Império Romano. Quanto às traduções, elas foram essencialmente retiradas das coleções das Universidades da França (coleção Budé) ou cedidas por empréstimo pelos autores contemporâneos das obras citadas.

AION *(Annali dell'Istituto Universitario Orientale di Napoli)*, sect., 6, Napoli: 1984, cujo tema principal é "Aspetti dell'ideologia funeraria nel mondo romano", com contribuições muito importantes.

ALLARA, Annie. *Le Traitement du cadavre et la tombe dans l'Occident romain du IIe siècle avant notre ère au IIe siècle de notre ère (sources littéraires)*. 315f.

Tese (doutorado em história e civilizações) – École des Hautes Études en Sciences Sociales (EHESS). Paris: 1994 (datilografado).

ANDREU, Javier; ESPINOSA, David; PASTOR, Simone (éds.). *Mors omnibus instat. Aspectos arqueológicos, epigráficos y rituales de la muerte en el Occidente Romano.* Madrid: Liceus, 2011.

BARAY, Luc (dir.). *Archéologie des pratiques funéraires: approches critiques.* Actes de la Table Ronde de Bibracte 7-9 juin, 2001. Glux-en-Glenne: 2004.

BONNABEL, Lola (dir.). *Archéologie de la mort en France.* Paris: La Découverte, 2012.

BRAVO, Gonzalo; SALINERO, Raúl Gonzalez Salinero (eds.). *Formas de morir y formas de matar en la Antigüedad romana.* Madrid: Signifier Libros, 2013.

BRINK, Laurie; GREEN, Deborah (eds.). *Commemorating the Dead: Texts and Artifacts in Context. Studies of Roman, Jewish, and Christian Burials.* Berlin/New York: Walter de Gruyter, 2008.

CAROLL, Maureen. *Spirits of the Dead: Roman Funerary Commemoration in Western Europe.* Oxford: Oxford University Press, 2006.

CORBIER, Mireille. *Donner à voir, donner à lire: mémoire et communication dans la Rome ancienne.* Paris: CNRS, 2006.

CUMONT, Franz. *Lux Perpetua.* Paris: Librairie Orientaliste Paul Geuthner, 1949 (reedição com uma importante introdução de B. Rochette e A. Motte. Turnhout: Brepols, 2010).

CUQ, Edouard. "Funus". *In:* DAREMBERG, Charles Victor; SAGLIO, Edmond, *Dictionnaire des antiquités grecques et romaines.* Paris: Hachette, 1896, v. 4.

DUMÉZIL, Georges. *La Religion romaine archaïque.* Paris: Payot, 1974.

EDWARDS, Catharine. *Death in Ancient Rome.* New Haven: Yale University Press, 2007.

GROS, Pierre. *L'Architecture romaine 2: Maisons, palais, villas et tombeaux.* Paris: Picard, 2001.

HAMDOUNE, Christine (dir.). *Vie, mort et poésie dans l'Afrique romaine d'après un choix de Carmina Latina Epigraphica.* Bruxelles: Latomus, 2011.

HESBERG, Henner von. *Römischen Grabbauten.* Darmstadt: Wissenschaftliche Buchgesellschaft, 1992.

HINARD, François (dir.). *La Mort, les morts et l'au-delà dans le monde romain: actes du colloque de Caen (20-22 novembre 1985).* Caen: Centre de Publications de l'Université de Caen, 1987.

_____. *La Mort au quotidien dans le monde romain: actes du colloque organisé par l'Université de Paris IV (Sorbonne 7-9 octobre 1993).* Paris: De Boccard, 1995.

HINARD, François; DUMONT, Christian (dir.). *Libitina: pompes funèbres et* supplices en Campanie à l'époque d'Auguste. Édition, traduction et commentaire de la Lex Libitinae Puteolana. Paris: De Boccard, 2003.

HOPE, Valérie M.; MARSHALL, Eireann. *Death and Disease in the Ancient City*. London: Routledge, 2000.

HOPE, Valérie M. *Roman Death: the Dying and the Dead in Ancient Rome*. London: Continuum, 2009.

LAUBRY, Nicolas. *Tombeaux et épitaphes de Lyonnaise: contribution à l'étude de la romanisation des pratiques funéraires dans les provinces gauloises sous le Haut Empire*. Tese (doutorado em letras e civilizações antigas) – Université Lyon 3, Lyon: 2009. [Ultrapassa amplamente o contexto geográfico anunciado.]

MORRIS, Ian. *Death-Ritual and Social Structure in Classical Antiquity*. Cambridge University Press, 1992.

PANCIERA, Silvio (dir.). *Libitina e dintorni. Libitina e i luci sepolcrali. Le Leges libitinariae campane. Iura sepulcrorum: vecchie e nuove iscrizioni*. Roma: Quasar, 2004.

REBILLARD, Eric. *Religion et sepulture: l'église, les vivants et les morts dans l'Antiquité tardive*. Paris: 2003.

RÜPKE, Jörg; SCHEID, John (dir.). *Bestattungsrituale und Totenkult in der römischen Kaiserzeit*. Stuttgart: Franz Steiner, 2010.

SANDERS, Gabriel. *Lapides memores: païens et chrétiens face à la mort: le témoignage de l'épigraphie funéraire latine*. Faenza: Fratelli Lega, 1991.

SCHEID, John. *Quand faire, c'est croire: les rites sacrificiels des Romains*. Paris: Aubier, 2005.

_____ (dir.). *Pour une archéologie du rite: nouvelles perspectives de l'archéologie funéraire*. Rome: École Française de Rome, 2008.

SCHEIDEL, Walter (dir.). *Debating Roman Demography*. Leiden: Brill, 2001.

SCHRUMPF, Stefan. *Bestattung und Bestattungswesen im Römischen Reich: Ablauf, soziale Dimension und ökonomische Bedeutung der Totenfürsorge im lateinischen Westen*. Göttingen: V & R, 2006.

VOISIN, Jean-Louis. "Un nihiliste antique? Portrait de l'auteur de l'Histoire Auguste à travers les omina mortis". *In: Écritures et mises en scène de vies. Hommage à Françoise Prévôt*. Paris [no prelo].

WOLFF, Etienne. *La Poésie funéraire épigraphique à Rome*. Rennes: PUR, 2000.

A MORTE NO MUNDO JUDAICO

SYLVIE-ANNE GOLDBERG

A morte é sinistra, brutal, cruel, fonte de infinita tristeza. Diante dela, nossa primeira reação é a consternação. Ela nos assusta e nos desampara. Lentamente, essa consternação se transfigura em um sentimento de mistério. De súbito, uma vida inteira se oculta no segredo. Nossa palavra cessa, nossa faculdade de compreender as coisas é paralisada. Em presença da morte não há senão silêncio e o sentimento de angústia [...]. Nossa maneira de apreender a vida compromete nossa visão da morte. Isso porque, se a vida é percebida como uma surpresa, como um presente que desafia qualquer explicação, a morte deixa de ser essa negação radical, absoluta do que é a vida. Na verdade, vida e morte são dois aspectos de um mistério muito mais vasto, o mistério do ser, o mistério da criação. A partir de então, a morte não é mais simplesmente a chegada do homem ao seu fim. Ela é igualmente o limiar de um começo [...]. O maior problema não é como continuar, mas como fazer para exaltar nossa existência [...] A eternidade não é um futuro perpétuo, mas sim uma perpétua presença. Essa presença plantou em nós a semente da vida eterna. O mundo que está por vir não é apenas um lado de lá, ele é também um aqui e agora.

Seria bem perspicaz quem pudesse discernir nessas frases uma representação singular da morte. Redigidas pelo pensador e teólogo Abraham Joshua Heschel em um ensaio intitulado "A morte como uma volta para casa"[1], essas linhas provavelmente não contêm nada que um fiel de uma outra obediência monoteísta não possa entender. Poderia parecer que, à imagem da visão tranquilizadora da morte, exibida nos grandes cemitérios urbanos da atualidade, as conceitualizações sobre ela passaram por um processo de uniformização. Aliás, ninguém imaginaria se surpreender ao descobrir que as vastas necrópoles, repletas de cruzes, reservassem uma quadra aos judeus. Facilmente identificável, essa quadra é recoberta de túmulos decorados com estrelas de David: estelas individuais, sepulcros coletivos de membros das associações de auxílio mútuo ou memoriais que relembram os nomes das comunidades dizimadas na Segunda Guerra Mundial. Mas, além desses signos aparentes, embora superficiais, os judeus teriam abordagens ou práticas diferentes das de seus vizinhos de cemitério?

Entre passado e presente, repousar entre os seus

Na hora da morte de um ente querido e fora dos meios da estrita observância dos rituais, não é raro que judeus integrados ao mundo social, com frequência distanciados de qualquer prática religiosa, apelem para os rituais ancestrais, mesmo que ignorem o sentido ou as modalidades dessas práticas, um fato bem comum. Dirigem-se, então, a uma organização que se encarrega de providenciar as exéquias, contratam a Chevra Kadisha (literalmente, Confraria Santa) a fim de cumprir os últimos deveres e efetuar os sepultamentos segundo as leis e os costumes em vigor na tradição judaica. Confrontadas com essa circunstância, muitas pessoas, que jamais sonhariam em observar os mandamentos seculares em sua vida cotidiana, não

---

1   Abraham Joshua Heschel, "Death as Homecoming", *in*: Jack Riemer (ed.), *Jewish Reflections on Death,* New York: Schocken Books, 1976, pp. 58-9.

hesitam em usar os serviços da Chevra Kadisha, remanescente das instituições ortodoxas que ainda opera nos dias de hoje. Recorrer a essa organização constitui um ponto de convergência invisível entre os costumes da modernidade e os dos séculos passados. No mundo atual, em que todas as funções sociais são profissionalizadas, a empresa funerária recuperou a chama da antiga confraria do último dever. Para alguns judeus, o encontro com a morte pode ser a última experiência, senão a única, de uma forma de judaísmo tradicional. Quando a morte chega, o apelo ao ritual, qualquer que seja o grau, atesta o enraizamento do indivíduo em seu grupo, sua inscrição em uma memória coletiva. E, mesmo se o defunto tiver rejeitado durante toda sua vida qualquer signo de religiosidade, seu sepultamento em uma "quadra judaica" é a expressão de uma fidelidade.

A coexistência funerária no espaço público reitera a vitória da secularização sobre o rigor das leis religiosas do passado, leis que requeriam que os defuntos também repousassem em cemitérios tão separados quanto os bairros que habitavam quando vivos. Essa divisão espacial marcava igualmente a distância estabelecida nas práticas mortuárias que, desde os primeiros séculos, havia contribuído para distinguir o cristianismo do judaísmo. A relação dessas duas religiões com o corpo, depois com seus despojos, cristalizava as diferenças que, assim, pareciam se tornar irreversíveis. Isso porque, desde a Antiguidade e durante a Idade Média, no seio de culturas que davam pouca importância ao destino dos cadáveres, uma das grandes singularidades dos judeus, provavelmente a mais ostensiva, referia-se às suas práticas funerárias: "reguladas de modo completamente diferente dos outros povos"[2], como constatou Hecateu de Abdera, no século III a.C., e que o historiador Tácito (c. 55-120) ridicularizou: "Eles consideram um crime matar uma única de suas crianças que nascem; eles acreditam na imortalidade da alma daqueles que morrem em combate ou nos suplícios; [...] eles têm [...] o costume de sepultar o corpo em vez de queimá-lo; têm a mesma preocupação com os mortos naturais"[3]. Último destino comum a todos os

---

2   Hecateu de Abdera *apud* Théodore Reinach, *Textes d'auteurs grecs et romains relatifs au Judaïsme*, Paris: Ernest Leroux, 1895 [Georg Olms/Hildesheim/Zurich/New York: 1983], pp. 14-20.

3   Tácito *apud* T. Reinach, *op. cit.*, pp. 305-9.

seres, a ajuda dos rituais judaicos constitui uma maneira singular de se aproximar da morte, de se preparar para ela e de encontrá-la. Embora não se saiba muita coisa a respeito dos rituais funerários praticados durante a Antiguidade, a *Bíblia* hebraica contém algumas informações. Sabe-se que Abraão sepultou Sara, entoou uma elegia e depois chorou por ela (*Gn* 23,3); e que, após o Êxodo, os ossos de José foram levados do Egito para serem sepultados em Siquém, em um terreno que Jacó, seu pai, havia adquirido anteriormente (*Js* 24,33). Tranquila, como foi a de Abrão, que morreu em boa velhice e se reuniu aos seus antepassados em uma idade avançada e "farto de dias" (*Gn* 25,8), a morte também pode ser violenta, como no caso dos filhos do rei David. Qualquer que seja ela, a morte é seguida de lamentações (*1Sm* 18,33) e de um período de luto. José ficou de luto por seu pai durante sete dias, o povo chorou por Moisés durante trinta dias (*Dt* 34,8), enquanto Daniel, mergulhado em um luto de três semanas, não consumiu nem pão nem carne (*Dt* 10,3). Essas indicações bíblicas serviram para elaborar os rituais que, ao longo dos séculos, seriam desenvolvidos na literatura rabínica.

Redigidos entre o século III e o século VII, os *Talmudes* de Jerusalém e da Babilônia constituem a fonte canônica de práticas que, por vezes, perduram até os dias de hoje. Um tratado talmúdico ressalta 903 maneiras de morrer, constituindo uma tipologia das mortes "comuns". A morte pode ser "súbita" (*hatufa*) – exceto se alguém morre de repente em seu vigésimo quarto ano de vida. Ela pode ser "rápida" (*dehufa*), após apenas um dia de doença ou quando resulta de uma epidemia. Quando a morte sobrevém após dois dias de doença, ela é "retardada" (*dehuya*). Depois de três dias, porém, ela é uma reprimenda (*gé'ara*). Se ocorrer após quatro dias de doença, então ela é uma culpa (*nezifa*). A morte é considerada "normal" depois de cinco dias. Se for no sexto dia, trata-se da morte evocada pela *Bíblia*, e no sétimo dia constitui um ato de amor divino. Passar de sete dias de agonia é morrer em dores (*yesurin*)[4]. Consequência do consumo do fruto da Árvore do Conhecimento e da expulsão do Jardim do Éden (*Gn* 3), a morte está fatalmente conectada ao ser humano que "saiu do pó" e ao pó deverá retornar.

---

4   *Berakhot* 8a; *Talmud da Babilônia (Moed Katan)* 28a; *Evel Rabati* 3,9.

O mundo supraterrestre

Percebida como um corredor que se abre para o outro mundo[5], a passagem terrestre não seria senão um caminho rumo à inelutável finitude. Está destinada, entretanto, a estimular o indivíduo a acumular méritos dos quais poderá se beneficiar no mundo celeste. Indissociável da expectativa de uma redenção coletiva, a esperança judaica está edificada no entrelaçamento de dois princípios: a afirmação da existência de um mundo supraterrestre que transcende a finitude e o retorno supremo dos judeus à terra da qual foram exilados. Como se refere às representações judaicas dos tempos messiânicos (*ba-olam ha-bá / bé-atid lavo*), esse último princípio será apenas evocado aqui. O primeiro princípio, por sua vez, emergiu do livro de Daniel: "E muitos dos que dormem no pó da terra ressuscitarão, uns para a vida eterna e outros para a vergonha e o desprezo eternos. Os que forem sábios, pois, resplandecerão como o fulgor do firmamento; e os que a muitos ensinam a justiça, como as estrelas sempre e eternamente" (*Dn* 12: 2, 3). Foi no decorrer dos dois séculos que precederam a destruição do Templo de Salomão e a redação da *Mischná* que a ideia da ressurreição se impôs com a vitória dos fariseus sobre os saduceus, que, a se crer na descrição feita por Flávio Josefo, viam "morrer as almas ao mesmo tempo que os corpos"[6]. A expectativa da ressurreição foi enunciada muitas vezes de modo explícito no segundo livro dos *Macabeus*[7]. Delineava-se, assim, um território intermediário: o mundo que virá (*olam ha-bá*). Seus contornos seriam traçados a partir das discussões entabuladas pelos rabinos da época talmúdica em torno de uma questão: o que acontece após a morte?

"Deus possui três chaves: a da chuva, a do nascimento e a da ressurreição dos mortos"[8]. Ao reafirmar a crença absoluta na ressurreição, esse dito talmúdico estende seu sentido ao domínio dos mis-

---

5   *Mischná Avot* 4,16. Em francês, cf. Moïse Maïmonide, *Commentaires du Traité des Pères: Pirqé Avot*, trad. Eric Smilévitch, Lagrasse: Verdier, 1990; p. 200.

6   Flavius Josèphe, *Les Antiquités judaïques: œuvres complètes*, trad. Julien Weill, Paris: E. Leroux, 1900-11, t. XVIII, 1,2.

7   *2Mc* 7,9; 7,23. Cf. Sylvie-Anne Goldberg, *La Clepsydre: essai sur la pluralité des temps dans le judaïsme*, Paris: Albin Michel, 2000, pp. 273-4.

8   *Ta'anit* 2a.

térios inerentes ao universo, aos quais ninguém tem acesso e para os quais não existe o respaldo de nenhum dogma. Desse modo, para fazer parte dos pilares da fé judaica, a crença na ressureição permanecia no domínio do incognoscível. Em razão disso, mesmo sem propor uma visão precisa, ou até unívoca, do que acontecia com o corpo após a morte, os sábios erigiram uma doutrina da esperança[9]. O versículo de Isaías, outro dito talmúdico, enuncia esse fato sem ambiguidade: "Todos os judeus têm uma parte no mundo que virá, como está escrito (*Is* 60, 21): 'E todos os do teu povo serão justos, e para sempre herdarão a terra'. E aquele que diz que não existe ressureição dos mortos não terá sua parte no mundo que virá"[10]. Ao afirmar a inexorabilidade de um mundo após a morte, os rabinos estabeleceram simultaneamente uma distinção que permitia identificar os que seriam excluídos dele por ter incitado o outro a pecar, por ter negado a afirmação da ressureição ou transgredido as proibições fundamentais[11]. Entre os inumeráveis desafios teológicos ligados a essa distinção entre fiéis comuns e ímpios irredutíveis, o destino da alma após ter deixado o corpo que animava ocupava um lugar incerto. A despeito da diversidade na opinião dos sábios no que se refere ao futuro da alma[12], algumas ideias se instituíram, aprofundadas pelos comentadores, filósofos e cabalistas que as endossaram. Uma das mais estabelecidas reiterava a existência de uma espécie de espaço celeste, "um tesouro", algo como uma "comunidade de vivos" na qual as almas se apresentavam diante de Deus: as almas dos justos que haviam morrido e aquelas que ainda não tinham encarnado. As almas dos pecadores permaneciam aprisionadas na Terra sem poder escapar[13], perseguidas pelos anjos destruidores[14]. Outro ponto de vista reafirmava a persistência da consciência mesmo após o tres-

---

9 Cf. Sylvie-Anne Goldberg, "Na'asse ve-nishma – nous ferons et nous entendrons. De la croyance dans le judaïsme", *in*: Pierre Gisel e Serge Margel (éd.), *Le Croire au cœur des sociétés et des cultures*, Turnhout: Brepols, 2011, pp. 43-93.

10 *Sanedrin* 10,1.

11 *Rosch Ha-schanah* 16b-17a.

12 José Costa, *L'Au-delà et la résurrection dans la littérature rabbinique ancienne*, Paris/Louvain/Dudley: Peeters, 2004.

13 *Shabat* 152b.

14 *Eclesiastes Rabá* 3,1; *Avot de rabi Natan* 12,50; *Shabat* 152b.

passe: "R. Isaac afirmava também: para os mortos, os vermes são tão dolorosos quanto uma agulha perfurando a carne de alguém vivo. R. Hisda declarou: a alma de um homem [após sua morte] fica de luto durante sete dias. Pois está escrito: 'Mas a sua carne nele tem dores, e a sua alma nele lamenta' (*Jó* 14, 22). E está escrito: e fez a seu pai uma grande lamentação por sete dias (*Gn* 50,10)"[15]. Desse modo, a ideia de permanência da consciência permitia estabelecer um diálogo com os defuntos. Era no decorrer da noite que eles podiam descer da *Ieshivá* dos céus para visitar os vivos em seus sonhos. Podiam protestar pelo desaparecimento de seu sudário, pelo não reembolso de uma dívida, bem como prevenir os vivos de um perigo, ajudá-los a resolver seus negócios terrestres ou mesmo comunicar algum ensinamento.

As diferentes abordagens que se sobrepunham nas acepções judaicas da morte culminavam em um paradoxo que demonstrava que vida e morte podiam ser termos intercambiáveis, como indicou Maimônides[16]: "Mesmo após sua morte, os homens devotos são denominados 'vivos', e os ímpios, mesmo durante sua vida, são chamados de 'mortos'"[17]. Iniciados em todas as concepções da alma, quer se tratasse das múltiplas variantes do platonismo, do *Kalam*, ciência religiosa islâmica, ou do aristotelismo, os filósofos judeus medievais tentaram conciliar as aspirações teóricas e a tradição judaica. A noção de imortalidade da alma, fosse ela concebida como substância ou como puro intelecto, de fato não se ajustava a uma tradição judaica que assegurava a ressurreição da alma e do corpo em sua reunião final no mundo após a morte. Se o Pentateuco utiliza indiferentemente os termos *neschamá* (alma) e *ruakh* (espírito) no sentido de "sopro", e *nefesch* no sentido de "pessoa" ou de ser vivo, a literatura judaica ulterior consolidou o uso desses termos ao traduzi-los como

---

15 *Shabat* 152a.
16 Líder da comunidade judaica e seu representante junto às autoridades muçulmanas, com sua vasta obra, Maimônides religou a doutrina do judaísmo à lógica filosófica de Aristóteles. O *Guia dos perplexos*, escrito por volta de 1185, constitui fonte inesgotável de ideias para a compreensão da ética e moral contemporâneas. [N.T.]
17 Maimônides, baseado no *Berakhot* 18a-b; *Guide des égarés*, Lagrasse: Verdier, 1979, § 42, p. 96 [Paris: A. Franck, 1856].

níveis distintos da alma. Da alma do corpo à alma divina, passando pela alma espiritual, os pensadores e místicos judeus construíram uma espécie de cosmologia da alma que, ao reduzir a dialética clássica corpo *versus* alma, estabelece que os judeus têm os corpos neste mundo e as almas no outro[18]. Parceiros indefectíveis durante a vida, corpo e alma dissociam-se com a morte: enquanto o corpo apodrece e se decompõe, a alma, dependendo se ela pertence a um homem justo ou a um pecador, se elevará às esferas divinas ou ficará estagnada nos limbos terrestres à espera da redenção, que se efetivará ou por meio de seus descendentes ou por qualquer mérito obtido graças ao arrependimento.

Paralelamente à ideia de mundos superiores e inferiores, no mundo supraterrestre o território Superior estaria reservado aos justos, enquanto os pecadores e ímpios seriam acolhidos no território Inferior: a *Geena*[19] (*ge-hinom*). Enquanto na *Bíblia Hebraica* o termo *scheol* designa o espaço indiferenciado onde habitam os mortos e do qual nada emana, o judaísmo mais tardio, ao elaborar suas concepções do mundo supraterrestre, esboçou os contornos de suas duas vertentes distintas: uma destinada aos que irão alcançar a vida eterna e a outra para os que não irão alcançá-la diretamente ou que jamais terão acesso a ela. Se existe na "comunidade dos vivos" uma categoria particular de homens "justos", como Moisés e Aarão, que vão diretamente para o Jardim do Éden e que são levados pela "morte em um beijo"[20], os mortais comuns vão para a *Geena*. Guardado por carcereiros, esse não lugar incomensurável, pródigo na quantidade de tormentos infligidos aos ímpios, como pendurá-los ou colocá-los em um espeto giratório sobre uma fogueira, era atravessado por

---

18 Permito-me tomar emprestado o argumento do livro de Michael Fishbane, *The Kiss of God: Spiritual and Mystical Death in Judaism*, Seattle: University of Washington Press, 1994, p. 45.

19 *Geena* (ou *Ge-hinom*) é um local de fogo onde os ímpios são punidos. Consta no *Novo Testamento* e nos escritos dos primeiros cristãos. O poderoso imaginário da Geena origina-se de um antigo lugar real, o vale de Hinom, fora das muralhas de Jerusalém, onde se lançavam os cadáveres de pessoas consideradas indignas, restos de animais e todo tipo de imundície. Geena serve como exemplo da interação entre significados literais e simbólicos da *Bíblia*. [N.T.]

20 *Dt* 34,5; *Dt Rabá* 11,10. Sobre a aspiração espiritual à morte, cf. M. Fishbane, *The Kiss of God, op. cit.*

um rio de fogo[21]. Como se sabe que não existe ser humano que, de uma forma ou de outra, não tenha transgredido os mandamentos divinos[22], após o trespasse todos os pecadores comuns vão para esse lugar, no qual sofrem castigos aplicados na medida exata de cada um de seus atos. Ali eles passam doze meses se purificando[23], exceto nos dias do *sabat*, quando repousam[24]. Quando escapam da *Geena*, voltam a vagar ao redor de seus antigos domicílios terrestres. Essa é a razão pela qual se instaurou o costume de retardar o máximo possível a volta à vida profana que se seguia ao *sabat*, a fim de dar tempo a eles de retornarem à sua penosa vilegiatura e impedi-los de perturbar os vivos[25]. Como avaliavam que dessa temporada na *Geena* ninguém poderia ser poupado, os rabinos definiram as vias que permitiam não se esquivar dela, mas, por meio dos rituais e do arrependimento, ascender à esfera superior.

Retorno às origens do ritual

Lentamente edificada, a relação dos judeus com a morte foi orientada pela ideia da ressurreição dos corpos em outro mundo. Descrita na visão de Ezequiel[26], ela deu lugar à emergência de um conjunto de preceitos e de atitudes que, como se observou, enraizou-se na *Bíblia*. Por isso, a história atesta que atitudes e preceitos não deixaram de evoluir de acordo com as diferentes épocas e culturas transpassadas pelo judaísmo. Embora a iconografia judaica, bastante lacunar, seja quase inexistente no aspecto material, as fontes textuais que testemunham essas passagens são abundantes. Seu *corpus princeps* é fundamentado nos textos clássicos da tradição judaica: a *Bíblia* e o *Talmud*, que constituem o alicerce sobre o qual os séculos iriam se

---

21 *Hagigá* 13b. A tradição transmitiu a ideia de que se tratava da passagem do rio Jaboque, onde Jacó combateu o anjo, mudando a sorte de Israel (*Gn* 32,23).

22 *Shabat* 55a, segundo o *1Reis* 8,46; *Eclesiastes* 7,20.

23 A duração desse período e suas condições, porém, é discutida rigorosamente em *Rosh Hashana* 16b-17a.

24 *Gn Rabá* 11,5.

25 *Midrasch Tanhuma, Ha'azinu*; *Sefer Hassidim*, § 1170.

26 *Ezequiel* 37, 1-14.

adaptar. A origem do sepultamento remonta à época dos Patriarcas da *Bíblia*, enquanto a menção mais antiga de uma oração recitada aos mortos aparece no segundo livro dos Macabeus, quando Judas Macabeu orou pela redenção das almas dos pecadores[27]. O conjunto de leis e de rituais ligados à morte, ao sepultamento e ao luto parece ter sido compilado pela primeira vez no tratado da *Mischná Evel Rabati* (Grande luto), denominado *Semahot* (Festividades), provavelmente no fim do século III de nossa era[28]. A partir desse *corpus* de codificações, foram determinados certos elementos fundamentais referentes à morte, ao sepultamento e aos rituais do luto transmitidos no judaísmo.

O contexto histórico bastante particular da Palestina do século III serviu de pano de fundo para a redação do *Tratado Semahot*. Província vassala do Império Romano, a Palestina do século III ainda sofria as consequências da repressão draconiana imposta após a Grande Revolta, em 135. De qualquer forma, os judeus que ainda permaneciam na Palestina eram sobreviventes. Haviam escapado dos massacres, de serem vendidos como escravos, das deportações para outras províncias romanas, e o acesso a Jerusalém, a cidade santa, era sempre proibido para eles. Sem dúvida alguma, esse penoso contexto contribuiu para colocar a morte no centro dos debates rabínicos, uma vez que as prescrições a serem observadas por ocasião do sepultamento e do luto tinham uma ressonância imediatamente perceptível na vida cotidiana.

Organizado em catorze capítulos temáticos, esse tratado da morte e do luto examina cada caso de falecimento ou de luto na perspectiva das prescrições da lei judaica (a *halakhá*), desde o *status* do moribundo até a questão da herança dos túmulos. São passadas em revista as questões relativas aos defuntos pelos quais se deve, ou não, observar o luto, aos mortos considerados "normais" e aos que não são, como as crianças, os natimortos e os suicidas. Quais são os casos em que os rituais funerários podem ou não ser seguidos: o que fazer, por exemplo, quando o defunto é um condenado à morte? Como se

---

27 2Mc 12, 39-46.

28 Em texto bilíngue inglês-hebraico: Dov Zlotnick, *The Tractate "Mourning" (Semahot): Regulations Relating to Death, Burial and Mourning*, New Haven/London: Yale University Press, 1966.

comportar diante de um defunto que teria rompido todos os laços com seu povo? Como se deve proceder com os restos mortais dos que foram assassinados, devorados por um animal selvagem, afogados ou crucificados? Nesse tratado, a morte das crianças ocupa um lugar considerável, uma vez que os rituais são estritamente codificados em função da idade e da condição social do defunto. O mesmo ocorre com a organização do cortejo funerário e com a recitação das elegias fúnebres. Grande atenção é dispensada ao trabalho do luto, pois, entre o momento em que ele começa e o momento em que deve terminar, uma série de prescrições e de interditos pontuarão cada uma das etapas do ano de sua duração.

Sem dúvida alguma, várias práticas mencionadas nesse tratado, tais como a dramaturgia das carpideiras e da laceração, comuns na época romana, o duplo sepultamento, primeiro com a deposição do corpo em um ossuário, depois com o recolhimento dos ossos, caíram em desuso. Isso porque o contexto e os costumes da Palestina do século III tinham pouco a ver com aqueles nos quais o judaísmo oriental e ocidental evoluíram, seja em espaços muçulmanos, seja no Ocidente cristão medieval e, por essa razão, menos ainda com os que reinam hoje no mundo contemporâneo. Pode-se constatar, porém, que as prescrições ditadas por esse tratado, uma vez transpostas no tempo, estabeleceram inúmeros aspectos de uma relação específica dos judeus com a morte. No decorrer da Idade Média e da Época Moderna, obras de doutrinação, tais como a *Torát ha-Adam* (literalmente, "A lei do homem"), redigida pelo rabino de Gerona, Moschê Nakhmânides, no século XIII, ou o *Schulkhan Arukh* (literalmente, "mesa preparada ou posta"), conjunto de codificações gerais redigidas no século XVI pelo cabalista e legislador Joseph Caro, modelaram e depois estabeleceram rituais que ainda perduram nos dias de hoje nos meios ortodoxos e que foram simplificados ou atenuados nos meios de menor observância das tradições. Além das práticas rituais, descobre-se a relação singular dos judeus com o mundo supraterrestre na literatura do leito de morte, que ameniza sua lúgubre familiaridade. Bastante popular a partir do século XVII, essa literatura beneficiou-se da difusão da imprensa escrita e propagou-se na sequência de uma obra fortemente impregnada pela Cabala, *Maavar Yabok* (A passagem do Jaboque), que se disseminou entre as comunidades judaicas até penetrar nas estruturas sociais instituídas nas comunidades judaicas europeias, a partir do século XV, com a criação da Chevra Kadisha. Depois de ter transformado o tratado do luto em "festividades" (*semahot*), a literatura mortuária em "árvore da vida" (*etz haim*), o cemitério em "casa dos vivos" (*bet haim*) ou em "casa da eternidade" (*bet olam*) ou, ainda, em um "bom lugar" (*gutn ort*), em ídiche, essas locuções de evitamento atestam as maneiras de humanização do luto. Enquanto os dois *Ars Moriendi* (Arte de morrer) propagavam-se no mundo cristão, o *Sefer ha-Haim* (literalmente, "livro da vida"), que transformou a arte de morrer em arte de viver, era ensinado no mundo judaico[29].

A última viagem. O respeito entre mortos e vivos

O fio que se prolonga para além dos séculos entre o antigo *Tratado do Talmud* e as práticas modernas, representado na perenidade de certos costumes dos judeus, revela a transmissão de algumas atitudes características. Determinada pelo conjunto de comportamentos e ritos, a primeira delas demonstra o respeito devido tanto à vida humana como a seu invólucro: o corpo. Ao considerar o ser vivo uma criação de Deus, feita à sua imagem e semelhança, tal como é descrito no primeiro capítulo do *Gênesis*, o judaísmo só percebe em seu despojo um cadáver cujo contato, para os vivos, implica sujeira. É tanto para evitar a confrontação dos vivos com a decomposição de um ente querido como por respeito à dignidade do defunto que se aconselha sepultar o corpo rapidamente[30]. Isso porque, uma vez recompostos a partir de seus restos, os corpos recuperarão sua plenitude na eternidade do mundo que virá. Dessa dualidade conceitual decorre uma ambivalência que implica tratar o indivíduo, enquanto lhe restar um sopro de vida, esteja ele doente ou agonizante, com todos os cuidados que se deve a alguém vivo. No que se refere ao cadáver, por mais impuro que seja, ele deve receber os últimos de-

---

29 O *Sefer ha-Haim* foi um dos livros mais populares sobre os costumes mortuários e funerários nas comunidades judaicas. Cf. S.-A. Goldberg, *Les Deux rives du Yabbok: la maladie et la mort dans le Judaïsme ashkénaze. Prague XVIe-XVIIIe siècles*, Paris: Cerf, 1989.

30 *Sanedrin* 6, 4, 46a; *Dt* 21, 23.

veres que lhe permitirão esperar o tempo da ressureição. Por isso, o agonizante precisa ser tratado em tudo como um ser vivo, até que expire e que sua morte seja devidamente constatada. O rabino de Gerona, Nakhmânides (1194-1270), relembrava: "não o prendemos a nada, não o movemos, não tapamos seus orifícios, não o colocamos no chão", e muito menos fechamos seus olhos, antes que ele tenha exalado seu último suspiro, pois "toda ação desse gênero assemelha--se a um verdadeiro assassinato"[31]. É preciso se abster, igualmente, de iniciar a organização dos funerais propriamente ditos, o que não impede que se convoquem os membros da Chevra Kadisha, a Confraria do Último Dever, a fim de que eles venham assistir ao moribundo e aos seus na recitação das orações habituais e no bom andamento dos instantes finais.

Uma vez exalado o último suspiro, os despojos devem ser preparados para sua última viagem. Em primeiro lugar, o corpo é depositado no chão – como lembrança do pó do qual se originou –, velas são colocadas junto à sua face, pois a alma é uma chama divina. Em seguida, se procederá à *taharat*, a purificação ritual. Um cuidado especial é dedicado pelos vivos à preservação da dignidade do corpo e da decência. Embora os discípulos possam render esse último serviço a seu mestre, uma criança jamais deve fazê-lo para seus pais, e a separação de gêneros – as mulheres cuidam das mulheres e os homens cuidam dos homens – é estritamente respeitada. Sem jamais ser desnudado, o cadáver será minuciosamente lavado segundo uma ordem precisa que começa pela cabeça, sede da *schekhiná* (emanação divina), e termina nos pés, lugar da impureza. Nenhuma sujeira, nem sequer um ínfimo grão de poeira, deve restar na pele ou nos cabelos do morto. Finalmente, o despojo é vestido com sua roupa mortuária, um conjunto de faixas de linho branco. Antes de se recobrir seu rosto, um pouco de poeira é espalhado sobre seus olhos que logo serão fechados. Se for homem, o corpo será recoberto com o *talit*, o xale de orações. Desde a época talmúdica, uma grande importância tem sido concedida às vestes do morto, "pois a roupa na qual é enterrado será a mesma que ele usará no momento da ressurreição"[32]. Ela poderá até mesmo servir de

---

31   Moïse Nahmanide, *Torat Adam*, "*inyan petirah*", Varsóvia: 1876 [Napoli: 1490].
32   TJ *Kilayim* 9,4; TJ *Ketubot* 12,3; 34d-53a; TB *Shabat* 114a.

"reserva para o caminho" que o falecido seguirá no decorrer de seu périplo no além[33]. Assim, o sudário e o xale de orações envolvem as duas facetas da alma, a corpórea e a divina, que serão reunidas no momento da ressurreição. Essa é a razão pela qual nas comunidades tradicionais os costumes exigiam que os eruditos fossem sepultados com as tábuas nas quais haviam estudado. Para facilitar a viagem à Terra de Israel no momento desejado, no decorrer do tempo as comunidades estabeleceram diversos costumes. O *Talmud* de Jerusalém recomendava que os sepultamentos fossem feitos perto de uma estrada a fim de encurtar o trajeto rumo a Jerusalém. Mais tarde, na Idade Média, no norte da Europa, os defuntos eram enterrados com seus sapatos[34]. No começo do século XX, em certas comunidades ainda se mantinha o costume de sepultar o cadáver com um *gepelekh* entre os dedos, uma espécie de pá de madeira que lhe permitiria abrir seu caminho para fora do túmulo[35]. Entretanto, costumes e razão não coabitam facilmente. Por isso, em seu tempo, Maimônides costumava ironizar o cuidado que se tinha em revestir os defuntos com as mais belas vestes e acessórios: "Todo mundo se pergunta, tanto a gente do povo como os letrados, como se efetuará a ressurreição, se as pessoas voltarão nuas ou vestidas e, se esse for caso, se estarão verdadeiramente vestidas com os adereços com os quais foram sepultadas ou se suas vestes não servirão senão para cobrir os corpos"[36].

Se o respeito pela integridade do corpo vivo é um princípio que atravessou facilmente os séculos e costumes, o respeito pela integridade do corpo *post-mortem* readquiriu uma inesperada atualidade. Em Israel, um testemunho disso é a espécie de brigada de homens

---

33   Segundo o comentário de Rashi no *Génesis* 52,25.

34   TJ *Kilayim* 9,4,32b. Rashi, comentário sobre *Yebamot* 104a; Éleazar ben Judah de Worms, *Sefer ha-rokéah ha-Gadol*, Barukh S. Schneurson (éd.), Jerusalém: [s.n.], 1967, p. 194.

35   *The Jewish Ethnographic Program*, questão n. 1909, em Nathaniel Deutsch, *The Jewish Dark Continent*, Cambridge/London: Harvard University Press, 2011, p. 291. Igualmente, Paul Isaac Hershon, *Otsrot ha-Talmud*, London: Ames Nisbet, 1882, p. 285; Solomon ben Joseph Ganzfried, *Code of Jewish Law*, Piscataway: Gorgias Press, 2010, v. 4, p. 99.

36   Maïmonides, *Commentaire sur la Mishna, Nezikim*, trad. J. Kaffah, Jerusalém: [s.n.], 1965, p. 134.

(*aneshei zakah*[37]), com suas roupas negras, seus *peót* e seus coletes amarelos fluorescentes, cuja tarefa é recolher e juntar os fragmentos de corpos humanos espalhados nos lugares em que ocorreram acidentes ou atentados terroristas. Sua *expertise* os conduz igualmente a todos os lugares do mundo em que ocorrem tremores de terra, tsunamis e catástrofes humanitárias que necessitam da identificação de restos mortais. Ao fazerem isso, cumprem o mandamento que, desde a época da *Mischná*, prescreve o dever de cuidar dos restos de qualquer "morto abandonado" (*met mitzvá*)[38].

Os que ficam

A passagem da vida para a morte assinala o segundo aspecto de uma relação com a morte que inclui os vivos durante o período em que morte e luto os envolvem. A tradição judaica prescreve que o sepultamento do corpo deve ser efetuado o mais rápido possível, em respeito à dignidade dos defuntos e para evitar a seus parentes próximos um sofrimento adicional. As codificações concentram-se nos interditos aplicados à família do morto a fim de impedir que ela se comporte como se nada de inabitual tivesse acontecido. Após ter rasgado um pedaço de sua própria roupa, o familiar vivo deve cuidar para que os ritos mortuários sejam cumpridos, inclusive a toalete ritual e a vigília do despojo. Até que o corpo seja enterrado, uma atmosfera de transtorno deve reinar: orações e prescrições cotidianas são suspensas, as refeições são frugais e feitas de pé, a abstenção do uso do quarto de dormir e dos cuidados pessoais atestam que a ordem dos vivos foi interrompida. Nas comunidades tradicionais, todos devem assistir ao traslado do corpo e formar o cortejo que o acompanhará até sua última morada. Ninguém caminhará na frente do caixão, a família mais

---

37 Acrônimo dos termos *zihui korbanot ha-son*: identificação das vítimas de catástrofes.

38 *Semahot* 4, 29; *Babba Kama* 81a. Essa prática é atestada por Flavius Josèphe, *Contre Apion*, edição e notas de Théodore Reinach, trad. Léon Blum, Paris: Les Belles Lettres, 1972, II, 29, 211; e Philon d'Alexandrie, *Les Œuvres de Philon d'Alexandrie: Hypothetica*, par Roger Arnaldez, Jean Pouilloux et Claude Mondésert, Paris: Cerf, 1961-1992, VII, 7.

próxima virá imediatamente atrás dele. Estritamente separados, homens e mulheres formam cortejos distintos; os homens caminham na frente, as mulheres atrás. O caixão é colocado diante da vala aberta, e a cerimônia funerária tem início. Primeiro, é recitado o *Tziduk ha-din* (execução do julgamento), depois o *Kadisch* (oração pelos mortos). Em seguida, procede-se ao ritual de rasgar mais um pedaço das vestes pelos familiares mais próximos. Após ser colocado pelos coveiros em seu túmulo, "como se estivesse entre os braços do universo", o caixão do defunto será recoberto de terra, e cada um dos presentes virá depositar três punhados de terra acompanhados de uma esmola, pois "a caridade salva da morte". Assim que a vala é fechada, termina o ritual propriamente dito. A importância da participação coletiva da comunidade é acentuada pela forma de condolências que se oferece aos que estão de luto: "Que Deus vos console entre todos os enlutados de Israel", que evoca o destino comum do *Klal Israel* (Comunidade de Israel)[39].

Tem início, então, o que nossos contemporâneos denominam o trabalho do luto. Os mandamentos que regulam formalmente o período de luto só são aplicáveis ao falecimento de familiares próximos: pai, mãe, filho, filha, irmão, irmã, esposo ou esposa. O luto tem a duração de um ano e é dividido em três etapas, ao fim das quais os enlutados devem se reintegrar e retomar a vida social interrompida pela morte. Essas três etapas – o período de desordem e de aceleração que precede o sepultamento, a primeira semana depois do enterro (*schivá*) e os trinta dias que se sucedem (*schloshim*) – podem ser comparadas a um parêntese que se faz da vida pública. Brutal e completa durante os sete primeiros dias, gradual e discretamente menos estrita nos trinta dias seguintes, no intuito de encorajar a integração do luto no espaço privado durante os onze meses que se seguirão, tudo termina com a comemoração da data de aniversário do falecimento, *yahrzeit*, e, no caso das comunidades asquenazes, com a colocação da pedra tumular.

O procedimento das etapas do luto, por mais surpreendente e minucioso que possa parecer, não deixa de seguir uma lógica, cuja razão fica clara nas abordagens contemporâneas. Codificada em suas grandes linhas desde a época do *Talmud*, essa lógica já respon-

---

39 Para uma descrição minuciosa dessas etapas, cf. S.-A. Goldberg, *Les Deux rives du Yabbok, op. cit.*

dia a um imperativo social claramente enunciado: "Três dias para se lamentar, sete para as elegias, trinta para as vestes e os cabelos"⁴⁰. Isso porque era considerado tão inconveniente não expressar o luto quanto expressá-lo muito ostensivamente. Por essa razão, durante o período da *schivá*, a família fica reclusa na casa do defunto ou na residência de um de seus membros. Como qualquer atividade fica proibida para a família, cabe aos que a rodeiam providenciar sua alimentação, sobretudo a primeira refeição, dita de condolências: "Isso porque o *avel* (o enlutado), perturbado pela morte de um dos seus, nem pensa em comer, seu desejo é morrer, razão pela qual deve ser alimentado por outros"⁴¹. Uma vela é acesa pela alma do defunto, os espelhos, cadeiras e camas são virados ao contrário e recobertos com lençóis ou panos. Os que estão de luto permanecem sentados no chão ou em uma cadeira baixa, sem sapatos, e durante toda a semana usam a mesma roupa rasgada do dia do enterro: refletem a imagem de Jó, a quem ninguém ousava dirigir a palavra, tão "atroz era sua dor"⁴². Encarregados de alimentar os enlutados durante os três primeiros dias reservados às lágrimas, os visitantes-consoladores devem se abster de lhes dirigir a palavra sem serem convidados. A progressão desse processo é ainda mais perceptível após a atenuação do luto, que se efetua diante de uma assistência composta de parentes próximos, familiares e amigos. A pessoa de luto deve calçar de novo os sapatos, trocar a roupa rasgada e, sobretudo, voltar gradualmente a cumprir as exigências de sociabilidade da vida cotidiana. Ainda restam trinta dias para que ela interiorize sua tristeza, que só manifestará ao exibir os cabelos sem cortar, a barba por fazer, ao trocar de lugar na sinagoga e não participar de qualquer cerimônia alegre. Decorridos os trinta dias (ou suspensos por alguma festa religiosa), o ano de luto prossegue unicamente na esfera privada, as pessoas evitam qualquer compra que não seja indispensável, fogem das ocasiões de alegria e recitam cotidianamente as bendições apropriadas.

---

40 *Talmud da Babilônia (Moed Katan)*, 27b.
41 Asher ben Iekhiel (c. 1250-1327), *Orehot haim* (Fano 1503), *Halakhot Avel*, 13, 5; Rabeinu Yeroham ben Meshulam De Provence (1290-1350), *Toldot Adam ve--Hava* (Constantinople, 1516), *Nativ koah*, II, 203.
42 *Jó* 2,13

O dever de viver

Estabelecidos desde a época do *Talmud*, os grandes princípios dos rituais associados à morte podem parecer imutáveis se não se levar em conta as consideráveis mudanças na maneira de executá-los e, sobretudo, de entender suas representações. A noção de "preservação da vida humana" (*pikuach nefesch*) ilustra esse fenômeno. A partir do versículo do livro do *Levítico* que ordena que ninguém deve permanecer impassível diante do sangue derramado[43], os rabinos do *Talmud* colocaram o valor da vida humana acima de qualquer outra consideração e, com isso, afirmaram em termos axiomáticos que era possível infringir um mandamento se isso permitisse salvar qualquer um em perigo de morrer[44]. Para compreender o sentido da implicação concreta desse axioma, um exemplo facilmente acessível é fornecido pelos interditos que se aplicam ao repouso sabático: foram em dias de *sabat* e de festas religiosas que os mais cruéis revezes foram infligidos às populações judaicas desarmadas, principalmente durante as guerras. Ao invocar o princípio do *pikuach nefesch*, o dever de preservar a vida, o religioso Matatias enfrentou as consequências e suspendeu a proibição do porte de armas na época das guerras asmoneanas (165 a.C.), criando um precedente jurídico que permitia aos judeus se defenderem[45]. Essa regra se impõe sobretudo no âmbito da saúde e da doença, pois permite contornar as armadilhas criadas pela extrema observância dos mandamentos. Por essa razão, considera-se mais normal chamar os bombeiros ou uma ambulância do que conduzir uma mulher em trabalho de parto ao hospital, mesmo se, em princípio, o uso de um telefone ou de um meio de transporte não seja autorizado. Do mesmo modo, o consumo de alimentos proibidos, mesmo sob a forma de medicamentos, pode ser admitido se não houver outro recurso. Isso acontece igualmente com os bancos de órgãos, cujo funcionamento é autorizado a despeito do mandamento da preservação indispensável da integridade do corpo, pois nesse caso trata-se de desobedecê-lo para salvar outras vidas.

---

43 *Levítico* 19,16.
44 *Yoma* 85a.
45 *1Mc*, 2,41.

No decorrer da história, a formulação axiomática teve um grande desenvolvimento. Ao entrelaçar o destino da vida neste mundo com a vida eterna futura no outro mundo, ela pôde ser utilizada para outros fins. Ao referir-se tanto ao corpo como à alma, o termo hebraico *nefesch* pode remeter tanto a um quanto à outra, noção surgida, em nome da preservação da alma, para servir de justificativa ao sacrifício do corpo, "Para a Santificação do Nome" (*kidusch haschem*). Para uma retomada tão semântica como simbólica, a ideia da preservação da vida (eterna) permite que se encoraje sua renúncia terrestre, uma vez que, "longe de Deus, a vida é apenas morte", como clamou Iehudá Halevi (1085-1141) em um poema inserido na liturgia do *Iom Kipur* (Dia do Grande Perdão)[46]. Essa extensão se justifica pelo fato de que, no Concílio de Lod, o *Talmud* estabeleceu que, entre desobedecer sob ameaça uma ou outra destas três proibições – a idolatria, a moral sexual (incesto, adultério) e o assassinato[47], que impedem o acesso ao futuro mundo supraterrestre –, era melhor optar pelo martírio no mundo inferior. De fato, o caso do suicídio coletivo dos defensores da fortaleza de Massada, reportado por Flávio Josefo[48], ilustra essa exigência de morrer por Deus, ainda que um dos mandamentos bíblicos seja não matar. Exaltada pelas perseguições cujo objetivo era convertê-los, a noção foi reavivada na Idade Média; com isso, os rabinos foram forçados a debater sobre que atitudes tomar diante dessas duas facetas: de um lado, o direito de infringir os mandamentos para salvar uma vida e, de outro, o dever de sacrificar essa vida para evitar infringi-los. Os rabinos da região oriental, dos quais Maimônides foi o representante mais notório, optaram pelo sacrifício *a minima*: aceitar a conversão para preservar a própria vida, desde que sem ostentação, seria um dever que logo permitiria retornar ao judaísmo, e isso muito mais pelo fato de que a lei judaica havia autorizado[49]. Inversamente, os codificadores da religião cristã, cujos

---

46 Em versão bilíngue hebraico-inglês: T. Carmi, *The Penguin Book of Hebrew Verse*, New York: Penguin, 1981, pp. 336-7.

47 *Sanedrin* 74a.

48 Cf. Flavius Josèphe, *La Guerre des Juifs*, trad. Pierre Savinel, Paris: Minuit, VII, 9, pp. 549-50.

49 Cf. Moïse Maïmonide, *yad, Yesodei ha-Torah*, 5, 1-3; "Épître sur la persécution", in: *Épîtres*, Lagrasse: Verdier, 1983.

correligionários contemporâneos haviam cometido massivamente suicídios e assassinatos coletivos por ocasião da passagem dos cruzados[50], pregavam a morte no martírio sem restrição[51].

Lembrar dos desaparecidos

As práticas e as representações do judaísmo evoluíram consideravelmente durante o primeiro milênio da era cristã, e muitas inovações foram introduzidas após a Primeira Cruzada. Indissociáveis dos costumes judaicos ligados à morte, a maior parte dessas práticas e representações dizem respeito a uma atenção particular deste mundo centrada no mundo após a morte. Durante a Idade Média, um dos desenvolvimentos mais marcantes da cultura judaica foi o espaço reservado à memória dos mortos nos rituais, na liturgia e nas composições literárias. Foi nesse contexto que o lugar atribuído à morte nas atitudes dos judeus se revelou preponderante. Revestida de uma dupla expressão, a morte inscreveu-se nos rituais coletivos e individuais e estabeleceu uma forma de teologia memorial que se apoiava na comemoração das tragédias, tão abundantes na vida judaica[52]. A bênção *Av ha-rahamim* (Pai misericordioso), inserida na liturgia da festa de *Schavuot* (Pentecostes) e do *Tischá BeAv*, dia 9 do mês de *Av* (que celebra a destruição dos dois templos e todas as catástrofes que se sucederam), rememora os acontecimentos nos seguintes termos:

> Pai misericordioso, que mora nas alturas, em sua profunda compaixão, recorde com misericórdia os piedosos, os retos e os íntegros, as Santas Comunidades que ofereceram suas vidas pela santificação do Sagrado Nome: amados e amáveis em suas vidas, não foram separados em sua morte. Foram mais velozes do que as águias, mais fortes do que os leões no cum-

---

50 Cf. Uma edição recente das crônicas hebraicas das Cruzadas: Eva Haverkamp, *Hebräische Berichte über die Judenverfolgungen während des Ersten Kreuzzuges*, Hannover: Hahnsche Buchhandlung, 2005.

51 *Tos. Avodah Zara* 27b; 54a.

52 Cf. Yosef Hayim Yerushalmi, *Zakhor: histoire juive et mémoire juive*. Paris: La Découverte, 1984; David Myers, "'Mehabevin et ha-tsarot': Crusade Memories and Modern Jewish Martyrologies", *Jewish History*, v. 13, n. 2, Fall 1999, pp. 49-64.

primento da vontade de seu Criador. Que seja desejo de nosso Deus se lembrar deles com compaixão, bem como de todos os outros justos do mundo e vingar o sangue derramado de seus servidores[53].

Para reforçar a liturgia, surgiram os *Memorbücher* ou *Yizkerbikher*, livros de memórias cujos textos continham um martirológio comunitário que remontava aos massacres ocorridos na região da Renânia, aos quais foram sistematicamente acrescentadas as sucessivas tragédias.

Descobre-se o entrelaçamento da memória e da morte na introdução de preces singulares: na *hazkarat neschamot*, a evocação das almas nos rituais das cerimônias religiosas das grandes festas, na recitação do *kadisch* dos enlutados e na *El Malé rahamim* (Deus pleno de misericórdia), a oração dos mortos propriamente dita. Essas três inovações litúrgicas, que irrigam o conjunto da relação judaica com a morte, assinalaram eventualmente uma transformação de outra ordem. Convencidos pela ideia de que era possível nesse mundo atuar sobre o devir no mundo futuro, ao cultivar a memória das almas dos desaparecidos, no dia do aniversário de sua morte e por ocasião das grandes festas, suplica-se por sua salvação, mas tenta-se simultaneamente apaziguá-los para se preservar de sua vingança[54]. Ao que parece, a recitação do *kadisch*, a "santificação", parte integrante das práticas religiosas diárias, só foi associada ao ritual funerário a partir dos séculos XII e XIII. Caracterizado pelas inumeráveis glorificações do Nome de Deus, seu texto menciona explicitamente a ressurreição. Pronunciada a partir do dia do sepultamento, incluída no ritual cotidiano do luto, recitada todos os dias durante o ano inteiro, e depois em todos os anos no aniversário do falecimento, a santificação reafirma a fé dos vivos no julgamento divino. Acredita-se em seu poder de conseguir redimir a alma do defunto e, de qualquer modo, de assegurar sua futura ressurreição no outro mundo. No imaginário dos judeus asquenazes, a associação do filho com o *kadisch* não é exclusivamente simbólica: isso porque cabe a ele a tarefa de recitar a prece por seus pais falecidos, fato popularizado na língua ídiche na

---

53 Simon Schwarzfuchs, *Les Juifs au temps des croisades: en Occident et en Terre sainte*, Paris: Albin Michel, 2005, p. 178.

54 *Midrasch Tanhuma, Ha'azinu.*

expressão corrente "ele não deixou sequer um *kadisch*", em referência a qualquer um que tenha morrido sem ter gerado um filho homem.

O mundo lateral

"Como se sabe, o sentido do *kadisch* é neutralizar a intensidade do sofrimento e enviar forças benéficas. Assim, ao recitá-lo, o filho resgata seu pai dos abismos para enviá-lo ao *Gan Eden*, o paraíso."[55] Essa transferência de responsabilidade, quando o filho se torna a garantia da passagem de seu pai para o mundo supraterrestre, ressalta a forte acentuação da interdependência entre o mundo terreno e o mundo das alturas introduzida pela Cabala nas abordagens judaicas. Movimento do pensamento místico, no passado reservado aos intelectuais, a Cabala de Safed disseminou-se nas comunidades judaicas, inserindo-se no conjunto de suas práticas. Ao penetrarem nos domínios da ética, das preces e dos costumes, os temas cabalísticos reconstituíram as expressões da religiosidade judaica, tanto em suas formas verbais como em seus aspectos rituais. A imensa popularidade do texto *Maavar Yabok*, redigido pelo rabino italiano Aaron Berachia de Módena, em 1626, assinala a metamorfose provocada pela literatura mortuária: longe de se restringir ao leito de morte, ela fornece informações sobre a prática da devoção diária. Ao ter consciência de que está sempre à mercê da vontade divina, que faz viver e morrer a qualquer instante, a pessoa deve pensar em sua morte "como se estivesse de joelhos e em perigo mortal"[56]. Ao confiar sua alma ao Criador todas as noites, ao recitar o *Schemá Israel*, "Ouve, ó Israel", que será igualmente sua última afirmação de fé, toda noite ao cair no sono o judeu se encontra em uma esfera na qual, "assim como na morte, as almas sobem e navegam no universo"[57]. É preciso, no entanto, distinguir a "grande" morte, a real, da "pequena", o sono,

---

55 Aron Berachia de Modena, *Ma'avar Yabbok* (Mântua,1626), Vilna: [s.n.], 1860. Fac-símile: Jerusalém: [s.n.], 1989, *Sefat Emet*, 2, 29, p. 234.

56 Isaïe Horowitz (c. 1565-1630), *Shnei Luhot ha-berit*, "*ner mitzvah*" (Amsterdã, 1649), Jerusalém: [s.n.], 1970.

57 *Ibidem*; "Massekhet Hullin", comparar com o *Livro de Tehilim*, 11,6, éd. S. Buber, Vilna: [s.n.], 1891, p. 51b.

pois quando o indivíduo dorme sua alma repousa e saboreia um pouco da vida nas Alturas[58].

A morte de alguém próximo provoca uma fissura cósmica: abre uma brecha entre o universo dos vivos e o dos mortos, normalmente compartimentalizados. Isso porque, ao penetrar no seio de uma família para apanhar sua presa, o Anjo da Morte paira ao redor dela, esperando a ocasião de capturar outras. Todos se apressam em jogar fora toda a água existente na casa, por temor de que ela tenha sido envenenada pelo Anjo da Morte (*malakh ha-mavet*), que poderia ter lavado sua espada nos recipientes que contêm essa água[59]. Por outro lado, aquele que atravessou recentemente o portal da vida para a morte não tem acesso imediato ao mundo dos mortos. Para novas concepções, novas interpretações: as fases do luto são compreendidas como as diferentes etapas que o defunto deverá ultrapassar antes de alcançar o repouso. Enquanto os três elementos da alma constituem a plenitude do indivíduo durante a vida, a morte os separa dolorosamente em três entidades distintas: alma do corpo, alma do sopro e alma da essência, cada uma delas com sua própria função. Após cessar a vida humana, elas deverão esperar pacientemente até que a ressurreição as reúna por toda a eternidade. Ao exalar o último suspiro e durante os três primeiros dias, que os familiares próximos dedicam às lágrimas, a alma suporta os infinitos tormentos da separação. Desligada de seu receptáculo corpóreo, ela paira em torno dele, assiste à toalete funerária, ao sepultamento, e até o fim da primeira semana fica em um vaivém entre a casa e o cemitério[60]. A *schivá*, etapa dos primeiros sete dias, corresponde ao período em que a alma vive seu próprio luto, antes de ser lançada na *Geene*, a exemplo de todos os pecadores comuns, onde passará o próximo ano inteiro.

A Cabala de Safed expande o espaço cósmico. Ao reduzir as compartimentalizações entre os mundos, ela faz com que mortos e vivos se reencontrem. Quando transforma a interpretação dos termos transmitidos pela tradição, modifica consideravelmente a percepção

---

58 *Ma'avar Yabbok*, op. cit.; *Sefat Emet*, 2, 17.

59 "O Anjo está de pé entre a terra e os céus, uma espada desembainhada na mão" (*1Cr* 21,16).

60 *Shabat* 152a-b e *Gn Rabá* 100,7 chegam a indicar que durante os três primeiros dias a alma pensa que pode voltar.

que se tem deles. Assim, o mundo supraterrestre (*olam ha-bá'ah*) oscila do futuro para o mundo "lateral". Na literatura rabínica clássica, a palavra *gilgul* descreve o "ciclo" pelo qual os mortos alcançarão a Terra Santa por ocasião da ressurreição[61]. Revisitada pela Escola de Isaac Luria (1534-1572), ela se transformou em transmigração das almas[62]. A partir do século XIII, na literatura do *Zohar*, surgiu o Ser Primordial, *Adam Kadmon*, que chegou para constituir uma espécie de reservatório das almas (*nitsutsot ha-neschamot*), que, oriundas da ruptura original dos vasos, irão migrar de um ser para outro, enraizando-se na mesma fonte: a alma de Adam. Surgiu também a ideia de que uma alma viria para "reparar" em uma vida o que lhe havia faltado fazer em outra, e isso se repetiria até que conseguisse fazê-lo. Indiferente ao gênero, bem como à religião, essa migração podia efetuar-se de um judeu para um gentio, de um homem para uma mulher e até mesmo para um animal, até que a reparação se cumprisse. Simultaneamente ao *gilgul*, o *ibur* (impregnação) foi igualmente ampliado em outra dimensão. Uma alma poderia se justapor a outra a fim de fazê-la realizar qualquer ação específica ou cumprir um preceito. A alma de um "justo", que teria deixado de cumprir um dos 613 mandamentos, poderia reencarnar em qualquer pessoa de uma outra geração a fim de cumpri-lo. Entretanto, nos rastros dessa migração benéfica, dissemina-se igualmente seu reverso: a alma de alguém também poderia penetrar sub-repticiamente em qualquer um. Isso porque o pecador que não pode encontrar repouso no outro mundo procura se refugiar neste. Trata-se do *dibuk*, que, se os exorcismos não conseguirem extirpar a tempo, continua a exercer sua possessão até nas regiões do limbo[63]. Em consequência, a maioria das almas que habitam os corpos já tiveram muitas vidas anteriores e poucas são verdadeiramente "novas".

---

61 Cf. José Costa, *L'Au-delà et la résurrection dans la littérature rabbinique ancienne*, op. cit., pp. 183-92.

62 Principalmente com a obra de Hayyim Vital, *Sefer HaGilgulim*, Frankfurt: [s.n.], 1684; reed. *Torat ha-gilgul*, Jerusalém: [s.n.], 1982. Um panorama geral desses desenvolvimentos: Gershom Scholem, *Les Grands courants de la mystique juive*, Paris: Payot, 1977; Charles Mopsik, *Les Grands textes de la cabale: les rites qui font Dieu*, Lagrasse: Verdier, 1993.

63 Cf. J. H. Chayes, *Between Worlds: Dybbuks, Exorcists, and Early Modern Judaism*, Philadelphia: University of Pennsylvania Press, 2003.

Promovido pelo pensamento cabalístico, esse novo foco de atenção sobre a morte, associado às novas concepções do destino coletivo de Israel, acompanhou o desenvolvimento da Chevra Kadisha. Inaugurada no espaço asquenaze de Praga, em 1564, ela não tardaria a se disseminar por todos os centros do mundo judaico, nos quais progressivamente se transformaria em uma instituição central, encarnando a autoridade comunitária. Com o cuidado de ancorar a vocação dessa Confraria do Último Dever nas tradições transmitidas pela *Mischná*, seus iniciadores também se inspiraram nos métodos comprovados por seus correligionários espanhóis, desde os séculos XIII e XIV, e nos métodos das cooperativas ao seu redor. A hierarquia da Chevra Kadisha era baseada na seleção, suas prerrogativas e tarefas significativas incluíam banquetes anuais, cotizações obrigatórias, cobrança de multas, exclusão em caso de rebelião, manutenção do cemitério, organização dos sepultamentos, cumprimento dos ritos, bem como a formação e a educação de seus membros[64]. A criação dessa confraria instituiu a garantia do futuro espiritual das comunidades e marcou uma evolução decisiva da relação das comunidades judaicas com a morte e com tudo que a precede e rodeia: caridade, cemitério, mas também assistência médica, estudos e ensinamentos.

Destinado à edificação dos membros das confrarias santas, utilizado tanto como manual prático da morte, mas também como um veículo do pensamento de uma ordem transcendente, o texto *Maavar Yabok* restabeleceu a função dos costumes e dos rituais na interdependência entre o mundo dos vivos e o mundo supraterrestre. A importância conferida aos cuidados médicos, ao exercício dos ritos e ao fortalecimento de uma ética mística reforçava a ideia de que existia uma necessidade imperiosa de assumir a responsabilidade coletiva do destino de Israel. As práticas sociais decorrentes refletiram essas inovações. Se por ocasião de sua fundação as confrarias limitavam sua vocação aos deveres fúnebres e à manutenção do cemitério, a partir do século XVII, observou-se uma multiplicação de suas atribuições. Sem mais se limitar ao cumprimento dos últimos deveres, as confrarias ampliaram progressivamente sua missão para um contexto global dos mandamentos de "boas ações" a serem praticadas

---

64 Cf. Joseph Yuspa Hahn, *Yosef Omets*, Frankfurt: [s.n.], 1723, pp. 4-5.

em prol dos vivos. Os cuidados com os doentes, a responsabilidade pelos pobres e os vagabundos, a quem forneciam alimentos, roupas e alojamento, a organização dos estudos e da educação, a dotação e o casamento dos órfãos, os empréstimos ocasionais, atividades que impregnavam as obras de caridade e os exercícios espirituais, iriam revelar o poder da Chevra Kadisha no sistema comunitário; a consequência disso foi a instauração de um imenso conjunto de medidas de represálias, tais como a exclusão, a recusa de sepultamento ou a excomunhão, aplicadas aos recalcitrantes, gente que se recusava a aceitar as exigências de cotização ou de disciplina. Acumulando instâncias de autoridade, a Chevra Kadisha iria se expandir gradualmente até se tornar a organização interna mais prestigiosa e poderosa das comunidades judaicas.

A irrupção da história

As ideias do Século das Luzes penetraram no mundo judeu e metamorfosearam os costumes, reavivaram o desejo de emancipação e desagregaram sutilmente o poder centralizado da comunidade. Simultaneamente, a ascendência da Chevra Kadisha, a Confraria Santa, era contestada. A irrupção das ideias racionalistas neutralizou seu papel de vetor da mística e colocou os rituais mortuários no centro dos debates que visavam a ruptura com os antigos jugos. Influenciados pela atualidade das polêmicas em torno das mortes aparentes, que agitavam a classe médica europeia no século XVIII e acusavam a Igreja de incúria e de irreverência em relação aos vivos[65], os médicos e pensadores judeus empreenderam uma batalha contra a tradição secular do sepultamento imediato. Utilizada pelos arautos da emancipação com o intuito de reduzir a influência da autoridade religiosa, a questão do sepultamento dos mortos transformou-se simultaneamente em um argumento para os guardiões da tradição em luta contra as reformas impostas pelos estados. Em 1772, convocados como especialistas para arbitrar um conflito local, no qual as autoridades ducais desejavam impor aos judeus a ordem de respeitar um período de três dias antes de qualquer sepultamento, o filósofo

---

65 Cf. Philippe Ariès, *L'Homme devant la mort*, Paris: Seuil, 1977, pp. 389-99.

judeu-alemão Moses Mendelssohn (1729-1786) e o rabino alemão Jacob Emden (1697-1776) ilustraram claramente as duas posições do conflito. Para Emden, que defendia a importância do costume e a intransigência da tradição, Mendelssohn respondeu que, do ponto de vista estrito da lei, não existia nenhuma injunção bíblica ou talmúdica que exigisse o sepultamento imediato após o falecimento. De fato, o Tratado *Semahot* requeria que a vigília do defunto ocorresse durante os trinta dias após sua morte: "isso porque já tinha acontecido de um homem ter sido examinado após os trinta dias e ter voltado à vida por vinte e cinco anos, e de outro que teve filhos e morreu em seguida"[66]. Provisoriamente esquecido, o conflito sempre ressurgia toda vez que os militantes da emancipação empunhavam a pena para defender suas ideias, acusando os rabinos de serem uns hipócritas e uns fanáticos que visavam somente manter seus correligionários sob o manto do obscurantismo. Essa acusação ainda persistia em 1805, lançada por um dos cantores judeus da época da Revolução Francesa, que escreveu ao ministro dos cultos para exigir de imediato "que sejam severamente punidos aqueles entre nossos devotos que, por um cruel preconceito assimilado do paganismo, se sentem no dever de enterrar seus mortos o mais rápido possível"[67].

Esse debate virulento, travado nas comunidades judaicas em torno do adiamento do enterro, revelava que a convicção segundo a qual retardar o sepultamento de um defunto seria atentar contra sua dignidade e o repouso de sua alma já havia se tornado obsoleta. Revelava, além disso, que as representações do despojo e da alma deixavam de ser inteligíveis se não fossem aceitáveis para todos. Por isso, por trás das aparências fortuitas, era sobretudo a influência da Cabala – desde então considerada a fonte de superstições ultrapassadas – sobre as práticas que se combatia. A partir de então, com seu banimento, eram os demônios (*schedim*), os espíritos (*ruhot*), os perniciosos (*mezikim*) e sua legião de malefícios que, depois de ter acompanhado o cotidiano dos judeus por mais

---

66 *Evel Rabati (Semahot)*, op. cit., 8, 1, p. 216 (hebraico), p. 57 (inglês).

67 Zalkind Hourwitz, Carta a Jean-Étienne Portalis, do dia 20 do mês de Ventôse, ano 13, ANF, 19/11030. Sobre a personagem, cf.: Frances Malino, *Un Juif rebelle dans la Révolution: la vie de Zalkind Hourwitz (1751-1812)*, Paris: Berg, 2000.

de um milênio, deveriam deixar o mundo tangível dos vivos[68]. Restrita especificamente à esfera concedida ao bastião da ortodoxia, a confraria, contudo, não desapareceu, e o texto *Maavar Yabok* continuou a ser o manual prático reservado a seus membros[69]. Revisado muitas vezes, suas interpretações e seus comentários sobre os ritos foram cuidadosamente eliminados até que apareceram sob a forma de uma coletânea de ritos funerários isenta de qualquer sentido esotérico[70].

Morrer na modernidade

De maneira mais pragmática e pelo fato de a filantropia se justapor ao dever religioso, os membros da comunidade judaica estabeleceram instituições seculares destinadas a melhorar o destino de seus correligionários. Floresceram as escolas, os hospitais e as entidades assistenciais independentes. Quando o processo de emancipação aboliu a autonomia da Chevra Kadisha na comunidade, no espaço asquenaze ela não passava de uma sombra de si mesma: a partir de então, ressurgiu um antigo modelo comunitário cuja missão se restringia à realização dos rituais mortuários e funerários segundo as regras da ortodoxia. Paralelamente às agências funerárias municipais do mundo ao seu redor, a Chevra Kadisha deixou de funcionar como confraria e, desde então, não exigiu outros privilégios e honras para seus agentes senão os simbólicos. De modo paradoxal, foi por intermédio das associações de pessoas originárias da Chevra Kadisha, recrutadas sobretudo entre os judeus secularizados, que iria ressurgir, transformada, a vocação da antiga confraria. As migrações massivas pelas quais os judeus passaram, a partir do final do século XIX até o

---

68 Alguns casos de possessão ainda se produzem regularmente e são exorcizados por rabinos e cabalistas em Israel. Um caso recente de possessão por um *dibbuk* apareceu nas manchetes em 2010. As duas tentativas de exorcismo, feitas por Skype, aparentemente fracassaram.

69 Moses Wolf Jeitels, *Zikkaron le-yom aharon*, Praga: [s.n.], 1828.

70 Jacob B. Brandeis, *Maawar Jabbok. Sefer Maavar Yabbok. Gebete und Andachtsbuch bei Kranken. Sterbenden und im Trauerhause. Nebst allen Gebräuchen (Minhagim) und Observanzen (Dinim)*, Prague: [s.n.], 1884.

período pós-Segunda Guerra Mundial, iriam revivificar a necessidade de um acesso ao cemitério e aos primeiros socorros para os mais necessitados. Na época, como forma de reproduzir os antigos modelos de assistência tradicionalmente utilizados, os migrantes criaram nos países em que foram acolhidos as *Landsmenshaften*, sociedades de socorro mútuo destinadas – como era no passado a Chevra Kadisha – a adquirir túmulos coletivos nas necrópoles urbanas, bem como a dar assistência aos imigrados sem recursos. Após a Segunda Guerra Mundial, os membros sobreviventes dessas associações construíram estelas e túmulos comunitários em memória de suas cidades de origem, redesenhando o mapa de uma geografia judaica eliminada pelo século XX[71].

Muito além da inscrição do indivíduo no contexto de uma história coletiva, o campo de repouso, sob sua forma puramente espacial, também é um importante revelador. De fato, por uma espécie de ironia da história, foi graças à manutenção da prática judaica de sepultamento nos cemitérios ao longo dos séculos que alguns vestígios de sua antiga presença ainda subsistem. Expulsos na Idade Média de todas as grandes capitais europeias, seus cemitérios foram vendidos, e suas estelas, reutilizadas como materiais de construção, ainda continuam a ser exumadas na eventualidade de grandes trabalhos de pesquisa ou em escavações arqueológicas[72]. Em locais onde foram recentemente exterminados, apenas os campos funerários, deixados ao abandono ou reabilitados pelas associações, testemunham sua presença secular nesse lugar. Entretanto, em resposta ao sepultamento na quadra judaica como sinal de fidelidade à história ou aos seus, surgiu um outro fenômeno. Embora a incineração represente um tabu amplamente compartilhado pelos judeus, não é raro que filhos de deportados mortos nos campos de concentração desejem partir em forma de fumaça, a fim de reencontrarem os seus além da morte pelo mesmo destino do qual eles próprios escaparam.

---

71 Jonathan Boyarin e Jack Kugelmass, *From a Ruined Garden: the Memorial Book of Polish Jewry*. Bloomington: Indiana University Press, 1998, [1983].

72 Um dos exemplos mais conhecidos é o das estelas judaicas da Idade Média, desenterradas em Paris no século XIX e atualmente cedidas pelo Museu de Cluny ao Museu de Arte e História do Judaísmo.

No mundo atual, a dispersão das afiliações religiosas favoreceu as iniciativas individuais ou oriundas de grupos independentes. O fato de que a maioria dos judeus hoje tenha relegado ao esquecimento grande parte das crenças seculares não impede que elas tenham se metamorfoseado em sistemas de valores em nome da ética e da humanidade. Inumeráveis associações, mais ou menos comunitárias, cuidam do acompanhamento dos doentes e de suas famílias até em tratamentos paliativos. Algumas fazem visitas aos hospitais a fim de levar alimentos *kosher* e reconforto aos pacientes. Outras se concentram na organização de atividades judaicas (celebração de festas, cursos diversos) nas casas de repouso que se sucederam aos hospitais, asilos e dispensários criados pelos organismos filantrópicos no final do século XIX e começo do século XX.

A distribuição dos judeus por diferentes continentes fez com que surgissem costumes muito diversificados. Se na França o Consistório dirige com mão de ferro o funcionamento da Chevra Kadisha, cuidando da ortodoxia de seus funcionários e de seus voluntários dentro dos estritos mandamentos dos últimos deveres, são com frequência as agências funerárias que dirigem *à la carte* a organização do sepultamento, bem como a aquisição do túmulo, de acordo com as exigências da família[73]. Em função do grau de observância solicitado, serão chamados a Chevra Kadisha, o ofício de um rabino ou um serviço deliberadamente laico. A despeito da diminuição das práticas, sejam elas ortodoxas ou não, e do aumento dos rituais improvisados por iniciativas privadas, os pedidos para que os sepultamentos sejam feitos em quadra judaica ainda são habituais.

Inversamente ao que ocorre nos países ocidentais, que separaram a Igreja do Estado, em Israel, a Chevra Kadisha reina como antes, soberana absoluta sobre tudo o que se refere à morte. Para os que desejam escapar da sujeição ao estabelecimento ortodoxo e receber uma cerimônia laica, não há outra escapatória senão a de exigir um sepultamento em um cemitério não judeu ou em um dos cemitérios privados mantidos por alguns *kibutzim*.

---

73 Uma abordagem etnográfica das práticas contemporâneas: Patricia Hidiroglou, *Rites funéraires et pratiques du deuil chez les juifs en France, XIXe-XXe siècle*, Paris: Les Belles Lettres, 1999.

Na América do Norte, dentre a multiplicidade de opções comunitárias, a Kavod v'Nichum (Respeito e Consolação), uma associação criada na última década, tenta reviver a vocação da caridade, original da antiga confraria, e oferece formação prática e espiritual aos que a solicitam. Sua página eletrônica na Internet é bem precisa:

> Nossa missão é restituir à morte judaica as práticas do luto, as tradições e os valores do respeito devidos aos mortos (*kavod hamet*), e reconfortar as famílias enlutadas (*nichum avelim*). Encorajamos as comunidades e as sinagogas a reassumirem o controle dos funerais e dos sepultamentos, de acordo com sua própria orientação judaica. Os salões funerários deveriam permanecer sob sua direção. A Kavod v'Nichum ajudará a reinserir os rituais mortuários na comunidade da sinagoga. É nosso desejo sensibilizar toda a comunidade judaica quanto ao valor dos mandamentos de honrar os mortos, de reconfortar os aflitos e de proteger as famílias enlutadas da exploração[74].

Uma declaração como essa, que não deixa de rememorar o preâmbulo dos primeiros regulamentos da Confraria de Praga[75], permite entrever como a relação judaica com a morte, por mais que tenha sido transformada pela modernidade, não perdeu sua intensidade. O que não é de surpreender: as mutações que afetam a relação dos judeus com a morte acompanham todas as evoluções do judaísmo. Situada no coração das crenças, motivo de todos os combates para manter ou diminuir a unidade do grupo, ela reflete todas as facetas das atitudes que, no decorrer dos séculos, provocaram mudanças e assinalaram as evoluções do judaísmo, bem como as transformações que afetam mais prosaicamente a situação dos judeus na cidade. Observa-se, contudo, que com a modernidade essa relação com a morte passou a ser algo que vai mais além de uma inserção na esfera religiosa. Testemunha disso é o retorno das transferências pós-morte dos despojos para os cemitérios israelitas, que, longe de ser o único feito dos judeus de estrita observância, reafirma o

---

74 Disponível em: <http://jewish-funerals.org/about-kavod-vnichum>. Acesso em: fev. 2017.

75 S.-A. Goldberg, *Les Deux rives du Yabbok*, op. cit., pp. 104-5.

desejo de repousar entre os seus ou de "voltar para casa", segundo a frase de Abraham Joshua Heschel[76].

O tributo pago pelos judeus à História, pelo lugar que conferiram à morte, foi muito pesado, as inumeráveis perseguições que marcaram a história judaica no decorrer de épocas trágicas repercutiram nos rituais e forjaram uma forma singular de identidade que ainda hoje se revela nos cemitérios. Uma das surpreendentes particularidades judaicas em terras cristãs foi ter evitado qualquer tipo de representação macabra da morte. Embora onipresente como foi na Idade Média, a morte podia ser subjugada pela afirmação da fé na ressurreição: "Que venha o dia bendito, o dia da redenção, pois com sua chegada a morte desaparecerá para sempre. Nesse dia, Israel será resgatado, Deus será [proclamado] um e indivisível no seio da união celeste, e Seu Nome, um e indivisível na união inferior"[77]. Invisível, como se desejaria que ela fosse nos dias atuais, a morte, entretanto, revela nas sepulturas a lembrança imortalizada das comunidades assassinadas e o vestígio indelével de uma forma de judeidade tão perene quanto imperceptível.

REFERÊNCIAS BIBLIOGRÁFICAS

ARIÈS, Philippe. *L'Homme devant la mort*. Paris: Seuil, 1977.

_____. *Essais sur l'histoire de la mort en Occident du Moyen Âge à nos jours*. Paris: Seuil, 1975.

BOYARIN, Jonathan; KUGELMASS, Jack. *From Ruined Garden: the Memorial Book of Polish Jewry*. Bloomington: Indiana University Press, 1998, [1983].

CHAYES, J. H. *Between Worlds: Dybbuks, Exorcists, and Early Modern Judaism*. Philadelphia: Pennsylvania State University Press, 2003.

COSTA, José. *L'Au-delà et la résurrection dans la littérature rabbinique ancienne*. Paris/Louvain: Peeters, 2004.

FISHBANE, Michael. *The Kiss of God: Spiritual and Mystical Death in Judaism*. Seattle: University of Washington Press, 1994.

---

76 O sepultamento em terras de Israel, já mencionado na época talmúdica, sempre foi praticado ao longo do tempo. No passado, e até a criação do Estado de Israel, não era raro alguém decidir dar cabo da própria vida na Palestina a fim de ser sepultado ali quando chegasse a hora.

77 *Maavar Yabbok, op. cit.*, introdução do autor, p. 11.

GOLDBERG, Sylvie-Anne. *Les Deux rives du Yabbok: la maladie et la mort dans le Judaïsme ashkénaze. Prague XVIe-XVIIIe siècles.* Paris: Cerf, 1989.

HAVERKAMP, Eva. *Hebräische Berichte über die Judenverfolgungen während des Ersten Kreuzzuges.* Hannover: Hahnsche Buchhandlung, 2005.

HESCHEL, Abraham Joshua. "Death as Homecoming". *In:* RIEMER, Jack (ed.). *Jewish Reflections on Death.* New York: Schocken Books, 1976.

HIDIROGLOU, Patricia. *Rites funéraires et pratiques du deuil chez les juifs en France, XIXe-XXe siècle.* Paris: Les Belles Lettres, 1999.

MAIMONIDE, Moïse. *Guide des égarés.* Trad. Salomon Munk. Lagrasse: Verdier, 1979 [Paris: A. Franck, 1856].

_____. "Épitre sur la persécution". *In: Epîtres.* Lagrasse: Verdier, 1983.

MOPSIK, Charles. *Les Grands textes de la cabale: les rites qui font Dieu.* Lagrasse: Verdier, 1993.

SCHOLEM, Gershom. *Les Grands courants de la mystique juive.* Paris: Payot, 1977.

SCHWARZFUCHS, Simon. *Les Juifs au temps des croisades: en Occident et en Terre sainte.* Paris: Albin Michel, 2005.

YERUSHALMI, Yosef Hayim. *Zakhor: histoire juive et mémoire juive.* Paris: La Découverte, 1984.

ZLOTNICK, Dov. *The Tractate "Mourning" (Semahot): Regulations Relating to Death, Burial and Mourning.* New Haven/London: Yale University Press, 1966.

A MORTE NO ISLÃ

CHRISTIAN JAMBET

No Islã, a morte é simultaneamente um motivo de medo, um tema de meditação e o centro de uma atividade prolífica da imaginação, sem que um sistema único de fé ofereça um contexto estável às doutrinas que determinam as condutas e alimentam os medos ou as esperanças. As crenças, os ritos e as expectativas dos muçulmanos dependem de uma variedade de conjuntos de ensinamentos religiosos aos quais eles aderem, são tradições proféticas e/ou tradições da família do profeta Maomé, interpretações literais do *Alcorão*, lições do sufismo erudito ou popular, pregações ou discursos morais. Seria necessário distinguir do corpo de costumes variáveis algumas representações mais constantes dos aportes teológicos, filosóficos e espirituais que não cessaram de configurar a morte em uma visão de conjunto da criação. A interpenetração do ensinamento corânico ou tradicional, constitutivo dos dados imediatos da consciência e dos discursos eruditos, encontra-se tão bem sedimentada que é preciso tomar cuidado para não dissociar muito uns dos outros. A literatura erudita, teológica, filosófica ou poética é o maior testemunho das crenças populares, sem que se deva separar artificialmente o que depende da pesquisa antropológica e o que resulta da leitura das obras mais importantes.

Como o *Alcorão* fala da morte?

O Livro Sagrado do Islã, o *Alcorão*[1], considera a morte do homem a partir de uma perspectiva escatológica[2]. O fim de todas as coisas é o dia do Juízo Final (*Yawm al-Din*), momento em que cada um verá seus atos e suas intenções colocados na balança e receberá sua retribuição, o paraíso ou o inferno. Por isso, "Nenhum pecador arcará com a culpa alheia"[3]. Cada um responderá por si quando o instante decisivo chegar, o instante da morte, no qual a conta (*hisab*) será fechada e o livro de nossa vida estará escrito. De fato, vivemos sob o olhar dos "anjos escribas", seres invisíveis que redigem o livreto em que são registrados nossos atos e intenções e que será aberto no dia do Juízo Final. A morte é o prelúdio da ressureição, que, por sua vez, é a revelação da história interior do indivíduo. Por isso, "quem tiver feito o bem do peso de um átomo irá vê-lo, quem tiver feito o mal do peso de um átomo irá vê-lo"[4]. O sentimento da morte está impregnado do medo de morrer sem arrependimento, sem ter quitado as dívidas materiais ou espirituais. Essa é a razão pela qual o fiel precisa relembrar incessantemente da morte, precisa se preocupar com a

---

1 Os versículos do *Alcorão* aqui citados pelo autor foram transcritos literalmente a partir da tradução brasileira de *O Alcorão Sagrado*, tradução, introdução e anotações de Samir El Hayek. Fontes digitais: Centro Cultural Beneficente Árabe Islâmico de Foz do Iguaçu, disponível em: <www.islam.com.br>. Acesso em: fev. 2017. [N.T.]

2 Sobre a representação corânica da morte, cf. Louis Gardet, *Dieu et la destinée de l'homme*, Paris: Vrin, 1967, pp. 237-57; artigos "Mort" (Morgan Guiraud) e "Résurrection" (Paul Ballanfat), em Mohammad Ali Amir-Moezzi (dir.), *Dictionnaire du Coran*, Paris: R. Laffont, 2007; Thomas O'Shaughnessy, *Muhammad's Thoughts on Death*, Leiden: Brill, 1989; Jane Idleman Smith e Yvonne Yasbeck Haddad, *The Islamic Understanding of Death and Resurrection*, New York: State University of New York Press, 1981.

3 *Alcorão* 17, 15.

4 *Alcorão* 99, 7-8.

própria morte a fim de redirecionar sua conduta para a "via da retidão" (*al-ṣirāṭ al-mustaqīm*). O Islã acredita na efetividade traumática da morte, ele não a filtra sob o prisma de um sistema de fé através do qual ela se tornaria uma ilusão ou uma aparência.

O fato de que a morte é o instante decisivo não é verdade unicamente para o indivíduo, mas também para a totalidade da criação. A morte é o destino universal, e "toda alma provará do sabor da morte"[5]. Para o homem, sua significação ética não é apenas a de ser o único fim natural da vida. O *Alcorão* convida a acreditar que a morte é a culminância moral irreversível do caminho da verdade ou da depravação. No que diz respeito aos incrédulos, a injunção corânica é clara: "Se morrer algum deles, não ore jamais em sua intenção, nem se detenha ante sua tumba. Eles renegaram Deus e seu Profeta e morreram na depravação"[6]. A morte representa um eterno desafio, cujo critério não é uma crença supersticiosa em um deus protetor, mas sim a fé na missão profética dos Enviados (*rusul*), especialmente a de seu principal mensageiro, Maomé. No conjunto da história da revelação e das profecias maometanas, as conotações morais da morte são estritamente abraçadas.

Nos mundos criados, o mundo inferior e o mundo angélico, a morte pontua os diversos períodos da criação primordial; ela está na gênese, na segunda criação posterior ao fim do mundo e no retorno de todas as coisas a Deus, que completa o ciclo integral da criação. Ela é necessária à ordem providencial da história cósmica do mundo. A morte universal é o desfecho do processo final das etapas do Juízo Final, cujo início é revelado pela Hora (*al-sa'a*). Em um grande número de seus versículos, o *Alcorão* constitui um apocalipse revelador de como serão as grandes etapas do Dia Decisivo. Ele é muito próximo das versões apocalípticas judaicas e cristãs, o que justifica as recentes hipóteses dos especialistas que insistem na presença de correntes de pensamento cristãs (montanistas ou ebionitas) no meio em que o Livro foi redigido. Precedido de perturbações cósmicas, rachadura do céu, tremores de terra, movimento das montanhas e seu consequente desabamento, o dia do Juízo Final também é anunciado pelo con-

---

5   *Alcorão* 3, 185; 21, 35; 29, 57.
6   *Alcorão* 9, 84.

vulsionamento dos túmulos⁷. Ao soar pela primeira vez, a trombeta do Anjo Serafiel anunciará que é chegado o dia da cólera, o dia da destruição de todos os seres vivos: "Pois quando soar a trombeta, esse Dia será um Dia terrível, um Dia difícil para os incrédulos"⁸.

As significações morais e os motivos escatológicos da morte estão estreitamente ligados. A escatologia pessoal está impregnada da escatologia universal. A morte é universal, assim como será a ressurreição, e a morte deve ser efetiva para tudo, a fim de que o poder de Deus de fazer todas as coisas renascerem não seja limitado por nada. Deus decreta e executa a morte para tornar visível seu poder absoluto e para que, à sua maneira, a morte seja uma prova da sua existência e da sua onipotência: "Mas era necessário que Deus finalizasse um decreto que devia ser executado, para que aquele que precisasse morrer perecesse por uma razão evidente e para que aquele que permanecesse vivo sobrevivesse como testemunha de uma prova irrefutável"⁹.

O caráter universal da morte é justificado porque no fim dos tempos ela afetará a totalidade das criaturas, sejam elas visíveis ou invisíveis, vivam aqui na Terra ou habitem os universos superiores: "Tudo o que existir na Terra desaparecerá, e só subsistirá a Face do Teu Senhor, o Majestoso, o Honorabilíssimo"¹⁰. E, sobretudo: "Não invoqueis à semelhança de Deus outra divindade, porque não há mais divindades além Dele! Tudo perecerá, exceto seu rosto. Seu é o Juízo e a Ele retornareis"¹¹.

Nesse versículo, com frequência comentado pelos mestres espirituais, a afirmação do dogma fundamental do Islã, a unicidade de Deus, é seguida pela certeza da pobreza ontológica de todas as coisas. Todas as coisas são "perecíveis" (*halikun*), pois são fundamentalmente habitadas por seu próprio desaparecimento e não subsistem senão pela doação temporária de Deus, que é "o Onipotente" (*al-Ghani*), "o Imortal, o Mantenedor" (*al-Hayy al-Qayyum*). Ou é preciso entender que todas as coisas são uma face de Deus, uma manifestação divi-

---

7   *Alcorão* 49, 1-2; 54, 4-6; 81, 1-4; 100, 9 etc.
8   *Alcorão* 74, 8-10.
9   *Alcorão* 8, 42.
10 *Alcorão* 55, 26-27.
11 *Alcorão* 28, 88.

na, e que por isso mesmo subsistem, ou é preciso reconhecer que a substância não pertence senão à face de Deus, que se manifestará no fim dos tempos[12]. Nos dois casos, o ser vivo só possui a vida neste mundo de modo aparente e fugaz, inteiramente ilusório. A concepção islâmica do mundo é a de um universo passageiro, destinado a preparar a última vida, a de um universo ontologicamente inconsistente, em si mesmo sem valor.

A morte do homem é uma lembrança da finitude universal, um sinal do desaparecimento anunciado e integral dos mundos. Se, desde o mundo terrestre até o último céu, o universo celebra a glorificação de Deus, não é menos verdade que, de certo modo, essa liturgia integra seu próprio fim, como um prelúdio das diversas fases da ressurreição. Inseparável da expectativa da ressurreição, a morte do homem também é inseparável da vasta concepção do retorno de todas as coisas a Deus, forjada pela religião muçulmana.

Esse quadro escatológico permite compreender a razão pela qual os muçulmanos não concebem a morte como um fato biológico, cujo significado poderia ser compreendido fora do horizonte da revelação. No Islã erudito, os adeptos da religião natural, na qual o tempo ilimitado (*al-dahr*) fixa o destino, foram assimilados pelos "árabes incultos" que não tinham consciência da verdade divina. Os pensadores antigos, conhecidos pelo nome pejorativo de *dahriyya*, os "guardiões da eternidade do mundo", passavam por infiéis, pois reduziam nascimento e morte à formação e à decomposição natural dos corpos"[13]. O grande teólogo *ash'arita* Fakhr al-Din al-Razi (1149-1209) classificou as crenças referentes ao "retorno" ou à vida futura segundo um critério duplo: a fé na ressurreição do corpo e/ou a fé na ressurreição do espírito. Segundo ele, o que caracteriza os muçulmanos (*muslimūn*), os fiéis comuns, é a fé na ressurreição do corpo. Os filósofos (*falasifa*), considerados uma seita particular, acreditavam unicamente na ressurreição do espírito e pensavam que a morte significava a corrupção definitiva do corpo, enquanto apenas a alma teria uma vida futura. Os *dahriyya*, outra seita, não acreditavam em nenhum tipo de ressurreição e consideravam a morte um acontecimento sem volta. Por

---

12   Cf. Henry Corbin, *Face de Dieu, face de l'homme,* Paris: Entrelacs, 1983, pp. 242-59.

13   Shahrastânî, *Livre des religions et des sectes*, trad. Jean Jolivet et Guy Monnot, Leuven: Peeters, 1993, t. II, pp. 497-503. Cf. *Alcorão* 23, 37; 45, 24.

fim, os muçulmanos concordam com os cristãos ao afirmarem que com a ressurreição do corpo haverá um retorno da alma a Deus[14]. Essa é a confirmação de que o Islã pensa a morte não como um fim natural, tampouco como uma simples revoada das almas rumo à salvação espiritual, mas sim como a conjunção de dois destinos, um do espírito e outro do corpo.

Para o fiel, o *Alcorão* é a única expressão da verdade. É nele que se encontram as "chaves do invisível", a promessa divina da retribuição final, da justiça, da virtude por excelência, da misericórdia. Encontra também a resposta à questão de saber diante do que morrerá. O *Alcorão* ensina que sua morte futura é inseparável de sua criação, de sua vida presente e de sua futura ressurreição. Ele sabe de antemão que vir ao mundo, morrer e renascer são três signos maiores pelos quais o ser vivo carrega em si a marca de Deus Todo Poderoso. Todos nascem, vivem e morrem segundo o decreto divino: "Ele foi quem vos plasmou do barro e vos decretou um limite, um termo fixo junto a Ele. E, apesar disso, duvidais!"[15].

Nenhum sinal da soberania divina é mais peremptório do que o poder de vida e de morte. Quando desejou comprovar o poder absoluto de Deus, Abraão afirmou: "Meu senhor é quem dá a vida e a morte"[16]. A morte, assim como o nascimento, prova que apenas um deus que não é ilusório é o único Deus: "A Deus pertence o reino dos céus. Ele dá a vida e a morte, e fora Dele não tereis nem mestre nem defensor"[17].

Por mais generalizada que seja, a morte é sempre singular, jamais é neutra. Ela revela a separação das criaturas, dos seres humanos, sempre designados pelo termo "servidor", como se ser um homem fosse, em essência, aceitar a obediência original a Deus. Uma separação entre os que viveram de acordo com a Lei Divina e os que a negligenciaram ou negaram. O sentido da vida humana, o estado de servidor de Deus (*Abd*), é esclarecido nas fases da morte e no tempo imediatamente após a morte. Como já vimos antes, os que "experimentam a repulsa" em "se esforçar para seguir o caminho de Deus, com seus bens e toda

---

14 Fakhr al-Dîn al-Râzî, *Kitâb al-Muhassal*, Qom, 1378 h./1999, p. 537.
15 *Alcorão* 6, 2.
16 *Alcorão* 2, 258. Cf. também 3, 156; 9, 116; 10, 56; 15, 23; 50, 43.
17 *Alcorão* 9, 116.

sua alma", não merecem que alguém ore por eles, nem que se detenha diante de seus túmulos[18]. O esforço, o *jihad*, o combate contra as forças demoníacas é indispensável para a salvação.

A morte é um portal através do qual tanto aquele que viveu de forma correta como aquele que ignorou a mensagem dos profetas irão ao encontro de seu destino, cuja realização se efetivará no Dia da Ressurreição. É por essa razão que o ensinamento corânico predispõe o muçulmano a temer a morte não apenas porque ela o despoja da vida, mas também porque ela o reconduz a ele mesmo, à verdade oculta e solitária de sua alma e de suas escolhas. Essas escolhas estão misteriosamente inscritas na predeterminação fixada pela vontade divina. Enquanto o *Alcorão* só faz algumas alusões ao que se produz misteriosamente no interior do túmulo, a tradição islâmica inundou e saturou o tempo que separa a morte da ressurreição e do Juízo Final. Ao transformar os acontecimentos da "vida póstuma" em prolongamentos dramáticos da vida antes da morte, ao descrever os "acontecimentos da morte", ela eliminou, ou minimizou, a ruptura cronológica que constitui a morte. O tempo intermediário e transitório do túmulo é um prelúdio do Juízo Final e da ressurreição.

Os acontecimentos da morte

A tradição islâmica reforçou profundamente os ensinamentos corânicos que explicam a natureza, as etapas e os desafios aterrorizantes dos acontecimentos da morte. Ela deu um nome ao anjo da morte (*Malak al-Maut*)[19]: o anjo Izrail[20]. Ela nutriu sobretudo a representação de uma morte dolorosa e sempre diversificada, que avalia se o homem realizou boas ações ou se foi desobediente.

O tratado atribuído ao grande teólogo sunita Al-Ghazali (1058-1111), que condensa a maior parte das crenças tradicionais sobre os

---

18   Cf. *Alcorão* 9, 81 e 9, 84.
19   *Alcorão* 32, 11.
20   Segundo o *Alcorão*, Izrail, o anjo da morte, é uma criatura espantosa, de dimensões cósmicas, quatro mil asas e um corpo formado de tantos olhos e línguas quantas são as pessoas da Terra, que se posta com um pé no sétimo céu e outro no limite entre o paraíso e o inferno. [N.T.]

"estados da morte", ensina que durante a agonia quatro anjos descem dos céus para levar a alma do moribundo. Durante esse tempo, o moribundo percebe a presença deles e testemunha a operação da qual é paciente. Os anjos retiram a alma de seu corpo pelas extremidades dos dedos. A morte é lenta, penosa e difícil. Enquanto os anjos extirpam a alma do corpo, os demônios se apressam em torno do moribundo para seduzi-lo e, se ele for digno de misericórdia, Deus enviará o anjo Gabriel para fortalecer sua fé[21]. A morte coloca o homem na presença dos anjos. A alma é transportada pelos anjos, seja em uma ascensão de céu em céu, seja em uma descida para a morada infernal (*sijjin*). Em qualquer um dos céus, a alma do bem-aventurado é submetida ao exame de sua fidelidade a um dos artigos da Lei e aos mandamentos morais ditados pela conduta dos profetas, que são a devoção filial, o pedido de perdão, o cuidado dos órfãos.

Em sua grande obra, *A vivificação das ciências da religião*, Al-Ghazali produziu um livro completo sobre "a morte e o que vem depois dela"[22]. Como escreveu Roger Arnaldez, *A vivificação* "é a obra magistral de Al-Ghazali. Nela pode-se conhecer a totalidade do sunismo"[23]. No Irã do século XVII, essa obra não foi ignorada pelo Islã xiita; ao contrário, ela foi acolhida com muita reverência pelos teólogos xiitas, que a citaram, comentaram, traduziram para a língua persa e adaptaram às suas doutrinas. O livro consagrado à morte, bem como o resto da obra, é abundante em tradições oriundas de diversas fontes antigas, tanto místicas como tradicionalistas. Veremos, também, que Al-Ghazali propõe uma importante exegese pessoal. Em sua totalidade, entre parábolas ou símbolos e explicação racional, o livro constitui um excelente testemunho das crenças do Islã.

Encontramos nesse livro uma longa tradição, atribuída a Ka'ab al-Ahbar (652 ou 655 d.C.), que descreve com precisão de detalhes um cenário no qual uma irrupção de anjos acontece no interior do túmulo. No caso do morto ser um verdadeiro servidor de Deus, o que acontece em primeiro lugar é que suas belas ações ficam visíveis ao

---

21 Abû Hâmid al-Ghazâlî, *La Perle précieuse (al-durra al-fâkhira)*, trad. L. Gauthier, Lyon: Alif, 2006, pp. 19-22.

22 Abû Hâmid al-Ghazâlî, *Ihyâ' 'Ulúm al-dín*, v. IV, pp. 475-581.

23 Roger Arnaldez, "Les Grands traits de la pensée et de l'œuvre de Ghazâlî", *in*: *Ghazâlî: la raison et le miracle*, Paris: Maisonneuve et Larose, 1987, p. 8.

seu redor. Elas revelam principalmente o cumprimento dos principais mandamentos, a oração, o jejum, a peregrinação, o *jihad*, a esmola. Surgem, então, os anjos encarregados de castigá-lo, e cada uma de suas belas ações, metamorfoseadas em entidades ativas, expulsam os anjos que desejavam castigar o homem morto. As entidades rogam por esse homem e persuadem os anjos de que eles não têm nenhuma autoridade sobre ele. Quando esses enfrentamentos judiciários terminam, os anjos de misericórdia chegam do paraíso e recobrem o morto com uma colcha macia e agradável, depois abrem o túmulo para um espaço que se perde de vista; um candelabro trazido do paraíso iluminará o local até o dia em que Deus retirar o morto de seu túmulo[24]. Em contrapartida, a tradição nos revela que para as pessoas que agem mal as coisas acontecem de modo contrário.

O interrogatório realizado pelos dois anjos, Munkar e Nakir, é um dos acontecimentos mais temidos pelos muçulmanos. A crença baseia-se em um relato atribuído ao profeta Maomé. Mais uma vez, faremos aqui um resumo apenas do que se refere aos que praticam boas ações e fica subentendido que o incrédulo ou aquele que pratica más ações se deparam com um cenário infernal oposto ao cenário paradisíaco. Quando o fiel inicia sua jornada para o mundo supraterrestre, Deus lhe envia anjos que o interrogam sobre sua fé: quem é teu Senhor? Qual é tua convicção religiosa? Quem é teu profeta? O fiel responde: meu Senhor é Deus, minha religião é o Islã, meu profeta é Maomé. Uma voz então proclama: Você respondeu corretamente! E uma figura muito bela aparece e diz ao morto: Regozije-se com a misericórdia que recebeu de seu Senhor! O morto pergunta: quem é você? E ela responde: Eu sou tuas ações belas e justas[25].

Nesse interrogatório, Deus é o árbitro entre os anjos que o representam e o morto que é questionado. Ele é invisível, mas intervém e julga. A recompensa consiste no próprio conteúdo da vida do defunto, que assume a forma da pessoa bela que vem a seu encontro. A morte é seguida desse teste, no qual os anjos verificam se a vida foi vivida de acordo com a Lei e com os costumes proféticos, que são os "costumes de Deus". Ela é também uma revelação que se faz ao defunto de sua

---

24 Abû Hâmid al-Ghazâlî, *Ihyâ' 'Ulûm al-dîn, op. cit.*, v. IV, p. 530.
25 *Ibidem*, pp. 530-1.

própria personalidade moral, uma sedimentação ou a coalescência de todos os seus atos, que adquirem vida em uma figura visível.

Como afirma Al-Ghazali, a morte não é exatamente o fim da existência, é uma mudança de estado. Essa transformação estabelece o fim do governo e dos cuidados exercidos pelo espírito do homem sobre seu corpo e traz para ele o tormento ou a recompensa. A morte é a representação de tudo o que foi ocultado do homem enquanto ele estava vivo: "Graças à morte, desvela-se para ele o que não havia sido desvelado durante o tempo de sua vida, do mesmo modo que para o homem em estado de vigília se desvela o que não havia sido desvelado durante o sono"[26].

Uma célebre tradição explica: "Os homens dormem e, quando morrem, despertam". Esse despertar é o despertar de si mesmo. Um grande teólogo e filósofo xiita, Mulla Sadra (1571-1640), baseou-se nessa tradição e nas obras de Al-Ghazali para integrar a essa doutrina da verdade moral da vida psíquica todo um conjunto de crenças de grande importância. Trata-se da metamorfose (*maskh*) dos seres humanos em diversos animais. O *Alcorão* não diz aos judeus que negligenciam o *sabat* "vocês são macacos abjetos"[27]? Todo um conjunto de crenças da metempsicose foi construído com base nessas profecias, e a metempsicose foi um dos signos distintivos das correntes extremistas do Islã[28]. Como evitar professar a metempsicose e, ao mesmo tempo, aceitar dar um sentido à metamorfose do homem?

Mulla Sadra defende a ideia de que os homens passam por uma primeira ressurreição, ou ressureição de importância secundária, que consiste na revelação de sua interioridade sob a forma animal correspondente às suas paixões dominantes. Para isso, ele construiu um bestiário completo. A alma dominada pelo desejo manifesta-se sob a forma de um porco, a dominada pela cólera, sob a forma de um cão etc. Aquele que é integralmente mau, o opressor, o tirano, assume a forma de um demônio. Segundo Mulla Sadra, que ampliou diversas indicações de Al-Ghazali, a imaginação ativa do homem sobrevive à morte de seu corpo. Ela configura seu corpo de ressurreição, que não

---

26 *Ibidem*, p. 526.

27 *Alcorão* 2, 65.

28 Cf. Guy Monnot, *Islam et religions*, Paris: Maisonneuve et Larose, 1986, pp. 280-95.

é outro senão a forma animal, demoníaca ou angelical em que sua alma foi materializada. O mundo do "túmulo real" é um mundo da imaginação em dois sentidos: de um lado, é a imaginação que povoa o homem de visões e modela sua face interior, do outro, as parábolas, narrativas e outras crenças dependem, sem dúvida alguma, da imaginação, mas de uma imaginação veraz, que não contradiga seu sentido literal[29]. Finalmente, ele insiste no fato de que a aparente universalidade da espécie humana se despedaça nos acontecimentos da morte. Nesse instante, a humanidade divide-se em diversas formas animais, exceto os que, por sua bela conduta, adquiriram a ciência autêntica: esses assumem a forma de anjos[30]. Quaisquer que sejam os debates que essas teses tenham provocado entre os eruditos, eles ilustram, assim como faz o próprio Al-Ghazali, uma hesitação que nasce da leitura das tradições. Elas devem ser interpretadas ao pé da letra? Com grande frequência, os filósofos consideraram que se tratava de contos edificantes e amedrontadores destinados ao homem comum. A maior parte dos muçulmanos, porém, não está disposta a renunciar à exatidão minuciosa das narrativas sobre os acontecimentos do túmulo. Al-Ghazali julga que eles têm razão, e Mulla Sadra construiu sua teoria da imaginação viva e criadora para salvar o sentido literal das tradições sem ceder a uma mitologia simplista.

A viagem da alma do defunto chega até o sétimo céu, onde o "lótus do limite"[31] cria raízes. Por meio de sua crença em uma viagem da alma, que de qualquer modo constitui um sofrimento, a tradição islâmica criou laços estreitos com outras religiões ou sistemas de fé. A topografia espiritual permite projetar no espaço os acontecimentos que se desenrolam na cronologia do tempo sobrenatural. O Islã xiita adotou e transformou de modo singular as crenças mazdeanas, demoníacas, que

---

29 Mulla Sadra, *Al-Hikmah al-Arshiyya*. Essa obra foi traduzida em inglês por James Winston Morris com o título *The Wisdom of the Throne*, Princeton: Princeton University Press, 1981.

30 Cf. Christian Jambet, *Mort et résurrection en islam: l'au-delà chez Mullá Sadrá*, Paris: Albin Michel, 2008.

31 O lótus do limite (*sidrat al-muntaha*) é mencionado no *Alcorão* (53, 13-18) e designa o próprio termo do campo visionário do profeta Maomé em sua ascensão noturna (*miraj*). Esse acontecimento é considerado muito importante na literatura mística do Islã. Cf. artigo "Lotus de la limite", em Mohammad Ali Amir-Moezzi (dir.), *Dictionnaire du Coran, op. cit.*, pp. 494-8.

perduraram por muito tempo no antigo Império Persa, destruído sob os ataques dos conquistadores muçulmanos. Ele também aclimatou elementos retirados da literatura escatológica hebraica[32]. O encontro da alma com seu próprio *alter ego*, sob a forma de uma figura feminina – megera horrorosa, no caso de ser a alma de um injusto, ou jovem e bela, no caso de um justo –, que acontece sobre a Ponte Cinvat, que começa no pico de uma alta montanha situada no centro do mundo, foi transfigurado nas crenças que nasceram a partir das misteriosas "muralhas" (*al-araf*) mencionadas no *Alcorão*[33]. Nessas muralhas, situadas entre o paraíso e o inferno, habitam os membros da família do Profeta que ajudam os justos a alcançarem a via que conduz ao paraíso[34].

Todo homem é definido pelo reconhecimento de um guia divino e pela comprovação de sua fé. Segundo sua resposta, o morto recebe o "castigo do túmulo" ou a "recompensa do túmulo". O espaço estreito da sepultura se amplia e o morto vê suas angústias se dissiparem ou, ao contrário, o espaço se estreita ainda mais e, na opressão física das paredes, o morto pressente sua futura condenação. O sepultamento é envolvido por um halo sinistro. A corrupção do corpo não exacerba tanto os medos dos muçulmanos quanto a probabilidade de um sofrimento indefinido no período entre a vida aqui na Terra e o tempo da ressurreição final. Os habitantes dos túmulos, sensíveis às dificuldades causadas pelos vivos, com sua presença intempestiva ou suas negligências, são atormentados por sua vida anterior condenável; segundo a palavra do profeta Maomé, "O morto sofre tanto em seu túmulo como o vivo em sua casa"[35].

Essa continuidade espacial entre o mundo dos vivos e o mundo dos mortos traduz-se no ritual dos funerais, nas inumeráveis crenças

---

32 Cf. Jacques Duchesne-Guillemin, *La Religion de l'Iran ancien*, Paris: PUF, 1962, pp. 331-6; Henry Corbin, *Corps spirituel et Terre céleste: de l'Iran mazdéen à l'Iran shî'ite*, Paris: Buchet Chastel, 1979, pp. 48-69; Philippe Gignoux, *Le Livre d'Ardâ Virâz*, Paris: Recherche sur les Civilisations, 1984; Geo Widengren, Anders Hultgard e Marc Philonenko, *Apocalyptique iranienne et dualisme qoumrânien*, Paris: Maisonneuve, 1995.

33 *Alcorão* 7, 46.

34 Cf. Mohammad-Ali Amir-Moezzi e Christian Jambet, *Qu'est-ce que le shî'isme?*, Paris: Cerf, 2004, pp. 162-5.

35 Abû Hâmid al-Ghazâlî, *La Perle précieuse, op. cit.*, p. 49.

referentes aos diálogos entre os mortos e seus parentes próximos, nas predições, nas admoestações, nas lamentações pelos defuntos, mas também no sentimento ambivalente que o túmulo suscita.

No Islã, o sepultamento em si não é um ritual propício para encorajar o culto do defunto. As práticas funerárias são fielmente respeitadas, o corpo é lavado, envolvido em um sudário, a oração é recitada e o defunto é sepultado diretamente na terra, com o rosto voltado para Meca. A edificação de cúpulas ou de mausoléus correspondeu progressivamente à amplificação do culto dos santos e ao desejo dos grandes, mas o ideal de simplicidade prevalece como testemunho do sentimento de humildade[36]. Visitar os túmulos é uma atitude piedosa, mas apegar-se à presença do corpo no túmulo é algo desaconselhado. Ao redor do túmulo, porém, produzem-se fenômenos parapsicológicos, aparições fantasmáticas, transmissões de pensamento. Essa continuidade espacial corresponde, enfim, a uma continuidade temporal. Desde o momento de seu sepultamento, o defunto é interpelado pelo próprio túmulo. Ele explicita que o morto está sozinho, que a partir de então ele é o único ali, não tem mais laços com ninguém no mundo, está mergulhado nas sombras. O túmulo explicita também que será uma benção para o morto se ele tiver sido um fiel, mas uma maldição se tiver sido um infiel. A morte começa pelo terror, é a terrível revelação da solidão e da miséria da condição humana.

Como afirma uma famosa tradição profética, "A morte é a ressurreição, e para quem morre começa a própria ressurreição". Se a ressurreição final, que ocorrerá no fim dos tempos, é tão imprevisível quanto supostamente distante, a morte já é considerada uma "ressurreição menor"; ela é, em pleno direito, um acontecimento que ocorre no outro mundo, no mundo que os homens espirituais denominam *malakut*, o "reino", o mundo invisível. A morte é o *barzakh*, a tela, mas também a passagem entre este mundo e o mundo supraterrestre; ela é a presença do outro mundo neste mundo.

---

36   Cf. Louis Massignon, "La Cité des morts au Caire (à l'Imâm Shâfiî)", in: *Écrits mémorables*, Paris: R. Laffont, 2009, t. 2, pp. 441-52.

A morte do mártir

Desejar morrer é algo proibido pela Lei Divina, se com isso entendermos que se trata de um suicídio ou de uma busca injustificada do martírio (*talab al-shahada*). Comparada ao crime, aos olhos dos teólogos moderados a morte voluntária não merece nenhuma indulgência. Não é menos verdade que a morte voluntária constitui um espaço de reflexão importante, estreitamente ligado ao testemunho no Islã. Tanto na língua árabe como na língua grega, a raiz verbal dos principais vocábulos que designam termos como o testemunho e a testemunha, o martírio e o mártir, é única. Desde que, com a ajuda de seus fiéis e de seus aliados, o Profeta do Islã precisou combater os politeístas, depois as tribos judaicas, o testemunho pelo sangue, bem como o combate pelas armas, assumiu um lugar de destaque no conjunto de ações meritórias que decidem a retribuição futura. Perder a vida sob os golpes dos inimigos da fé, seja em razão de perseguições ou no combate pela defesa do Islã – a religião, as instituições, o território –, tornou-se, *ipso facto*, um testemunho eminente da abnegação e do desprezo pelo mundo terreno. Em razão disso, aquele que morreu em combate "no caminho de Deus" merece um destino especial, nesse mundo e no outro: seu corpo não é lavado antes de ser sepultado, ele permanece com a mesma roupa que usava no campo de batalha onde tombou, é inútil orar por ele, sua alma foi dispensada do interrogatório no túmulo, Deus perdoou seus pecados, e ele desfrutará dos prazeres do paraíso[37].

    Esse *status* excepcional alimentou as tradições que valorizam o amor pela morte. É significativo que um mestre espiritual tão moderado como Al-Ghazali tenha reportado diversos deles; diante da questão "o que você amaria naquilo que ama?", Abu al-Darda respondeu: a morte. E explicou com exatidão: "Amo a morte, pois o fiel é o único que a ama, e a morte liberta o fiel da prisão". Ela transforma aquele que foi morto no *jihad* em um modelo da vida espiritual, da ruptura voluntária com o mundo. O asceta, o santo, é um mártir; o combatente (*mujahid*), morto como mártir, já é um arquétipo do santo. Uma outra tradição intensifica ainda mais esse

---

37 Cf. Alfred Morabia, *Le Ĝihâd dans l'Islam médiéval: le "combat sacré" des origines au XIIe siècle*, préf. Roger Amaldez, Paris: 1993, pp. 253-5.

amor pela morte. Se fosse possível, o mártir gostaria de voltar ao mundo para combater outra e outra vez, morrer outra e outra vez: "ele é um homem que, mesmo no paraíso, não para de se lamentar e a quem se pergunta: 'Por que você se lamenta agora que está no paraíso?' 'Choro porque só fui morto em nome de Deus uma única vez e desejaria retornar para ser morto em seu nome múltiplas vezes'"[38].

O *jihad* é o modelo de aniquilação de si (*fana*) considerado uma das principais etapas ou estações espirituais na experiência mística. Como explica Junayd (830-910), o grande mestre do sufismo, Deus é a origem, o motivo e o agente do aniquilamento do espírito, de tal maneira que o desaparecimento de alguém para si mesmo reafirma o testemunho paradoxal da unicidade divina[39]. Foi, sem dúvida alguma, em consequência dos ensinamentos e da crucificação de Hallaj (857-922) que as temáticas do aniquilamento de si, do mártir e do combate se entrelaçaram a ponto de conferir à morte voluntária um *status* marcante na espiritualidade muçulmana. É claro que Hallaj foi condenado e morto segundo a Lei, por isso mesmo seu suplício voluntário o transformou em modelo de santidade. O "santo supliciado", termo usado por Louis Massignon, é aquele que revela até que ponto a morte voluntária no Islã é mantida no limite e, simultaneamente, está presente em seu horizonte como uma possibilidade condenável ou louvável, segundo a perspectiva escolhida. Se no Islã o *jihad* é a epopeia popular, em uma época mística o gesto de Hallaj se superpôs à epopeia guerreira e, em contrapartida, metamorfoseou o *jihad* em um "combate junto com Deus", cujo mártir é aquele que Deus reveste "com um manto de honra tingido com seu próprio sangue"[40]. Um grande místico sunita, o magnífico poeta persa do século XIII de nossa era, Farid al-Din Attar engrandeceu o patíbulo em que o corpo de Hallaj ficou suspenso: "O que sabe você do estado do amante? Para ele, o lugar de oração é o patíbulo, e, se você quer

---

38 Abû Hâmid al-Ghazâlî, *Ihyá' 'Ulûm al-dín*, op. cit., v. IV, pp. 527-8.

39 Junayd, *Enseignement spirituel: traités, lettres, oraisons et sentences*, trad. Roger Deladrière, Paris: Actes Sud, 1983, p. 154.

40 Cf. Louis Massignon, "La Guerre sainte suprême de l'Islam arabe", *in*: *Écrits mémorables*, op. cit., t. I, pp. 428-9.

alcançar esse lugar, o que lhe falta é fazer uma ablução em seu próprio sangue"[41].

Em sua teoria do movimento, os filósofos xiitas, leitores de Aristóteles, fizeram a distinção entre natureza e vontade. Foi sobre essa base que eles conceberam racionalmente a distinção entre a morte natural, decretada por Deus, e a morte voluntária, almejada pelo homem espiritual. Não se trata de suicídio, mas da imitação da experiência profética. Como ocorreu com Moisés, que perdeu a consciência diante do Monte Sinai, aquele que viaja rumo a Deus deve se livrar da própria identidade. A morte voluntária é o despojamento de todos os atributos da humanidade e refere-se ao grito de Hallaj: "Matem-me, meus amigos, pois é em minha morte que está a minha vida"[42]. O que o homem espiritual busca não é uma morte metafórica, mas sim a morte que, segundo ele, é a única real, pois ela faz com que o espírito saia do mundo inferior, e mesmo de todos os mundos, para ser consumada na presença divina.

Para concluir, podemos realçar a ambivalência do estatuto da morte no Islã. A morte não é procurada de maneira intempestiva, pois apenas Deus possui seu segredo, mas revela-se o núcleo gerador de condutas contraditórias. Sem ser obcecado pela morte, o fiel vive preso a uma rede de representações cuja familiaridade jamais o abandona. Sem ter que desejá-la, ele sabe que a única morte que tem valor certo é a morte do combatente no caminho de Deus. Sem confundir esse caminho com o combate exclusivo pelas armas, ele sabe que a ascese, o desprezo do mundo, as honras, as riquezas, a progenitura, são altamente apreciados, e que o testemunho do servidor de Deus culmina no sacrifício consentido da vida, em um combate perpétuo entre as forças aliadas de Deus e os inimigos de Deus. Sem se resignar com o dolorismo, o fiel sabe que seu dever é "morrer antes de se deixar morrer", segundo uma tradição atribuída ao profeta Maomé. O "furor de desaparecer", que Hegel identificava como o espírito do Islã, encontra-se no cerne da concepção islâmica da morte? Trata-se, pelo menos, de um de seus aspectos proeminentes.

---

41   Fariddudine Attar, *Le Livre divin (Elahi-Nameh)*, trad. Fuad Rouhani, Paris: Albin Michel, 1961, p. 151.

42   Cf. Mulla Sadra, *Tafsir al-Qurán al-karîm*, t. 4, pp. 416-ss. (no *Alcorão* 24,35) e Christian Jambet, *Mort et résurrection en Islam*, *op. cit.*, pp. 37-9.

A MORTE NA IDADE MÉDIA CRISTÃ

JEAN-CLAUDE SCHMITT

"Não temos história da Morte", lamentava o grande historiador Lucien Febvre, em 1941. Seu apelo foi ouvido pelas novas gerações de historiadores que, nos anos 1960-1970, fizeram da morte e dos mortos um de seus temas de estudo privilegiados, até mesmo emblemático, da "história das mentalidades". Basta relembrar, em primeiro lugar, o nome de Philippe Ariès, cujo grande mérito foi o de propor um esquema ambicioso da evolução das "atitudes ocidentais diante da morte", em que nossa época, caracterizada pela "ocultação da morte", contrasta com os períodos anteriores: segundo ele, pode-se distinguir efetivamente um longo substrato antropológico propício à "domesticação" da morte, particularmente característico da tradição cristã medieval que, no fim da Idade Média e na época moderna, evoluiu, demonstrando uma preocupação mais expressiva com o futuro do indivíduo após a morte (era o tempo da "morte de si", que no século XIX cedeu lugar à "morte do outro", ilustrada principalmente na arte funerária dos grandes cemitérios periurbanos, como o Père

Lachaise, em Paris. Essas fortes proposições foram retomadas e melhoradas (principalmente por Michel Vovelle e Pierre Chaunu, no que se refere à época moderna), afinadas em sua cronologia, completadas e realocadas em uma história abertamente mais social. Além disso, nos dias de hoje, a história das mentalidades, a história social, a arqueologia, a demografia histórica e a antropologia histórica nos permitem compreender melhor o conjunto de problemas essenciais suscitados pela morte nas sociedades do passado e, consequentemente, para o historiador. Por profissão, o historiador não se dedica sobretudo à morte e aos mortos? Michelet conferia aos historiadores até mesmo a tarefa de "ressuscitá-los", ao retirá-los do esquecimento dos arquivos...

Desde o início, dois fatos estruturais de suma importância, mas de natureza diferente, chamaram sua atenção. O primeiro era de ordem demográfica: tratava-se da extrema fragilidade da vida humana nas sociedades do Antigo Regime. É difícil adiantar números precisos, sobretudo nos períodos da alta Idade Média, mas calcula-se que entre o século XI e a metade do século XIII a expectativa de vida chegava aos 35 anos. Desde o fim do século XIII, ela teria até mesmo baixado para cerca de 30 anos, em razão de perturbações profundas no ecossistema em uma escala que abrangeu toda a Europa (o início do resfriamento climático, as colheitas ruins, a fome, a epizootia catastrófica, de 1316 a 1317 etc.), isso tudo antes mesmo da agressão brutal da peste negra, que ocorreu de 1348 a 1351. Desde a peste de Justiniano, no século VI, os séculos anteriores haviam enfrentado episódios epidêmicos, mas nenhum deles havia sido tão devastador como a verdadeira peste bubônica ou peste pulmonar, ainda mais contagiosa. O terror não poderia ter sido maior, e os efeitos, mais catastróficos. Em três anos, ela exterminou um terço da população europeia, provocando muitas vezes o abandono definitivo de cidades inteiras, uma enorme perturbação nas relações sociais (principalmente em razão da penúria da mão de obra e da alta brutal dos salários, que as autoridades reais e urbanas tentaram conter) e problemas de ordem pública ainda maiores, tais como a Revolução Camponesa. Uma espécie de "Hiroshima" em escala europeia! Dado que até mesmo nos provérbios um flagelo como esse jamais chega sozinho: a peste, a guerra e a fome formaram um trio inseparável. Antes mesmo da irrupção da peste, por volta de 1330-1335, o pintor

Buonamico Buffalmacco pintou no Campo Santo (o cemitério de Pisa) seu famoso afresco *O triunfo da morte*, título dado por Petrarca. Esse afresco retrata, de um lado, um grupo de nobres caçadores a cavalo cujo caminho é barrado pelo espetáculo de três mortos carcomidos por vermes em seus caixões, imagem da fragilidade da vida, da vaidade do mundo e de seus prazeres, à qual se opõe a imagem exemplar de um caminho escarpado que conduz a um eremitério, um verdadeiro portal do paraíso. Na outra extremidade do afresco, o anjo da morte, empunhando uma ceifadeira, precipita-se sobre um grupo de jovens que conversam e ouvem música debaixo de uma árvore, desatentos ao combate travado pelos anjos bons e os anjos maus na disputa pelas almas dos defuntos. Alguns anos mais tarde, a peste negra viria confirmar os sombrios presságios do pintor. Bocage deixou uma famosa descrição do flagelo em Florença. O poeta Guillaume de Machaut, um sobrevivente de 1348, colocou a peste em verso:

Os que morreram
ninguém poderá enumerar,
Imaginar, pensar, nem dizer,
Representar, mostrar, nem escrever

A peste é algo indizível, e temos dificuldade de imaginar o que efetivamente pode ter sido uma catástrofe como essa! Para os homens daquele tempo, o pior se deveu ao fato de que a epidemia foi sem trégua, investiu seguidamente sem dar tempo à população de recuperar suas forças: isso prosseguiu até a peste de Marselha, em 1720. Entre esses momentos de crise e de pânico, os tempos normais também não eram nada encorajadores, devido ao baixo nível de higiene, às penúrias alimentares, ao enfraquecimento das mulheres, submetidas a repetidas gestações, à hecatombe que atingia os recém-nascidos e as crianças pequenas. Foi preciso esperar o fim do século XVIII (com as melhorias da economia agrária e da alimentação, o começo da Revolução Industrial, a retomada decisiva da demografia) e as descobertas médicas do final do século XIX (Pasteur identificou o bacilo de Koch em 1882) e do século XX (a penicilina e os antibióticos) para que o antigo regime demográfico passasse por uma verdadeira revolução.

Outro fato estrutural foi o cristianismo. Em seu mito fundamental (os evangelhos e os atos dos apóstolos) e seu *credo*, essa religião afirma não apenas que o Filho de Deus se fez homem, mas que foi "condenado à morte", *sacrificado* da pior maneira possível e, depois, "ressuscitou dos mortos" antes de subir aos céus. O culto cristão não apenas reproduz cotidiana e *realmente* esse sacrifício como o padre católico, todos os dias, e os fiéis, pelo menos uma vez por ano (na Páscoa, de acordo com uma decisão do Quarto Concílio de Latrão, de 1215), *comem* o corpo do Cristo (sob a forma da hóstia consagrada), além do fato de que o padre ainda tem o privilégio de beber seu sangue (representado pelo vinho). A morte – a começar pela morte do Cristo – reside no coração da ideologia da *cristandade*, entendida como sistema de fé, mas também como sistema social. A morte não apenas ocupa o centro do culto divino como, por essa mesma razão, justifica a proliferação dos altares de sacrifício e, consequentemente, de sua rede de igrejas (monásticas, episcopais, paroquiais), bem como a supremacia dos padres na sociedade, uma vez que somente eles detêm o poder de celebrar o sacrifício divino. E isso não é tudo: para seguir o exemplo do Cristo, os mártires também se apressaram em escolher a morte para testemunhar sua fé, à imagem do Senhor. Encarnaram a versão primitiva e heroica da santidade, uma grande particularidade da ideologia cristã da Idade Média. A diversidade de suplícios dos mártires marcou profundamente o imaginário cristão, em primeiro lugar, sua "Legenda Áurea"[1], assim como as imagens que povoam as igrejas e invadem os livros de orações: São João decapitado, São Pedro crucificado com a cabeça inclinada, São Bartolomeu escalpelado vivo, São Sebastião cravado de flechas, Santa Agnes com os seios decepados, Santa Catarina de Alexandria presa a uma roda cravada de lanças e depois decapitada e, ainda no século XVIII, o frade dominicano São Pedro Mártir, com uma faca ensanguentada trespassada em seu crânio... Por mais distantes no tempo que estejam seus martírios (ou, por vezes, sua morte tranquila), os santos

---

1 Organizada em 1280 pelo arcebispo de Gene, Jacques Voragine, a *Legenda áurea* é um conjunto hagiográfico que narra a vida de cerca de 150 santos e mártires. Foi publicado em latim pelo então bispo de Gênova, Tiago de Voragine. Ed. bras.: *Legenda áurea*, trad. Hilário Franco Júnior, São Paulo: Companhia das Letras, 2003. [N.T.]

continuam presentes entre os homens: primeiro por suas *relíquias*, parcelas ínfimas de cadáveres guardadas com devoção, carregadas nas procissões, veneradas e beijadas; sobre as relíquias são feitas promessas, elas são colocadas no corpo dos possuídos pelo demônio, e os doentes são instados a tocá-las. Um dos gestos essenciais da consagração de um altar é quando o padre insere nele as relíquias dos santos: é impossível celebrar a missa se o altar não possuir pelo menos uma parcela do corpo de um santo. Em toda cultura, a morte seguramente exalta o sentimento religioso. Segundo Philippe Ariès, a maior dificuldade encontrada por nossa sociedade é ter desejado privar a morte de sua tradicional dimensão imaginária e ritual. Em todo caso, quando se trata da Idade Média, ela não apenas residia no núcleo das representações e das práticas religiosas como também contribuía para estabelecer o poder da Igreja e dos padres sobre a sociedade. Na segunda metade do século XI, a profunda reforma da Igreja (conhecida como a "Reforma Gregoriana") acentuou ainda mais esse poder. No decorrer dos séculos, os monges, os padres seculares, os religiosos das novas ordens mendicantes afirmaram-se como gestionários legítimos da morte, os intermediários obrigatórios entre os vivos e os mortos, os guardiões da passagem...

A morte é onipresente: ela ceifa as vidas tão alegremente quanto ocupa os altares. Sobretudo, ela impregna inteiramente a "pessoa" cristã concebida como a junção de um corpo mortal e de uma alma imortal. Aos olhos dos teólogos cristãos, em primeiro lugar Santo Agostinho (430 d.C.), a preocupação com o aspecto corpóreo da morte caracterizava o paganismo entre os romanos (que edificaram grandes túmulos) ou entre os bárbaros (que mobiliavam seus túmulos com vasos, joias, armas e carruagens). Para o bispo de Hipona, o verdadeiro cristão não deveria se preocupar com o corpo, apenas com a alma, e era para sua salvação que se aconselhava orar. A grande questão era a da "ressurreição dos mortos" no fim dos tempos, no dia do Juízo Final. É isso o que anuncia o *Apocalipse*, atribuído ao evangelista João. A ressurreição define a totalidade do horizonte escatológico do cristianismo e, consequentemente, a linha de vida a ser seguida, na qual todo cristão deve se preparar para morrer. *Memento mori*: a vida não passa de uma preparação para a morte, que deverá abrir aos merecedores as portas da "verdadeira vida", ou seja, da vida eterna. De fato, Santo Agostinho foi incessantemente desmentido pela evolução histórica dos séculos posteriores: assim como todas as culturas, a cristã, que como já vimos anteriormente era muito marcada pela morte, jamais deixou de se preocupar com seus mortos, seus corpos, sua sepultura e, certamente, seu devir no mundo supraterrestre. No decorrer do primeiro milênio, o mobiliário funerário lentamente desapareceu (mas no fim da Idade Média muitos religiosos foram enterrados com sua cruz pastoral, sua cruz peitoral e um cálice – feitos de simples latão!). Fundada no começo do século X, a Abadia de Cluny e todos os monastérios sob sua autoridade formaram a ordem clunisiana, que centrou a liturgia na *memória*, ou seja, na homenagem póstuma aos benfeitores da ordem (em geral, os senhores que haviam doado uma porção de terra à abadia), na data do aniversário de sua morte. Seus nomes eram inscritos juntamente com os dos monges defuntos no "Livro da Memória" ou "Livro da Vida", organizado de acordo com o calendário litúrgico. No decorrer da Idade Média, essa prática comemorativa prolongou-se em outros livros que preenchiam mais ou menos as mesmas funções, os "necrológios" e os "obituários". Signo de sua vocação de orar pelos mortos, os monges clunisianos instituíram, por volta de 1030, uma nova celebração litúrgica que passou a ser realizada um dia depois do Dia de Todos os Santos (1º de novembro) e seguia o mesmo modelo: a partir de então, o dia 2 de novembro seria dedicado não apenas à morte dos santos ou à de mortos individuais, cujo nome estava inscrito no *liber memorialis*, mas à celebração coletiva de *todos* os mortos. Nos países católicos, essa festa ainda existe nos dias de hoje e recebe o nome popular de Dia de Finados. A partir do século XI, desenvolveu-se a ideia de que havia uma troca intensa entre os vivos e os mortos na "comunhão dos santos": do mesmo modo que os vivos oravam por seus mortos, os mortos também intercediam por eles junto às forças celestes.

Os mortos, porém, não estavam presentes apenas nas orações dos vivos. Encontravam-se concretamente também na paisagem rural e urbana, particularmente em dois lugares. O primeiro era o local de execução das decisões de justiça. O cadafalso era erguido na praça central da cidade, onde as mutilações e condenações à morte atraíam as multidões de curiosos que gritavam por vingança e tremiam de medo. As execuções públicas faziam eco às cenas não menos sanguinolentas dos martírios pintados nos retábulos da Igreja, do mesmo modo que as três cruzes, de Cristo e dos dois ladrões, que se perfilam nas cenas de fundo dessas pinturas religiosas, evocando as forças que se insurgem sobre a colina, do lado de lá das muralhas da cidade: distantes o suficiente para que os odores pútridos não importunassem os honestos burgueses, mas perto o bastante para que, diante do espetáculo dos cadáveres enforcados, ressequidos, levados em pedaços nos bicos das grandes aves negras, os aldeões deixassem de agir mal. Cenas como essas podem ser vistas nas "Alegorias e Efeitos do Bom e Mau Governo", uma série de afrescos de Ambrósio Lorenzetti (1290-1348) pintados no Palácio Público de Siena.

Outro lugar ainda mais importante foi o cemitério. Nos séculos XI e XII, ele apareceu como o ponto central do reagrupamento dos homens no espaço do feudo, da paróquia, da comunidade de habitantes. Com frequência, foram os mortos reunidos no cemitério que presidiram o reagrupamento dos vivos: a criação do cemitério permitiu o nascimento da cidade, fato histórico de suma importância cuja marca é extremamente característica da vida nas zonas rurais e da paisagem europeia até os dias de hoje. Em todo caso, os mortos desempenharam um papel crucial na formação do espaço social e das redes características da "sociedade feudal", o que fez com que se inscrevessem em uma topografia mais densa e mais estável, marcada por nomes de lugares que posteriormente não iriam mais evoluir. Isso é verdade tanto no campo como nas cidades, que, naquela época, se encontravam em pleno renascimento. O cemitério ladeava a igreja paroquial: o corpo do Cristo, as relíquias dos santos, as sepulturas dos mortos comuns eram os pontos de sustentação e de referência dos vivos. O cemitério era fechado por muros para identificar muito bem o caráter "religioso" do lugar, que, no entanto, era subordinado à igreja, e esta, por sua vez, era qualificada como "lugar sagrado". O muro do cemitério relembrava os privilégios jurídicos de que o local usufruía (era um lugar de asilo para os fugitivos) e impedia que os animais domésticos e selvagens vagassem por ali, em particular os porcos, que vinham com seus focinhos vorazes desenterrar as ossadas visíveis na superfície do solo. Não havia túmulos identificados e de propriedade das famílias, mas uma terra coletiva incessantemente revirada e pontuada de raras cruzes.

Se o espaço terrestre dos mortos se transformou, o mesmo ocorreu com seu espaço supraterrestre. A *Bíblia* e os Patriarcas da Igreja (séculos III e VI) não conheciam senão dois lugares no mundo supraterrestre: o inferno e o paraíso. O Juízo Final, quando o mundo chegaria ao fim, decidiria para toda a eternidade a sorte de todos os mortos ressuscitados na ocasião, não importava a época em que tivessem vivido. O tempo de espera entre a morte individual e esse derradeiro momento jamais deixou de aguçar a curiosidade dos teólogos. Lentamente, as coisas foram se elucidando: ficou cada vez mais claro que, após a morte, todos passavam por um primeiro julgamento individual. A partir desse instante, os santos iriam diretamente para o paraíso, e as pessoas "muito más", para o inferno; mas todos os outros, ou seja, a quase totalidade dos homens que, sem serem criminosos, tinham tido fraquezas e – circunstância agravante – podiam ter sido omissos em se arrepender, iriam para um novo lugar, o purgatório. Como demonstrou Jacques Le Goff, foi por volta dos séculos XII e XIII que "se circunscreveu" o lugar designado pelo substantivo purgatório. Tratava-se de um lugar intermediário, mas também transitório, pois ao contrário do paraíso e do inferno ele iria desaparecer no fim dos tempos. Até lá, não havia senão uma porta de saída, rumo às alturas, para alcançar o paraíso. Uma alma do purgatório jamais decaía para o inferno. Em contrapartida, ela podia ser libertada das provações (quase infernais) enfrentadas no purgatório antes da última sanção, no dia do Juízo Final. Mas o prazo desse resgate não era prefixado: tudo dependia da gravidade dos pecados que a alma devia expiar e da assiduidade das orações que os vivos dirigiam à divindade pela libertação de seu parente defunto. A prática inflacionista das indulgências, característica do fim da Idade Média, originou-se da mesma preocupação de encurtar a temporada no purgatório. Para a Igreja, essa prática se tornou uma das atividades mais lucrativas, já que prometia milhares e mesmo dezenas e centenas de milhares de anos de indulgências a quem visitasse com devoção determinados lugares de peregrinação ou participasse do Jubileu Romano (instituído em 1300 e logo reeditado a cada 25 anos). O fanatismo pelas indulgências não foi contestado no decorrer dos séculos, apesar das críticas dos heréticos (lolardistas e hussitas) e de certos teólogos: as indulgências foram uma das razões da revolta de Lutero contra a Igreja Romana.

O "nascimento do purgatório" conferiu importância decisiva às redes de parentesco, ao sistema de linhagem (cuja consciência genealógica se reafirmou na aristocracia dessa época) e, mais ainda, ao núcleo da "família espiritual" que a instituição generalizada da *memória*, cada vez com mais frequência e segundo o mesmo modelo, circunscreveu ao redor de cada monastério, de cada comunidade paroquial e das confrarias dedicadas principalmente às orações pelos mortos. Uma das consequências da intensificação dessas redes de solidariedade, que transcendiam as linhas de separação entre a vida e a morte, foi a proliferação das narrativas sobre a aparição de fantasmas dos mortos. Essas narrativas contradiziam a doutrina de Santo Agostinho, que havia excluído a possibilidade de que os mortos pudessem voltar para visitar os vivos. A antiga noção de "morte prematura" (a *mors immatura* referia-se às crianças mortas na tenra infância, às mulheres que morriam no parto, aos suicidas, aos jovens guerreiros mortos em combate etc.) ampliou-se consideravelmente: a partir de então, de certa forma, qualquer morte era considerada "prematura", uma vez que ninguém estava seguro de ter se preparado o bastante em vida para a "boa morte" cristã, ou seja, de ter sido plenamente absolvido de todos os seus pecados e de ter cumprido de forma satisfatória todos os ritos sacramentais da "extrema unção". Quanto aos parentes sobreviventes (em primeiro lugar, o viúvo ou a viúva e, com muita frequência, o filho herdeiro), era preciso perguntar se eles haviam respeitado corretamente as disposições testamentárias do falecido, se não haviam tentado reter em seu próprio benefício certas doações destinadas aos pobres ou às igrejas, se tinham orado o suficiente por seu pai ou seu irmão recentemente falecido. Depois da primeira metade da Idade Média, o "trabalho do luto" complicou-se consideravelmente. Foi impregnado de um forte sentimento de culpa, testemunhado pelo grande número de narrativas sobre aparições de mortos. Essas aparições ocorriam com maior frequência nos sonhos dos parentes sobreviventes, mas muitas vezes surgiam também em suas visões nos momentos de vigília; em certos casos, eles se contentavam em emitir um ruído inquietante, em outros tornavam-se mais agressivos, prejudicando fisicamente o parente vivo, cujo corpo conservava a marca de uma queimadura, testemunho indubitável da veracidade da aparição. A partir do século XII, no Condado de Yorkshire, foram comprovados casos de vampiros (*sanguisugae*). Geralmente, os mortos que retornavam exigiam "intercessões": por meio de orações, missas e esmolas que deveriam ser distribuídas aos pobres. Se os vivos fingissem não ouvir, as aparições se manifestavam novamente nas noites seguintes, insistiam e tornavam-se ameaçadoras. Se seus pedidos fossem satisfeitos, faziam uma última visita para anunciar que finalmente haviam sido libertados das "penas do purgatório" e não iam voltar mais, pois estariam no paraíso.

Esse é um quadro geral da morte e de suas representações. Mas como seria o exato instante da morte, a maneira de cada um viver seu "fim de vida"? Sem os textos normativos dos liturgistas, dos confessores ou das descrições convencionais dos hagiógrafos, é difícil para os historiadores ter um acesso mais próximo ao derradeiro momento de vida de indivíduos concretos, compreender suas últimas vontades, perceber suas angústias ou suas esperanças no limiar da morte, conhecer as reações dos que os rodeavam. Entretanto, alguns documentos nos permitem participar de certa forma desses últimos instantes. Para começar, citaremos algumas imagens preliminares que retratam as posturas e os gestos nesses momentos: no início do século XI, o Sacramentário do bispo Warmundo de Ivrea consagrou uma série excepcional de imagens ao ritual da morte e dos funerais. Diz a lenda que a primeira imagem representa o enfermo – um homem laico – que "sofre no corpo" e "faz penitência". Seus braços estão estendidos ao longo do corpo, os cabelos caídos sobre a testa, talvez como um sinal de sofrimento ou de medo. Ele não está só: três pessoas permanecem a seu lado, uma demonstra sua dor serrando os punhos contra as maçãs do rosto, um padre abençoa o moribundo; uma mulher – sua esposa? – segura seus ombros enquanto leva a mão ao rosto em sinal de dor. A segunda imagem mostra o moribundo inteiramente nu, deitado sobre um cilício; o círculo de pessoas é o mesmo, exceto pelo padre: ele já havia cumprido seu ofício. Em contrapartida, a mulher assume o lugar principal, e o gesto de sua mão é o de quem bate no peito. Finalmente, a terceira imagem fixa o momento da morte: "ele entrega seu espírito ao Senhor". A parte inferior do corpo nu é dissimulada por um retalho de pano. A assistência é mais numerosa: de um lado, à cabeceira do moribundo, estão os clérigos tonsurados, o primeiro deles segura um cálice, sinal de que o viático foi administrado ao agonizante. Do outro lado, estão os parentes e os familiares próximos, também muito numerosos; um homem segura uma mulher de cabelos desgrenhados que tenta se atirar sobre o cadáver. Três miniaturas das imagens encenam o fim da vida propriamente dito, embora menos de sete delas retratem as fases subsequentes dos funerais: colocado sentado em uma cadeira, o corpo é lavado com muita água, depois é deitado e vestido com um sudário marcado com uma cruz; em seguida, precedido de uma cruz, o caixão é levado para a igreja pela família do morto e pela "multidão que geme" (*turba gemens sequitur*); ali ele é exposto, rodeado de velas, enquanto o padre faz orações e a mulher se precipita outra vez sobre o corpo; na sequência, é conduzido até o túmulo pelo "povo" e pelo "padre" juntos; a vala é cavada pelos coveiros; finalmente, envolto em um sudário, mas sem caixão, o corpo é depositado no túmulo, enquanto os padres cumprem os últimos ritos religiosos (cantos, bendições, incensamentos) e, mais uma vez, uma mulher desgrenhada é impedida, com grande esforço, de se atirar sobre ele. Mesmo excepcionalmente explicitado por essa série de imagens, como se pode constatar, o instante da morte não era o momento privilegiado: pelo número das imagens, os gestos, os lugares e os deslocamentos impostos pelos funerais eram claramente mais valorizados, signos de uma ritualização pública da morte que parecia, se não mais importante, pelo menos mais digna de permanecer na memória do que o instante único da separação e as disposições sacramentais da passagem para o outro mundo. Em todo caso, a morte não passa de um instante fugaz, mas constitui um longo processo de separação cuja escansão ritual começa com a agonia e prossegue nos deslocamentos complexos que constituem os funerais.

Cerca de oitenta anos mais tarde, a Tapeçaria de Bayeux reconstituiu os derradeiros momentos do rei da Inglaterra, Eduardo, o Confessor, em 6 de janeiro de 1066. A cena encontra-se em um local crucial da obra, marcado por uma retomada do sentido narrativo da tapeçaria; habitualmente, as tapeçarias devem ser "lidas" da esquerda para a direita, seguindo a orientação das inscrições ao longo da tela; nesse caso, excepcionalmente, a agonia e os subsequentes funerais do soberano desenrolam-se ao contrário, da direita para a esquerda, e culminam na Abadia de Westminster, alguns dias após o término de sua construção e de sua consagração na noite de Natal de 1065. Nessa tapeçaria, o fim da vida do rei, a exaltação da nova necrópole e a ordem de planificação das imagens harmonizam-se para privilegiar um mesmo momento, a morte do rei. A imagem dessa morte é duplamente representada na residência real, em dois níveis que se sobrepõem. No primeiro nível, encontra-se o leito do rei agonizante, ornado por uma espécie de baldaquim atado à cabeceira do leito: Eduardo, coroado, enfermo, repousa no travesseiro sustentado por um de seus homens. O rei dirige-se a seus fiéis, como indica explicitamente a legenda: *hic Edwardus rex in lecto alloquitur fideles*. Dois homens respondem às suas palavras com um gesto das mãos. Não se sabe o que eles dizem, mas é possível adivinhar: deve se tratar da sucessão, da escolha entre os dois impacientes pretendentes, Haroldo e Guilherme da Normandia. Aos pés do rei, uma mulher em prantos enxuga as faces com seu véu. No nível inferior, o rei está morto (*Et hic defunctus est*, afirma laconicamente a legenda). Um padre vestido com paramentos litúrgicos abençoa o corpo. O rei morto está deitado, inteiramente vestido, com um traje longo, mas tem o rosto descoberto. Dois homens se alvoroçam ao seu redor. Na sequência, do lado esquerdo, desenrolam-se os funerais: uma multidão compacta de homens carrega o caixão, ornado com duas cruzes, em direção à Abadia de Westminster (*hic portatur corpus Edwardi regis ad aecclesiam Sancti Petri Apostoli*). Mesmo acompanhadas de legendas, as imagens são econômicas em detalhes; seguem suas próprias convenções figurativas que só mostram o essencial dos rituais da morte. Apesar disso, oferecem certo número de informações preciosas sobre os lugares, os gestos, o cortejo, a parte dos laicos e a dos clérigos, a dos homens e a das mulheres. Excepcionalmente, alguns textos permitem ir mais longe.

Foi devido à narrativa da longa agonia do conde Guilherme, o Marechal, que durou de 2 de fevereiro a 4 de maio de 1219, que Georges Duby iniciou seu estudo sobre a vida desse personagem. Uma "morte suntuosa", escreveu ele, "um grande espetáculo" do qual participou toda a "casa" do conde e até mesmo os grandes prelados do Reino da Inglaterra. É patente o contraste entre o luxo de detalhes desse texto e os instantâneos das imagens, bem como é patente também o contraste entre o desenrolar público e ritualizado da morte de um cavaleiro da nobreza e nossa morte contemporânea, individualizada, medicalizada e secreta. Vamos ouvir o historiador:

> E nós, que não sabemos mais o que é a morte suntuosa, nós, que ocultamos a morte, que a calamos, que nos livramos dela como algo embaraçoso, nós, para quem a boa morte deve ser solitária, rápida, discreta,

desfrutamos do que é a grandiosidade que o Marechal conquistou e que, aos nossos olhos, o coloca em uma luminosidade excepcionalmente viva, sigamos passo a passo os detalhes de seu desenrolar, o ritual da morte à moda antiga, que não era uma escapatória, uma saída furtiva, mas um acompanhamento lento, regulado, governado, um prelúdio, uma transferência solene de um estado para outro estado superior, transição tão pública quanto eram os matrimônios, tão majestosa quanto era a entrada dos reis nas cidades importantes sob sua proteção. A morte que perdemos e que talvez nos faça falta.

Primeiro ponto: a escolha do lugar da morte. Foi desejo de Guilherme ser levado de barco pelo rio Tâmisa até Caversham, seu castelo preferido; sua esposa, seus filhos e filhas, sua "família", o acompanhavam. Segundo ponto: o moribundo jamais ficava sozinho, tampouco seu corpo morto, guardado em vigília dia e noite por seus fiéis até o momento do sepultamento. À sua cabeceira, um verdadeiro balé segue uma ordem preestabelecida: em primeiro lugar, aparece Henri, o menino-rei cuja guarda Guilherme assumiu e que foi solenemente confiado ao embaixador do papa. Com seu ofício transmitido, ele podia se ocupar da partilha de seus bens entre os herdeiros. De fato, segundo o costume, tudo ia para o filho mais velho, mas Guilherme não esqueceu dos filhos mais jovens nem das filhas, para evitar que eclodissem discórdias logo após seu falecimento. A seguir, vinha o momento de se ocupar de seu corpo e de ordenar cuidadosamente seus funerais: ele seria recoberto por um tecido de seda, previamente trazido da Terra Santa e que seria deixado para os templários de Londres que, de acordo com sua vontade, acolheriam sua sepultura. "Meu bom filho, quando eu estiver em outros mares, meu corpo será dado ao Templo para ali repousar em minha morte", declarou ele a seu filho mais velho. Ao ouvir essas palavras, os que permaneciam ao seu redor compreenderam que o fim estava próximo e todos, inclusive os homens, derramaram lágrimas abundantes. Para o moribundo, era chegada a hora de lavar a alma da mácula de todos os seus pecados, ao menos dentro do possível. Ele já havia se confessado diversas vezes, cedendo às insistentes exigências dos clérigos, tão desejosos de aliviar sua alma antes da grande passagem quanto os laicos de nutrir seu corpo a fim de prolongar sua presença entre eles. Faltava ainda distribuir seus bens, esvaziar seus armários das belas vestes, dos casacos de peles, dos anéis de ouro que havia acumulado: sem dúvida alguma, ele pensou nos pobres. Não menos do que cem deles receberiam "de comer e de beber e seriam vestidos após a festa". Ele pensou também nas igrejas que iriam rezar por sua alma. Mas não deixou para elas o que possuía de mais caro: ele era um laico, um chefe de guerra, e desejou que seus cavaleiros, que o haviam servido fielmente ao longo de sua vida, passassem diante dele vestidos com suas melhores roupas, confeccionadas em peles de esquilo, em seda, em zibelina. A moral da Igreja não era tudo: um documento excepcional como esse esclarece também a respeito dos desvios em relação à moral e até mesmo à doutrina eclesiástica que um grande personagem laico dessa estirpe – o "melhor cavaleiro do mundo", um vencedor sem par de torneios que os resgates pagos por seus adversários enriqueceram imensamente – podia se permitir até o instante de sua morte. Surpreendente confissão final:

> Os homens da Igreja investem contra nós; eles nos atacam de muito perto. Durante minha vida, capturei pelo menos quinhentos cavaleiros e me apropriei de suas armas, cavalos e armaduras. Se por essa razão o Reino de Deus me for recusado, estou em apuros. O que posso fazer? Como vocês querem que eu devolva tudo? Não posso fazer mais por Deus do que entregar-me a Ele, arrependido de todos os malfeitos que cometi. Se os clérigos não quiserem que eu seja banido, rejeitado, excluído, eles devem me conceder a paz. Ou seus argumentos são falsos ou nenhum homem pode ser salvo.

Nessa declaração não há nenhuma revolta, ela é simplesmente a constatação de que existem ordens diferentes no mundo e que mesmo a morte não pode ser igual para todos. Pouco antes de dar seu último suspiro, o Marechal confidenciou a seu mais fiel companheiro, Jean d'Earlay, que estava enxergando duas figuras de branco a seu lado: não sabemos se eram anjos ou santos, mas essa aparição foi, sem dúvida, um bom presságio. O Marechal finalmente expirou nos braços de seu filho, enquanto os abades de Nutley e de Reading, apressados, lhe concediam a absolvição. Georges Duby diz ainda que "Ninguém disse que ele recebeu o viático".

O excepcional esclarecimento fornecido por esse texto biográfico sobre os derradeiros instantes de um grande laico permite relativizar a imagem convencional da literatura eclesiástica ou das *Artes moriendi* do fim da Idade Média. Entretanto, o sucesso dessa literatura e de suas xilogravuras, assegurado pela imprensa a partir de 1470, é um convite para que não se subestime sua influência nos comportamentos reais no momento da morte. A ideia central é a de que a morte ideal do cristão não era a morte súbita; ao contrário, era preciso se preparar para morrer e, acima de tudo, pensar em confessar seus pecados ao padre e receber de suas mãos o "viático", sacramento indispensável ao êxito na passagem para a "verdadeira vida". A pedagogia da morte, desenvolvida pelas Ordens Mendicantes a partir do século XIII, confere à morte um lugar cada vez maior na vida do cristão. A representação da *Dança macabra* (tema que surgiu no Cemitério dos Inocentes, em Paris, no século XV) insistia na igualdade de todos diante da morte. A partir do século XIII, a instituição do testamento revestiu-se de grande importância, tornou-se até mesmo uma obrigação, não apenas jurídica, mas também espiritual: morrer intestado era considerado uma maldição. O testamento regulava a sucessão em favor dos familiares próximos (a viúva, os filhos, a parentela), servia para pedir perdão àqueles que se havia prejudicado, conscientemente ou não, permitia que pela última vez e massivamente se fizesse a caridade aos pobres e aos doentes e, sobretudo, estipulava a doação para a realização de dezenas ou centenas de missas nas igrejas dos religiosos dominicanos e franciscanos ou na igreja paroquial. Uma multidão de padres que servia essas ordens e paróquias vivia do dinheiro dessas doações. Paralelamente, as confrarias se dedicavam ao acompanhamento dos moribundos e à organização dos funerais. As cooperativas (que mais tarde receberiam o nome de corporações) se encarregavam de honrar condignamente seus membros defuntos. A morte tornou-se um poderoso motor econômico fundado em uma troca codificada de bens materiais (as somas em dinheiro doadas às igrejas eram fixadas em moeda contábil) e de bens espirituais (as inumeráveis missas e preces feitas pela alma do defunto, algumas delas em "perpetuidade"). Nesse final da Idade Média, a devoção dos laicos, em particular a das mulheres da classe alta, beneficiou-se de um novo livro de preces: o *Livro das horas*. Ele permitia que se orasse ao ritmo das "horas canônicas" do dia (cada uma delas equivalia a cerca de três de nossas horas), não somente à Virgem, ao Cristo da Paixão e à Santíssima Trindade, mas permitia, sobretudo, meditar sobre as "horas da morte", sempre evocadas no fim do livro. Elas geralmente davam lugar a uma iluminura que podia representar o caixão colocado diante do altar principal, onde o padre celebrava o ofício, ou ainda o cortejo fúnebre que se dirigia ao cemitério, com os padres, os meninos do coro, as velas, os familiares em prantos, todos vestidos de preto, com as cabeças ocultas sob um capuz. No *Livro das horas de Rohan* (princípio do século XV), uma soberba iluminura ressalta o completo despojamento do corpo nu e descarnado do morto no instante em que ele comparece diante do Juiz Supremo; anjos e demônios já disputam sua alma, representada por um homúnculo nu e pálido carregado nos ares por um diabo que o arcanjo ameaça com sua espada; mas o morto continua a falar em latim: *In manus tuas, Domine, commendo spiritum meum* (Em suas mãos, Senhor, entrego meu espírito). Paradoxalmente, é em francês que Deus Pai lhe responde para ordenar e consolar: "Pour tes pechiez pénitence feras. Au jour du jugement avec moi seras" (Por teus pecados penitências farás. No dia do julgamento, comigo estarás).

Nesse tempo de "sangue e de rosas" (segundo a expressão de Johan Huizinga), estátuas chorosas de personagens enlutadas testemunhavam as novas práticas funerárias que exaltavam a expressão física da emoção e do luto. Elas também se encontravam representadas em torno da efígie do morto nos túmulos dos príncipes. No topo da hierarquia social, não era mais possível a existência de túmulos anônimos nos cemitérios, tampouco de uma simples lápide de mármore na nave da igreja. A partir do século XII, os reis (em Saint-Denis ou em Westminster), os príncipes, os clérigos e, posteriormente, no século XIII, os simples cavaleiros, assim como nos séculos XIV e XV os nobres urbanos e os reitores da Universidade, mandaram construir para si mesmos túmulos individuais, com suas efígies esculpidas e uma inscrição que lembrava seus nomes e a data de falecimento. Esses mortos de pedra parecem dormir, todos armados e revestidos de insígnias que evidenciam sua dignidade terrestre: no repouso da morte (*quies*), todos eles esperam pelo dia do Juízo Final. Nos casos em que marido e esposa foram sepultados juntos, estes são representados deitados lado a lado, as mãos postas em oração, os pés em repouso, ele sobre um leão, ela sobre um cão, símbolo de fidelidade da parte dela. Posteriormente, os túmulos evoluíram, mas ainda em uma atmosfera cada vez mais característica do *macabro:* de um lado, a efígie era despojada de suas vestes e ornamentos mundanos, deixando transparecer não apenas a nudez do corpo, mas o processo de decomposição das carnes. A efígie não exibia mais o reflexo ideal da alma, mas sim o que o corpo se tornara na obscuridade do túmulo, onde se putrefazia. O longo tempo do destino escatológico da pessoa era reduzido à breve duração do *transi*[2], cujas carnes eclodiam sob o efeito de sua fermentação pútrida e dos vermes que a devoravam. Nos casos dos túmulos mais ricos, tal como o do Cardeal La Grange, construído em Avignon entre 1389 e 1397, quando ele ainda era vivo, o *transi* recebeu outra construção em sua parte superior, onde se encontra uma segunda representação do defunto, bem diferente da primeira: dessa vez o corpo é o de alguém vivo que ora de joelhos em uma atitude de extrema devoção; ele demonstra sua esperança na misericórdia divina e parece até mesmo já ter se beneficiado da "visão beatífica" dos eleitos. Em uma etapa ulterior, no século XVI, pode-se observar uma evolução concomitante dos dois estágios do túmulo: no estágio inferior, o corpo nu permanece deitado em um sono tranquilo e mantém a integridade das carnes; no estágio superior, o morto, ou o casal defunto, vestido com seus ornamentos, encontra-se deitado à espera da eternidade. Em Saint-Denis, a rainha Catarina de Médici, esposa do rei Henrique II, mandou construir, em antecipação à sua morte, dois túmulos sucessivos que atestam a evolução das concepções da "bela morte" real.

As transformações da ideologia funerária foram particularmente surpreendentes no caso dos reis. Elas se combinaram com a evolução da doutrina dos "dois corpos do rei", principalmente na França e na Inglaterra: como qualquer indivíduo, o soberano possuía um corpo individual carnal e mortal. Como rei, porém, ele encarnava também a "dignidade" de seu reino e a continuidade da dinastia, que poderiam ser interrompidas pela morte. Na morte do rei, era conveniente distinguir cuidadosamente esses dois corpos: o corpo carnal e perecível e o corpo político, considerado imortal. Os funerais reais explicitavam essa distinção: com o corpo físico já sepultado (por vezes desmembrado, sem que ossadas, vísceras e coração tivessem tido necessariamente o mesmo destino), apenas o corpo político era ob-

---

2   Na Idade Média e na Renascença, figura esculpida que representava um cadáver em decomposição. [N.T.]

jeto de uma "representação", ou seja, de uma efígie exposta sobre um leito de honra a quem se parecia alimentar como se se tratasse de alguém vivo; finalmente, a "representação" era solenemente transportada em cortejo até a necrópole real.

Atualmente, não se pode mais escrever a história da morte como se ela colocasse em jogo apenas a evolução das "mentalidades". Na medida em que ela quebra a continuidade não apenas da vida do indivíduo, mas da existência do grupo em seus diversos componentes, a morte pede um incessante reajuste das relações sociais e, com isso, esclarece a evolução na duração histórica. Por essa razão, não é de surpreender que, no que se refere à morte, emerjam na pesquisa do historiador todos os problemas essenciais de uma sociedade: suas condições biológicas e ecológicas, a organização do espaço e do tempo (aqui embaixo na Terra e no mundo supraterrestre), as relações de parentesco ("carnais" e "espirituais"), os fundamentos materiais da sociedade e a circulação da moeda, o imaginário religioso e os modos institucionais de sua gestão legítima, a ideologia política diante do desafio do tempo.

REFERÊNCIAS BIBLIOGRÁFICAS

ARIÈS, Philippe. *L'Homme devant la mort*. Paris: Seuil, 1977. Ed. bras.: *O homem diante da morte*, trad. Luisa Ribeiro. São Paulo: Editora da Unesp, 2014.

BASCHET, Jérôme. *Les Justices de l'au-delà: les représentations de l'enfer en France et en Italie (XIIe-XVe siècle)*. Rome: École Française de Rome, 1993.

CHIFFOLEAU, Jacques. *La Comptabilité de l'au-delà: les hommes, la mort et la religion dans la région d'Avignon à la fin du Moyen Âge (vers 1320-vers 1480)*. Rome: École Française de Rome, 1980.

DUBY, Georges. *Guillaume le Maréchal ou le meilleur chevalier du monde*. Paris: Fayard, 1984.

HUIZINGA, Johann. *L'Automne du Moyen Âge*. Paris: Payot, 1975, [1919].

LAUWERS, Michel. *La Mémoire des ancêtres, le souci des morts. Morts, rites et société au Moyen Âge (Diocèse de Liège, XIe-XIIIe siècle)*. Paris: Beauchesne, 1997.

_____. *La Naissance du cimetière: lieux sacrés et terre des morts dans l'Occident medieval*. Paris: Aubier, 2005.

LE GOFF, Jacques. *La Naissance du purgatoire*. Paris: Gallimard, 1981.

SCHMITT, Jean-Claude. *Les Revenants: les vivants et les morts dans la société médiévale*. Paris: Gallimard, 1994.

TENENTI, Alberto. *La Vie et la mort à travers l'art du XVe siècle*. Paris: Armand Colin, 1952.

TREFFORT, Cécile. *L'Église carolingienne et la mort: Christianisme, rites funéraires et pratiques commémoratives*. Lyon: Presses Universitaires de Lyon, 1996.

VOVELLE, Michel. *La Mort en Occident, de 1300 à nos jours*. Paris: Gallimard, 1983.

A MORTE NA CHINA

JOËL THORAVAL

É possível falar de uma "concepção chinesa da morte"? Somos tentados a duvidar disso, dada a imensa variedade de contextos prováveis. Podem-se propor, no entanto, os elementos de uma espécie de "gramática", possíveis de serem articulados sob formas extremamente diversas, segundo as épocas, os lugares e os meios sociais implicados. Em consequência, as observações que seguem partirão de uma perspectiva comparativa muito simples para uma primeira caracterização da concepção da morte na China. A seguir, essas observações irão apresentar algumas percepções sobre a especificidade das práticas: como a proximidade da própria morte (momento crucial na perspectiva cristã familiar aos ocidentais) podia ser vivida pelo indivíduo? Como era pensada e organizada a passagem da existência visível para o mundo após a morte? Como as diversas prescrições religiosas relativas a esse acontecimento singular foram inseridas (ou incorporadas) na ordem política vigente, principalmente pelo Estado Imperial? Finalmente, sem deixar de levar em conta a amplitude das convulsões vividas pela sociedade chinesa há mais de um século, indicaremos alguns exemplos de como essa "gramática" mais antiga foi afetada, limitados apenas às épocas do maoismo e do pós-maoismo.

Figuras da sobrevivência: em torno de um texto de Jean-Pierre Vernant

A título preliminar, achei sugestivo tentar caracterizar a abordagem chinesa da morte em referência a um modelo proposto anteriormente por Jean-Pierre Vernant, por ocasião de um encontro cujo tema era "a morte e os mortos nas sociedades antigas"[1].

Em primeiro lugar, Vernant compara nessa obra o que denomina ideologia da morte na Grécia antiga com as ideologias da Mesopotâmia e da Índia bramânica. Aparentemente, a diferença mais extrema ocorre entre o caso mesopotâmio e o caso indiano. "O contraste não se limita ao fato de que, em suas práticas fúnebres, os antigos mesopotâmios conferiam ao sepultamento o lugar e o papel que os indianos reservam à incineração". De fato, essa diferença traduz concepções incompatíveis com a vida no mundo terreno e a possível entrada em um mundo supraterrestre. Nos funerais, os mesopotâmios tinham extremo cuidado em salvaguardar a integridade dos despojos (particularmente dos ossos, que deviam permanecer intactos); os indianos, ao contrário, buscavam fazer com que os restos do corpo desaparecessem por completo, tentavam apagar o mínimo traço do que o indivíduo havia sido aqui na Terra (cremação, dispersão das cinzas em um rio etc.).

Essas orientações prolongavam-se nas atitudes observadas após os funerais. Os mesopotâmios efetivamente "demonstravam a mesma atenção escrupulosa e inquieta em relação aos túmulos", que deviam ser invioláveis, enquanto os indianos "desconhecem as sepulturas": "seus mortos não dispõem de qualquer espaço [...], são desprovidos de território, eles não ficam em lugar nenhum". Em resumo, à vontade mesopotâmia de "manter uma continuidade entre dois mundos, subterrâneo e terrestre" (após a morte, o defunto con-

---

[1] Jean-Pierre Vernant, "Inde, Mésopotamie, Grèce: trois idéologies de la mort", *in*: *L'Individu, la mort, l'amour*, Paris: Folio, 1989, pp. 103-15.

servava os sinais de seu *status* social), opõe-se a concepção sacrificial da morte para os indianos (o renunciante já encarnava essa orientação extramundana aqui na Terra).

Desse ponto de vista, a concepção chinesa estaria claramente situada do lado do polo "mesopotâmio" da comparação. De um lado, observava-se, de fato, na China uma extrema atenção simultaneamente à integridade do corpo, vivo ou morto, e à preservação e orientação das sepulturas (por meio da geomancia). Daí decorreu o escândalo, no início do primeiro milênio após a nossa era, representado pela penetração de uma religião de origem indiana, o budismo, que nesse aspecto bateu de frente com as concepções locais. No decorrer dos séculos, porém, esse aporte budista seria progressivamente integrado, mas sem que jamais desaparecesse uma certa tensão com os ensinamentos oficiais do confucianismo[2]. Por outro lado, na grande maioria das práticas, o defunto não perdia sua posição social após a morte: ela permanecia nos ritos, nas marcas de sua classe social ou de seu pertencimento ao grupo de parentesco.

Em segundo lugar, ao apresentar a concepção grega da morte em contraposição aos casos mesopotâmio e indiano, Vernant forneceu aos observadores da China elementos de comparação igualmente estimulantes. O que, de fato, é característico da atitude grega é a morte de dupla face[3]. À "bela morte", por meio da qual o herói garantia para si uma fama que sobreviveria à sua existência, contrapunha-se a morte terrificante, a morte dos homens comuns, condenados a vegetar como sombras no Hades: essa alternativa está representada, respectivamente, pelo Aquiles glorioso da *Ilíada* e pelo Aquiles miserável da *Odisseia*, que receberam a visita passageira de Ulisses no mundo subterrâneo. Se a morte heroica outorgava uma individualidade memorável, celebrada no espaço cívico, a morte anônima significava o abandono e o esquecimento da parte dos vivos. De modo semelhante, na China, a "sobrevivência" podia ser considerada sob

---

2   Cf. Kenneth K. S. Ch'en, *The Chinese Transformation of Buddhism*, Princeton: Princeton University Press, 1973, pp. 50-5; Holmes Welch, *The Practice of Chinese Buddhism, 1900-1950*, Cambridge: Harvard University Press, 1967, pp. 179-205. Cf., *infra*, a questão do destino das almas na religião popular.

3   Jean-Pierre Vernant, "Mort grecque, mort à deux faces", in: *L'Individu, la mort, l'amour, op. cit.*, pp. 81-9.

dois aspectos: como um exemplo remanescente na memória dos vivos ou como espírito perdido em outro mundo (ou mesmo em outra dimensão desse mesmo mundo).

Essa primeira face da morte é ilustrada por uma célebre passagem do *Zuo zhuan*, um antigo comentário dos Anais do Principado de Lu: "Ouvi dizer que o primeiro e mais alto grau de grandeza é deixar atrás de si marcas eficientes da própria virtude (*lide*), o segundo consiste em construir para si um nome, por meio de atos impactantes (*ligong*), o terceiro é deixar palavras sábias para a posteridade (*liyan*). Essas coisas não perecem com o tempo: isso se chama não sofrer a degeneração"[4]. Essas são as três dimensões da sobrevivência moral junto à posteridade, literalmente as três formas do "imputrescível" (*buxiu*). Essa preocupação com o renome póstumo foi assumida de maneira paradoxal pelo grande historiador Sima Qian, sob a Dinastia Ham, que, ainda vivo, aceitou a indignidade da dor da própria castração, infligida pelo imperador, e garantiu para si mesmo a celebridade eterna, graças à redação de sua obra monumental *Memórias históricas*, que constituem, efetivamente, um grande conjunto de "discursos imperecíveis"[5]. No século XX, Hu Shi (1891-1962), aluno de John Dewey e incentivador do movimento democrático de 4 de maio de 1919, transformou essa valorização do "imputrescível" em uma concepção secular do religioso: o conjunto dos "pequenos Eus" (*xiaowo*) dos indivíduos contribui, por meio de suas ações e de suas obras, com o caráter imperecível do "grande Eu" (*dawo*) que constitui a sociedade[6].

A segunda face descrita por Vernant, que adquiria a forma de uma sobrevivência no mundo invisível, mas de forma enfraquecida e quase esquecida pelos vivos, também pode ser encontrada na China como um caso de imagem possível após a morte. De manei-

---

4 *Zuo zhuan*, IX, Xianggong. Tradução cujo título foi modificado para *La Chronique de la principauté de Lou*, Paris: Cathasia: 1951, II, p. 408.

5 Cf. Jean Lévi, "Sima Qian, Han Wudi et l'éternité", *in*: Jean-Pierre Diény (dir.), *Hommage à Kwong Hing Foon*, Paris: Institut des Hautes Études Chinoises, 1995, pp. 43-75.

6 Cf. Hu Shi, "Buxiu, wode zongjiao", *in*: *Hu Shi wenxuan* (*Œuvres choisies de Hu Shi*), Shanghai: Yuandong Chubanshe, 1995, [1919], pp. 250-8. Ed. ingl.: "Immortality: My Religion", *in*: Douglas Lancashire, *Chinese Essays on Religion and Faith*, San Francisco: Chinese Materials Center, 1981, pp. 255-67.

ra geral, e segundo uma lógica à qual retornaremos mais adiante, após a morte um homem poderia transformar-se em um dos três espíritos seguintes: em um deus (*shen*), em circunstâncias excepcionais; em um ancestral (*zuxian*), quando as convenções sociais e as prescrições rituais tivessem sido respeitadas; ou, ainda, em um espectro (ou demônio: *gui*), principalmente em caso de morte infeliz[7]. Esse grau de sobrevivência, porém, era relativo: dependia da interação mantida com o mundo dos vivos. Um exemplo particular desse fato: um ancestral a quem não se rendia mais culto tornava-se um espírito muito insignificante, praticamente esquecido por sua descendência. Ocorria o mesmo com o número infinito de espectros produzidos pela impossibilidade de se organizarem funerais ritualmente corretos. Se, em razão dos problemas que ocasionavam à comunidade dos vivos, alguns desses espectros eram objeto de rituais propiciatórios, a maioria deles era de espíritos errantes: em virtude da ignorância a respeito de seu caráter específico, eles continuavam a ser objetos anônimos de um vago temor. Essas populações de almas penadas eram pacificadas de maneira coletiva em cerimônias periódicas, realizadas pelas autoridades políticas[8] ou pelas comunidades locais (principalmente no caso dos rituais "taoistas" de renovação cósmica, os *jiao,* ainda praticados nos dias de hoje nas áreas rurais chinesas)[9].

Na China, porém, a distinção entre dois mundos, o dos vivos e o dos mortos, continua a ser relativa. Em realidade, trata-se de

---

7 Historicamente, apenas três tipos ideais são objeto de interpretações variáveis. Cf. o estudo clássico de Arthur Wolf, "Gods, Ghosts and Ancestors", *in*: *Religion and Ritual in Chinese Society*, Stanford: Stanford University Press: 1994, pp. 131-82.

8 Cf., por exemplo, a lista dos rituais imperiais sob a Dinastia Ming, preparada por Zhang Ning, na qual os magistrados da burocracia imperial periodicamente invocavam os deuses, que eram os magistrados invisíveis, para restabelecer a ordem no mundo após a morte: Zhang Ning, "Corps et peine capitale dans la Chine impériale: les dimensions judiciaires et rituelles sous les Ming", *T'oung Pao*, v. 94, 2008, pp. 246-305.

9 Para uma breve descrição de um *jiao* em Fujian, nos anos 1980, cf. Kenneth Dean, "Revival of Religious Practices in Fujian: A Case Study", *in*: Julian Pas (dir.), *The Turning of the Tide: Religion in China Today*, New York: Royal Asiatic Society, 1989, pp. 51-76. Para uma análise mais profunda do ritual taoista e de seu contexto, cf. John Lagerwey, *China: A Religious State*, Hong Kong: Hong Kong University Press, 2010.

um único universo de duas dimensões, a dimensão visível do espaço yang (*yangjian*) e a dimensão invisível do espaço yin (*yinjian*), entre as quais as interações são permanentes. Para ilustrar o caráter relativo dessa divisão, pode-se evocar o que, a partir dessa perspectiva, aparece como um caso limite: o caso do "imortal" da corrente taoista.

Desde a Antiguidade, os indivíduos se dedicam à busca de uma longevidade indefinida por meio de técnicas psíquicas e corporais: essas práticas parecem afastá-las das convenções sociopolíticas para fazê-las acessar o dinamismo que anima o universo natural e cósmico. Trata-se, efetivamente, de cultivar energias que são as mesmas tanto no microcosmo do corpo individual e social como no macrocosmo, que é sua condição de possibilidade. Dentro da perspectiva que, por comodidade, foi denominada "taoista" (mas que não é característica de uma única seita), ocorre uma progressão entre as múltiplas figuras que encarnam diversas versões da busca do bem: o sábio (*shengren*), que permanece na sociedade e no governo dos homens, mas que trabalha permanentemente para cultivar a si mesmo por meio do exercício espiritual e do rito; o homem supremo ou verídico (*zhiren, zhenren*), que vive como eremita e já possui faculdades sobrenaturais; e o homem imortal ou divino (*xianren*), que doravante não tem mais as limitações espaçotemporais do mundo dos homens comuns e é capaz de se tornar uno com os fluxos e as essências do mundo natural[10]. Por um lado, as figuras que a religião popular atualmente respeita, como os Oito Imortais[11], são muito diferentes dos deuses aos quais se associa um culto público centrado em um templo que, originalmente, não é senão um monumento funerário: "Os *xian* não reconhecem nem pais, nem filhos, nem linhagem (que não seja vegetal), nem relíquias miraculosas. Escapam do sistema e é impossível conectá-los a qualquer contexto... Nenhum sacrifício poderia obrigá-los a se manifestar"[12]. Por outro lado, desde a Antiguidade até a Idade Moderna, os humanos que se consagra-

---

10   Cf. Catherine Despeux, "Cultures de soi et pratiques d'immortalité", *in*: John Lagerwey, *Religion et société en Chine ancienne et médiévale*, Paris: Cerf, 2009, pp. 241-75.

11   Os Oito Imortais são divindades do taoismo representadas na iconografia popular e religiosa chinesa em forma de pessoas ou de talismãs usados como proteção contra o mal. [N.T.]

12   Kristofer Schipper, *Le Corps taoïste*, Paris: Fayard, 1982, p. 216.

ram à busca de uma transformação de si, tendo como horizonte uma vida prolongada e purificada (até alcançar a imortalidade), recorreram a diversas técnicas, que podiam ser a utilização ritual de drogas (alquimia exterior) ou exercícios psicofísicos que dependiam da "alquimia interior" (recolhimento, jejum, meditação, controle da respiração, práticas sexuais). Um dia eles partiram, e "ninguém sabe onde se encontram".

Os homens de imortalidade são como figuras-limite entre as duas faces que constituem o cosmos: eles atravessam o espaço social, mas sem se deterem nele. Sem dúvida alguma, seria possível afirmar que, ao incorporar e sublimar as limitações próprias à dimensão *yang* e à dimensão *yin* do universo, eles as transcendem e deixam atrás de si o que Kristofer Schipper denomina "o segredo dos Imortais", "o segredo de saber morrer quando se quer e quando é preciso"[13].

O modelo grego proposto por Vernant, que se contrapõe à bela morte heroica, guardada na memória pelos vivos, e o triste destino das almas esquecidas após a morte, encontra seus equivalentes funcionais no imenso universo cultural chinês, mas não representam senão casos extremos. Isso porque o que dá sentido ao conjunto é a experiência vivida da continuidade: existe um *continuum* entre o mundo visível dos vivos e o mundo invisível dos espíritos e dos mortos. O conjunto de práticas sociorreligiosas é testemunho da interação necessária e permanente entre esses dois mundos, ou melhor, entre essas duas dimensões de um mesmo mundo.

É possível ilustrar isso por meio das práticas coletivas que tratam do fenômeno da morte.

O morto e a morte: discursos e práticas

Mais uma vez, não é possível falar de uma China intemporal. As observações apresentadas anteriormente levam em conta comportamentos em uso (com infinitas variações) até a época comunista, que marcou uma ruptura não negligenciável da qual trataremos a seguir. Esses comportamentos ainda são observáveis em diversos graus nos

---

13   *Ibidem*, p. 236.

novos territórios de Hong Kong e em Taiwan. O pós-maoismo permitiu o retorno de fragmentos dessas tradições sob formas reconstruídas e, muitas vezes, renovadas.

Antes da morte

Uma observação preliminar se impõe: se traçarmos mentalmente um paralelo com a Europa cristã (e sua tradição do *ars moriendi*), podemos nos surpreender diante do contraste entre a simplicidade das práticas preparatórias para a morte e o ritualismo extremamente elaborado que se seguia a ela.

Em seu monumental estudo sobre a religião popular chinesa, observada na cidade de Amoi, província de Fujian, publicado em 1892, J. J. de Groot só consagrou as sete primeiras páginas do primeiro volume à situação do moribundo; os seis volumes restantes ocupam-se amplamente do que se deve fazer após a morte (o túmulo, o culto dos ancestrais e dos espíritos etc.)[14]. Nos anos 1930, um observador chinês de Pequim confirmou o caráter minimalista das práticas que precediam o falecimento[15]. Em sua essência, as grandes antologias ritualistas clássicas demonstram igualmente uma preocupação com os ritos funerários. A observação antropológica moderna, seja por razões de método, seja pelo fato de refletirem os costumes nativos, só fornece informações abundantes sobre os rituais que deviam ser praticados imediatamente após o falecimento e sobre o culto dos mortos em geral.

Em princípio, a morte era um acontecimento coletivo, e, com frequência, os preparativos eram feitos com bastante antecedência. Tratava-se primordialmente de uma necessidade econômica, uma vez que a propriedade da terra não era individual, e sim familiar: a "divisão da família" (*fenjia*), que coincidia com a partida de um ou de vários filhos da casa do pai, era a ocasião propícia para a realização de um contrato. Tipicamente, esse contrato era acertado entre os filhos, na presença de testemunhas, mas o pai, se ainda fosse vivo,

---

14 Cf. J. J. M. de Groot, *The Religions System of China*, Leiden: Brill, 1892 (reimp.: Taipei: Southern Material Center, 1982), v. I, pp. 3-9.

15 Cf. H. Y. Lowe, *The Adventures of Wu, The Life Cycle of a Peking Man (1940- 41)*, Princeton: Princeton University Press, 1983, v. II, pp. 75-93.

não era signatário[16]. A morte do pai ou do patriarca da família não interrompia a continuidade da linhagem familiar, um fato essencial. Os preparativos rituais eram igualmente levados em conta: a escolha do local da sepultura (no passado, em função de imperativos da geomancia), a compra do caixão e das vestes do luto (por vezes, com vários anos de antecedência), a preparação das cerimônias funerárias...

Quando se sentia a proximidade da morte, era preciso que o moribundo deixasse seu quarto de dormir e fosse instalado em um leito de morte, em geral no aposento da casa destinado às recepções (*ting*). Na província de Fujian, esse leito era denominado *shuichuang* (água/leito), pois era o local em que o moribundo era lavado e vestido. Parentes e pessoas próximas deviam estar prontos, pois era importante que estivessem presentes no momento do falecimento, mesmo à custa de deslocamentos consideráveis. Isso porque o moribundo poderia querer comunicar seus últimos desejos no momento de uma reunião familiar (em Pequim: *hui jiaqin*). No entanto, qualquer manifestação ostensiva de luto ou de aflição deveria ser ocultada do moribundo. As lamentações só deveriam começar após seu último suspiro.

No fundo, tudo se passava como se, até o fim, fosse necessário pensar, antes de mais nada, na longevidade da pessoa doente ou enfraquecida e, segundo os princípios do "nutrir a vida" (*yangsheng*), ocupar-se em fornecer a ela uma alimentação tônica ou, por vezes, "remédios da imortalidade" (*xianyao*, em Pequim), mais do que se preocupar com a vida após a morte. De certa maneira, essa atitude era coerente com um preceito, frequentemente repetido na mente de um confucianista, segundo o qual é inútil preocupar-se com a morte enquanto não se tiver cumprido corretamente tudo o que é relativo à vida[17].

---

16   Cf. Myron Cohen, *Kinship, Contract, Community and State: Anthropological Perspectives on China*, Stanford: Stanford University Press, 2005. Cf. no Shandong do final dos anos 1990, Eric Miller, "Filial Daughters, Filial Sons: Comparisons from North Rural China", *in*: Charlotte Ikels (ed.), *Filial Piety: Practice and Discourse in Contemporary East Asia*, Stanford: Stanford University Press, 2004, pp. 34-52.

17   "Zilu pergunta como é apropriado servir aos espíritos. O Mestre responde: como não sabemos servir os homens, como podemos servir a seus manes? Zilu então pergunta sobre a morte. O Mestre responde: se não sabemos o que é a vida, como podemos saber o que é a morte?", *Lunyu*, XI, 12 (trad. Anne Cheng), *Entretiens de Confucius*, Paris: Seuil, 1981, p. 89.

Entretanto, é necessário se perguntar se uma visão como essa não deveria ser completada por outras abordagens que levassem mais em conta a perspectiva da morte tal como ela podia ser vivenciada pelo próprio moribundo. Essa dimensão mais subjetiva, seja ela de ordem psicológica ou espiritual, encontra-se relativamente pouco representada na literatura sinológica relativa à morte. É por isso que as observações antropológicas, que quase sempre dão maior importância à supremacia da dimensão ritual e coletiva, deveriam ter a possibilidade de recorrer à História da Literatura ou à do Pensamento e, com isso, se tornarem mais completas.

Já se fez alusão aqui à preocupação do homem prestes a morrer com a posteridade, uma vez que atos e palavras permitiam que nome e fama subsistissem para as gerações futuras. É possível identificar essa perspectiva individual e subjetiva no gênero literário chinês conhecido sob o nome "Poemas antes da morte" (*jieming ci*). Paul Demiéville empenhou-se em colecionar alguns desses textos que só puderam ser publicados parcialmente após seu próprio desaparecimento[18]. Os mais antigos desses poemas remontam à Dinastia Han, ou um pouco antes, e com frequência foram redigidos por oficiais (ou mandarins) confrontados com a própria execução, ordenada por seu soberano. Nesses poemas, são expressos tanto os sentimentos convencionais de fidelidade ao príncipe, como no caso de Fang Xiaoru, o não conformismo taoísta de alguém como Xi Kang, ou mais comumente a tristeza da partida e da confrontação com os mistérios da vida após a morte[19]. Essa antiga tradição seria adotada pelo budismo chinês, em particular pela Escola Chan (Zen): para os mestres dessa escola, tornou-se algo habitual escrever estrofes curtas antes da própria morte, a fim de ensinar seus discípulos sobre a impermanência das coisas deste mundo.

---

18 Paul Demiéville, *Poèmes d'avant la mort*, éd. Jean-Pierre Diény, Paris: L'Asiathèque, 1984.

19 "Não desejo com isso senão morrer por meu senhor/ Que outra coisa poderia eu querer?/ Oh!/ Não tenho culpa nenhuma por isso!" (Fang Xiaoru, 1357-1402, que ousou enfrentar o imperador Yongle, da Dinastia Ming); "Assobiar sempre, cantarolar longamente/ preservar sua natureza inata e nutrir sua longevidade" (Xi Kang, 223-262); "Eu deixo você para ir encontrar os mistérios das sombras do outro mundo" (Liu Bian, 173-190), em Paul Demiéville, *op. cit.*, pp. 116 e 108.

Mais recentemente, foram estudados poemas deixados por mulheres da Dinastia Qing, a última. Foram escritos por viúvas que preferiram o suicídio a um novo casamento. Considerado uma virtude da castidade e louvado pelo Estado, esse tipo de suicídio fazia parte da ideologia imperial e recebia o reconhecimento das autoridades locais (construção de portais, escritos comemorativos). Essa notoriedade contribuía para a boa reputação da linhagem da qual a mulher era originária e tendia a fazer pressão sobre as viúvas para impedir toda a veleidade de um novo casamento[20]. Identifica-se aqui a tensão que havia entre as práticas religiosas populares e o peso da ideologia oficial. Um suicídio era uma morte violenta, uma "morte ruim", que sempre oferecia o risco de transformar a defunta não em ancestral, mas em um espectro ou demônio; nesse caso, o ritualismo imperial era suficientemente poderoso para tornar-se mentor de uma transgressão que, apesar de tudo, era cometida em nome de valores oficialmente encorajados[21].

Ligados a acontecimentos políticos ou familiares particulares, esses comportamentos não permitem que se tenha uma ideia precisa das atitudes individuais diante da morte. Sem dúvida alguma, a questão que um observador cristão proporia é a de saber se, ao se encontrar diante da morte, o indivíduo seria levado a realizar ações ou pronunciar palavras que, *in articulo mortis*, poderiam afetar seu destino no mundo supraterrestre. Uma questão extremamente difícil de responder. Na China, desde a Antiguidade, pode ser encontrada uma longa tradição taoista de exame público das próprias faltas em casos práticos de finalidade curativa, pois a enfermidade era associada a um mal praticado[22]. Seria necessário

---

20 Grace S. Fong, "Signifying Bodies: The Cultural Significance of Suicide Writings by Women in Ming-Qing China", in: *Nan Nü: Men, Women and Gender in Early and Imperial China Nan Nu*, v. 3, n. 1. Número especial temático: "Passionate Women, Female Suicide in Late Imperial China", Leiden: Brill, 2001. Cf. Léon Vander-Meersch, "Poèmes féminins du seuil de la mort dans la Chine des Qing", *Savoirs et clinique*, n. 5, 2004.

21 Sem ser revestida da importância que possa ter tido na cultura japonesa, principalmente em razão da "devoção filial", a prática do suicídio em nome dos valores supremos era perfeitamente reconhecida pela tradição confucionista.

22 Sobre esse contexto no antigo taoismo, cf. John Lagerwey, "Le Rituel taoïste du IIe au VIe siècle", *op. cit.*, pp. 565-99.

evocar também a prática budista da confissão (*uposatha*), tanto pelos monges como pelos laicos. É surpreendente, porém, que no budismo a confissão não consistisse na revelação de algo secreto e no ato de contrição, que resultaria na absolvição concedida por um poder exterior. A confissão feita diante da comunidade não vinha dissolver a causalidade cármica, ativada pelos atos reputadamente maus: ela visava uma purificação, o que possibilitaria um trabalho de autotransformação que cada um devia realizar por si próprio. Razão do caráter relativamente anônimo e repetitivo desses rituais, cuja dimensão "performativa" é bem diferente da confissão cristã: no budismo, o que se confessa não são os atos concretos e individuais, mas uma lista estereotipada de pecados relativos tanto às vidas anteriores como à vida presente[23]. A partir da Dinastia Sung (960-1279), e sobretudo da Dinastia Ming (1368-1644), a prática do autoexame desenvolveu-se também entre os eruditos confucianistas (uma vez que o ritual de confissão não fazia parte do confucianismo antigo): no fim da Dinastia Ming, observou-se o aparecimento dos "livros de prestação de contas" morais, que, em certos aspectos, se assemelhavam aos dos puritanos, nos quais cada um, com sua inquietude, fazia uma lista de suas próprias transgressões[24].

---

23 Cf. Kuo Li-Ying, *Confession et contrition dans le bouddhisme chinois du Ve au Xe siècle*, Paris: École Française d'Extrême-Orient, 1994; para a dimensão performativa, cf. também as reflexões de Zhang Ning sobre a problemática do "perdão" na China: "Le Pardon existe-t-il dans la culture chinoise?", *Esprit*, ago.-set., 2007, pp. 109-20. No budismo popular, porém, cada um precisa fazer sua parte na prática de acumulação de "méritos" (*gong*), que pode ser feita no decorrer de uma vida (por meio de serviços religiosos, oferendas feitas à comunidade etc.) e que permite esperar por uma reencarnação melhor depois da morte. Por outro lado, na corrente popular da "Terra pura" (*jingtu*) ou "amidismo", a invocação do nome do Buda Amitabha desempenha um papel importante: trata-se do reconhecimento, por essa escola, dos limites das capacidades individuais e da confiança (*xin*) depositada na "força exterior" (*tali*) dada por compaixão por Amitabha.

24 Cf. Pei-Yi Wu, *The Confucian Progress: Autobiographical Writing in Traditional China*, Princeton: Princeton University Press, 1990. Cf. também Cynthia Brokaw, "Supernatural retribution and Human Destiny", *in*: Donald Lopez, *Religions of China in Practice*, Princeton: Princeton University Press, 1996, pp. 423-36, que descreve o *Limingpian* (a determinação de seu próprio destino) por Yuan Huang, um autor da Dinastia Ming cioso em conectar rigorosamente a conduta moral e a retribuição sobrenatural.

Essas condutas, porém, eram quase sempre restritas a uma elite, e a ligação entre esses exercícios de confissão ou de contrição e o acontecimento singular da morte não se revestia da mesma importância que no contexto católico[25].

A etapa liminar: o destino das almas

Mesmo que essa distinção tenha tido a chance de ser discutida, James Watson trouxe para nossa compreensão esclarecimentos consideráveis sobre as práticas prescritíveis após a morte ao discriminar entre elas dois grandes conjuntos: os ritos funerários propriamente ditos, logo após o falecimento, e os ritos subsequentes, que diziam respeito à maneira apropriada de dispor do corpo. Os primeiros tinham como objetivo organizar o momento crucial que separava o instante da morte e o da exclusão solene do cadáver em seu caixão para longe da comunidade; os segundos se referiam às práticas de sepultamento e cremação, aos serviços organizados ao redor do túmulo, às reuniões comemorativas etc. A primeira categoria de ritos é a que se encontra mais formalizada nas antologias rituais e ainda hoje pode ser reconhecida na China como um todo; em contrapartida, a segunda categoria registra importantes variações regionais (por exemplo, apenas no sudoeste da China existe o costume do duplo sepultamento)[26].

---

25 Em um contexto mais popular, é preciso também levar em conta as representações imagéticas relativas à morte. O que se pode constatar no *Registro de jade (Yuli)*, publicado no século XIX, que descreve de maneira pavorosa as torturas à espera da alma de um pecador no inferno (ou no purgatório, lugar em que a permanência não será eterna), onde ele será obrigado a prestar contas de sua vida. Nessa obra, identifica-se um paralelismo entre os tribunais imperiais e o tribunal "celeste", segundo uma homologia que será tratada a seguir. Embora tenham sido amplamente inspiradas pelo budismo (e o taoismo) popular, essas imagens foram colocadas a serviço de virtudes próprias da ética "confucianista". No entanto, o efeito real dessas representações hiperbólicas sobre o leitor continua incerto. Cf. "Tormenting the Dead", *in*: Timothy Brook, Jérôme Bourgon e Gregory Blue, *Death by a Thousand Cuts*, Cambridge: Harvard University Press, 2008, pp. 122-51.

26 James Watson, "The Structure of Chinese Funerary Rites", *in*: James Watson e Evelyn Rawski (eds.), *Death Ritual in Late Imperial and Modern China*, Berkeley: University of California Press, 1988, pp. 3-19.

A primeira sequência era a que atraía a atenção geral e elevava a ansiedade ao máximo. De fato, se o ritual não fosse corretamente executado, uma das almas do defunto poderia escapar e transformar-se em um espectro capaz de perturbar a comunidade dos vivos.

Já se fez alusão ao triplo destino possível dos espíritos de um morto: ele podia se tornar um deus (muito excepcionalmente), um ancestral ou um espectro. Para compreender esse fato, é preciso considerar a pluralidade das "almas" que habitavam cada indivíduo. De acordo com o princípio da continuidade e da interação entre as duas dimensões do mundo (visível e invisível), enunciado anteriormente, não existia diferença de natureza entre os espíritos ou almas que habitavam o corpo do ser humano vivo e os espíritos (bons ou nefastos) que eram objeto de culto após sua morte. Por exemplo, a alma ou o espírito mais puro de nosso corpo podia ser denominado "divino" (*shen*), do mesmo modo que o deus (*shen*) que habitava o mundo invisível: existia, na verdade, uma diferença de grau, o deus de um território podia ser considerado um ancestral morto e tinha apenas que demonstrar um poder mágico particular (*ling*)[27]. Para os ocidentais, que chegaram à China no fim do império, foi uma surpresa descobrir que aquele era um espaço em que todos os dias nasciam "deuses": a única restrição era que esse *status* divino devia receber a aprovação da burocracia oficial (a do Tribunal dos Ritos) para não ser considerado culto heterodoxo[28].

Cabe aqui uma observação adicional sobre a necessidade de se fazerem distinções quando se trata de representações "religiosas" na época do império: não se poderia insistir muito no fato de que nas relações

---

27 Em uma Singapura reduzida à coexistência de comunidades locais desprovidas de instituições estatais antigas, é interessante que um etnólogo tenha proposto denominar de *shenismo* a religião popular que ele observou. Cf. Alan Elliott, *Chinese Spirit-Medium Cults in Singapore*, London: London School of Economics and Political Sciences, 1955, pp. 27-9.

28 Na verdade, essa burocracia oficial político-religiosa tinha duas faces: entre o mundo invisível e a administração imperial, a hierarquia dos mestres taoístas podia desempenhar um papel mediador indispensável, por exemplo, nas canonizações e promoções de diferentes espíritos. Isso foi particularmente verdadeiro na rica região costeira do sul da China. Cf. Vincent Goossaert, "Bureaucratie, taxation et justice, Taoïsme et construction de l'État au Jiangnan (Chine), XVIIe-XIXe siècles", *Anais* HSS, jul.-ago. 2010, pp. 999-1027.

entre o visível e o invisível, assim denominados por comodidade, existia simultaneamente uma pluralidade de perspectivas muito diferentes, de acordo com o meio social e o *status* intelectual. Para os mandarins, as mesmas noções, tais como as que designam os "deuses" (*shen*) e os "demônios" (*gui*) nos discursos populares, se tornaram objeto de interpretações eruditas que evocavam muito mais a reflexão metafísica, sobretudo a partir da reforma confucianista ocorrida na Dinastia Sung. Por isso, no sistema de Zhu Xi (1130-1200), que constitui a síntese de uma longa linhagem, essas duas noções designavam essencialmente os dois aspectos sob os quais se manifestava uma mesma realidade, o *qi* (energia, sopro, éter): realidade essa que podia ser denominada *shen*, quando se encontrava em seu estado sutil, correspondente à sua maior "expansão"; e *gui*, em seu estado mais grosseiro, efeito de sua máxima contração. Foi sem dificuldade que esse grande pensador religou essas noções especulativas aos discursos populares: "os aspectos positivos e negativos da energia (ou as divindades e os espíritos *guishen*) são análogos às almas luminosas e sombrias (*hunpo*)"[29]. Não é preciso dizer que essas racionalizações intelectuais não contradizem absolutamente o respeito aos rituais aos quais Zhu Xi se dedicava com ardor, isso como membro de uma burocracia, de uma comunidade local ou de um grupo de parentesco[30]. O ceticismo e a crítica das concepções grosseiras do povo são naturalmente compatíveis com uma adesão de grupo a essas representações comuns[31].

---

29 Com frequência, as palavras *shen* e *gui* são pensadas em referência a dois termos homófonos que significam, respectivamente, a extensão e o "retorno" (ou seja, a concentração do *qi*, mas também o "espectro humano"). Perceberemos o quanto a noção de *qi* se presta mal tanto às interpretações "materialistas" quanto às "espiritualistas", uma vez que é muito melhor traduzida em inglês por "força material" do que por "força espiritual". Sobre a concepção filosófica de dois tipos de forças ou de "espíritos" em Zhu Xi, cf., por exemplo, Chung Tsai-chun, *The Development of the Concept of Heaven and of Man in the Philosophy of Chu Hsi*, Taipei: Institute of Chinese Literature and Philosophy, 1993, pp. 164-85.

30 Cf. o capítulo consagrado aos aspectos concretos da "vida religiosa" de Zhu Xi em Wing-Tsit Chan, *Chu Hsi, Life and Thought*, Hong Kong: Chinese University Press, 1987, pp. 137-61.

31 Desse ponto de vista, seria possível adaptar ao contexto chinês a observação feita por Vernant a respeito dos cidadãos gregos, fossem eles filósofos ou não: "Incredulidade não é ausência de fé" ("Quand quelqu'un frappe à la porte…", *Le Genre humain*, n. 23: *Le Religieux dans le politique*, Paris: Seuil, 1991, p. 11).

Aceitava-se comumente que o ser humano era habitado por dois tipos de "almas": umas de natureza *yang*, ou seja, luminosas e sutis, outras de natureza *yin*, isto é, sombrias e densas. A morte marcava a separação desses diversos elementos, cujo destino era diferente. O destino das almas *yang*, denominadas *hun*, era encontrar sua morada na placa votiva de madeira colocada no altar doméstico ou no templo da linhagem familiar. As almas *yin*, denominadas *po*, continuariam ligadas ao cadáver, e seu destino era o sepultamento no túmulo, onde deveriam desaparecer progressivamente da lembrança dos humanos – a menos que um incidente desastroso permitisse que essas almas escapassem e passassem a vagar no mundo invisível, para o grande pavor dos vivos[32]. O ritual funerário tinha como objetivo essencial oferecer a essas almas ou espíritos do morto a localização definitiva a eles destinada.

Uma estrutura comum pode ser reconhecida no decorrer desse ritual: grosseiramente, ele estava de acordo com o espírito dos códigos ritualistas antigos (como o *Liji*) e com as prescrições dos neoconfucianistas da Dinastia Sung, como o *Zhuzi jiali* de Zhu Xi, mas também informava amplamente a respeito das observâncias detectadas nas práticas do fim do império, que hoje em dia são examinadas pelos antropólogos modernos[33]. Essa sequência era a seguinte: a notificação pública do falecimento (manifestações ostensivas de aflição), o uso de vestimentas de luto pelo parentes próximos (diferenciadas segundo a casta), a lavagem do cadáver, a transferência de alimentos e de bens ao defunto (em forma de papéis que posteriormente eram queimados), a instalação da placa votiva ancestral pelo chefe do ritual, o pagamento de especialistas e de músicos, o fechamento do caixão (operação extremamente delicada para controlar os espíritos do morto), o envio do caixão para

---

Pode-se encontrar uma perspectiva aparentemente "muito racionalista" para um ocidental também nos escritos de Wang Fuzhi (1619-1692), traduzidos e comentados por Jacques Gernet, *La Raison des choses*, Paris: Gallimard, 2005. Sobre a vida e a morte como junção e dissociação de energias, bem como sobre a inutilidade da aflição diante da morte, cf. pp. 174-84.

32 Fala-se habitualmente de "três almas *yang* e sete almas *yin* (*sanhun qipo*)", mas existem inúmeras variações de acordo com a época e o lugar.

33 Evelyn Rawski, "A Historian's Approach to Chinese Death Ritual", *in*: James Watson e Evelyn Rawski (eds.), *op. cit.*, pp. 19-34.

fora da comunidade (livrando-a de uma perigosa contaminação) e, finalmente, a procissão funerária[34].

O sepultamento propriamente dito (que dependia da segunda categoria de ritos, discriminada adiante por Watson) era algo restrito ao círculo de pessoas mais próximas. Além disso, ele podia ocorrer muito mais tarde (por exemplo, o caixão de um cônjuge podia ser armazenado por muitos anos antes de ser enterrado em um túmulo conjunto) ou ser objeto, como já mencionado, de uma dupla operação. O corpo era enterrado em uma vala provisória e, após alguns anos, os ossos do cadáver eram desenterrados, colocados em uma urna funerária e sepultados em um túmulo definitivo (isso ocorria principalmente nas províncias de Fujian e de Cantão). Em Cantão, a escolha da localização do túmulo definitivo e a maneira de dispor os ossos eram tarefas delegadas à *expertise* de um especialista em geomancia (*fengshui*): essas operações, no entanto, podiam ser objeto de manipulações da parte dos descendentes em seu próprio benefício[35].

Se nas regiões cuja estrutura da linhagem era muito forte, como ocorria no sudoeste da China, o lugar principal de culto dos ancestrais era o templo da linhagem familiar (*citang*) – com frequência reduzido a dimensões domésticas após o grande impacto do comunismo –, os túmulos (dispersos no sul, reagrupados nos cemitérios próprios das linhagens no norte[36]) eram também o centro de reuniões periódicas para render homenagem aos mortos, principalmente por ocasião da festa do *Qingming*, que ainda hoje continua a ser muito popular[37].

Em todo caso, o ponto essencial permanece sendo a continuidade entre mortos e vivos. Na China, a "família" não designa simplesmente uma comunidade de pessoas vivas (duas ou três gerações que vivem sob um mesmo teto), ela inclui igualmente os ascendentes já faleci-

---

34 Para uma sequência observável no norte da China, a partir de histórias locais que datam de 1870-1940, cf. Susan Naquin, "Funerals in North China: Uniformity and Variations", *in*: James Watson e Evelyn Rawski (eds.), *op. cit.*, pp. 37-70.

35 Cf. o estudo clássico de Maurice Freedman, *Chinese Lineage and Society: Fukien and Guangdong*, London: London School of Economics, 1971, pp. 118-54.

36 Myron Cohen, "Lineage organization in North China", *op. cit.*, Stanford: Stanford University Press, 2005, pp. 168-79, principalmente.

37 Para uma situação de Taiwan, cf. Emily Ahern, *The Cult of the Dead in a Chinese Village*, Stanford: Stanford University Press, 1973.

dos e até mesmo os descendentes que ainda irão nascer[38]. Trata-se de uma mesma continuidade ritual que mantém viva a patrilinearidade (e seus afins), tanto no mundo visível como no invisível. Entretanto, essa solidariedade entre os mortos e os vivos depende de uma relação ativa de reciprocidade de dádivas: os descendentes devem honrar seus ancestrais e se preocupar com seu bem-estar em ocasiões regulares (por meio de oferendas); em troca, os ancestrais devem assegurar-lhes a bem-aventurança. Em caso de desobediência a esses deveres, mesmo sem serem tão poderosos como os deuses ou os demônios, os ancestrais são capazes de causar transtornos aos membros vivos de seu grupo de parentesco[39]. Na China, essa preocupação de receber o culto após a morte explica a vontade do povo de assegurar descendentes do sexo masculino, os únicos capazes de perpetuar o culto ancestral[40].

Resta levar em conta uma última característica importante do culto dos mortos. Pelo fato de ter impregnado progressiva e profundamente a cultura chinesa no decorrer de dois milênios, o budismo deixou traços tanto nas representações da elite como nas práticas populares. Teoricamente, existe uma contradição entre a antiga concepção chinesa, na qual o devir dos espíritos dos mortos é, antes de mais nada, governado pela retidão ritual (que permite a sobrevivência como ancestral), e a concepção budista, na qual a salvação da alma individual é governada por seus atos aqui na Terra, segundo o princípio da retribuição. Dentro da perspectiva característica

---

38 Nas genealogias de uma linhagem (*jiapu*), reveladas por ocasião de um ritual, já está escrita uma letra do nome dos descendentes masculinos de diversas gerações: de certo modo, os filhos e os netos já têm seu lugar garantido na continuidade da linhagem.

39 A interação podia atuar nos dois sentidos: James Watson menciona o caso de descendentes de uma linhagem cantonesa que, sob a República, não hesitaram em espalhar querosene e queimar as placas votivas de seus ancestrais por considerá-los responsáveis por seu infortúnio econômico. Cf. Tu Weiming *et al.*, *The Confucian World Observed: A Contemporary Discussion of Confucian Humanism in East Asia*, Honolulu: The East-West Center, 1992, pp. 91-6.

40 Pelo fato de essas trocas entre as duas dimensões do universo serem feitas de maneira contínua e periódica, Charles Stafford pôde descrever essas interações no contexto mais geral de uma reflexão sobre a separação e a reunião nas práticas sociais chinesas: Charles Stafford, "Greeting and Sending-off the Dead", *Separation and Reunion in Modern China*, Cambridge: Cambridge University Press, 2000, pp. 70-86.

do budismo, o morto não pode esperar uma reencarnação favorável (ou, como na Escola da Terra Pura, alcançar o paraíso ocidental de Amitaba) se não obtiver um resultado satisfatório no exame moral de suas ações, de seu carma passado. Monges e mandarins tinham perfeita consciência da existência de uma tensão entre esses dois pontos de vista[41]. Por isso, procuravam associar-se às práticas funerárias populares ao custo de uma *encenação* que não correspondia a preocupações dogmáticas, mas a expectativas pragmáticas. O inferno búdico foi rapidamente assimilado ao mundo subterrâneo, onde vegetavam as almas *po,* cujo destino era infeliz. Embora o ritualismo confucianista afirmasse que a alma *hun* era rapidamente destinada à sua placa votiva ancestral, os descendentes continuavam a acompanhar uma das almas *po* de seu ancestral pelo menos durante 49 dias, para que no mundo subterrâneo ela pudesse transpor as inumeráveis tribulações que a conduziriam diante do Deus dos infernos: essa sustentação se expressava por meio da oblação de moedas e de bens confeccionados em papel, queimados em seguida, e por sutras recitadas pelos monges.

Se forem considerados apenas os dogmas, existe uma incompatibilidade teórica entre uma religião de salvação como essa e uma religião amplamente baseada na interação contínua entre os vivos e os mortos. Apesar disso, os rituais podem perfeitamente associá-las, como acontece nas práticas populares, muito bem observadas particularmente no Cantão ou em Taiwan, por exemplo[42]. As ideias budistas sobre a reencarnação diferem fortemente das representações pré-budistas, pois anulam o *status* social do ancestral, tão importante na concepção propriamente chinesa. De certa maneira, identifica-se aqui a diferença, sugerida anteriormente por Vernant, entre o polo "indiano" da morte socialmente indiferenciada e o polo "mesopotâmio" da continuidade da casta e da posição social antes e após a morte. Na prática popular, porém, foram encontradas inumeráveis soluções *ad hoc*: por exemplo, era possível considerar que a reencarnação só acontecia quando o ancestral havia sido "esquecido" por

---

41 Cf. o ponto de vista budista em Holmes Welch, *op. cit.*, pp. 179-85.
42 Para uma discussão mais profunda do que aqui denomino "montagem", cf. Myron Cohen, "Souls and Salvation: *Conflicting Themes in Chinese Popular Religion*", *in*: James Watson e Evelyn Rawsky (eds.), *op. cit.*, pp. 180-202.

seus descendentes, isso em razão da interrupção do culto ancestral e da reciprocidade de dádivas[43]. Mas, do ponto de vista de um simples membro de uma família ou de uma linhagem, podia-se pensar que, em nome da devoção filial, essas racionalizações importavam menos do que a preocupação pragmática de acionar todos os meios à disposição para assegurar à alma dos pais o melhor destino possível em um mundo supraterrestre que jamais perdia seu mistério[44].

A intervenção do Estado

A morte não era apenas um acontecimento individual e comunitário; ela sempre assumiu, também na China, uma dimensão política. O Estado Imperial valorizava muito a disseminação de representações e de práticas corretas diante da morte, pois essa era uma ocasião propícia para que certos valores intrínsecos à concepção imperial da ordem social e cósmica fossem reafirmados.

Darei aqui dois breves exemplos disso: o papel da "devoção filial" e a instituição dos "cinco graus do luto".

Uma das virtudes fundamentais da sociedade chinesa é o que se denomina devoção filial (*xiao*). Essa "via" (*xiaodao*) constitui um princípio regulador dos comportamentos tanto diante da vida como da morte. Confúcio escreveu: "Outro dia, Meng me perguntou o que significava a devoção filial... segundo os ritos, os pais serão servidos durante a vida, segundo os ritos, eles serão enterrados, segundo os ritos, sacrifícios serão feitos aos seus manes"[45]. Os rituais

---

43 Essa observação foi feita por Maurice Freedman, "Ancestor Worship: Two Facets of the Chinese Case", *in*: *The Study of Chinese Society*, Stanford: Stanford University Press, 1979, p. 278.

44 Sedutora para a antropologia voltada à pesquisa de campo, essa perspectiva deve ser completada pelas reconstruções feitas pelo historiador. As destruições sistemáticas que as elites e as instituições taoistas tiveram que enfrentar, a partir do início do século xx, fizeram com que o papel que, no passado, era assumido pelo clero taoista, em colaboração com o Estado Imperial, hoje em dia se torne menos visível. Essa "igreja" taoista, amplamente remodelada com base nas instituições budistas, poderia assumir uma função comparável no que se refere ao destino das almas individuais no mundo invisível. Cf., ainda sobre isso, Vincent Goossaert, *op. cit.*

45 *Lunyu*, II, 5 (trad. Anne Cheng, *op. cit.*, p. 34).

funerários e, de maneira geral, o culto dos ancestrais eram parte integrante da devoção filial. Essa atitude particular era sustentada pela ideologia oficial, pois constituía o fundamento de outra virtude fundamental, a da "fidelidade" ao príncipe (*zhong*). Como repetem os textos, que tardiamente se tornaram canônicos, como o livro clássico da devoção filial (*Xiaojing*), "A devoção filial começa com o ato de servir os pais, prossegue com o servir ao príncipe e completa-se com o estabelecimento da pessoa moral". De acordo com o ideal confucianista, devia existir uma relação de homologia entre a relação familiar e a relação política. Essas relações eram concebidas como as duas faces de um mesmo princípio: isso significava que um bom imperador devia governar seus súditos como um pai. Esse comportamento era tão vital aos olhos do Estado que o Código permitia, e até mesmo obrigava, que em nome da devoção filial um filho ou um pai pudessem transgredir a lei penal que punia os súditos do império de maneira geral. Por essa razão, um filho era encorajado a "dissimular" (*rongyin*) as faltas de seu pai: inversamente, um homicídio cometido por um pai seria tratado com clemência (em lugar de ser normalmente punido com a pena capital) se fosse para castigar um de seus filhos, culpado de uma conduta considerada "não filial"[46].

É necessário observar, eventualmente, que a noção de ancestral "não designava apenas uma entidade genealógica, mas também um *status* político-religioso. Era o Estado Imperial que codificava estritamente o direito de um grupo de parentesco render culto a seu pai ou à sua mãe, bem como a gerações de ascendentes muito mais longas. Originalmente um privilégio das casas reais, o culto ancestral plenamente desenvolvido (e representado pelas placas votivas funerárias dispostas sobre um altar ou em um templo da linhagem familiar) permaneceu por muito tempo o apanágio das elites: foi somente após a "revolução das linhagens", realizada pela Dinastia Ming, que essas instituições progressivamente se estenderam às camadas mais populares do "bom povo" (*liangmin*)[47].

---

46 Cf. T'ung-tsu Ch'ü, *Law and Society in Traditional China*, Paris: Mouton: 1965, pp. 15-78.

47 Cf., principalmente, David Faure, "La Solution lignagère, la révolution rituelle du XVIe siècle et l'État impérial chinois", *Annales* HSS, nov.-dez. 2006, pp. 1291-316.

A devoção filial para com as pessoas que, de maneira geral, detinham um posto superior no grupo de parentesco (segundo a geração, a idade ou o gênero) era aprendida primeiro na relação com elas quando vivas, mas prosseguia após sua morte. A instituição dos "cinco graus do luto" (literalmente, os "cinco tipos de vestimentas do luto", *wufu*) foi particularmente importante na articulação do parentesco, da sociedade e da política. O Código Penal descrevia com exatidão o comportamento prescrito para cada um em caso de morte de um dos pais[48]. Assim, o Código da Dinastia Qing indicava de maneira precisa os dois critérios que permitiam manifestar, de maneira ostensiva e hierarquizada, o respeito devido aos membros falecidos do grupo de parentesco: a duração de tempo durante o qual o luto devia ser observado e o tipo de vestes mortuárias que se aconselhava usar. Foi a partir de cada indivíduo (consequentemente, desde o "ego") que esse quadro definiu os cinco graus do luto, levando em conta, de maneira desigual, as dimensões ascendentes, descendentes e colaterais de cada um. O primeiro grau definia os deveres mais estritos e dizia respeito ao pai e à mãe: a duração do luto era a máxima (27 meses), e as vestes usadas eram as mais humildes (cânhamo grosseiro, sandália de material vegetal, bengala do luto). Os deveres tornavam-se menos estritos em função da distância do parentesco. Se as relações horizontais (da mesma geração) fossem simétricas, a lógica patrilinear impunha dissimetrias: se em relação a meu pai falecido devo obedecer às regras do primeiro grau, quando se trata da morte de meu filho meu comportamento é menos austero (apenas um ano de luto, vestes de cânhamo grosseiro, sem uso da bengala). Na prática, essas assimetrias eram reforçadas pela aplicação efetiva da lei: a punição ordenada pelo magistrado local só dizia respeito à falta de cumprimento dos deveres em relação à linha ascendente. De maneira semelhante, uma jovem casada tinha obrigações essenciais com a linhagem de seu marido, e seus deveres para com seus parentes patrilineares diminuíam um pouco[49].

---

48 Cf., para a última dinastia, o *Da Qing lüli* (Código dos Qing), Beijing: Falü Chubanshe: 1999, pp. 64-5.

49 Cf. J. J. M. de Groot, *op. cit.*, v. II, pp. 474-623; T'ung-tsu Ch'ü, *op. cit.*, pp. 13-20; um quadro simplificado é fornecido por Hugh Baker, *Chinese Family and Kinship*, London: Macmillan, 1989, pp. 107-13.

Estritamente falando, essas relações instituídas ao redor da morte representavam efetivamente uma "parentela", diferente segundo cada indivíduo: elas definiam a esfera de deveres sociais esperados de cada um (por exemplo, um casamento entre parentes ligados por esses cinco graus de luto era impensável).

A República Popular da China, que sucedeu o império em 1912, o *status* colonial de Hong Kong e a situação muito particular de Taiwan (que passou sucessivamente pela colonização japonesa), o estado de sítio da província nacionalista do Kuomintang e depois a democracia atual não alteraram a consciência desses deveres, mesmo se o respeito a eles cedesse lugar a uma realização desigual. A partir dos anos 1980, e sobretudo dos anos 2000, os desfiles fúnebres de familiares com vestes de luto não eram raros no continente chinês, ainda que geralmente ocorressem em escala reduzida.

Apesar de tudo, convém escolher alguns aspectos das mudanças introduzidas pelo regime comunista após 1949. Em contrapartida, esse quadro permitirá esclarecer outras dimensões da "economia da morte" na cultura chinesa.

Mudanças na economia da morte

A chegada do Partido Comunista Chinês ao poder e a propagação virulenta de sua ideologia ateísta e materialista não podia senão confrontar brutalmente as representações e práticas relativa à morte na China. Entretanto, já é preciso levar em conta o período republicano, no qual os costumes antigos foram criticados por uma parte não negligenciável das elites intelectuais e políticas, sob a influência de correntes de pensamento de origem ocidental (entre as quais o cristianismo não era a menor). A "luta contra as superstições" já fazia parte da agenda política do Partido Nacionalista (Kuomintang).

As dificuldades intelectuais, mas também morais, com as quais os novos pensadores "ocidentalistas" se confrontaram refletem-se muito bem no texto escrito pelo erudito e filósofo Hu Shi (cuja concepção renovada da "imortalidade" foi apresentada anteriormente) por ocasião dos funerais de sua mãe, em 1919. Ele se via efetivamente dividido entre sua vontade de racionalização dos ritos e a necessidade de fazer sua parte na solidariedade à linhagem familiar: desse modo, solicitou que se dispensasse qualquer ritual tradicional, mas teve que se resignar em fazer uma oferenda solene e a usar as vestes de cânhamo, embora para ele tivesse sido suficiente usar a braçadeira negra, então propagada pelos modernistas[50].

Na operação de transformação autoritária das práticas ligadas à morte instaurada pelo Estado Moderno, o período republicano representou uma etapa importante. Um modelo "nacional" de cerimônia funerária foi proposto à população e restringia-se a elementos essenciais do ritualismo antigo (limitação estrita de oferendas, de banquetes, de cortejos, introdução de elementos copiados do Ocidente, tentativa de implantar cemitérios públicos em escala nacional e de encorajar a cremação). Apesar da aplicação rigorosa desse modelo pelo Kuomintang, os resultados da captação de antigas representações em prol de um imaginário nacional continuaram desiguais[51].

Ao negar totalmente a existência do antigo "mundo invisível" e obrigar o povo a considerar apenas as necessidades do mundo dos vivos, o regime maoista estimulou ainda mais a transformação do culto aos mortos, conferindo a ele um sentido que poderia se assemelhar a um "secularismo" radical. Os inumeráveis especialistas, responsáveis pelos "serviços rituais brancos" (os *baishi*, assim denominados para contrastar com os "rituais vermelhos", os *hongshi*, que são de bom augúrio, como o casamento), se viram afetados na "produção" dessas cerimônias rituais, mas uma série de medidas regulamentares foi tomada: ao combate contra as "superstições" foram acrescentadas disposições que proibiam contrair despesas consideradas inúteis. Nas terras do sul da China, antes governadas pelo cuidado com a geomancia, a preocupação com a racionalidade econômica

---

50 Hu Shi, "Wo duiyu sangli de gaige" (Minha reforma dos funerais), *Xin Qingnian* (A Juventude) 6, 1919, pp. 568-77; cf. Jerome Grieder, *Hu Shih and the Chinese Renaissance*, Cambridge: Harvard University Press, 1970, pp. 107-10.

51 Como assinalam Fan Ling e Vincent Goossaert, autores de um estudo bastante completo sobre as reformas funerárias realizadas pelo Estado chinês no século xx, "observam-se (nas cidades) as marcas do sepultamento moderno (buquês de flores, braçadeiras, música militar e até mesmo discursos de homenagem) adotados voluntariamente, mas somados aos rituais preexistentes mais do que substitutos": Fang Ling e Vincent Goossaert, "Les Réformes funéraires et la politique religieuse de l'État chinois, 1900-2008", *Archives des Sciences Sociales des Religions*, 144, out.-dez. 2008, pp. 51-73.

também ditou a proibição da dispersão de túmulos, uma prática que havia se tornado prejudicial à mecanização da agricultura. Com esse mesmo espírito, foi encorajada a incineração em oposição ao sepultamento tradicional, sobretudo nas cidades.

Embora houvesse distinção entre a situação dos detentores de altos postos e a das pessoas comuns, os ofícios dos mortos foram reduzidos à sua mais simples expressão nos salões funerários instalados pelas autoridades (reunião em memória do morto, inclinação da cabeça, oferenda de flor, condolências rápidas e discretas oferecidas à família do defunto)[52].

Se tivéssemos que reter um ou dois aspectos dessa transformação introduzida pela política maoista, certamente seria necessário destacar a ruptura que, desde então, se instaurou entre o mundo das cidades e o do campo. A partir do começo dos anos 1950, uma divisão administrativa decidida pelas autoridades separou as populações em "camponeses", portadores de um documento de residência (*hukou*) que os confinava à zona rural, e "residentes urbanos", cujo documento era familiar, permitia viver na cidade e beneficiar-se de suas vantagens (revitalização, saúde, educação...). Enquanto no passado as idas e vindas entre o campo e a cidade eram regra, sob o maoismo elas foram proibidas. Uma das consequências disso foi a diferença acentuada entre os habitantes da zona rural e os da cidade no que se refere às práticas relativas à morte (quando, no passado, essas práticas eram muito similares): as reformas foram aplicadas de modo mais drástico nas cidades, ainda que esse processo tenha ocorrido em etapas (encorajamento da cremação, proibição das antigas cerimônias e dos cortejos ostentatórios, movimentos de crítica às superstições). As zonas rurais também foram submetidas a esses movimentos políticos, mas ali a capacidade de resistência foi muito maior.

É preciso considerar dois pontos essenciais. O primeiro consiste no desejo tradicional dos chineses de morrer no lugar de origem de seus ancestrais: não apenas para poderem se beneficiar de

---

52 Para um quadro da situação atual, cf., em particular, Martin White, "Death in the People's Republic of China", *in*: James Watson e Evelyn Rawski (eds.), *op. cit.*, pp. 289-316.

um sepultamento em terras familiares ou pertencentes à própria linhagem, mas também para receber a homenagem ritual do grupo de parentesco e da vizinhança e os benefícios das condições ritualmente corretas do culto ancestral. Esse desejo de retorno ao lugar ancestral era suficientemente forte para que os habitantes das grandes cidades chinesas, com frequência oriundos de regiões diferentes, tivessem preservado, muitas vezes até mesmo sob a República Popular, as instituições denominadas *huiguan*: elas se apresentavam ao mesmo tempo como templos, residências e lugares de reencontro de pessoas do mesmo "país". Foi por convenção que os ocidentais denominaram essas instituições de "corporações", mas não sem razão, levando-se em conta sua frequente especialização profissional (em Xangai, havia os *huiguan* dos comerciantes de chá da província de Anhui, os comerciantes de seda da província de Zhejiang, os banqueiros de Liampó...). Além de desempenharem seu papel comercial, essas instituições também preenchiam a função de centros de acolhimento para pessoas da mesma terra natal. Esses *huiguan* também tinham como função permitir o armazenamento dos caixões de pessoas mortas nessas grandes cidades, mas desejosas de que, se possível, seus despojos fossem transportados para províncias por vezes muito distantes. Essa ligação com o lugar da ancestralidade pode explicar o fato de que um grande número de habitantes das cidades chinesas se considerava apenas "residentes temporários", o que nos tempos modernos levantou a questão da "identidade urbana" (e cidadã) na China, seguindo a linha das interrogações de Weber[53].

---

53   Cf., em particular, Bryna Goodman, *Native Place, City, and Nation, Regional Networks and Identities in Shanghai, 1853-1937*, Berkeley: University of California Press, 1995. Sob outro ponto de vista, é interessante notar que a nostalgia por muito tempo experimentada pelas comunidades que deixaram a China no fim do império vinha acompanhada de um sentimento de culpa ritual, ligado à dificuldade, depois à impossibilidade, de voltar ao país de seus ancestrais para morrer (quando era possível, os caixões podiam ser enviados ao país natal). Os *Huaqiao*, nome chinês dado aos chamados "chineses de ultramar", traduz essa ambiguidade, já que a palavra *qiao* denota a ideia de uma residência apenas provisória e aceita por necessidade. Ela pressupõe a ideia de retorno, mesmo quando esse retorno havia se tornado um mito. Cf. Wang Gungwu, "The origins of Hua-Ch'iao", *Community and Nation, China, Southeast Asia and Australia*, Austrália: Allen and Unwin, 1992, pp. 1-10. Legitimada pelo antigo ritualismo, essa

Sob o maoismo, tornou-se progressivamente impossível enviar o corpo para seu lugar de origem: os funerais e as cremações passaram a ser realizados nas cidades, ainda que existissem resistências e casos de figuras particulares segundo as épocas e as regiões.

Outras ressalvas dizem respeito à própria cremação, usual entre os budistas, mas que representava um anátema para as pessoas de cultura confucianista. Na verdade, um dos mandamentos essenciais da "devoção filial", além do fato de garantir aos pais uma descendência masculina a fim de manter o culto ancestral, consistia especificamente em preservar a integridade do corpo, considerado um legado precioso deixado pelo pai e pela mãe[54].

Nos anos das reformas, particularmente nos anos 2000, foram constatados esforços de certas famílias residentes nas cidades no sentido de recuperar os elementos essenciais do rito funerário sob formas mais discretas. Mas continuou quase impossível fazer com que os cadáveres fossem transportados para outra cidade (por exemplo, em janeiro de 2000 eram particularmente draconianas as regulamentações em vigor, promulgadas pela cidade de Shenzhen, cuja grande maioria dos habitantes provinha de outras províncias fora de Cantão)[55]. Uma estratégia possível era a pessoa muito idosa ou doente retornar ainda em vida para sua cidade de origem: mas não havia garantia nenhuma de que ela fosse encontrar uma população numerosa de parentes e de conhecidos que lhe assegurassem uma cerimônia adequada, nem um palmo de terra em que se pudesse erigir um túmulo para si.

──

ligação com a linhagem paterna (e indiretamente com a "pátria") foi instrumentalizada pelo governo maoista; de fato, a questão espinhosa da nacionalidade chinesa só foi esclarecida no começo dos anos 1980. A noção de *Huaqiao* (chinês de ultramar) deu lugar, então, à de *Huayi* (pessoa de origem chinesa, mas pleno cidadão de seu país de adoção). Nessa articulação, de aparência puramente política, a antiga relação entre os vivos e os mortos desempenha um papel muito importante. Cf. Joël Thoraval, "L'Identité chinoise", *in*: Pierre Gentelle, *Chine, peuples et civilisation*, Paris: La Découverte, 2004, pp. 67-80.

54 O simples fato de os Manchus usarem trança e, por isso, rasparem parcialmente os cabelos, era considerado pelo povo Han uma transgressão. Do mesmo modo, no Direito Penal, a decapitação (embora menos dolorosa) era considerada mais grave do que o estrangulamento, pois não deixava o corpo do supliciado intacto.

55 Cf. <www.law-lib.com/law/law_view.asp?id=35287>. Acesso em: fev. 2017.

Finalmente, o que se pode notar é que a antiga noção de sujeira ligada à morte (à pessoa do morto e ao lugar em que a morte havia acontecido) persistiu e, por vezes, adquiriu novas formas. Era preferível morrer em casa, desde que as habitações fossem suficientemente vastas para que o leito habitual do moribundo pudesse ser substituído por um novo, que seria colocado na sala de recepção. Entretanto, as novas condições de moradia fizeram com que as famílias muitas vezes encorajassem seus pais idosos a morrerem no hospital (coisa que, no passado, era considerada deplorável), para evitar a contaminação do pequeno apartamento dos descendentes: do hospital, o morto era conduzido à casa funerária administrada pelas autoridades municipais.

Uma palavra final deve ser dita sobre o atual papel da devoção filial, cuja função era tão crucial, tanto na expectativa da morte como dos serviços, que cada um tinha direito de esperar de seus descendentes após o falecimento. Naturalmente, a conduta do regime comunista foi atacar de frente os valores e as atitudes associadas à devoção filial no contexto da crítica generalizada da ideologia "feudal" e patriarcal: os novos cidadãos deviam ser arrancados de suas comunidades de origem para serem introduzidos, em um segundo tempo, aos novos coletivos estabelecidos pelo Estado-Partido. Entretanto, se a partir da era das reformas a autoridade parental se viu limitada, o Estado não tardou em transformar os deveres dos filhos para com seus pais em uma questão de honra, em função da dificuldade crescente que as autoridades passaram a ter de se encarregar da assistência às pessoas idosas. Essa situação foi particularmente sentida nas zonas rurais, que não utilizavam o sistema de "unidades de trabalho" nem o novo regime das empresas. Nos anos 1990, a situação dos idosos nas cidades se agravou muito. Privados, desde os anos 1950, da propriedade familiar e do contrato com os filhos, que continuavam a ser a garantia material de uma boa velhice e de uma vida no mundo supraterrestre de conformidade com os ritos, os idosos foram atingidos com frequência em seu prestígio moral por uma sociedade que valorizava os conhecimentos técnicos e a lógica de mercado. Em particular, a partida dos filhos e filhas para as cidades em busca de novas oportunidades de emprego prejudicou o antigo princípio da coexistência de uma parte destes com seus pais e avós[56]. Naturalmente, essa tendência tornou-se mais dolorosa devido às consequências da política do filho único. Em certos casos, foi possível constatar o surgimento de novos comportamentos, como a vontade expressa por alguns pais idosos de viverem sós, ao abrigo da vergonha experimentada diante do abandono dos filhos[57], ou ainda o papel crescente desempenhado pelas filhas: enquanto a expectativa era a de que elas se ocupassem prioritariamente da família do marido (o casamento as incorporava à linhagem do marido), por vezes passaram a desempenhar, de maneira informal, por meio da generosidade e das visitas, um papel superior ao dos filhos que partiram para se estabelecer definitivamente na cidade[58].

Conclusão

As observações precedentes, necessariamente fragmentárias diante da amplitude do tema, deveriam ser lidas tendo em mente duas precauções.

A primeira diz respeito à extraordinária rapidez das evoluções que, em nossa opinião, hoje convulsionam a sociedade chinesa. A sociedade pós-reforma é um mundo fortemente desorientado pela perda de certas referências culturais antigas e pelo caráter dinâmico das novas instituições, em um contexto global em que a mundialização econômica e ideológica faz sentir todos os seus efeitos. Nos anos 1980 e 1990, confrontados com a morte de seus parentes próximos, os habitantes das cidades com frequência sentiam-se divididos entre a necessidade

---

56 Em um vilarejo do nordeste da China, Danyu Wang observou a transformação de um costume ancestral (a instalação do casal recém-casado na casa do pai do marido) em uma prática esvaziada de seu antigo sentido econômico, em um ritual puramente formal: o casal permanecia na casa do pai apenas alguns dias ou semanas após o casamento antes de ir para uma nova residência, com frequência na cidade (Danyu Wang, "Ritualistic Coresidence and the Weakening of Filial Practice in Rural China", *in*: Charlotte Ikels, *op. cit.*, pp. 16-33).

57 Hong Zhang, "Living Alone and the Rural Elderly: Strategy and Agency in Post-Mao Rural China", *in*: Charlotte Ikels, *op. cit.*, pp. 63-87.

58 Um exemplo de feminização da "devoção filial" encontra-se presente no Shandong de Eric Miller, "Filial Daughters, Filial Sons: Comparisons from Rural North China", *in*: Charlotte Ikels, *op. cit.*, pp. 34-62.

de respeitar as diretivas "secularistas" das autoridades municipais e o desejo, ainda profundo, de assegurar ao defunto o melhor destino possível. Os obstáculos materiais e políticos que surgiam contra eles não eram os únicos: a angústia era causada pelo relativo esquecimento dos costumes funerários e pela raridade dos especialistas que seriam capazes de restituí-los. A mesma observação pôde ser feita por Martin Whyte, na década de 1980, época em que a lembrança dos funerais expeditivos dos anos de terror ideológico ainda permanecia viva na memória das famílias, ou ainda por Charlotte Ikels, no Cantão da década de 1990[59]. No começo dos anos 1990, nas zonas rurais, os vilarejos por vezes ofereciam uma paisagem desoladora, que Liu Xin soube descrever muito bem em uma pesquisa realizada no norte da província de Shaanxi: a desorganização generalizada provocada pela descoletivização teve como consequência a erosão das autoridades locais, bem como o desaparecimento do poder legítimo de interpretação na realização de práticas coletivas. Os funerais que Liu Xin descreve são testemunhos de uma desordem generalizada, não isenta de violência, na qual a antiga consideração pelos mortos servia, acima de tudo, como encenação para os interesses e antagonismos dos vivos[60].

---

59 Martin Whyte, "Death in the People's Republic of China", *in*: James Watson e Evelyn Rawski, *op. cit.*, pp. 313-6. Whyte observou que, em uma conjuntura na qual era impossível o cumprimento dos antigos rituais funerários, que governavam o destino das "almas", a atenção das famílias tendia a se concentrar na sorte reservada ao corpo do defunto, pois era essencial para elas que os sentimentos familiares pudessem ter um meio de se expressar sob formas menos anônimas do que os breves cerimoniais administrativos. Whyte escreveu que, contrariamente à hierarquização descrita por Watson, "a ortodoxia [dominada pelas representações e os afetos] é mais importante do que a ortopraxia [a conduta formal correta], e os rituais relativos ao tratamento do corpo se revestem de uma importância maior do que os ritos funerários modernizados" (as inserções são minhas), p. 316. Charlotte Ikels, por sua vez, percebeu o sentimento de insegurança e de culpabilidade das famílias que residem nas cidades: "Com muita frequência, os habitantes das cidades ficam presos entre as restrições do Estado e as expectativas de suas famílias. Não importa o que fazem, correm sempre o risco de ofender alguém: o Estado, os parentes ou o defunto. Intrinsecamente, como última passagem, a morte sempre provoca tensão (estresse) em todos os envolvidos: paradoxalmente, a própria performance ritual aumenta a tensão no exato momento em que se pretendia reduzi-la" (*op. cit.*, p. 105).

60 Nota-se, por exemplo, que, a despeito da observância das sequências constitutivas de um rito funerário, não se faz menção de nenhum especialista em rituais.

Tudo leva a crer que os anos 2010 abriram possibilidades para novos comportamentos: o entusiasmo pela cultura tradicional, que se acentuou após o ano 2000, a existência de movimentos inversos da cidade para as zonas rurais, o enriquecimento rápido de uma camada não negligenciável da população (a partir de então, em posição de negociar com a política restritiva das autoridades administrativas), foram fenômenos que poderiam modificar as representações e as práticas relativas à morte, fazendo com que, retrospectivamente, as duas ou três décadas precedentes parecessem um período de transição[61].

Além desse dinamismo que afeta a sociedade e a cultura chinesas atuais e que torna difícil uma apreciação demasiadamente estática ou muito localizada das evoluções em curso, é importante também ter em mente um segundo aspecto da diversidade chinesa. A despeito de sua posição majoritária, o povo da etnia Han, mais ou menos ligado a elementos da "cultura chinesa", não é o único na China. Sem mesmo levar em conta os costumes das "minorias nacionais" mais distantes, que, no entanto, são motivos de debates (seja a respeito dos funerais aéreos dos tibetanos ou talvez do corpo desmembrado abandonado aos animais), é bom se questionar sobre o que poderíamos denominar "a morte nos vizinhos": a morte nas comunidades de língua chinesa que coexistem há séculos com a população majoritária, mas que se reconhecem nas religiões de salvação, sejam budista, muçulmana ou cristã.

Se já se mencionou aqui o papel multissecular do budismo, é preciso também levar em consideração o povo da etnia Hui, muçul-

---

Com ou sem motivo, Liu Xin generalizou sua experiência nos seguintes termos: "Na República Popular da China dos anos 1990, não existia mais nenhum grupo social que pudesse legitimar com autoridade a significação dos atos cerimoniais ou dos símbolos para a população local" (Xin Liu, *In One's Own Shadow: An Ethnographic Account of the Condition of Post-Reform Rural China*, Berkeley: University of California Press, 2000, p. 146).

61 A política atual do Estado chinês exibe, por vezes, marcas de contradições que são produto de tensões no seio da sociedade chinesa (entre a vontade das autoridades centrais e as iniciativas locais, entre a ideologia oficial e a "mercadologização" da sociedade que favorece ostensivamente o reconhecimento do *status* social). Um exemplo disso é o paradoxo ressaltado por Fang Ling e Vincent Goossaert, *op. cit.*: "O Estado impõe a cremação e, ao mesmo tempo, tolera a multiplicação dos cemitérios".

manos de língua chinesa, classificados pela administração comunista como "minoria nacional", que, em razão de sua dispersão pelo país, em muitos aspectos fazem parte do ambiente familiar dos chineses. A esse respeito, a pesquisa antropológica realizada por Élisabeth Allès na província de Henan deixa transparecer, em termos de ritos funerários, o fenômeno da "montagem", já detectado na religião popular do povo Han no que se refere ao budismo. Consequentemente, existem indicadores muito fortes da identidade Hui: por exemplo, contrariamente aos regulamentos aos quais o povo Hui se submete hoje, existe a possibilidade de sepultar o corpo do defunto sem caixão, de acordo com as práticas islâmicas. Constata-se, também, a adoção de costumes chineses tradicionais, como as vestes que ilustram os "graus do luto": particularmente, em um espírito muito chinês, esses costumes continuam a fornecer uma imagem legível das estruturas rituais de parentesco[62].

Uma mesma complexidade pode caracterizar as práticas dos cristãos chineses diante da morte? Sobre esse ponto, pode parecer que as diferenças dogmáticas fundamentais sobre o destino dos mortos tornem difíceis as interações significativas com vizinhos que permaneceram fiéis às concepções de origem autóctone. Na perspectiva cristã, por exemplo, a alma do morto parece ser dissociada, uma vez que é banida das determinações do grupo de parentesco, e o horizonte coletivo se torna o da comunidade dos santos. A ideia de uma incompatibilidade como essa caracterizou por muito tempo as pesquisas que acentuavam as diferenças das crenças e das representações na linha da famosa *Querela dos ritos* do século XVIII, que assistiu à falência das interpretações jesuítas: interpretações que, apesar do nome, se fixavam sobretudo na significação e na intenção explícita dos rituais confucianistas, ou seja, definitivamente em questões de dogma. Sem contradizer naturalmente essas diferenças, o fato de os historiadores e os antropólogos levarem em

---

62 Élisabeth Allès, *Musulmans de Chine: une anthropologie des Hui du Henan*, Paris: École des Hautes Études en Sciences Sociales, 2000, pp. 200-8. "Não se observa nenhum sincretismo (entre os conjuntos de condutas Han e muçulmanas): cada uma delas se conforma à tradição da qual se originaram, e os dois grupos de condutas são pura e simplesmente justapostos. Por outro lado, essa justaposição não é, de maneira alguma, percebida pelos interessados como problemática" (p. 208).

conta o ritualismo permite nuançar essa percepção. Desse modo, ao privilegiar a questão dos funerais na China do século XVI, Nicolas Standard apresenta uma análise muito aprofundada da inserção progressiva dos rituais cristãos na "tessitura" geral da cultura chinesa. Como os funerais não constituem um sacramento, ao contrário do batismo e do casamento, por exemplo, eles podiam ser abertos à participação de não cristãos, e o papel do padre era menos importante do que o dos chefes da comunidade. Essa abordagem permitiu perceber a maneira pela qual o cerimonial cristão foi reestruturado com a participação ativa dos missionários para se adequar às "estruturas elementares dos funerais chineses", de acordo com uma ordem adaptada às prescrições neoconfucianistas das "Regras Familiares" de Zhu Xi. Desse modo, estava aberta a via para uma estruturação sociorreligiosa original, conforme um ritualismo que não era mais nem simplesmente cristão nem chinês, mas "cristão chinês"[63]. A época moderna criou situações de tensão, ou de acomodação bem diversas, de acordo com os contextos, mas o exemplo contemporâneo da Coreia, que assistiu à obrigatoriedade da colaboração entre membros confucianistas e cristãos de uma mesma família, ou de uma mesma linhagem, na condução dos "deveres para com os mortos" realizados em comum, ilustra a criatividade indefinida que a atitude ritualista oferece nesse domínio[64].

Essas observações conclusivas têm como único objetivo insistir na variedade de formas adotadas pela "economia da morte" no mundo chinês e em seu caráter dinâmico. Essa instabilidade vem sendo reforçada pelas novas apropriações de diversos repertórios religiosos

---

[63] Nicolas Standaert, *The Interweaving of Rituals: Funerals in the Cultural Exchange between China and Europe*, Seattle: University of Washington Press, 2008, p. 161.

[64] Sobre o processo de transformação da criança de uma determinada linhagem em "filho de Deus" junto aos cristãos chineses de Hong Kong, cf. Cari Smith, *Chinese Christians: Elites, Middlemen and the Church in Hong Kong*, Oxford: Oxford University Press, 1985, pp. 195-203. Sobre o caso coreano, cf. Okpyo Moon, "Ancestors becoming Children of God: Ritual Clashes between Confucian Tradition and Christianity in Contemporary Korea", in: *Korean Anthropology: Contemporary Korea in Flux*, Seul: Hollym, 2003, pp. 175-200. Para um quadro recente dos tipos de estruturação adotados pelas comunidades cristãs na China contemporânea, cf. Richard Madsen, "Chinese Christianity, Indigenization and Conflict", in: Elisabeth Perry e Mark Selden (eds.), *Chinese Society: Change, conflict and Resistance*, London: Routledge, 2010, pp. 239-60.

que possibilitam a crescente flexibilidade dos laços comunitários e o processo de "individualização" pelo qual a sociedade chinesa passa atualmente[65].

---

65 Essa palavra é utilizada aqui no sentido que lhe confere o antropólogo Yunxiang Yan, *The Individualization of Chinese Society*, Oxford: Berg, 2009.

Aqui embaixo não sou de modo algum palpável,
pois vivo tão bem entre os mortos como entre
os que ainda não nasceram, um pouco mais
próximo da Criação do que de costume,
mas ainda não suficientemente perto dela.
PAUL KLEE (*Epitáfio*)

A MORTE NA ÍNDIA

JEAN-CLAUDE GALEY

A percepção da morte na Índia prossegue seu curso ininterrupto de metamorfoses prescritas por sua concepção da escala dos seres e da existência, por vezes singular e cosmocêntrica, que atravessa períodos históricos e diversidades regionais, ultrapassa o que os tratados normativos e os repertórios rituais dizem sobre ela, entrecruza dispositivos acadêmicos e práticas populares, leva em conta seus desenvolvimentos sectários, mesmo com a ressonância de suas doxas clericais. Imaginário e experiência aí se associam em uma maneira comum de agir e pensar em conjunto a presença e a passagem. A confrontação entre a abordagem textualista e a observação etnográfica confirmará a recorrência desse processo. Uma confrontação que assinalará também a coerência do espírito. Sem dúvida alguma, essa abordagem não se explicita a partir de um único registro; nela se percebe de modo conjunto a presença insistente de um mesmo esquema, para não dizer de uma mesma estrutura. As observações que se seguem serão dedicadas a esse esquema e a esse universo de valores. A partir delas, veremos como registros impermanentes conduzem, por meio de um movimento único, a continuidade de um fluxo e a transformação das formas. Diversas argumentações sucessivas irão ilustrar as diferentes facetas envolvidas nesse modo original de estar no mundo, revelando comportamentos, expectativas e procedimentos que ele prescreve quando nos empenhamos em deixar de lado sua manifestação real.

Será por isso que esse modo existencial, comandado em nossa opinião por uma ortopraxia bastante "exótica", parece tão distante de nós? Será ele tão estranho, tão inacessível à nossa sensibilidade? Tão irredutível, tão impensável? Ele não vem, ao contrário disso, secretamente despertar percepções obscuras, revelar aspirações íntimas, há muito sufocadas em nossas consciências e condenadas ao silêncio?[1]

Assim como o destino, para nós a morte tornou-se um desafio de psicologia individual e um problema de ordem acima de tudo pessoal, mais do que uma questão cultural inserida, num sentido mais amplo, em uma lógica geral do ser vivo. Em contrapartida, entre os hindus ela é uma forma de conduta ligada a questões ontológicas que envolvem tanto os elementos da física quanto da ordem social e de uma concepção hierárquica do universo. Para eles, o poder anônimo que governa o curso e o destino das coisas se manifesta ao mesmo tempo na presença singular de qualquer forma de existência, faça ela parte ou não do sistema humano, e desdobra-se invariavelmente nos inumeráveis elos ao longo de uma mesma corrente das coisas visíveis; depois segue do reino mineral até as estrelas e os palácios celestiais, incluindo também os demônios, os ancestrais e os deuses. As "constelações familiares" às quais a psicanálise se refere não estão excluídas disso. Por meio da inscrição comunitária ou coletiva – da linhagem à casta –, a morte hindu ultrapassa ao mesmo tempo o aspecto nuclear e a dimensão propriamente institucional. Ela se situa e se inscreve em uma longa série de transformações sem ruptura, na qual, na escala geral dos seres, o destino humano encontra-se inserido e submetido a uma regra

---

1   Cf. Jean-Claude Galey, "L'Homme en nature: hindouisme et pensée sauvage", *in*: Dominque Bourg, *Les Sentiments de la nature*, Paris: La Découverte, 1993; e "Les Métamorphoses d'un monde aparente: esprits du lieu et figures de l'imaginaire en pays Tulu (Inde du sud)", *in*: Dominque Bourg (éd.), *Crise écologique, crise des valeurs: défis pour l'anthropologie et la spiritualité*, Genève: Labor et Fides, 2010.

universal de renascimentos e transmigrações (*samsara*), eles mesmos assujeitados ao peso relativo dos méritos (*punya*), das faltas (*pap*) e, mais geralmente, dos atos e ações perpetrados durante o tempo de uma existência singular (carma).

Paradoxalmente, a morte (*mrityu*) nos introduz em um ciclo de gêneses. Ela só ocorre para impor e conduzir melhor um princípio de vida. Para dizer de outra forma, a morte na Índia não se opõe à vida. Ali, o contrário da vida não é a morte, mas o nascimento. Desse ponto de vista, a morte na Índia é mais uma articulação do que uma ruptura, é menos uma reflexão sobre a natureza singular do homem do que uma interrogação da própria natureza em seu conjunto constitutivo. Ela é a circunstância que precede, acompanha e torna possível a totalidade das formas de vida e gera tudo o que nasce (*jana*). Situada simultaneamente como fronteira e transição, sua coerência se deve à sua imagem de veiculadora. Na Índia, ela ocupa a posição de um verdadeiro vetor de significação e, pelas transformações que induz, inscreve-se como a vigilante responsável de uma ordem cosmo-moral (o darma) que projeta em uma mesma ordenação hierárquica o conjunto integral dos seres para os quais as diferentes castas não constituem senão uma das denominações (*jati*).

Todo nascimento é acompanhado por obrigações rituais e morais suplementares. Cada novo ser humano que nasce vem ao mundo sobrecarregado pelo ônus de uma dívida congênita; durante toda sua vida, ele é compelido a saldá-la por meio de um triplo reembolso. Sua própria chegada transforma-o efetivamente em devedor de seus ancestrais, dos deuses, dos gurus, que são seus representantes na Terra. Ao longo de toda sua existência como indivíduo, ele deverá quitar essa dívida por meio de uma conduta adequada à sua condição social e pelo cumprimento dos atos religiosos que lhe são impostos durante as sucessivas etapas de seu ciclo de vida. Ele herda essa dívida e é depositário dela em razão do *status* relativo (seu darma) que ocupa na sociedade, simultaneamente como pessoa singular e como membro de sua casta[2]. O lugar que lhe coube assumir, as responsabilidades de que se incumbiu, o obrigam a reembolsar, a

---

2   Cf. J.-C. Galey, "Le Créancier, le roi, la mort: protection et dépendance en Himalaya indien", *in:* Charles Malamoud (éd.), *La Dette, Purusartha n. 4*, Paris: École des Hautes Études en Sciences Sociales, 1980.

honrar e a quitar, por meio de comportamentos, de serviços e de repetidas oblações, a dívida que, ao nascer, ele de certa forma contraiu com aqueles que habitam o mundo supraterrestre, dos quais o grande mestre contábil é o deus Yama. Os méritos que acumulou durante a vida fazem com que ele espere obter um lugar melhor na roda dos futuros nascimentos, e que até mesmo visualize um reconhecimento da parte dessas instâncias, por meio de uma retribuição suficiente que, *no fim das contas*, lhe permita ter a expectativa de se emancipar de sua tutela. Esse horizonte final de libertação poderá ser obtido igualmente por meio das práticas espirituais, da ascese e do desapego. Em sua formulação metafórica, a renúncia do mundo (*sannyasa*), que visa à libertação (*moksha*), sugere que, se durante a vida o indivíduo tiver conseguido saldar os reembolsos esperados, na qualidade de defunto ele poderá ir para esse empíreo dos ancestrais e dos deuses – isso no mundo supraterrestre, pois eles não nascem mais – que, por sua vez, o autorizam a escapar, de uma vez por todas, do ciclo indefinido e infinito das reencarnações sucessivas.

O conceito de morte parece dar conta duplamente da posição que as pessoas ocupam em uma sociedade de castas, ordenada pelos princípios relativos de pureza, de *status*, de funções sociais, de graus de endividamento. Cada indivíduo se vê espiritualmente preocupado e existencialmente ansioso por um devir pessoal compatível com tudo o que ele cristaliza em sua pessoa e em sua posição, como se estivesse duplamente comprometido em responder às injunções dessa causalidade de retribuição dos atos (carma) que determina simultaneamente a posição que ele ocupa em sua existência atual – que, por sua vez, é apenas uma consequência da avaliação de suas existências precedentes – e a posição que será estabelecida, no momento de sua morte, pelo balanço das condutas e dos atos realizados na parte da vida que lhe coube, com o objetivo de nela preparar a natureza e o estado que será levado a ocupar em seu "futuro próximo".

Ainda desse ponto de vista, as noções de darma e *moksha* pertencem ambas a um mesmo universo de valores sociocósmicos no qual a morfologia hierárquica e coletiva que essa organização social incorpora – típicas do regime hindu de castas, em seus valores religiosos, com as responsabilidades que ela atribui a todos os indivíduos que inscreve – determina por toda parte condutas cada vez mais apropriadas nas quais a morte, sem ser sempre uma referência direta e consciente, não cessa de impor com sua onipresença a arbitragem imprescritível de seu caráter universal.

Conduzida por um profundo ritualismo, essa modalidade de estar no mundo só faz aflorar raramente a consciência e a reflexividade. Os textos normativos e jurídicos, os comentários acadêmicos, que nas doxas eruditas formalizam e especulam a maneira como são abordadas as diferentes etapas da vida (*ashramas*) e as quatro metas do homem (*purusarthas*), para extrair delas reflexões de ordem espiritual e filosófica, permanecem mais ou menos ignorados, caricaturados e são até mesmo reconstruídos nos discursos modernos, sem que sua essência seja captada. Entretanto, muitas práticas e costumes cotidianos sempre ilustram sua pertinência nas maneiras de fazer como se doravante elas fossem desprovidas de qualquer maneira de dizer.

Igualmente esquecidas ou confusas são as lendas, as epopeias e os mitos que evocam diretamente o tema da morte. Para a grande maioria dos hindus contemporâneos, as palavras e os gestos que proferem e executam por ocasião das oferendas funerárias fazem parte de uma longa série de manipulações e recitações complexas que o enlutado efetua sob a orientação de um guru, sem que nenhum dos dois compreenda exatamente o sentido do que fazem e dizem. Gestos obrigatórios e palavras memorizadas são executados de maneira mecânica e repetitiva[3]. Em consequência disso, esses modos de enunciar e operar as sequências e os espaços que se desdobram no decorrer dos ritos funerários continuam a traduzir essa maneira tão particular de trabalhar o luto e de conceber a morte. Basta observar o desenrolar de um desses ritos para perceber suas implicações, que em todos os pontos são recorrentes e típicos tanto dos procedimentos como dos objetivos cujos traços e representações os textos mencionam e descrevem. Essa permanência, por meio da ortopraxia e de um ritualismo quase obsessivo, perpetuaria a experiência existencial compartilhada como uma expressão cultural inarticulada, sempre coerente, de uma fenomenologia muito antiga que, como todas as amnésias seletivas, os esquecimentos parciais e as mutações aciden-

---

3 Cf. Louis Dumont, "La Dette vis-à-vis des créanciers et la catégorie de sapinda", *in*: Charles Malamoud (éd.), *La Dette, Purusartha n. 4, op. cit.*, Paris: École des Hautes Études en Sciences Sociales, 1980.

tais nos levam a afirmar, só teria chegado até nós para perpetuar toda sua pertinência ontológica.

Profundamente entrelaçada aos ritos e modos de agir que impregnam seu cotidiano, essa tradição transmite uma lição que nos convida a uma reflexão mais ampla e demanda uma atenção comparativa. O que as concepções indianas da vida e da morte nos transmitem parece efetivamente reverberar em muitos momentos e em muitas dessas impressões e crenças, das quais não temos conhecimento ou não queremos mais ouvir falar. Para além do que elas possuem de culturalmente irredutível, colocá-las em perspectiva, no entanto, é algo que ainda faz pensar. Elas nos remetem à nossa própria condição e ao que nossa visão do senso comum não se preocupa mais em contemplar, mas remetem também ao que, por sua vez, sugerem – segundo linhas de pensamento muito distantes delas – as diversas descobertas recentes da ciência contemporânea quando se referem ao ser vivo, seja no campo da física quântica, da microbiologia, da genética ou da imunologia[4]. Mais adiante, após um primeiro comentário sobre a dimensão lendária e os desenvolvimentos etnográficos que o sistema indiano mobiliza, traçarei um breve paralelo dessas concepções.

Tomando como modelo um grande mito etiológico da revelação védica, os grandes textos cosmogônicos da tradição sânscrita prolongam sua visão sacrificial, para a partir dela colocar a morte em perspectiva. Profundamente vitalista, o hinduísmo clássico concebe o ser humano como um processo exuberante de geração contínua. A palavra-chave dessa concepção vem da raiz verbal *jan*, que significa nascer, ser, vir a ser, se transformar. Duas imagens obsedantes modelam essa visão tradicional e altamente ritualizada da transformação da energia: 1) um caráter germinativo no qual os seres existentes brotam e surgem espontaneamente; 2) uma cissiparidade, na qual nada se perde nesse universo, cujas divisões se transmutam em multiplicações, cujas partes sobrevivem umas às outras e se exaltam em inúmeras hipóstases das quais os próprios

---

4 Cf. Jean-Claude Ameisen, *La Sculpture du vivant: le suicide cellulaire ou la mort créatrice*, Paris: Seuil, 2003; David Bohm, *Wholeness and the Implicate Order*, London: Routledge, 1980; Jean Staune, *Physique quantique et philosophie*, Paris: Presses de la Renaissance, 2007.

deuses são a prova. Assim, a morte é a condição necessária, embora em tudo isso ela seja na verdade uma imagem veiculadora. Ela é o nó que religa, o juiz que arbitra a reconciliação, mas que não decide nada.

Maia, essa manifestação fenomenal do poder ilimitado, é sua força primordial. Sua inflorescência torna o universo concreto manifesto. Faz com que ele apareça até mesmo no *décor* atormentado do plano humano terrestre[5]. *Maia* origina-se do estupor cósmico de onde derivam a matéria e o espírito que dão vida à totalidade dos seres existentes. Embriaguez e jogo de um sonho divino (*lila*) são como uma hipnose do ser determinando o terrível ciclo, essa engrenagem sempre recomeçada da aparência das formas. Em oposição a uma visão ocidental e orientalista, que por muito tempo acreditou ver em maia uma prova de que os hindus demoravam um pouco a levar em consideração a realidade objetiva de sua existência, maia nos ensina, ao contrário, que seria menos a despeito de seus véus, mas exatamente em função deles, que ela nos abre e nos introduz no caminho da verdade, cujos afetos e experiência fazem cair as máscaras sociais. A ilusão das formas só existe para transcrever ou indicar uma verdadeira arquitetônica. Ao inserir o homem no teatro da vida, essa arquitetônica faz com que ele reconheça menos o advento da realidade do que a consciência dos efeitos da realidade. As aparências, a ambiência, os apegos, aos quais se atribui uma influência bem específica, só dissimulam para melhor revelar a significação da dimensão constitutiva da morte.

Essa é também a mensagem dos grandes mitos cosmogônicos. Suspensa no céu, a Terra flutua imóvel em um oceano de leite e repousa amarrada a um pilar axial suportado por uma arquitetura constituída inteiramente de tartarugas. Conturbada pelas pessoas, a imutável harmonia da hierarquia natural permanece em um equilíbrio instável. Com o tempo, entretanto, a Terra não cessou de se densificar sob o peso de todas as transgressões e faltas. Para ela, os seres humanos são um peso e determinam sua vontade de dissolução (*pralaya*), de fim e de recreação por meio dos quais se escande a renovação ritmada das eras. De ciclo em ciclo (*yuge yuge*), a restau-

---

5 Cf. Heinrich R. Zimmer, *Mythes et symboles dans l'art et la civilisation de l'Inde*, Paris: Payot, 1951.

ração sociocósmica do darma se instaura e se revela, restabelecendo sua parcela de ordem e de prescrições.

Reconhecer a força vital da natureza como um todo, que se manifesta na existência individual de cada ser humano e termina por retomar a energia que ela temporariamente havia oferecido ao indivíduo, que então cessa de existir sob a forma temporária de entidade física e social, é algo cuja percepção provoca medo e suscita um sentimento de angústia e terror metafísico. No entanto, aliviado pela confiança na crença em uma unidade superior da vida e pela ideia de que, após a morte, a organização que ele encarna e que o move como pessoa sobreviverá a ele e irá reorganizar, em outro lugar e de outro modo, as peças elementares das quais é composto, o ser humano reforça o laço indefectível que mantém com esse poder universal, impermeável ao tempo, do qual ele próprio não é senão um fragmento e pode se ajustar melhor às suas regras de conduta. Defeituoso, imperfeito, o homem teme e espera o inelutável, ao mesmo tempo em que cultiva um sentimento possível de dever cumprido, duas atitudes com as quais ainda se confronta diante de um reencontro familiar com sua própria morte.

Diversas descobertas recentes em imunologia colocam em questão essa oposição entre a vida e a morte e desenvolvem a ideia de que a morte celular seria programada pelo próprio organismo[6]. Elas reafirmam a continuidade da vida e a necessidade quase constitutiva da morte. Alterando nossas concepções sobre o aparecimento da vida, sobre o desenvolvimento das doenças e do envelhecimento, as novas perspectivas assinalam também o grau de parentesco até agora insuspeitado que nos une ao conjunto do mundo dos seres vivos. Por trás do sentimento de nossa unicidade, de nossa irredutível individualidade, sabemos também que cada um de nós representa apenas uma das inumeráveis variações que as células realizaram sobre o tema da diversidade e da complexidade. A evolução nos enraizou na diversidade e na morte. Do nascimento até a velhice e a morte, nosso universo efêmero se constrói e se desfaz. Definitivamente, seríamos apenas sociedades celulares cujos componentes vivem em *sursis* e não podem permanecer sós. Somente o desaparecimento "prematuro" de um grande número de células permite que nosso corpo se recomponha permanentemente.

---

6   Cf. J.-C. Ameisen, *op. cit.*

Em outras escalas, os fenômenos macrocósmicos a respeito da gênese, da formação e da história das galáxias, que as modelizações provenientes da radioastronomia detectam, fazem um contraponto com os resultados obtidos pelas experiências infra-atômicas, conduzidas em muitos lugares, baseadas nas hipóteses da física holista e quântica[7]. Todas elas nos ensinam a lógica transformacional de lentas continuidades de surgimentos e desaparecimentos e constroem curiosas passarelas analógicas entre o estado mais avançado dos conhecimentos atuais e o de uma especulação indiana de uma metafísica vivida de metamorfoses sem transcendência.

Yama

Na mitologia da Antiga Índia, o deus Yama, filho do sol, foi também o primeiro mortal a morrer. Filho de um deus-sol, ele próprio constituído de uma substância de morte, pois é quem coloca em movimento o tempo (*kala*), identificado com a morte, Yama viveu a experiência da morte a fim de reconhecer e abrir o caminho que, após sua morte, os homens deverão prosseguir para chegar ao mundo supraterrestre. Entre os deuses, ele é o que vela sobre as restrições morais e os deveres rituais que prescrevem a vida social e individual. Por essa razão, seu poder de controle e dominação (seu "bordão", *danda*) é igualmente o que caracteriza aqui embaixo na Terra os deveres da função real (*rajadharma*). Yama tinha uma irmã gêmea, Yami. Embora ele tenha se privado do amor que ela lhe oferecia, por medo do incesto, ela chorou sua morte, viveu sua dor na impureza do luto, criando formas de rememoração, de afeição e de intimidade que ainda hoje caracterizam a relação entre irmãos e irmãs. Rei do darma (*dharmaraja*), controlador dos nascimentos e das mortes das criaturas, Yama é simultaneamente o deus da própria morte e, como rei do darma, ele sempre sabe quantos humanos irão morrer, quantos irão renascer e até mesmo o número das grandes perdas de vidas humanas que são necessárias nas situações de crises pelas quais a Terra passa periodicamente[8]. Com

---

7   Cf. D. Bohm, *op. cit.*; J. Staune, *op. cit.*
8   Cf. Madeleine Biardeau, *Le Mahabharata*, Paris: GF/Flammarion, 1985.

base nos textos, um livro recente⁹ analisa as estreitas correlações entre a morte, a lei, a recondução e a ordem do mundo que as especulações na Índia conseguiram detectar. Essa perspectiva dos ritos e dos mitos da Índia védica e bramânica nos ajuda a entender melhor como vivem os mortais e como as gerações se sucedem. O hinduísmo mais recente prolonga implicitamente esses ensinamentos. Se o detalhe da mensagem se apaga, e se toda uma diversidade de estilos e formulações se multiplica, a arquitetura que compõe e anima o hinduísmo ainda persiste integralmente. Essa arquitetura continua a habitar a cena silenciosa na qual as crenças e práticas se abastecem de ensinamentos, esquecidas de seus deveres em termos da própria história lendária, embora, em todos os aspectos, permaneçam respeitosas com a visão cosmocêntrica que ela prescreve.

Nessa Índia clássica, que conhecemos por meio dos tratados, a necessidade dos vivos de manter os mortos à distância é uma preocupação constante. Ela se manifesta ainda hoje com uma clareza cruel nas diferentes sequências do ritual funerário e ao longo de todo o luto, marcado por uma total impureza. Por essa razão, a figura de Yama é muito complexa e parece resultar da fusão de duas forças distintas, uma consoladora e salvadora, outra sinistra e fúnebre. Os motivos de sua mitologia e as sequências funerárias que o invocam fazem dele um deus revelador da maneira pela qual a civilização indiana formaliza as relações fundamentais da vida psíquica e social. Yama é a constrição personificada. Ele é o que põe fim a tudo (*antaka*). Senhor desse limite prototípico que é a morte, ele também é o especialista das fronteiras, aqui concebidas menos como rupturas do que como articulações ou passagens. Sua supremacia abrange também as regras que configuram a vida. Preposto da condição humana, Yama concede a vida ao homem como empréstimo, para reclamá-la de volta mais tarde, quando seu prazo expirar. Todo nascimento é associado a uma dívida (*ma*) que impõe ao devedor a responsabilidade por seus atos e o obriga, ao longo de toda sua existência, a reembolsar seu peso moral aos ancestrais, aos brâmanes e aos deuses. Essa dívida constitutiva caracteriza uma maneira de ser

---

9   Cf. Charles Malamoud, "On the Rhetorics and Semantics of the Purusarthas", *Cooking the World: Ritual and Thought in Ancient India*, New Delhi/New York: Oxford University Press, 2002.

no mundo, concretizada para os homens em uma série específica de deveres e de observâncias ligados à posição que o indivíduo ocupa em sua casta por direito de nascença[10].

Charles Malamoud ressalta igualmente que à etimologia primordial do nome de Yama, derivado da raiz verbal "assujeitar", associa-se a palavra comum cujo significado é "gêmeo":

> Yama e Yami são um par por excelência, o casal gêmeo-gêmea: uma relação no limite – *outro limite dessa ordem cosmo-moral do darma* – de se transformar em união sexual, até mesmo conjugal. Complementar de seu irmão gêmeo, Yami está associada a ele por um outro modo de visualizar o tempo. Diante de Yama, ela encarna o desejo, a vida, o desejo de viver.

Longe de ser considerada sem efeito, a mensagem desse mito, cujo conteúdo atualmente não influencia mais as consciências das pessoas, por vezes chega a se projetar em um espaço topográfico para esboçar uma geografia sagrada delimitada por três rios, que circunscrevem ritualmente o território de antigos reinos (*kshetra*) e atribuem um destino particular aos mortos. O primeiro, situado no estado de Uttarakhand, região ocidental do Himalaia – o rio Tons –, consagrado a Yama, transporta a imundície, a impureza e serve para a incessante transmigração das almas que corresponderam imperfeitamente aos reembolsos esperados e continuam a suportar o peso negativo dos atos perpetrados no decorrer da vida (carma); o segundo – o rio Yamuna –, ligado a Yami, também serve para a transmigração das almas para outras reencarnações (*samsara*), mas abre o caminho da purificação para um futuro melhor; o terceiro – o rio Ganges – serve para conduzir o morto à salvação e à libertação. Mais uma vez, o ritual surge para inscrever e transcrever materialmente o esquema mítico de passagens pós-morte, todas elas dedicadas a diferentes modos de sobrevivência. Além disso, é preciso lembrar que na Índia, onde quer que se esteja, cada um dos rios e seus afluentes são sempre manifestações próprias dessas três figuras ritualmente instituídas.

---

10   Cf. J.-C. Galey, "Le Créancier, le roi, la mort: protection et dépendance en Himalaya indien", *in*: Charles Malamoud (éd.), *La Dette, Purusartha n. 4, op. cit.*

A boa morte: o lugar e o momento

A maneira pela qual um hindu aborda sua morte também nos faz compreender que, para ele, o ideal é tentar morrer de maneira a ressaltar o papel ativo da pessoa em sua própria morte.

Esse fato contrasta com a passividade que termos como "trespassar" ou, simplesmente, "morrer" expressam. Façam eles uso ou não desse tipo de enunciados, muitos insistem na possibilidade de esperar uma boa morte ao se deixarem ir ou ao abandonar com total lucidez o sopro da vida (*prana*). Uma boa morte testemunha verdadeiramente uma vida de bem. Os principais elementos associados à noção de boa morte são o lugar (*sthana*), o momento (*kala*) e a condição da pessoa (*patra*) no instante da morte.

O melhor lugar para morrer é o lar onde se viveu. Para o homem, será geralmente a casa onde nasceu, para a mulher, aquela em que morou após seu casamento e teve seus filhos. Veremos mais adiante o impacto que isso acarreta nos carmas de cada um dos dois sexos, respectivamente. A casa não é simplesmente um edifício, ela é sobretudo uma espécie de microcosmo do universo; na cozinha, o fogo é dotado de um caráter eminentemente sacrificial. É nela que o chefe da casa (*grhiyastha*) cumpre seus deveres mundanos e que sua esposa se encarrega de preparar as refeições, a única a entrar em contato com os alimentos ingeridos pela família, em nome de critérios de pureza e dos compartilhamentos das mesmas substâncias simbólicas. Essa intimidade que as atividades cotidianas (darma-carma) criam serve de estímulo para que as qualidades morais apropriadas das purezas relativas, ligadas coletivamente ao mundo regulamentado e social da casa, sejam praticadas.

Entretanto, morrer na própria casa não é suficiente para garantir uma boa morte. É importante morrer em um período astrológico apropriado, a fim de assegurar a transição mais tranquila possível desse lugar mundano (*ihaloka*) para os espaços supraterrenos: o mundo do deus da morte (*yamaloka*), para onde as almas desencarnadas (*preta*) devem ir após a cremação para ali aguardar o *status* de ancestral (*pitr*); o mundo dos manes (*pitrloka*) e, finalmente, o possível retorno para este mundo terreno ou o acesso ao mundo dos deuses (*svarga*), no qual se alcança a indiferenciação eterna por meio do reconhecimento fusional dessa dimensão individual da alma (*jivatma*) com o princípio que engloba consciência e espírito, brâman, do qual ela é a emanação silenciosa e inconsciente.

É preciso levar em conta também a condição pessoal do moribundo, saber se sua longa vida foi ou não marcada pelo cumprimento dos quatro objetivos mundanos (*purusarthas*), por uma conduta virtuosa (darma), pela celebração dos ritos (*kriya-karma*) e pela devoção (*bhakti*) a uma divindade escolhida pessoalmente. Ele deixou a família assistida, a morte foi enfrentada calmamente, em plena posse das faculdades físicas e mentais, com toda lucidez dos erros cometidos e dos méritos realizados? Somente dessa maneira é possível esperar que a próxima vida seja melhor do que aquela que termina, mesmo que a libertação (*mukti*) das transmigrações (*samsara*) não tenha sido alcançada[11]. Uma breve descrição das cerimônias funerárias servirá para ilustrar um processo de identificação inteiramente balizado pelas sequências rituais.

A única alternativa a esse ideal de trespasse doméstico é morrer em um lugar santo como Haridwar, Ujjain, Prayag (Allahabad) ou Kashi (Benares). O que pode ocorrer no fim de uma peregrinação ou de uma última temporada no fim da vida em lugares considerados portais, passagens (*tirtha*), nos quais os três mundos, o mundo inferior, o mundo terreno e o mundo supraterrestre se articulam. Esse fim de vida, no entanto, parece ser muito mais conveniente para uma pessoa sem laços do que para um chefe de família propriamente dito: para aquele ou aquela que não tem (ou não tem mais) família próxima – um viúvo, uma viúva sem filhos – ou que tenha rompido seus laços com o mundo social pelo voto de renúncia. A visita a lugares como esses continua a ser recomendada em razão dos méritos que se adquire ali e pela obtenção de reparações espirituais que essa visita propicia. Eu iria um pouco mais longe quanto às implicações

---

11 Cf. Pandurang V. Kane, *History of the Dharmasastras*, Poona: Bhandarkar Oriental Research Institute, 1941; A. Aiyappan, "Deified Men and Humanized Gods", *in*: Kenneth David (ed.), *The New Wind and Changing Identifes in South Asia*, Chicago: University of Chicago Press, 1977; Wendy Doniger, *Karma and Rebirth in Classical Indian Traditions*, Berkeley: University of California Press, 1980; Sinclair Stevenson, *The Rites of the Twice-Born*, London: Oxford University Press, 1920; T. N. Madan, *Non-Renunciation: Themes and Interpretations of Hindu Culture*, New Delhi: Oxford University Press, 1987; e *Pathways: Approaches to the Study of Society in India*, New Delhi: Oxford University Press, 1994.

do ascetismo e sobre o lugar eminente ocupado pela figura emblemática da cidade de Benares nessa dimensão simultaneamente de economia sacrificial e de libertação potencial que a morte concentra.

O ritual funerário e os componentes da pessoa

Uma descrição sumária dos rituais funerários observados na região do Himalaia indiano (Uttarakhand) e na faixa costeira do sul da Índia (Tulunad) confirma a intenção dos textos: indicar as diferentes sequências que precedem, acompanham e seguem o falecimento de um indivíduo. A pessoa que esse indivíduo representa aparece efetivamente como a combinação de três componentes estreitamente condicionados, montados em uma espécie de lego, que a morte se incumbe de disjuntar e desarticular, e que, ritualmente, serão objeto de um tratamento específico: o corpo (*sharir*), a alma-imagem (*jiv-atman*), o sopro vital (*prana*). Quando a agonia parece se anunciar, o moribundo é assistido por seus parentes próximos, que o encorajam a meditar, a rezar e que o ajudam a reconhecer os sinais da morte que se acelera. Eles se empenham em oferecer dez dádivas (*dasdan*) necessárias para reconhecer e, simultaneamente, neutralizar os efeitos negativos de seus atos que o preparam e o acompanham em sua longa travessia. Os parentes próximos anotam suas últimas palavras. Assim que acaba de falecer, o defunto é retirado de seu leito e colocado no chão. Todo o fogo utilizado para o preparo dos alimentos é apagado, e a notícia da morte é confiada a mensageiros de castas inferiores que se dirigirão aos vilarejos vizinhos para informar os parentes em geral. A casa inteira passa a ser considerada um lugar de impureza. As mulheres chegam para preparar o cadáver, lavar seu corpo, ungir sua fronte com pasta de sândalo e açafrão, aplicar manteiga clarificada nos orifícios de sua face, antes de envolvê-lo em uma mortalha. As mulheres encarregadas dessa tarefa são as esposas dos membros da família que moram na casa e as da linhagem próxima, que desde seu casamento passaram a residir na casa patrilocal. Depois disso, o corpo é levado da casa até os limites da cidade acompanhado pelas lamentações de todos, rodeado, dessa vez, pelas mulheres que nasceram na casa, mas são casadas com pessoas de fora. Conduzido em uma liteira, precedido de músicos da casta inferior, seguido por um cortejo composto exclusivamente de homens, cujo líder é o principal membro da família enlutada, em geral o filho mais velho, acompanhado do guru familiar de sua linhagem (*kul purohit*) ou, na falta dele, por um tio materno, o despojo deixa definitivamente sua residência, é levado para o crematório (*samshan ghat*) e colocado sobre a pira funerária. Depois de circunvagar três vezes ao redor da pira, em um sentido não auspicioso, o parente enlutado, munido de uma tocha, acende a fogueira e oferece o cadáver ao deus Bhairav, o senhor das chamas. No fim de um certo tempo, ele intervém novamente, dessa vez para romper a crepitante caixa craniana com diversos golpes desferidos com uma vara de bambu. O espírito do defunto se desprende do crânio sob a forma de uma pequena labareda. Parte fogo-fátuo, parte espírito desligado de seu invólucro corporal, essa alma órfã, fatigada, ardente e famélica deve ser saciada, refrescada e nutrida antes de se ver reintroduzida, reincorporada no invólucro físico de uma forma ancestral (*pitr*). Sem isso, o morto será condenado a permanecer como um espectro errante e perigoso (*pret*). Essa delicada função ritual cabe ao guru familiar, que, ao longo dos dias subsequentes, terá o cuidado de assegurar sua transformação: sua tarefa será manter acesa a chama de uma lamparina a óleo para capturar essa alma, reencher com água uma moringa furada e renovar os alimentos que a manterão ali provisoriamente, antes de fornecer um novo corpo que lhe garantirá o acesso ao mundo dos manes. Como signo de impureza, os familiares enlutados têm a cabeça raspada, e, logo em seguida, o guru a recobre com um turbante. As cinzas são recolhidas e colocadas em uma urna que é levada à cidade e, mais tarde, serão espargidas em um rio das vizinhanças. Os ossos semicalcinados são igualmente recolhidos para serem inumados na parte detrás da casa, no mesmo lugar em que são enterradas as placentas dos recém-nascidos. Ainda no crematório, o parente de luto finalmente apanha uma pedra que irá depositar no limite das terras cultivadas do vilarejo, em um local denominado "pedras dos ancestrais" (*pitr pattal*). Todas essas ações visam ao mesmo tempo reafirmar a presença dos laços sociais, marcar a passagem pela vida, sem ruptura desde o nascimento, e honrar a morte sem singularizá-la mais no falecimento particular que acabou de ocorrer. Para prevenir a possibilidade de um retorno desse componente separado e ainda incompleto, que ainda se encontra no estado de *pret*, o cortejo tomará o cuidado de se separar dele, confundindo as pistas que poderiam conduzi-lo de volta ao vilarejo e abandonando atrás de si barreiras de espinhos e fios de algodão que, supostamente, podem desorientá-los.

Ainda lhe resta construir esse corpo de ancestral que devolverá ao morto um novo *status* de pessoa; com isso, ele passará do estado de *pret*, ou seja, de espectro imaterial, para o estado de *pitr*, de mane. A semana ou os treze dias que se seguem são dedicados à construção progressiva de um novo componente corporal destinado a receber e a abrigar essa sombra-espírito incompleta e perigosa, impedir que ela escape e se transforme em força maléfica (*chal, bhut, vetal*) capaz de se tornar refém dos atos de bruxaria e ser invocada por eles com a finalidade de perseguir e afligir os vivos. O conjunto dessa série de rituais forma o que se denomina o ciclo da "confiança" (*shraddha*). No decorrer desse período, assistido por um celebrante, o enlutado oferece aos três ascendentes masculinos imediatos da linhagem três unidades de uma espécie de bolinho (*pindas*) feito de arroz cru triturado e farinha de cevada. Em seguida, acrescenta-se à oferenda uma quarta *pinda*, representativa do morto. A operação termina quando a *pinda* que representa o morto é dividida em três partes que são misturadas às outras três, simbolizando as três gerações de ascendentes; em seguida, elas são amalgamadas em uma só e, finalmente, lançadas em um rio. Esse conjunto de sequências é denominado *sapindikarana*: "tornar o morto *sapinda*", ou seja, reconhecer e renovar a relação, o laço perene de pertencimento à mesma substância de seus ascendentes consanguíneos desaparecidos.

Até então consubstancialmente identificado com o morto e com a sujeira que ele propaga, o parente enlutado toma um primeiro banho ritual para se separar dele e alcançar um grau menor de impureza. Isso tudo, porém, ainda não termina por aí. Durante essa primeira fase, a família do defunto fica proibida de preparar seus próprios alimentos. Os vizinhos a alimentam, um brâmane vem cozinhar para ela pratos especiais, nos quais são usados ingredientes sem gordura e sem sal (*kichri*). As roupas e os objetos pessoais do morto, bem como qualquer objeto que estava ao seu redor nos últimos instantes e que pudessem ter sido tocados por ele, são doados a um representante de uma subcasta inferior de brâmanes, um *mahabrahmane*. Antes de levar embora a impureza, esse brâmane aceita os objetos em troca de uma remuneração condizente e duramente negociada. De posse dos objetos, ele é violentamente enxotado do vilarejo. Durante o ano inteiro que segue, o próprio vilarejo é afetado, nenhuma festividade, nenhum casamento pode ser celebrado ali. Um ano mais tarde, no dia do aniversário do morto (*sal sraddha*), a família oferece uma ceia aos brâmanes e, com isso, encerra seu período de luto. Durante todo o tempo, os brâmanes servem de intermediários e de veículos das oferendas. De certo modo, sua presença como oficiantes dos rituais denota as capacidades e prerrogativas conferidas a eles por seu *status* superior de controle sobre a interdependência das funções sociais e sobre as responsabilidades que os situam, aqui embaixo na Terra, na mais imediata proximidade com o sagrado: a relação dos vivos com os ancestrais e com os mortos. Como já vimos anteriormente, quando os brâmanes não estão presentes, a família se dirige a um tio materno; ele encarna plenamente a relação de afinidade estabelecida pela dádiva do casamento da irmã, pois, de modo indireto, torna possíveis os nascimentos potenciais que, consequentemente, asseguram a sobrevivência da linhagem atingida pelo luto. Para além de detalhes específicos, as descrições locais das etnografias anteriormente referidas associam-se e confirmam os trabalhos mais clássicos elaborados por Caland e Kane a partir dos textos e, mais amplamente, os de Stevenson e Aiyappan sobre as castas superiores.

Os mortos maléficos

Tudo que se viu até aqui pressupõe que o ritual funerário pudesse ter sido celebrado de modo normal e completo. Restaria, claro, falar dos assassinatos, das mortes violentas ou acidentais, dos suicidas, dos acidentes e de todas essas mortes ruins, imprevistas, ocorridas em contextos inesperados, em situação incomum, em relações sociais inapropriadas. Todas essas mortes aconteceram "antes do tempo" (*akal mrtyu*). O ponto comum entre todas elas é não terem sido corretamente preparadas e acolhidas, e que suas cerimônias funerárias tenham sido interrompidas ou celebradas tardiamente. Acrescenta-se igualmente a esse fato a crença de que os espíritos nefastos – *pret, bhut, chal* e *vetal* – se originam de mortos tratados impropriamente. O suicídio, que, aliás, poderia ser concebido como o caminho mais curto para se ressarcir a dívida a Yama, é percebido, ao contrário, como uma transferência do ônus dessa dívida para sobreviventes antes da hora. Ele não apenas perturba o curso prescrito da travessia das diferentes idades da vida como também é considerado um ato de vontade individual, cuja aparente autonomia transgride e nega esse pertencimento coletivo da pessoa ao tecido social.

Entretanto, o suicídio (*atmahatya, atmaghat*) como sacrifício de si (*atmayajin*) nem sempre é motivo de opróbio. Na verdade, distinguem-se o suicídio votivo, perpetrado no contexto devocional de Bhakti; o suicídio por inanição entre os ascetas, o *sallekhana* dos jainistas, o *prayopavesana* das seitas tântricas[12], os suicídios de protesto, ou *dharna*, quando, por exemplo, um devedor jejua até a morte diante da porta de seu credor para fazê-lo arcar com a responsabilidade de um assassinato ou, mais recentemente, os suicídios de camponeses superendividados diante da porta dos bancos; sem esquecer dos suicídios heroicos para escapar da morte diante de um adversário vitorioso. Particularmente na língua rajastani, podem ser evocadas inúmeras histórias nas quais o soberano vencido se imola no fogo, arrastando com ele suas esposas, ou ainda recordar o marajá de Alwar que, nos anos 1970, se suicidou para não ser capturado pelas tropas do exército indiano que cercavam seu palácio. Considera-se, igualmente, o suicídio de guerreiros que morreram voluntariamente em combate para preservar a vida dos membros de sua realeza ameaçada. Muitas dessas maneiras de se matar estão ligadas à dimensão sacrificial implícita na grande economia da morte. Diferentemente dos suicidas, que jamais são incinerados, esses *vir* são enterrados exatamente como ascetas e se convertem em objeto de culto realizado diante de uma estela erigida para rememorar a importância de seus feitos. A morte do guerreiro em combate (*iccha marana, ista mrtyu*) não é considerada um verdadeiro suicídio, mas uma morte voluntária, uma violência totalmente contrária ao próprio darma, mas escolhida pela proteção

---

12 Cf. Laetitia Ferrière, *Se donner la mort – donner sa vie (Étude de la société indienne devant le suicide)*, dissertação (mestrado em ciências sociais), École des Hautes Études en Sciences Sociales, Paris: 2008; M. Guidolin, *La Mort en Inde: perspectives philosophiques et anthropologiques*, dissertação (mestrado em ciências sociais), École des Hautes Études en Sciences Sociales, Paris: 2007.

de um darma superior (*Mahabharata*, xv, 49, 26 e, mais geralmente, a mensagem do *Bhagavad Gita*)[13]. Finalmente, no sul da Índia, são mencionados os suicídios de mulheres jovens que se recusam a aceitar o casamento arranjado por seus pais e que depois serão veneradas como deusas, cujo culto será de responsabilidade da linhagem daqueles com quem elas iriam supostamente se encontrar no momento de suas bodas (os *Kanni*).

Por outro lado, muitas explicações religam um estado de doença ou de sofrimento a essa ação voluntária, com frequência imputada a parentes afins, ou a pessoas e poderes, que pressupõem que as aflições provêm da influência de mortos maléficos e sejam resultantes de uma desordem no tecido relacional, o que obriga as famílias implicadas a passarem por um exame minucioso de suas próprias responsabilidades e até mesmo de eventuais negligências no tratamento de seus mortos. Essas explicações pressupõem também a necessidade de as famílias se questionarem sobre os possíveis erros cometidos em relação às divindades da linhagem familiar, aos ancestrais, às rivalidades passadas ou a eventuais compromissos não cumpridos, capazes de terem atraído a condenação divina (*dos*), o rancor ou a vontade de prejudicar por meio da magia negra ou da feitiçaria (*jadu*), nas quais, mais uma vez ainda, os espíritos estão implicados. Nessa ocasião, diversos contextos rituais se empenharão em identificar o espírito, em exorcizá-lo, em imobilizá-lo, antes de se organizarem, em sua intenção, as sequências de reinserção e reparação (*chal puja*) que neutralizarão os efeitos negativos das faltas rituais das quais eles mesmos haviam sido vítimas[14].

---

13 Conjunto épico de poemas e importante fonte de informações sobre o desenvolvimento do hinduísmo entre 400 a.C. e 200 d.C. Considerado o "mais longo poema jamais escrito", o *Mahabharata* é constituído de cerca de 200 mil versos e longas passagens em prosa. De conteúdo filosófico e moral, seus versos narram a história da batalha de Kurushetra travada entre os Kaurava e os Pandavas. Seu principal conjunto de versos é o *Bhagavad Gita*, considerado um texto sagrado pelos hindus. A autoria do *Mahabharata* é atribuída a Vyasa. [N.T.]

14 Cf. B. Quayle, *Studies in the Ritual Traditions of the Kumaon Himalayas*, tese (doutorado), Durham University, Durham: 1981.

A alternativa da renúncia

Na Índia, tanto hoje como no passado, aqueles que renunciam à vida social e decidem abandonar todos os seus apegos para levar a existência solitária e ascética de uma via espiritual na esperança da salvação são pessoas que se distinguem de todos os seres humanos. São os renunciantes. Na hora de sua partida, alguns colocam sua efígie para ser queimada na parte central da casa, outros engolem as cinzas dessa efígie depois de frias. Eles consideram que "ingeriram seu fogo", e transformam esse momento em uma celebração da própria cremação e da transformação pessoal pela qual irão passar.

Seus votos de renúncia os liberam dos deveres e das sujeiras associadas a qualquer tipo de existência mundana. Sozinhos ou como membros de um eremitério, eles consagram seus dias aos exercícios de meditação em busca da salvação (*moksa*), de uma libertação final que os emancipará de qualquer transmigração. Os mais respeitados entre eles são denominados libertados vivos (*jivanmukti*). Para todos eles, porém, o fim da vida não é considerado uma morte, mas o último desaparecimento (*samadhi*). Essa partida constitui um abandono, uma diluição (*tyaga*), a prova de que finalmente alcançaram a união fusional e reconciliada de seu *atman* com a grande Totalidade de brâman, e que atravessaram os véus da ilusão que fazem com que se acredite no dualismo. O termo *samadhi* é aplicado ainda para designar o túmulo onde serão enterrados esses renunciantes. Eles serão colocados em uma vala, sentados ou de pé, com o corpo recoberto de sal, depois a vala será recoberta por uma camada de terra, na qual se plantará um pé de manjericão, considerado a planta da imortalidade. Percebemos, assim, como é concebida essa absorção, essa reabsorção do Eu, na qual individualidade, socialidade e reencarnações sucessivas novamente se mostram como manifestações ilusórias de fases alternadas de mortes e de renascimentos para além das quais um princípio de vida eterno se mantém sempre intacto.

O ato da renúncia, que emancipa o indivíduo de todas as suas responsabilidades mundanas, indica que na cultura hindu ele somente se emancipa para se indiferenciar melhor[15]. Ele pratica essa

---

15 Cf. D. Mayhew, *S'individualiser pour s'indifférencier? (Questions sur l'identité yogi et sur la place du sujet dans l'ascétisme indo-népalais)*, dissertação (mestrado em ciências sociais), École des Hautes Études en Sciences Sociales, Paris: 2009.

renúncia até conseguir escapar da forma ancestral e do fato de que essa forma continua apta para novas procriações. Com isso, se desliga cada vez mais de tudo o que tem nome e forma e se mantém fora dos itinerários que previam sua morte.

Essa maneira de escapar de tudo está longe de qualquer dimensão subjetiva. Ao contrário disso, ela mobiliza uma mística contrastiva que acaba por completar a significação da morte em relação a essa Consciência cosmo-moral absoluta, ontológica e anônima, na qual a morte se limita a ser nada mais do que um simples instrumento destinado a abalar a aparência das coisas.

Inúmeras práticas sectárias voltadas à libertação associam-se à renúncia; mas, dessa vez, sem que o renunciante precise necessariamente deixar o mundo, nem mesmo abandonar algumas das responsabilidades que continuam inerentes a ele. Interiorização e práticas psicofísicas intramundanas compensam o que a ruptura eremítica havia instaurado. Os *grhyasthasamnyasin* são a ilustração disso. Eles se dedicam à busca de uma longevidade indefinida por meio de técnicas psíquicas ou corporais (ioga, meditação, ingestão de poções e pós) cujo objetivo é aprimorar as energias que o corpo individual e o social partilham simultaneamente com o macrocosmo que os engloba e os constitui, sem com isso perder sua subjetividade: simplesmente mudam de identidade patronímica e buscam apenas prolongar a vida, supondo que ela seja eterna. Uma outra busca reside na conquista de um Eu próprio em um contexto totalmente sectário. Ela decorre de uma inversão da dissolução na totalidade englobante pretendida pelo renunciante, que dessa vez ele procura em uma interiorização dessa totalidade, na qual a individuação jamais é abandonada, mas, ao contrário disso, é celebrada por ela mesma[16]. O recurso a diversas técnicas de utilização ritual de medicamentos, drogas e poções, acompanhados de exercícios psicofísicos, de retiros para jejuar, de meditações, de controle da respiração e até mesmo de práticas sexuais transgressivas, são condutas em prol de uma verdadeira *Bildung*[17] de si, dominada por um *atman* pleno de individuação.

---

16 Cf. Agehananda Bharati, "The Hindu Renaissance and its apologetic patterns", *Journal of Asian Studies*, XXIX, 2, 1970; Valentine Daniel, *Fluid Signs: Being a Person the Tamil Way*, Berkeley: University of California Press, 1984.

17 Palavra alemã que significa formação, educação. [N.T.]

Muitas das mais recentes releituras e reapropriações urbanas e burguesas do hinduísmo contemporâneo se inspiram nisso; sem saber realmente o que interpretam, mobilizam saberes tradicionais da medicina ayurvédica em um pensamento tipo Nova Era, cujo objetivo é assegurar vigor, longevidade e performance em processos de curas que não têm nada a ver com a maneira de preparar a morte ou de aceitar sua presença, mas, ao contrário disso, buscam conjurar sua eventualidade a qualquer preço.

Envelhecer e declinar – carma e distinção de gênero

Nos textos dos Upanishads, bem como na consciência popular, *mrtyu* (a morte) com frequência vem acoplada a *jara*, velhice e prelúdio de um novo renascimento. Se o nascimento culmina em uma vida geralmente penosa, cuja parte mais dolorosa é precisamente a dupla velhice-morte, acabamos de evocar as possibilidades alternativas que a Índia desenvolveu para evitar o inevitável, constituído pela roda dos renascimentos. O bramanismo acusa principalmente os atos praticados na vida atual de produzir os frutos que por sua vez deverão produzir seu "fruto" e criar a necessidade de um outro nascimento, que determinará um processo infinito. Como produtor de frutos e de apegos, o *karman* é responsável por uma boa parte das reflexões dos eruditos. O *Mahabharata* confere grande importância à concepção do *karman* na relação que ele mantém com a salvação. Na experiência cotidiana, a existência humana sempre se defronta com as incessantes questões sobre a causalidade do carma, sobre o peso que ele transmite das vidas anteriores e o papel que ocupa na vida presente.

Diferentemente de nossa concepção ocidental do indivíduo, que nos faz agir e perceber como se todos fôssemos entidades singulares autônomas e absolutas, os hindus não se reconhecem nem agem senão por meio das relações que desenvolvem com os outros, que religam como se fossem partes independentes de um todo – a família, a linhagem, a subcasta, as outras castas – (trata-se da perspectiva holista desenvolvida por Dumont) e, simultaneamente, entidades compostas de elementos que compartilham e trocam substâncias orgânicas materiais com outras pessoas – "são os *dividual selves* analisados por Marriott[18] –, além de insistirem na natureza fluida, plural e aberta da pessoa[19]. Essas trocas de substâncias, por meio da união sexual, do parto, do fato de viver juntos, de se tocar, de compartilhar os alimentos, de trocar palavras, fazem com que as pessoas vivam incessantemente a experiência de absorver uma parte das outras e de se apropriar de outras partes. Ainda são poucos os trabalhos que abordam a maneira pela qual as pessoas se transformam, bem como o processo de desconstrução que acompanha a velhice. O que acontece, então, quando as substâncias corporais e as relações diminuem de intensidade? Além do mais, a maioria dos estudos não considera de maneira alguma a distinção de sexo ou de gênero ou, se considera, só a aborda de um ponto de vista masculino. Alguns ensaios recentes publicados por Vatuk, Lamb e Cohen empenham-se em corrigir essa lacuna. A etnografia reforça a importância desse ponto de vista. Todas as pessoas idosas concordam em ressaltar os esforços que fazem para se desligar das relações que cultivaram; os comportamentos que desenvolvem para fazer isso são vivenciados de formas muito diferentes quando se trata de um homem ou de uma mulher. Aparentemente, no fim da vida, os hindus se preocupam muito menos em saber como manter ou reforçar os laços de intimidade ou de proximidade que se enfraqueceram e muito mais em conseguir atenuar os laços que pesam e que se tornam muito estreitos. Fazem ainda referência a maia com todos os apegos, as emoções, as seduções e os afetos que ela traz e que só crescem e aumentam com o tempo. Todos afirmam que seu número é crescente: o aumento dos membros da família, o dinheiro, as propriedades, as responsabilidades que se acumulam, se intensificam, se aprofundam. Ao se aproximarem da morte, todos também tomam consciência de que será preciso abandonar

---

18 Autor de uma expressiva obra antropológica sobre a Índia, McKim Marriott considera que a pessoa é constituída de uma série de partes. Em oposição a "individual", o termo *dividual* expressa o caráter compósito do *self*. Seus componentes originam-se dos corpos dos pais desde o momento do nascimento. São substâncias materiais e orgânicas codificadas (sangue, alimento, dinheiro, conhecimento), transmitidas de um corpo para outro durante a vida inteira. [N.T.]

19 Cf. McKim Marriott, "Constructing an Indian ethnosociology", *Contributions to Indian Sociology*, 231, 1989; V. Daniel, *op. cit.*; Margaret Trawick, *Notes on Love in a Tamil Family*, Berkeley: California University Press, 1990.

essas dependências, o que se torna ainda mais cruel quanto mais numerosas forem elas[20]. A velhice representa um paradoxo: trata-se do tempo da vida em que os apegos estão em seu ponto mais alto e no qual as relações com os outros se enfraquecem e se tornam efêmeras. Para pessoas que possuem muitos apegos e que não conseguem abandoná-los nem se separar deles, existe o perigo considerável de que, no mundo supraterrestre, continuem a se apegar a eles e, por isso, depois da morte, não possam ter acesso ao *status* de mane ou de ancestral. É importante ressaltar o fato de que as diferentes fases da vida não são definidas cronologicamente, mas sim por meio de ajustamentos familiares[21]. As mudanças de idade no corpo de um adulto são percebidas em graus de enfraquecimento e diminuição da temperatura do corpo. O tempo acaba por moderar as tomadas de decisão, o desejo de competição, a organização cotidiana da família. O efeito dessas mudanças pode ser observado no comportamento dos mais idosos, que se abstraem e se isolam das agitações domésticas, abandonam o controle da casa e depois deixam até mesmo de participar de tudo[22]. Muitos consideram sua senilidade uma oportunidade de movimento, de visitas às filhas casadas, de viagens e de peregrinações. Os idosos passam a fazer as refeições antes do resto da família e separadamente. O propósito desse afastamento é restringir as trocas de substâncias entre eles e os outros membros da família. Eles excluem progressivamente todos os alimentos considerados quentes (carnes, peixes, cebola e alho), pouco apropriados ao corpo frio e ressequido que desenvolveram e que poderiam excitar seu desejo sexual e estimular seus apegos emocionais. Todas essas técnicas de descentramento, restrições e afastamentos têm como objetivo fazer com que, progressiva-

---

20 Cf. V. Das, "The Uses of Liminality: Society and Cosmos in Hinduism", *Contribution to Indian Sociology*, 10, 2, 1976.

21 Cf. S. Vatuk, "Withdrawal and Disengagement as a Cultural Response to Aging in India", *in*: Christine L. Fry (ed.), *Aging in Culture and Society: Comparative Viewpoints and Strategies*, Hadley: Bergin, 1980; e "To Be a Burden on Others: Dependency Anxiety among the Elderly in India", *in*: O. Lynch (ed.), *The Social Construction of Emotions in India*, Berkeley: University of California Press, 1990.

22 Cf. Lawrence Cohen, *No Aging in India: Modernity, Senility and the Family*, New Delhi: Oxford University Press, 1998; Sarah Lamb, "The Making and Unmaking of Persons: Notes on Aging and Gender in North India", *Ethos*, 25, 3, 1997.

mente, eles tenham consciência de sua idade e da necessidade de se livrarem de todo o domínio de maia.

A experiência das mulheres, não apenas no casamento, mas igualmente na velhice, na doença, na viuvez e na morte mereceria, enfim, observações mais amplas. Na construção respectiva da pessoa, a diferença entre homens e mulheres se estabelece efetivamente desde os primeiros anos de vida. O contraste deve-se primeiro às regras de patrilinearidade e de residência virilocal aplicadas ao casamento. Na casa onde nasceu, a jovem é considerada uma residente temporária; ela vive na expectativa de sua partida para o lar de seu futuro marido e de sua nova família. Entre as castas mais altas, o casamento é para a mulher seu segundo rito de passagem, enquanto para seu marido ele será o oitavo. O corpo das mulheres também é percebido como naturalmente mais aberto do que o de um homem. A menstruação, o parto, a relação sexual são manifestações periódicas dessa concepção. Esse caráter de acessibilidade, de abertura e penetração as torna mais sensíveis e mais vulneráveis aos diferentes efeitos da impureza. Durante a cerimônia do casamento, a jovem esposa deve absorver em seu corpo as substâncias provenientes do corpo de seu novo esposo e de tudo o que os membros da família dele lhe oferecem. Ela unta seu corpo com a mesma pasta de açafrão e de sândalo com a qual ele havia sido previamente ungido, come os restos de seu prato, absorverá seus fluidos sexuais, se mudará para a casa do marido para se fundir e se mesclar à família e se impregnará das substâncias locais da terra e da cidade do marido. Isso faz com que ela viva uma separação quase total das substâncias e dos relacionamentos que havia desenvolvido ao longo de sua infância com seu mundo natal. Para a jovem, que rompe todos os laços com esse mundo familiar, a preparação para o casamento é seu primeiro confronto com a mortalidade. Mais tarde, ela temerá a menopausa como a primeira falta simbólica da fertilidade que ela representa. Posteriormente, será a viuvez, vivenciada por ela como a mais cruel das desconexões, sobretudo quando ocorre, como muitas vezes é o caso, antes que ela mesma tenha experimentado os primeiros sinais de sua velhice. Uma viúva se vê efetivamente pressionada pela família de seu defunto marido a limitar seus relacionamentos, a ingerir apenas uma refeição por dia, a respeitar o celibato e a abstinência, a não participar mais das cerimônias e até mesmo a preparar sua comida em separado. Para as jovens viúvas, as práticas impostas de resfriamento e ressecamento são equivalentes a um envelhecimento prematuro. A desconfiança da qual as viúvas são objeto deve-se à própria natureza das ligações simbólicas e substancializadas que uma esposa contrai por meio das trocas íntimas e cotidianas nas relações com seu meio. A atitude é que, recém-chegada ao universo marital, seus laços identitários com o marido se tornaram tão intensos, tão coalescentes, que jamais podem ser desfeitos. Isso faz da viúva uma pessoa casada com um cadáver e, por isso, uma mulher semimorta. Pressionada por vezes ao limite extremo, como acontece ainda hoje nas regiões de Bengala ou de Madhya Pradesh, de acordo com essa imagem, uma viúva se mantém em estado de permanente impureza até o dia de sua morte, condição que seus outros parentes só experimentam temporariamente. Depois de ter se tornado a completude indissolúvel da vida de seu esposo, a metade constitutiva (*ardhangini*) de seu ser, mesmo falecido, ela permanece pelo resto da vida como a metade amputada do cadáver de seu marido, considerada a companheira infiel que o abandonou, que não se deixou morrer junto com ele e que não pode ser autorizada a se casar novamente senão em casos muito raros. Em contrapartida, um viúvo será rapidamente solicitado a contrair segundas núpcias e, por sua vez, jamais será visto como a outra metade incompleta de sua mulher, de sua esposa desaparecida, menos ainda considerado, ou suspeito de ser, responsável por sua morte.

Benares

Benares é uma das sete cidades sagradas (*puris*) da Índia. Na margem oeste do rio Ganges, de frente para o leste, onde nasce o Sol, encontra-se o *ghat* de Manikarnika, o mais importante sítio de cremação, nas proximidades do reservatório em que o deus Vishnu costumava vir periodicamente praticar suas austeridades cosmogônicas. Situado a meio caminho da confluência do Ganges com seu afluente, o Asi Ganges, que delimita a fronteira sul da cidade, e da confluência do Ganges com o rio Varuna, que delimita a parte norte, o *ghat* de Manikarnika fica na linha divisória de duas metades iguais, uma consagrada a Vishnu, ao norte, e outra consagrada a Shiva, ao sul. Se por toda parte na Índia os locais de cremação se situam na periferia das cidades ou fora das zonas residenciais, em Benares eles se encontram no próprio coração da cidade. Se a Índia é muitas vezes considerada o umbigo do mundo (*nabhi*) e Benares, o umbigo da Índia, Manikarnika, por sua vez, é como se fosse o umbigo de Benares[23]. Entretanto, a natureza de sua centralidade é menos física do que metafísica, ou mística, tanto que se costuma dizer que, na origem dos tempos, foi em Benares que ocorreu a gênese do mundo e que será ali, igualmente, que o próprio corpo da criação será queimado no fim do último ciclo das eras (*pralaya*).

A crença popular, que faz de Benares o lugar mais emblemático da cremação, reside no fato de que, no exato momento do *pralaya*, para lá convergirão os cinco elementos: terra, água, fogo, ar e éter, os *pancatattvas* ou *bhutas*, que compõem e articulam simultaneamente a pessoa e o conjunto do universo, e que nesse lugar se manifestarão separados, desmembrados e disjuntos, no mesmo estado em que se encontram quando um indivíduo morre[24]. Somente Benares sobreviveria a essa conflagração destruidora. Consequentemente, o *ghat* de Manikarnika não seria apenas a cena da gênese e da dissolução do mundo, que caracterizam o começo e o fim de cada ciclo cósmico, mas também esse lugar emblemático no qual os eventos cósmicos não cessam de se produzir, como se ali se manifestasse uma espécie de presente eterno, perpetuamente reatualizado nas piras de cremação que os cadáveres vêm continuamente alimentar[25]. A crença indiana sugere a existência de uma profunda homologia entre o corpo e o cosmo, que torna equivalentes a cremação, que destrói o microcosmo de um corpo físico, e a dissolução cósmica, que consome o universo. Por outro lado, diversos trabalhos demonstram que a própria cremação não pode ser resumida a uma simples operação de destruição; ela constituiria simultaneamente um ato de criação e, por isso, deveria ser considerada um verdadeiro sacrifício: um sacrifício que reconduz

---

23 Cf. J. P. Parry, "Death and Cosmogony in Kashi", *in*: Triloki Nath Madan (ed.), *Way of Life: King, Householder and Renouncer*, Delhi: Vikas, 1982; e *Death in Benares*, Cambridge: Cambridge University Press, 1994.

24 Cf. P. V. Kane, *op. cit.*, IV, p. 627.

25 Cf. J. P. Parry, "Death and Cosmogony in Kashi", *in*: T. N. Madan (ed.), *Way of Life: King, Householder and Renouncer*, *op. cit.*; e *Death in Benares*, *op. cit.*

à criação inaugural de Prajapati, figura védica cuja expressão primal produziu a criação por meio do desmembramento sacrificial de seu próprio corpo[26]. Daí se origina a atração que todo hindu possui de considerar Benares um lugar privilegiado de peregrinação e de preces, e, mesmo se não puder ser cremado ali, de produzir e retirar da visita o ganho de méritos espirituais favoráveis, necessários para que no dia de sua morte ele obtenha a salvação (*moksha*)[27].

Diversas centenas de milhares de visitantes e de peregrinos convergem para lá todos os anos a fim de espargir as cinzas de seus mortos, fazer abluções em homenagem a seus ancestrais (*tarpan*), obter os méritos de um banho ritual nas águas do rio Ganges. Eles se hospedam algumas noites em hotéis-pensão, construídos há muito tempo ao longo dos *ghats* pela grande maioria dos soberanos dos antigos Estados-principados em benefício de seus súditos. Outros, mais pobres, sozinhos, doentes ou na fase final de suas vidas, mas que não fizeram o voto nem praticaram os atos de renúncia, se inscrevem em certos tipos de dispensários ou de hospitais que lhes garantem abrigo e proteção até o dia de seu falecimento e onde existem funcionários que, em troca de pagamento, se ocupam de sua assistência funerária e das taxas de sua incineração. Ali podem ser encontrados também eremitérios de obediência sectária que reúnem toda uma população de residentes-renunciantes masculinos, bem como conventos-hospitais para viúvas, nos quais, vestidas de branco, mulheres de todas as idades esperarão o fim de sua existência, pagos pelas famílias que não as querem mais ou por fundos de caridade privados.

À guisa de conclusão

Tanto para os hindus como para os gregos, o horizonte da morte parece ser, à primeira vista, o do aniquilamento: uma salvação anônima e cega que vem se incorporar ao mundo e se transformar em

---

26 Cf. B.E.F. Beck, *The Symbolic Merger of Body, Space and Cosmos in Hindu Tamil Nadu. Contributions to Indian Sociology (n.s.)*, 10, 2, 1976; V. Das, "The Uses of Liminality: Society and Cosmos in Hinduism", *op. cit.*

27 Cf. B. N. Saraswati, *Cultures in Crisis: An Anthropological Exploration of the Hindu Widows of Kashi*, manuscrito, 1984.

fragmentos de poeira cósmica transitoriamente reunidos pelo tempo de uma existência em uma pessoa singular. De acordo com a forma que ela dá à salvação, a ressurreição dos corpos simbolizada no cristianismo e no islamismo mobiliza, ao contrário, um dispositivo, sem dúvida alguma, performático e mais sedutor para nossa concepção perene e singularizada do ego ou do "si mesmo" como algo que sobrevive ao seu desaparecimento. O universo dos valores hindus, por sua vez, incita um outro envolvimento profundamente oposto a essa valorização exclusiva de um único destino individual, de uma memória para além da morte e até mesmo de uma dissolução final. Tanto na transmigração como na própria libertação, aquilo que por algum tempo parece se individualizar não o faz senão para se anular melhor, não se atualiza senão para se reconciliar melhor com essa impassível permanência – esse entretempo – que as ilusões da vida em seus incessantes movimentos de agitação e de ilusão (maia) só deixam entrever confusamente, embora autorizem o acesso. Nesse caso, a ilusão se torna a condição do desvelamento.

Falar aqui da natureza da morte é definitivamente falar dessa dimensão na qual não existimos como pessoas mentalmente conscientes de si mesmas. No entanto, sob o aspecto da natureza – identificada aqui com o cosmo –, a presença desse mundo verdadeiro em que a morte mostra o caminho não cessa de transparecer e surgir na conduta, na interpretação e no julgamento dos acontecimentos mais cotidianos e familiares. Trata-se, nesse caso, de uma ontologia cuja inquietante estranheza só fala da morte com frequência para melhor valorizar as forças da vida. Entretanto, o que ela revela se encontra ali somente para arrancar as máscaras.

Consequentemente, a morte é apenas um vetor ou um guia. Ela é simultaneamente veiculadora e mediadora de uma permanência em contínua mutação. Ela nos apresenta aqui a esse grande monstro que tudo engloba, que definitivamente só vive para si mesmo e que não leva em conta nada mais do que, como humanos, nos distinguiria de outros sistemas vivos, enquanto nos gera, nos faz nascer e nos alimenta para melhor nos devorar. O processo criador de formas deixa se expandir sem limites o jogo (*lila*) de uma livre produção de imagens no seio de componentes que, de tão móveis, participam de uma invariável constância. Aqui nada está submetido à necessidade de condensar e de fechar toda manifestação no interior de contornos definitivos. Aqui todas as coisas coabitam e se substituem umas às outras no mais livre desenvolvimento de metamorfoses infinitas[28]. À pessoa, ao Eu, a essa finitude frágil, ilusória, que durante eternidades ainda não existiu e que logo não existirá mais, a Índia não liga nenhuma lembrança. Desprovida de memória, assim como a natureza, ela deixa as leis e todo o aparato dos impérios, das fortunas e dos grandes nomes escoarem como as águas de um rio imutável, serem ouvidos como um crepitar de folhas mortas, expandirem-se, enfim, em tantos elementos cujas emanações o vento virá dispersar para propô-los novamente, restituindo-os a futuras germinações proteiformes e aparentadas. Como nos ensina o culto dos espíritos lendários, os *bhutas* – mortos transgressivos e heróis de origem humana –, praticado no sul da Índia, graças a eles e pelo poder da morte que eles encarnam, nossa existência temporária nos fará tomar a própria medida de nossa condição precária, situando-a também entre "o que foi e o que já não é mais"[29].

REFERÊNCIAS BIBLIOGRÁFICAS

AIYAPPAN, A. "Deified Men and Humanized Gods". *In:* DAVID, Kenneth (ed.). *The New Wind and Changing Identifies in South Asia.* Chicago: University of Chicago Press, 1977.

AMEISEN, Jean-Claude. *La Sculpture du vivant: le suicide cellulaire ou la mort créatrice.* Paris: Seuil, 2003.

BECK, B.E.F. *The Symbolic Merger of Body, Space and Cosmos in Hindu Tamil Nadu.* Contributions to Indian Sociology (n.s.), 10, 2, 1976.

BHAGAVATA *Purana.* Delhi: Motilal Banarsidas, 1976.

BHAGWAN, Dash. *Fundamentals of Ayurvedic Medicine.* Delhi: Bansal, 1978.

BHARATI, Agehananda. "The Hindu Renaissance and its apologetic patterns". *Journal of Asian Studies,* XXIX, 2, 1970.

BIARDEAU, Madeleine. *Le Mahabharata.* Paris: GF/Flammarion, 1985.

_____. *Cosmogonies puraniques.* Paris: École Française d'Extrême Orient, 1994.

BOHM, David. *Wholeness and the Implicate Order.* London: Routledge, 1980.

---

28 Cf. H. R. Zimmer, *op. cit.*

29 Cf. J.-C. Galey, "Les Métamorphoses d'un monde aparente: esprits du lieu et figures de l'imaginaire en pays Tulu (Inde du sud)", *in*: Dominque Bourg (éd.), *op. cit.*

Ed. bras.: *A totalidade e a ordem implicada*. Trad. Mauro de Campos Silva. São Paulo: Cultrix, 1998.

CALAND, Willem. *Altindischer Ahnencult*. Leiden: [s.n.], 1893.

COHEN, Lawrence. *No Aging in India: Modernity, Senility and the Family*. New Delhi: Oxford University Press, 1998.

DANIEL, Valentine. *Fluid Signs: Being a Person the Tamil Way*. Berkeley: University of California Press, 1984.

DAS, V. "The Uses of Liminality: Society and Cosmos in Hinduism". *Contribution to Indian Sociology*, 10, 2, 1976.

DONIGER, Wendy. *Karma and Rebirth in Classical Indian Traditions*. Berkeley: University of California Press, 1980.

DUMONT, Louis. *La Dette vis-à-vis des créanciers et la catégorie de sapinda*. In: MALAMOUD, Charles (éd.). *La Dette, Purusartha n. 4*. Paris: École des Hautes Études en Sciences Sociales, 1980.

FERRIÈRE, Laetitia. *Se donner la mort – donner sa vie (Étude de la société indienne devant le suicide)*. Dissertação (mestrado em ciências sociais) – École des Hautes Études en Sciences Sociales. Paris: 2008.

GALEY, Jean-Claude. "Le Créancier, le roi, la mort: protection et dépendance en Himalaya indien". *In:* MALAMOUD, Charles (éd.). *La Dette, Purusartha n. 4*. Paris: École des Hautes Études en Sciences Sociales, 1980.

_____. "L'Homme en nature: Hindouisme et pensée sauvage". *In:* BOURG, Dominque. *Les Sentiments de la nature*. Paris: La Découverte, 1993.

_____. "Les Métamorphoses d'un monde apparenté: esprits du lieu et figures de l'imaginaire en pays Tulu (Inde du sud)". *In:* BOURG, Dominque (éd.). *Crise écologique, crise des valeurs: défis pour l'anthropologie et la spiritualité*. Genève: Labor et Fides, 2010.

GUIDOLIN, M. *La Mort en Inde: perspectives philosophiques et anthropologiques*. Dissertação (mestrado em ciências sociais) – École des Hautes Études en Sciences Sociales. Paris: 2007.

KANE, Pandurang Vaman. *History of the Dharmasastras*. Poona: Bhandarkar Oriental Research Institute, 1941, 7 v.

LAMB, Sarah. "The Making and Unmaking of Persons: Notes on Aging and Gender in North India". *Ethos*, 25, 3, 1997.

MALAMOUD, Charles. "On the Rhetorics and Semantics of the Purusarthas". *Cooking the World: Ritual and Thought in Ancient India*. New Delhi/New York: Oxford University Press, 2002.

_____. *Le Jumeau solaire*. Paris: Seuil, 1992.

MADAN, T. N. *Non-Renunciation: Themes and Interpretations of Hindu Culture*. New Delhi: Oxford University Press, 1987.

_____. *Pathways: Approaches to the Study of Society in India*. New Delhi: Oxford University Press, 1994.

MARRIOTT, McKim. "Constructing an Indian ethnosociology". *Contributions to Indian Sociology*, 231, 1989.

MAYHEW, D. *S'individualiser pour s'indifférencier? (Questions sur l'identité yogi et sur la place du sujet dans l'ascétisme indo-népalais)*. Dissertação (mestrado em ciências sociais) – École des Hautes Études en Sciences Sociales. Paris: 2009.

ORTIGUES, Edmond. *Religions du livre. Religions de la coutume*. Paris: Sycomore, 1981.

PARRY, J. P. "Death and Cosmogony in Kashi". *In*: MADAN, Triloki Nath (ed.). *Way of Life: King, Householder and Renouncer*. Delhi: Vikas, 1982.

_____. *Death in Benares*. Cambridge: Cambridge University Press, 1994.

QUAYLE, B. *Studies in the Ritual Traditions of the Kumaon Himalayas*. Tese (doutorado) – Durham University. Durham: 1981.

SAHLINS, Marshall David. *La Nature humaine, une illusion occidentale*. Paris: Éclat, 2009.

SARASWATI, B. N. *Cultures in Crisis: An Anthropological Exploration of the Hindu Widows of Kashi*. Manuscrito, 1984.

STAUNE, Jean. *Physique quantique et philosophie*. Paris: Presses de la Renaissance, 2007.

STEVENSON, Sinclair. *The Rites of the Twice-Born*. London: Oxford University Press, 1920.

TRAWICK, Margaret. *Notes on Love in a Tamil Family*. Berkeley: California University Press, 1990.

VATUK, S. "Withdrawal and disengagement as a cultural response to aging in India". *In*: FRY, Christine L. (ed.). *Aging in Culture and Society: Comparative Viewpoints and Strategies*. Hadley: Bergin, 1980.

_____. "To Be a Burden on Others: Dependency Anxiety among the Elderly in India". *In*: LYNCH, O. (ed.). *The Social Construction of Emotions in India*. Berkeley: University of California Press, 1990.

ZIMMER, Heinrich Robert. *Mythes et symboles dans l'art et la civilisation de l'Inde*. Paris: Payot, 1951. Ed. bras.: *Mitos e símbolos na arte e civilização da Índia*. Trad. Carmen Fischer. São Paulo: Palas Athena, 1989.

A MORTE ENTRE O POVO TAI BUDISTA

BERNARD FORMOSO

Pluralidade de almas e poder do cosmo

Para o povo tai, a vida dos seres humanos decorre da combinação de múltiplos componentes espirituais que, com muita frequência, são conhecidos na bibliografia como "almas" e denominados *khwan*[1]. O número dessas almas varia de um grupo a outro no seio do vasto conjunto etnolinguístico tai[2]. Os membros da etnia tai

---

[1] Princípio vital, força de vida, energia que se manifesta de maneira diferente em cada ser, em cada coisa, em cada objeto do cotidiano. Sua presença no corpo é essencial para o bem-estar. De modo mais amplo, o *khwan* é considerado guardião e protetor do equilíbrio da natureza. Intraduzível em português, o termo foi mantido com a grafia encontrada em textos budistas. Muitas vezes é traduzido como "substância da alma". [N.T.]

[2] Originário da China Ocidental, o povo tai disseminou-se, no primeiro milênio da era cristã, por uma ampla região que hoje inclui Vietnã, Laos, Tailândia e Myanmar. [N.T.]

Deng[3] não budista do Vietnã e do Laos consideram que são noventa[4], enquanto a maioria do povo tai, convertida à religião do Iluminado, concorda com o número de 32, símbolo da totalidade perfeita no pensamento budista. Segundo essa concepção, o corpo humano contém 32 partes, e o próprio Buda era dotado de 32 signos que o designavam como um ser perfeito[5]. Acrescentemos que, segundo um princípio de homologia de inspiração indiana, entre o microcosmo corporal e os outros planos do universo, o número 32 refere-se ao conjunto dos *devas* que rodeiam o deus Indra no empíreo celeste, e que essa numerologia da totalidade perfeita, induzida pelo passado, nomeia as unidades políticas dos Estados da região. Assim, o reino de Ayutthaya, da época do rei Naresuan (1590-1605), compreendia 32 províncias ao redor da capital, considerada semelhante ao palácio de Indra, e, desde o século XII, aconteceu o mesmo com a Birmânia[6].

Se os chineses concebem a pluralidade das almas constitutivas da pessoa humana segundo a bipolarização *yin/yang*[7], o povo tai considera essas almas mais especificamente como fatores de vida e equilíbrio dos órgãos e das partes do corpo. Cada um dos braços e pernas teriam seu *khwan*, assim como o crânio, os olhos, as orelhas, o nariz, os dedos ou os pelos do corpo. Traçar uma lista exaustiva desses componentes espirituais e posicioná-los com precisão na geografia corporal conta pouco para o povo tai, mesmo que eles concordem com a ideia de que a parte superior do corpo, principalmente a cabeça, concentra a maioria desses componentes. Sua principal preocupação é preservar o funcionamento solidário e harmonioso desses elementos. De fato, a saúde, o equilíbrio psíquico dos indivíduos e sua boa integração na sociedade dependem de sua unidade orgânica. A coesão dos *khwan* é tão frágil que se acre-

---

3   As etnias Deng e Khmu vivem nas montanhas e integram um Estado socialista monopartidário que só teve contato com o catolicismo em 1991. Sua população atual é de 6,5 milhões de habitantes. [N.T.]

4   André Boutin, "Croyances et superstitions chez le Thay Rouges", *Bulletin des Amis du Laos*, 1938, v. 2, n. 2, pp. 65-8.

5   Marcel Zago, *Rites et cérémonies en milieu bouddhiste lao*, Roma: Universitá Gregoriana Editrice, 1972, p. 139.

6   Stanley J. Tambiah, *World Conqueror and World Renouncer: a Study of Buddhism and Polity in Thailand*, Cambridge: Cambridge University Press, 1976, pp. 110 e 136.

7   Cf. o artigo de Joël Thoraval nesta coletânea, "A morte na China".

dita que cada um deles tenha sua personalidade própria e que sejam muito voláteis. Os sonhos e os pesadelos são decorrentes de sua errância noturna fora do corpo. Uma fuga mais prolongada ou sua captura pelos espíritos errantes provocam a doença ou a loucura. A morte se concretiza por sua irremediável dispersão. A fim de prevenir ou resolver o perigo que a mobilidade dos *khwan* representa, o povo tai se entrega pontualmente aos ritos de "evocação das almas" (*su khwan*). Esses ritos possuem uma vocação curativa quando se trata de ajudar a recuperação de um paciente, mas também acompanham qualquer mudança significativa de *status*, de estado e de lugar do indivíduo. Não importa se o indivíduo entra para uma ordem monástica, se ele casa, se viaja para trabalhar no exterior e depois retorna ou, ainda, se obtém um diploma universitário, sua família sempre organizará um rito de evocação, pois, como se afirma, as almas podem ser perturbadas por tais mudanças e sua coesão deteriorada por elas. Esses ritos têm também por objetivo consolidar os laços solidários entre o indivíduo, seu meio familiar e sua comunidade de pertencimento. Como regra geral, todos os habitantes de uma aldeia ou de um bairro urbano são convidados a participar das atividades e, sobretudo, a aderir à invocação coletiva que visa reintroduzir as almas perdidas em seu envoltório carnal. A fim de consolidar essa reintegração, os participantes se revezam para "unir as almas" por intermédio de fios de algodão ornados de enunciados propiciatórios e presos aos punhos dos indivíduos.

Indicadora do papel que os *khwan* desempenham para articular o ser humano às forças cósmicas, a invocação dos *su khwan* se dirige aos *deva* do empíreo celeste, a fim de que essas divindades capturem as almas perdidas e as reintegrem ao corpo. Mais edificante, segundo a antiga crença do povo tai, ainda hoje em vigor entre os não budistas, as divindades celestes – os *phi then* (espíritos celestes) e as *mae bao* (mães matrizes) – agem em dupla para moldar de maneira personalizada os *khwan* e o invólucro carnal do ser humano que vai nascer. Ao conservar um duplo dos elementos constitutivos de sua criatura terrestre, essas entidades podem agir sobre o indivíduo, traçar seu destino e infligir-lhe doenças, enquanto, em contrapartida, qualquer modificação física do indivíduo irá supostamente se refletir em sua forma celeste – razão pela qual o povo tai não budista costuma recorrer às curas xamânicas a fim de reorientar favoravelmente o destino do indivíduo, sua saúde e sua forma física. Por outro lado, entre o povo tai budista, a noção de "mãe matriz", familiar no mundo chinês, foi substituída por duas noções estreitamente imbricadas: a indiana de *matrika* (mães divinas), que define a energia feminina (*shakti*) dos grandes deuses do panteão, e outra, inteiramente budista, cuja expressão em tai é *pho mae kamnoeut* (pais do carma)[8]. Apesar dessas mudanças conceituais, perdura a ideia de que o ato sexual pode desencadear o encontro de entidades espirituais em evolução no mundo supraterrestre, e apenas estas últimas se encontram na origem da concepção; os pais biológicos seriam meros emuladores de um destino preconcebido. É muito significativo que, entre os budistas do Laos, a noção de *kam* (carma) designe também o parto, pois esse ato coloca um destino em circuito.

A própria morte denota essa continuidade fundamental entre o ser humano e o mundo, algo que era a regra na maioria das sociedades até a chegada dos europeus, que, a partir do Renascimento[9], promoveram por toda parte uma ruptura tríplice que separa o homem do cosmos, dos outros e de si mesmo. Entre o povo tai não budista, na hora da morte, as almas se distribuem entre os diversos planos do universo. Sob o comando de um xamã, as almas da cabeça, do coração e dos órgãos digestivos vão para os diversos principados celestes. No mundo superior, esses principados são a refração do *status* que distingue os governantes das outras linhagens aristocráticas, dos plebeus e dos escravos. Acredita-se que, no seio desses principados, a vida reproduza a existência terrestre e amplifique os privilégios dos detentores do poder político. Se as almas dos plebeus e dos escravos trabalham duro para subsistir, as dos aristocratas são dispensadas de qualquer tipo de labor. Quanto às almas dos chefes e dos membros de suas linhagens que vivem em uma ambiência paradisíaca[10], elas não têm que fazer nada, a não ser desejar qualquer coisa para obtê-la. Paralelamente a esse itinerário das almas, os *khwan* do tronco, dos braços e das pernas, intimamente associados às funções vitais, são conduzidos ao altar familiar dos ancestrais e, no fim do processo, es-

---

8   Convém observar que, em sua acepção budista, *matrika* designa a "mãe do carma".
9   Cf. David Le Breton, *Anthropologie du corps et modernité*, Paris: PUF, 2005, p. 46.
10 Cf. Pierre-Bernard Lafont, "Notes sur les familles patronymiques taï noires de So'n-La et de Nghîa-lô", *Anthropos* 50, 1955, pp. 804-5; Henri Maspéro, *Le Taoïsme et les religions chinoises*, Paris: Gallimard, 1971 [1950], pp. 271-2.

ses restos são ritualmente transportados ao cemitério da aldeia, onde serão definitivamente reunidos ao despojo mortuário. Por sua organização espacial, esses cemitérios reproduzem a hierarquia hereditária da sociedade, uma prática que continua efetiva nos países comunistas (República Popular da China, Laos, Vietnã), nos quais a maioria do povo tai não budista vive dispersa, a despeito da luta oficialmente conduzida pelos regimes locais contra as "formas retrógradas de feudalidade". Em 2000, tive a oportunidade de realizar uma pesquisa etnográfica entre o povo tai da região de Mai Chau (província de Hoa Binh), no Vietnã. Nos cemitérios de suas aldeias, organizadas em quadras que seguiam a hierarquia de seus habitantes, os túmulos dos chefes e dos membros de sua linhagem ocupavam sistematicamente a parte "frontal" do cemitério, dada a organização do espaço, orientado para a nascente do rio e, sobretudo, para a parte oeste, que para o conjunto das populações de língua tailandesa é a direção dos mortos. Sobre cada túmulo havia uma pequena casa construída sobre *pilotis*. Cercada e rodeada por uma horta em miniatura, essa casa comportava múltiplos objetos necessários à subsistência das almas (cobertor, mosquiteiro, rede de pescar, instrumentos de tecelagem, jarras etc.), todos em tamanho reduzido. Na fachada da casa, havia um bebedouro e réplicas em madeira de animais de pasto.

As determinações estatutárias para a retribuição dos méritos

A partir do século XIII, a adoção do budismo Theravada por uma maioria de povos tai do sudeste da Ásia produziu importantes efeitos nas concepções cosmológicas e na maneira pela qual o destino pós-morte das almas era concebido. Sem afetar a crença geral, segundo a qual a morte se traduz pela dissociação definitiva do corpo e dos *khwan*, o budismo substituiu a ideia de uma repartição espacial desses componentes espirituais de acordo com a condição hereditária do defunto pela ideia de sua distribuição alternativa entre um paraíso (*sawan*) e um inferno (*narok*) que depende do peso relativo dos atos meritórios (*bun*) e demeritórios (*bap*) realizados no transcorrer das vidas sucessivas. Quanto mais a existência das almas no paraíso era colocada sob o signo da luz, do frescor bem temperado, da leveza e da felicidade – pois na iconografia popular budista os mortos são dotados de atributos dos santos beatos, que flutuam sobre as nuvens no empíreo celeste –, mais a existência dessas condutas no inferno se caracterizava pelo horizonte terrificante das trevas, por tormentas tórridas ou glaciais, pelo sofrimento permanente de castigos adaptados às faltas cometidas, o que é brutalmente destacado.

Uma outra mudança muito importante introduzida pelo budismo diz respeito aos conceitos de carma e *samsara*. No antigo sistema de crenças do povo tai, a predestinação se resumia à hereditariedade das posições sociais. Além disso, a ideia de reencarnação não tinha sido concebida, ou melhor, era concebida como uma fase muito efêmera que dava lugar a formas de vida de menor importância antes da extinção total. O povo tai do grupo Dam do Vietnã e do sul da China demonstra ainda hoje essa opção, pois acredita que, no fim de sua estada celeste, os *khwan* dos mortos das linhagens aristocráticas e plebeias se transformam em borboletas ou em musgos antes de desaparecerem[11]. No budismo, inversamente, a permanência no mundo supraterrestre (paraíso ou inferno) torna-se um estado transitório no *samsara* ou ciclo infinito de renascimentos. A posição do indivíduo é liberada do jogo das determinações hereditárias e interpretada como a sanção dos atos pessoais ou familiares realizados no curso das vidas anteriores. Mais amplamente, o indivíduo encontra-se vinculado a um sistema teleológico global, no qual o sentido de cada um de seus atos é apreciado com referência às suas vidas passadas e segundo a bipolaridade bem/mal. Paradoxalmente, por mais que o budismo pregasse a impermanência de todas as coisas e cultivasse o ideal do não ser, ele iria incutir na crença popular a ideia de uma continuidade relativa do ser para além da morte. Preocupado efetivamente em estabelecer uma coerência entre a teoria dos renascimentos e as ideias preestabelecidas relativas à migração das almas para o mundo supraterrestre, os monges locais iriam introduzir no vocabulário tailandês corrente a noção de *winyan,* tomada de empréstimo da palavra *viññāṇa*, da língua páli. Se para os teólogos do budismo Theravada a palavra *viññāṇa* designa a percepção oriunda do funcionamento conjugado dos órgãos sensoriais e, por isso mesmo, constitui um dos cinco agregados que comandam a atividade mental, na acepção popular, o termo tailandês *winyan* reveste-se de um duplo sentido. Aplicado

---

11 H. Maspéro, *op. cit.*, p. 272.

aos seres vivos, ele define o conjunto dos princípios ativos que regem a percepção, a consciência e, finalmente, a realização dos atos meritórios ou não. Empregado no contexto funerário ou na estrutura do culto dos ancestrais, esse termo descreve a essência do ser que sobrevive à morte e leva consigo seu carma no curso das transmigrações. Uma evolução conceitual como essa iria produzir efeitos variáveis sobre a crença na multiplicidade das almas. Entre os habitantes do Sião, atual Tailândia, mais do que em outros grupos formados pelo pensamento budista e que sofreram uma forte influência ocidental, a noção de *winyan* se tornou nitidamente mais importante do que a de *khwan*, que permaneceu residual e reduzida a uma única entidade. Os siameses pensam que o indivíduo é constituído de três componentes: o *winyan*, o *khwan* e o corpo, *kay* (do páli *kãya*)[12]. Entre os outros povos tai budistas, as ideias de multiplicidade e de destino autônomo dos *khwan* perduram, mas seu destino pós-morte tornou-se fluido e não constitui mais tema central de preocupação; apenas o caminho do *winyan*, sob o comando dos sacerdotes da religião budista, os bonzos, é objeto de procedimentos rituais.

O *winyan* do defunto segue três vias possíveis, segundo as circunstâncias da morte e o peso dos méritos acumulados no curso da vida. A primeira via diz respeito às pessoas falecidas em condições consideradas "normais". Vários critérios se conjugam para definir a morte normal, concebida como a realização final do carma na vida presente. A idade é invocada em primeiro lugar, pois, quanto mais velho se morre, menos se discute o acesso a essa categoria. A posição social também conta, e uma pessoa que desaparece prematuramente, ou seja, antes dos 40 anos, terá cumprido de modo satisfatório seu destino desde que tenha conseguido um *status* elevado na sociedade, seja pelo grau de educação conquistado, seja pelo reconhecimento social de seu alto nível de moralidade, seja pela progenitura que gerou ou pela riqueza que acumulou, desde que uma parte dela tenha sido redistribuída para as obras budistas. Por fim, a terceira condição, raramente explicitada, mas colocada na linha de frente das preocupações, diz respeito à previsibilidade da morte e ao acompanhamento ritual que decorre dela. Efetivamente, a morte normal é um fim

---

12 Phya Anuman Rajadhon, "The Khwan and its Ceremonies", *Journal of the Siam Society*, v. 50-2, 1952.

anunciado pela doença; ela pressupõe que o círculo familiar tenha tomado providências no sentido de preparar o agonizante para realizar com serenidade a transferência de seu *winyan* para o mundo supraterrestre. Apaziguado dessa maneira, o morto não virá perturbar a existência dos vivos. Os ritos agônicos são organizados nesse sentido. Sua finalidade é conservar ou restabelecer a ética do morto, segundo a ideia comum de que a última motivação de uma existência determina a primeira da que vem em seguida, nuançada, entretanto, pelo conteúdo geral da vida moral do indivíduo. Os parentes próximos sussurram aos ouvidos do moribundo as verdades dos "mensageiros dos deuses", os *thevathut* (*devadūta*, em páli), concernentes ao nascimento, à doença, à velhice, à concupiscência e à morte. Os parentes próximos ou os bonzos relembram ao defunto o valor primordial das Três Joias do budismo (Buda, Darma e Sanga, a comunidade dos discípulos do Iluminado). Por fim, os parentes se reúnem ao seu redor para lhe pedir perdão pelas faltas cometidas contra ele e prometer que, após sua morte, realizarão ações meritórias em seu favor[13]. A morte normal sempre culmina na cremação do corpo. Os restos mortais são conduzidos em procissão até o local da incineração. Associar-se ao cortejo funerário é considerado muito meritório para a pessoa e para o defunto, por isso, o conjunto da comunidade local – adultos e crianças – participa do cortejo e leva consigo pequenos pedaços de madeira como contribuição para a cremação do corpo e para a transferência do *winyan* para o mundo supraterrestre. O cortejo é dirigido pelos homens respeitados, que abrem o caminho dispersando arroz cozido em intenção dos espíritos errantes. O catafalco é conduzido por meio de um fio de algodão pelos descendentes masculinos, ordenados para a ocasião, e pelos bonzos, que recitam passagens das escrituras. No local da cremação, os monges, que atuam como substitutos dos xamãs da época pré-budista, recitam orações cuja finalidade é transferir as almas do morto para o paraíso. Uma vez terminada a cremação, eles esboçam nas cinzas uma forma humana com a cabeça voltada para o oeste, que é a direção dos mortos, depois apagam a primeira imagem e esboçam uma segunda, com a cabeça voltada para o leste, que é a direção do renascimento. Em seguida, os ossos calcinados são lavados e depositados em uma urna,

---

13   M. Zago, *op. cit.*, pp. 240-1.

que será enterrada no perímetro do pagode local e, por vezes, marcada pela presença de um pequeno relicário denominado *chedi* ou *thāt*. A urna serve de ligação entre os descendentes e o defunto nas cerimônias periódicas de transferência dos méritos, principalmente nas datas de aniversário e no Ano Novo. Mesmo que os descendentes e os parentes próximos queiram acreditar que o *winyan* migrou para o paraíso, eles buscam, apesar de tudo, realizar atos meritórios para melhorar as condições de renascimento do parente falecido, segundo a ideia de que esse renascimento não está de modo algum garantido. A fim de aperfeiçoar esse renascimento, além da ordenação religiosa temporária de descendentes diretos, as famílias que possuem meios organizam uma festa budista de transferência de méritos no decorrer da qual doações de valor são feitas em prol do efetivo monástico.

A segunda via que o *winyan* do defunto pode seguir diz respeito a uma ínfima minoria de monges budistas que consagram sua vida inteira à expectativa de atingir o nirvana (*niphan*, em tai), por meio da prática assídua da ascese e da meditação, conduzida à distância do pecado e das tentações mundanas. Esses homens santos da floresta, que encarnam o ideal do *arahant*, o grande sábio, adquirem frequentemente a reputação de fazedores de milagres, dado o valor paradigmático que, nesse sentido, assume a vida de Buda, na qual eles se inspiram, e pela notoriedade que sua considerável rede de discípulos lhes assegura[14]. Se o tratamento funerário desses homens santos da floresta segue os grandes princípios do protocolo ritual aplicado aos mortos "normais", admite-se, no entanto, que sua partida é uma libertação que os retira do ciclo dos renascimentos e dos sofrimentos aferentes. No plano soteriológico, mas também no sociológico, eles alcançam a etapa final do não ser, que é também a do super-ser, na medida em que os devotos se esforçam para captar em proveito próprio a imanência de seu poder mágico, concentrada nos amuletos ou estatuetas fabricadas com sua efígie e, em grau menor, em suas fotografias e imagens. Quanto ao nível político propriamente dito, há muito tempo os "homens santos da floresta" têm sido instrumentalizados pelos governantes que também procuram

---

14   Stanley J. Tambiah, *The Buddhist Saints of the Forest and the Cult of Amulets*, Cambridge: Cambridge University Press, 1984; J. L. Taylor, *Forest Monks and the Nation-State*, Singapore: ISEAS, 1993.

se apropriar de sua aura e de seus poderes miraculosos para fins de unidade, de purificação espiritual e de legitimação política.

Por fim, a terceira via que o *winyan* do defunto pode seguir é inteiramente oposta às duas precedentes; ela corresponde a circunstâncias que o povo tai qualifica de "morte ruim". Essa concepção existe igualmente entre o povo tai não budista e se aplica a vários tipos de pessoas. O primeiro caso tem relação com uma má orientação que o xamã pode ter dado ao *khwan* do defunto em seu caminho para o destino celeste, e seu efeito será o delírio de alguns deles ainda aqui na Terra. Por outro lado, o desrespeito de certas regras morais pode impedir a transferência dos manes para o mundo supraterrestre. Isso se aplica aos xamãs que infringem certos tabus, aos traidores ou até mesmo aos defuntos cujos descendentes negligenciaram o culto. As condições do óbito também são levadas em consideração. Entre os membros da etnia tai Deng de Aname, as almas dos falecidos por morte súbita ou violenta são objeto de ritos funerários simplificados, e os xamãs os conduzem para regiões celestes específicas nas quais ficam confinados[15]. Ocorre o mesmo com o povo tai de Mai Chau: seus cemitérios possuem áreas especiais para os *khwan* residuais de mulheres mortas no parto e de natimortos. Mortes súbitas ou violentas nada têm de fortuitas. São atribuídas a atos de feitiçaria ou à ação maléfica dos espíritos terrestres, ou mesmo a uma punição das divindades celestes. Em razão disso, os *khwan* dessas pessoas ficam bloqueados na dimensão invisível do mundo dos humanos e se transformam, é o que se supõe, em espíritos maléficos que ameaçam os homens em razão da incompletude de suas vidas e da ausência de culto em sua intenção.

Esses elementos de fé se mantêm entre as populações convertidas ao budismo, mas a interpretação da morte violenta ou acidental foi construída em referência à doutrina do carma. O povo tai budista acredita, de fato, que os mortos maléficos são indivíduos cuja existência terrestre foi encurtada, seja devido às faltas graves que seus pais ou eles mesmos cometeram em suas vidas anteriores, seja por pessoas que foram vítimas involuntárias de indivíduos dotados de um carma nefasto (em caso de homicídio ou de acidentes que

---

15 Romain Robert, *Notes sur les Tay Dèng de Lang Chánh, Thanh-hoá, Annam*, Hanoi: Imprimerie d'Extrême-Orient, 1941, p. 59.

implicam a responsabilidade de um terceiro). Assim como ocorre entre o povo tai não budista, entram nessa categoria os indivíduos falecidos por morte violenta ou prematura (mulheres mortas no parto, natimortos, suicidas, acidentados, vítimas de homicídios ou catástrofes). A transferência de seus *winyam* para o mundo supraterrestre não pôde ser preparada por seus parentes próximos ou pelos monges. Esse fato e a ideia de que eles quase sempre são vítimas involuntárias do mau carma de outras pessoas geram o sentimento geral de que essas pessoas não esgotaram sua parcela de vida e que é inútil querer transferi-las para o mundo supraterrestre no estado em que se encontram. Na área rural, esses cadáveres são geralmente sepultados sem qualquer tipo de cerimônias, em locais imediatamente próximos aos monastérios da floresta. Apenas o poder irradiado pelo darma, que os bonzos propagam com suas orações, é capaz de conter seu sofrimento, a exacerbação de seus desejos de vida e o poder maléfico que decorre disso. Nas grandes cidades, onde os espaços de confinamento são inexistentes, as classes populares do povo tai abandonam, de bom grado, seus mortos maléficos em associações filantrópicas de orientação budista tai e chinesa, que os estocam em cemitérios afastados das cidades e os transferem coletivamente para o mundo supraterrestre por meio de grandes rituais periódicos que mesclam elementos de crenças budistas e taoistas[16]. As famílias da alta sociedade, por sua vez, fazem de tudo para minimizar o impacto negativo que a morte trágica pode causar em sua imagem e, com muita frequência, mandam incinerar seus falecidos enquadrados nessa categoria como se fossem mortos comuns. É preciso reiterar que, no caso dessas pessoas, o *status* social alcançado se opõe à ideia de que o defunto não pôde realizar seu destino na vida presente.

Em teoria, a inumação dos mortos maléficos inaugura um período liminar de três anos durante o qual o *winyan* do defunto presumivelmente se acalma pela impregnação da nobre verdade das Três Joias. No fim desse período, o corpo pode ser exumado e seu *winyan* reinscrito no ciclo das reencarnações por meio de ritos funerários

---

16 Bernard Formoso, "Ethnicity and Shared Meanings: a Case Study of the 'Orphaned Bones' Ritual in Mainland China and Overseas", *American Anthropologist*, 2009, v. 111-4.

supervisionados pelos bonzos. Pouquíssimas famílias, entretanto, realizam esses segundos funerais em razão do grande medo que os mortos maléficos provocam e da ideia muito difundida de que, pelo fato de não terem sido acalmados e capturados por ocasião da passagem da vida para a morte, os manes desses mortos se transformam em espíritos atormentados que assombram diversos locais, inclusive o de seu desaparecimento. A geografia regional das populações locais é pontuada de lugares que os vivos não se arriscam a frequentar ou, quando se aventuram, tomam várias precauções, tamanho o medo de serem possuídos por um espírito famélico e ávido de reencarnar. Segundo o povo tai, o universo luxuriante dos *phi* (espíritos) é exclusivamente alimentado pela morte acidental e violenta. Entretanto, alguns desses *phi* são alçados à condição de protetores das comunidades locais e funcionam como intermediários na edificação de lugares de culto nos quais se depositam oferendas regularmente. Esses mortos maléficos, cujo poder é domesticado, quando vivos, eram personagens notáveis que deram suas vidas de um modo heroico em defesa de uma causa coletiva, e o que se acredita é que eles têm a vocação de agir do mesmo modo na dimensão invisível do plano terrestre. Em consequência disso, os manes de mortos maléficos de certa categoria são utilizados para se proteger de outros, considerados incontroláveis e identificados aos espaços marginais.

Essa rápida incursão nos diferentes tipos de morte requer várias observações. Visualizadas sob a ótica da filosofia budista, essas modalidades de passagem da vida para a morte inscrevem-se em um *continuum* que vai da extinção total dos desejos e do sofrimento, a que os ascetas aspiram, até a exacerbação perigosa dessa aspiração provocada pelas forças maléficas resultantes da morte trágica e violenta. Entre esses dois extremos, que correspondem a dois modos diferentes de sair do ciclo dos renascimentos, se encontram os mortos "normais", que no pós-vida permanecem submetidos ao *samsara* e cujas condições de reencarnação dependem, em parte, dos atos meritórios realizados em seu favor pela parentela. Por outro lado, exceto no caso bastante minoritário dos homens santos da floresta, para os quais se acredita que o fim da vida é a libertação, a imensa maioria do povo tai budista teme esse fim. Mais do que em outras doutrinas religiosas, o budismo certamente relativiza essas manifestações de impermanência das coisas, como são a doença, a velhice ou a morte, bem como os *jataka*, as narrativas da vida do Buda que ilustram as tentativas desesperadas de Mãra, o senhor demoníaco das ilusões, que queria impedir que Sidarta Gautama[17] livrasse os homens do medo de morrer. Entretanto, é grande a diferença entre os ideais supremos do budismo e as aspirações geralmente mais humildes de seus adeptos. A preocupação essencial do povo tai budista é revelar um carma desejável na vida presente e assegurar boas condições de renascimento através de dádivas regulares ao templo, inclusive a dádiva temporária de si mesmo, por meio da ordenação religiosa no caso dos homens. Sob esse aspecto, as concepções locais relativas à relação indivíduo/sociedade são edificantes. Segundo uma opinião corrente, a sociedade se organiza em torno de dois polos complementares: de um lado, o *sangkha*, o clero budista, teoricamente caracterizado por uma estrita disciplina de vida e pela concordância com os preceitos budistas; de outro, a *sangkhom*, a sociedade que serve de escrínio para o primeiro polo, e que, como um lugar de alta expressão da tolerância budista, admite um certo relaxamento dos costumes. Se no *sangkha* o indivíduo constrói seu destino em uma relação com o clero, caracterizada por gestos de renúncia e veleidades simbólicas de desaparecimento de seu ser, na *sangkhom*, ao contrário, o ser desse indivíduo se revela e assume seu destino.

Considerando esse estado de espírito e a flexibilidade moral que decorre dele, a morte representa uma saída temida. Primeiro, porque o curso da existência e os signos da predestinação que ele revela são difíceis de antecipar. O indivíduo se defronta perpetuamente com diversos desconhecidos, entre eles o peso relativo das faltas cometidas em suas vidas anteriores e os desvios morais pelos quais se tornou culpado na vida presente; tudo isso condiciona sua permanência transitória no inferno ou no paraíso e a condição de suas reencarnações posteriores. Por outro lado, ele vive na obsessão de um choque nefasto de destinos, sobre o qual não tem controle, que o conduzirá

---

17 Simplesmente conhecido como o Supremo Buda, que significa o Desperto ou o Iluminado, Sidarta Gautama (563 a.C.-483 a.C.) foi um príncipe de uma região do sul do Nepal que se dedicou à erradicação dos males deste mundo. Cientistas complexos contemporâneos – biólogos, filósofos, neurocientistas – incorporam as ideias do budismo na construção de uma cosmovisão universalista de mundo, na qual o antropocentrismo encontra-se definitivamente superado. Francisco Varela, Mathieu Ricard e Edgar Morin são alguns desses pensadores. [N.T.]

a uma forma ou outra de morte trágica ou violenta e que o aprisionará para sempre na condição pouco invejável de espírito maléfico.

O fato de que a morte seja um fim temido decorre integralmente dos procedimentos de apaziguamento que o grupo em torno do moribundo aciona em seu benefício. Os comportamentos ritualizados que os enlutados são obrigados a adotar durante os ritos funerários são igualmente edificantes. Por isso, os descendentes devem se abster de qualquer manifestação explícita de pesar e desgosto diante do cadáver, pois, como se acredita, isso poderia amedrontar e entristecer o *winyan* do defunto, que, a partir de então, não desejaria mais romper com suas relações terrestres e, desse modo, provocaria confusões desagradáveis entre vivos e mortos. De modo contrário, as pessoas que assistem à vigília fúnebre são obrigadas a demonstrar serenidade, e até mesmo uma certa alegria, a fim de facilitar o caminho do *winyan* para o mundo supraterrestre. Para expressar sem ambiguidade essa atmosfera cerimoniosa, os habitantes do Laos denominam *huan di*, "casa feliz", o lugar no qual o corpo será colocado antes de ser levado[18]. No mesmo sentido, na véspera da cremação, as famílias economicamente favorecidas organizam uma grande festa para a qual todas as pessoas da aldeia ou do bairro são convidadas. Para ser eficaz, essa festa implica uma grande alegria popular. Ali se dança, se canta, com frequência em uma imensa cacofonia e, sobretudo, é de bom tom que as pessoas se entreguem sem reservas aos jogos de azar, a ponto de alguns observadores terem qualificado essa efervescência lúdica de "cassino funerário"[19]. A intenção explícita desses jogos é contribuir para o custo das festividades, uma vez que os parentes do defunto recebem uma comissão sobre as apostas feitas. Trata-se também de assegurar ao *winyan* do defunto que ele está rodeado por uma vasta comunidade solidária, empenhada em gastar sem qualquer restrição em prol de sua salvação[20], uma comunidade que, assim como ele, se encontra submetida à impermanência das coisas, a começar pela da riqueza, dada a alternância cíclica da sorte e do infortúnio. Acrescentemos ainda ao registro dos comportamentos que denotam

---

18 M. Zago, *op. cit.*, p. 245.

19 Alan Klima, *The Funeral Casino: Meditation, Massacre and Exchange with the Dead in Thailand*, Princeton: Princeton University Press, 2002.

20 *Ibidem*, p. 251.

os temores inspirados pela passagem da vida para a morte a atitude das pessoas idosas, que, ao pressentirem que o fim se aproxima, dedicam-se cada vez mais aos atos devocionais considerados extremamente meritórios. Em razão disso, as desobediências passadas aos preceitos budistas, tais como o adultério, o alcoolismo, o atentado à vida, podem chegar a obter um início de redenção por meio da oferenda assídua aos monges e, sobretudo, na postura de ascetismo, periódica ou mais permanente, praticada pela grande maioria dos idosos. Algumas mulheres, de cabeça raspada e vestidas com um hábito branco, instalam-se permanentemente nos anexos dos monastérios e preparam as refeições dos bonzos, enquanto uma maioria significativa de mulheres, igualmente vestidas de branco, passam a morar no vestíbulo de orações do pagode e partilham do modo de vida ascético dos monges durante o *phansa*, seu período anual de retiro.

Uma última observação: para o povo tai budista, a morte em si não representa uma ruptura. Isso significa que, para fins propiciatórios, o poder imanente dos santos do budismo pode ser captado bem depois de seu desaparecimento, o que também ocorre quando se trata de captar a eficácia mágica das personagens heroicas às quais o culto é dedicado. Por outro lado, espíritos oriundos de uma morte trágica ou violenta impõem aos vivos sua presença ameaçadora, incontrolável e movida pelo desejo de revanche. Quanto aos mortos "normais", eles continuam a manter uma relação sólida com sua família, principalmente com sua descendência, pela intermediação dos ritos de transferência de méritos e do culto doméstico dos ancestrais. Longe de serem simples receptáculos passivos de ofertas feitas pelos vivos, dizem que os defuntos aparentados se manifestam para ajudar seus descendentes ou, ao contrário, para sancionar seus erros ou sua falta de gratidão. O porquê de sua ingerência é anunciado a seus destinatários nos sonhos ou nas mensagens dos médiuns.

Dada a implicação potencialmente forte dos mortos na existência dos vivos, os ritos funerários e os cultos dedicados aos ancestrais ou aos espíritos protetores têm, em essência, o objetivo de regular as relações entre os humanos e os *winyan* das pessoas desaparecidas. Essa regulação implica, antes de mais nada, uma clara dissociação entre vivos e mortos. Ela envolve, igualmente, a instauração de regras transacionais cuja natureza é selar uma aliança vantajosa para as duas partes. Com muita lógica, os funerais enfatizam essa dissociação não apenas pelo fato de que a maior parte de suas sequências rituais visa transferir os manes pacificados do defunto para o mundo supraterrestre, mas também porque os procedimentos de inversão são multiplicados a fim de que o *winyan* do parente lamentado não possa retornar à casa nem perturbar de maneira incontrolada a vida de seus habitantes. Após a lavagem do corpo, os cabelos do falecido são penteados, e depois o pente é quebrado diante da multidão. Em seguida, o morto é vestido com dois trajes: o primeiro ao contrário, de baixo para cima e de frente para trás, enquanto o segundo, a roupa preferida do defunto, é explicitamente rasgado ou desabotoado. Em uma terceira etapa, o cadáver é colocado sobre uma esteira, mas ali também em uma posição contrária àquela que os vivos adotam para repousar[21]. Finalmente, na hora de ser levado, o corpo é colocado em um caixão feito de um conjunto de tábuas pares, enquanto as casas são construídas com um número ímpar de elementos, de acordo com a ideia de que os *phi* não gostam de números pares. Além disso, o morto é conduzido para fora por uma das janelas da casa, ou mesmo pelas escadas, mas na posição inversa da que os vivos adotam para sair, isso para que, como dizem, ele não reencontre seu caminho de volta; depois disso, as jarras de água que ele costumava usar são atiradas no chão ou quebradas.

As regras que devem ser respeitadas quando se trata de estabelecer uma aliança eficaz com os mortos também são muito variáveis. Geralmente, as oferendas são personalizadas em função dos gostos notórios do defunto, isso com base em um menu fixo que inclui arroz, uma bebida alcoólica, tabaco e folhas de bétele. A isso são acrescentadas prescrições suplementares que dependem do *status* do *winyan* cuja ajuda é solicitada. Todos os portadores de amuletos com efígies dos homens santos da floresta sabem que o poder desses objetos não é efetivo senão na condição de serem periodicamente reativados pela recitação de fórmulas mágicas, sempre mais eficazes se forem proferidas pelos discípulos do mestre como recompensa pelas oferendas. Além disso, para preservar o poder mágico desses amuletos, é necessário abster-se de usá-los em todas as situações em que, por uma transgressão dos grandes preceitos budistas, eles seriam desvitalizados; nesse caso, a culpa seria atribuída a seu portador.

---

21 M. Zago, *op. cit.*, p. 242.

A velhice é bela

Para concluir essas observações relativas à morte entre o povo tai, é necessário descrever rapidamente a maneira pela qual eles concebem a velhice. Por mais que a morte seja um fim temível, a velhice é um período da vida valorizado por várias razões. Em princípio, ela indica um bom carma. Apesar de uma expectativa de vida relativamente reduzida[22], chegar a uma idade avançada é efetivamente o sinal de uma existência globalmente virtuosa, incluindo também as encarnações precedentes. Por outro lado, a distinção velho/jovem é um dos fundamentos mais sólidos da hierarquia social do povo tai, bem como de outras sociedades do sudeste da Ásia. Sendo assim, quanto mais o indivíduo avança em idade, mais ele é gratificado por tributos de respeito. Esses tributos fazem parte de um código de etiqueta social presente em todos os instantes. Ao cruzarem com uma pessoa mais velha, os membros do povo tai inclinam sistematicamente a cabeça em sinal de subordinação. Para os pais, eles devem sobretudo dar prova de gratidão (*bunkhun*) e de obediência (*chùafang*). De modo mais amplo, eles precisam manifestar respeito (*khaorôp*) e demonstrar publicamente o *krengcai* para com qualquer indivíduo mais velho, não importa quem seja ele. O *krengcai* caracteriza-se pelo medo de ofender o *piep* ("patrimônio vital" ou "prestígio") das pessoas idosas e fazer com que elas percam sua dignidade (*kay na*, literalmente "vender a dignidade"). Concretamente, esse comportamento se traduz na anulação do ponto de vista dos mais jovens, quando os mais velhos se expressam publicamente. Em contrapartida, os mais velhos devem proteger (*kumkhrong*) e ajudar (*chwaylùa*) os jovens, uma atitude que prefigura o pacto que liga os mortos a seus descendentes e razão pela qual os idosos são sistematicamente cuidados pelos seus descendentes quando perdem a autonomia e não conseguem mais atender suas necessidades básicas. Isso explica o fato de que na Tailândia e no Laos a instituição dos asilos permanece embrionária. Por fim, quanto mais importante for sua descendência, mais os idosos serão estimados. Em um contexto como esse, não se busca apagar os

---

22 Em 2014, a expectativa de vida era de 66 anos no Laos e de 74 na Tailândia, segundo dados do Banco Mundial. Disponível em: http://data.worldbank.org/indicator/sp.dyn.le00.in?end=2014&locations=la-th. Acesso em mar. 2017.

estigmas da idade, exceto no seio das pequenas elites cosmopolitas das grandes cidades, influenciadas pela concepção ocidental da velhice. Para a grande maioria, esse estágio da vida é efetivamente interpretado não como um processo gradual de decrepitude, contra o qual é preciso lutar por meio dos mais diversos artifícios (exercícios físicos, dieta, cirurgia estética), mas, acima de tudo, como um caminho natural, cuja contrapartida positiva é um reconhecimento social crescente. Para o povo tai, longe de ser reduzido apenas a seu corpo, o idoso é, de uma maneira altamente representativa, o depositário das "tradições" e de uma forma apreciada de sabedoria que sua longevidade e seu bom carma indicam. Por isso mesmo, delega-se voluntariamente a ele a educação dos netos. Ele também é investido de uma missão considerada da mais alta importância: a de acumular méritos para o crédito de seus descendentes, uma vez que consagra o essencial de seu tempo a atividades devocionais voltadas para o clero budista.

REFERÊNCIAS BIBLIOGRÁFICAS

BOUTIN, André. "Croyances et superstitions chez le Thay Rouges". *Bulletin des Amis du Laos*, 1938, v.2, n. 2.

FORMOSO, Bernard. "Ethnicity and Shared Meanings: A Case Study of the 'Orphaned Bones' Ritual in Mainland China and Overseas". *American Anthropologist*, 2009, v. 111-4.

KLIMA, Alan. *The Funeral Casino: Meditation, Massacre and Exchange with the Dead in Thailand*. Princeton: Princeton University Press, 2002.

LAFONT, Pierre-Bernard. "Notes sur les familles patronymiques taï noires de So'n-La et de Nghîa-lô". *Anthropos* 50, 1955.

LE BRETON, David. *Anthropologie du corps et modernité*. Paris: PUF, 2005. Ed. bras.: *Antropologia do corpo e modernidade*. Trad. Fábio dos Santos Creder Lopes. Petrópolis: Vozes, 2011.

MASPÉRO, Henri. *Le Taoïsme et les religions chinoises*. Paris: Gallimard, 1971, [1950].

RAJADHON, Phya Anuman. "The Khwan and its Ceremonies". *Journal of the Siam Society*, 1952, v. 50-2.

ROBERT, Romain. *Notes sur les Tay Dèng de Lang Chánh, Thanh-hoá*, Annam. Hanoi: Imprimerie d'Extrême-Orient, 1941.

TAMBIAH, Stanley J. *World Conqueror and World Renouncer: A Study of Buddhism and Polity in Thailand*. Cambridge: Cambridge University Press, 1976.

_____. *The Buddhist Saints of the Forest and the Cult of Amulets*. Cambridge: Cambridge University Press, 1984.

TAYLOR, J. L. *Forest Monks and the Nation-State*. Singapore: ISEAS, 1993.

ZAGO, Marcel. *Rites et cérémonies en milieu bouddhiste lao*. Roma: Universitá Gregoriana Editrice, 1972.

A MORTE NO UZBEQUISTÃO

ANNE DUCLOUX

Apesar das inúmeras campanhas antirreligiosas empreendidas na URSS até 1983, os ritos funerários tiveram poucas mudanças na República Soviética Socialista do Uzbequistão durante os dois terços iniciais do século xx[1].

"Até onde consigo me lembrar, sempre se procedeu da mesma forma, exceto que se gritava mais baixo durante as campanhas em favor do ateísmo, pelo menos na cidade", foi o que me disse Dugona, nascida em 1941. Em contrapartida, ela se lembrava muito bem do anúncio da morte de Stalin, dos três dias de grande luto oficial organizados na Praça do Registão – situada no centro de um complexo de *madrassas*[2] – para prantear o Único Pai dos Povos. Ela se lembrou

---

1   Referimo-nos às raras observações feitas em 1920, em Tasquente, por uma etnógrafa russa, A. L. Troitskaia, "Zhenskii zikr v starom Tashkente", *in*: *Sbornik Muzea Antropologii i Etnofrafii*, 7, 1928, pp. 173-99.
2   Escolas islâmicas famosas em toda a Ásia Central. [N.T.]

também de seu fervor e das lágrimas que derramou em 1953. Certamente, as cerimônias foram conduzidas à moda soviética, mas o desespero e a dor dos habitantes eram sinceros, e foi espontaneamente que milhares de homens e mulheres se entregaram às tradicionais lamentações, adaptadas às circunstâncias: "Pai de todos nós, o que será feito de nós sem a sua presença? O que será feito de nossa grande União Soviética sem sua proteção benevolente?" etc.

Apesar da diversificação superficial imposta pelos russos nas escolas, nas universidades, nas fábricas, nas fazendas agrícolas coletivas, ou *kolkzozes*, no Uzbequistão a sociedade permanecia "homossexuada" até mesmo nos rituais familiares nos quais homens e mulheres ficavam separados. Por ocasião dos funerais, as enlutadas ficavam juntas na casa do defunto, enquanto os homens se reuniam na rua ou na casa do vizinho. Quando a vida retomou seu rumo após a morte de Stalin, nenhuma modificação foi constatada na organização dos ritos de morte até que o secretário do Partido Comunista, Leonid Brezhnev (1927-1982), decidiu enviar o Exército Vermelho ao Afeganistão, em dezembro de 1979. O contingente uzbeque – mas também o do Tajiquistão e o do Cazaquistão, de origem muçulmana, considerados por isso os mais aptos para converter seus irmãos afegãos aos benefícios do socialismo – foi enviado em grande número. Incorporados às unidades combatentes, os jovens de Samarcanda, que falavam a língua do Tajiquistão[3], realizaram ali um trabalho fantástico como intérpretes e agentes de propaganda. As coisas, porém, se deterioraram rapidamente, e os caixões começaram a chegar em grande número na cidade de Sogdiana. Como esses "caixões de ferro"[4] chegavam chumbados pelas autoridades militares, as inúmeras sequências rituais, até então consideradas por esses muçulmanos indispensáveis ao tratamento do corpo, desapareceram das cerimônias.

---

3   Dialeto persa falado em Samarcanda, em Bucara, no Tajiquistão e no norte do Afeganistão, o tajique é muito próximo do dari, língua oficial – juntamente com o pachto – do Afeganistão.

4   *Temir toby* em jadjik, como na língua uzbeque, mas chamados "caixões de zinco" em russo pelos ucranianos, pelos russos, pelos bielorrussos durante o mesmo período. Cf. S. Alexievitch, *Les Cercueils de zinc*, trad. W. Berelowitch et B. Du Crest, Paris: Christian Bourgois, 2006.

Em 1989, a guerra chegou ao fim e os funerais retomaram seu curso anterior. Assim como ocorria no passado, a região de Samarcanda pôde se orgulhar de celebrar os funerais mais espetaculares e rigorosos do país no que se refere às mulheres[5]. Inscritas ou não no partido comunista, as mulheres enlutadas continuaram a conduzir os rituais funerários como bem entendiam e como haviam aprendido, mas aceitavam fazer uma pequena concessão no volume sonoro das lamentações: "Por causa da KGB, gritava-se mais baixo!". Em Samarcanda, a tradição prescreve que as mulheres devem se lamentar durante três dias, em duas sequências rituais, o *djahr* e o *sadr*[6], nas quais se pode perder totalmente o controle de si: em contrapartida, as enlutadas ficam reclusas e são submetidas a certas macerações durante os quarenta dias que seguem o óbito, enquanto o *ruh*, a alma superior do defunto (ou defunta), vagueia entre seu túmulo e a câmara mortuária. Por isso, apesar de algumas pequenas adaptações concedidas ao realismo socialista, os ritos de morte, longos e custosos, pois duravam um ano inteiro, não tinham nenhuma razão de mudar.

Isso sem contar os caprichos do presidente Islam Karimov[7], que desde a Independência, em 1991, dirigiu o país com mãos de ferro. Autoinvestido da missão de "conduzir o país rumo à modernidade e à democracia", ele não podia tolerar que "essas práticas de uma outra época"[8] fossem assistidas pelas dezenas de milhares de turistas ocidentais que chegavam todos os anos para percorrer a Rota da Seda

---

5   A. Duclot, "Quand le corps des femmes exprime la douleur du corps social, à Samarcande. Pour une anthropologie des émotions, dans une cité d'Asie centrale", *in*: K. Buffetrille *et al*. (éds.), *D'une Anthropologie du chamanisme vers une Anthropologie du croire: études mongoles e siberiennes, centrasiatiques e tibetaines*, Paris: École Pratique des Hautes Études, 2013, pp. 651-71.

6   Termos intraduzíveis, mas essas sequências rituais serão descritas mais adiante.

7   Nascido e criado em Samarcanda, doutor em Economia Marxista, *appartchik* do partido comunista uzbeque desde os anos 1960, Islam Karimov, presidente da República do Uzbequistão de 1991 a fevereiro de 2016, quando faleceu, foi comparado a Stalin por sua filha mais velha, em sua conta no Twitter, em novembro de 2013, mas a mensagem foi rapidamente apagada pelo SNB (Serviço Nacional de Segurança), (ex-KGB), até que ela própria caiu em desgraça em outubro do mesmo ano.

8   Seria muito fastidioso traçar o inventário dos discursos nos quais ele reitera essa ideia, por isso prefiro remeter o leitor aos sites oficiais e, principalmente, ao da Agência Nacional de Informação do Uzbequistão: <http://uza.uz>.

e dar asas à imaginação diante das cúpulas azuis e das Mil e Uma Noites de uma Sherazade uzbequistanizada pelos guias de turismo locais. As filhas do presidente e os burocratas do Partido, os *apparatchiks* de seu círculo, necessitavam de muitas divisas financeiras, mas não toleravam sarcasmo[9]. "Os ocidentais estão sempre prontos a zombar das tradições das quais não compreendem nada e que consideram ultrapassadas!". Em 2007, as lamentações foram proibidas pelos imãs oficiais que persuadiram as *bikhalfas*[10] a substituírem as fases rituais por um *zikr*, termo que relembra as cerimônias sufis de "rememoração de Deus". Muito desenvolvido na Ásia Central desde a época medieval, durante muito tempo, o sufismo foi considerado um "Islã do bem", mas, em 2011, sofreu um golpe brutal no Uzbequistão, sem verdadeiramente resvalar para a categoria de um "Islã do mal". Mesmo assim, esses decretos religiosos não provocaram nenhum protesto; ocorreu simplesmente que, além do *zikr* imposto pelos imãs oficiais, uma outra prática, esquecida desde a revolução bolchevique, mas ainda observada no Irã, no Curdistão, no Afeganistão etc., substituiu as lamentações: foram as *marsiya* ou "elegias fúnebres", que nos dias atuais a *bikhalfa* salmodia na intimidade dos parentes próximos, por ocasião das vigílias fúnebres das três primeiras noites subsequentes ao óbito.

Os caixões de ferro[11] em Samarcanda

Durante a guerra do Afeganistão, a morte de um filho em combate era anunciada por telefone pelas autoridades militares, logo no início da manhã, no exato momento em que um caminhão militar

---

9 Sem dúvida, essa é a razão pela qual os controladores alfandegários do Aeroporto Internacional de Tashkent deletam as pitorescas fotos dos computadores dos turistas, considerando-as ofensivas para um "Estado Moderno" e que, mesmo a contragosto, as mulheres são esterilizadas por ocasião do nascimento de seu segundo filho.

10 As *bikhalfas* podem ser parcialmente comparadas às "mulheres-mulás" que conduzem os rituais familiares femininos.

11 Os materiais etnográficos utilizados nessa passagem são testemunhos *a posteriori* das lembranças, coletados na região de Samarcanda, de abril a setembro de 2013, entre os veteranos do Conselho da União dos Combatentes Internacionalistas do Afeganistão, associação parcialmente tolerada no Uzbequistão atual.

partia da cidade de Tasquente com o caixão a bordo. A família recebia a indicação da hora em que o veículo, lotado com oito corpos e escoltado pelo mesmo número de soldados armados, iria chegar em Samarcanda. Como a informação podia ser duvidosa, cinco horas mais tarde, quando o veículo chegava às portas da cidade, o choque era brutal, e o número de soldados não era suficiente para conter as mães de luto. Em geral, alertado pelo Estado-Maior, um oficial comissionado em Samarcanda, quase sempre um vizinho, ia até a casa do defunto para apresentar suas condolências pessoais e as do Exército Vermelho. Ele nem sempre era bem-vindo, as mães não compreendiam por que ele havia voltado da guerra e seus filhos não. O traumatismo[12] era agravado pelo fato de que o cadáver do filho, ou de quem ocupasse seu lugar, estava fechado em uma caixa de metal e que ele não podia nem ser tocado nem beijado. Nos primeiros meses da guerra, os caixões possuíam uma espécie de lucarna de vidro que permitia ver o rosto do rapaz; rapidamente, porém, a atrocidade dos combates obrigou as autoridades a encerrar os corpos em sarcófagos totalmente fechados, tamanha a deterioração, e impermeabilizados, para evitar que os líquidos corporais vazassem, pois era comum o despojo demorar muitas semanas para chegar em casa. Além do fato de saber que seu filho não poderia se beneficiar de uma toalete mortuária – compreendida como uma purificação necessária antes que alguém se apresente diante de Alá – e que ele não seria envolvido em um sudário de algodão branco, nem sepultado em plena terra nas 24 horas que se seguiam à sua morte, havia um outro fator aparentemente insuportável para elas: a dúvida. Essa dúvida ainda permanece até hoje entre as famílias: "Foi mesmo o nosso Khalil (ou nosso Ilkhom) que eles nos trouxeram?"; "Seu corpo não caiu nas mãos dos cruéis afegãos?"; ou, ainda, "Será que ele não ficou sem sepultura nas montanhas desse terrível país de costumes retrógrados?". Enfim, "Como sua *rûh*[13] vai poder sair dessa caixa de ferro para vol-

---

12 Corria o boato de que os caixões continham mais terra do que corpos, pois era difícil reunir os restos mortais dos soldados explodidos pelas minas ou que haviam sido prisioneiros dos *dush*, abreviação de *Dushman*, que em tajique e em dari significa "inimigo", e que no Exército Vermelho designava os combatentes afegãos.
13 Alma superior, em oposição a *nafs*, "alma inferior", ou ego imperfeito e mortal que desaparece logo após o último suspiro.

tar durante quarenta dias à sua antiga morada?"; "Deve-se acender as tradicionais velas de algodão perto de sua *kurpacha*[14]?". Como ainda se pratica até hoje, todas as noites, durante quarenta dias, as mulheres do casario deviam confeccionar velas de algodão[15], acendê-las e colocá-las junto a uma grande tigela cheia de água que refletisse a luz das velas para que a *rûh* do morto não tropeçasse em suas idas e vindas entre o túmulo e sua câmara mortuária. Nessa câmara, eram colocadas suas roupas de "antes", seu barrete, denominado *tagyak*, e sua fotografia. Atualmente, toda noite, ao pôr do sol, essa câmara é iluminada, até mesmo com luz elétrica (quando ela existe), para que se porventura o fogo das velas se extinguir durante a noite o espírito do morto não se sinta na escuridão; tudo é apagado com os primeiros raios do amanhecer.

Isso ocorre porque o espírito do desaparecido só se afastará depois de quarenta dias, quando irá para um além relativamente próximo, de onde, durante um ano, ele ainda poderá voltar e aparecer para seus parentes sob a forma de uma borboleta. Depois disso, reencontrará definitivamente o sétimo céu onde Alá reina ou mesmo o paraíso, com seus jardins e suas jovens virgens. As opiniões sobre esse ponto divergem de uma pessoa a outra, de uma família e de um imaginário a outro, pois a educação religiosa foi negligenciada (por ser clandestina) e até mesmo ausente durante os 75 anos de duração da União Soviética.

"Felizmente, apesar da presença de soldados armados em nosso pátio, não nos impediram de lamentar. Conhecemos essa proibição mais tarde, quando passamos a ter o peso de um Estado sobre nós, um Estado muçulmano e independente. Foi desde que nos tornamos independentes que nos proibiram de lamentar!", suspirou Manzura, que jamais esqueceu seu filho morto em Cabul, em 1986. No restante, a sequência dos funerais efetivamente não variou. Apesar dos dois impávidos soldados de guarda em cada lado do caixão, colocado em uma mesa baixa no pátio da casa, as mu-

---

14 Cobertor multicolorido que serve de cama, desdobrado à noite e redobrado a cada manhã, mesmo se nos dias atuais os habitantes das cidades muitas vezes durmam em camas à maneira ocidental.

15 O Uzbequistão é um dos principais produtores de algodão do planeta, como o deplorável estado do mar de Aral relembra a cada dia.

lheres reunidas em dois círculos concêntricos[16] podiam gritar, sob o comando da *bikhalfa*, as palavras estereotipadas que qualquer parente próximo deve dirigir ao defunto e a Alá. Em contrapartida, chamados por um telefonema fatal, os dois homens lavadores de corpos do bairro não entravam na casa e assistiam à cerimônia da casa do vizinho, junto com os outros homens. O que eles poderiam ter feito diante dos caixões de ferro? Além disso, uma parte das dezenas de mulheres que vinham apresentar suas condolências deixava o pátio antes do fim do ritual para poderem participar das exéquias dos outros jovens do bairro, quase sempre aparentados, cujos corpos tinham sido trazidos de Tasquente no mesmo dia, no mesmo caminhão. Enfim, a última diferença era o furgão militar que transportava os caixões para o cemitério, isso para evitar que os homens da família ficassem tentados a abri-los, a fim de enterrar seus filhos em plena terra, sem sua ganga de aço. Em compensação, uma salva de honra, em um modelo totalmente soviético, era disparada pelos soldados da escolta no momento em que o coveiro e seus ajudantes cavavam a vala. O Exército Vermelho tinha sempre a última palavra.

O retorno ao normal: etnografia (muito) sucinta dos funerais comuns

Em 1989, quando a guerra chegou ao fim, os funerais voltaram a ser como sempre foram, conservados na memória das mulheres.

Em Samarcanda, quando o estado de saúde de uma pessoa se deteriora a ponto de fazer pressentir o fim iminente, os membros da família mais próximos devem pedir perdão ao agonizante e, por sua vez, perdoá-lo, para que isso seja incluído no crédito do defunto por ocasião do julgamento de Alá, que decidirá sua vida no mundo supraterrestre: inferno ou paraíso. Como ocorre por toda parte no território islâmico, depois do último suspiro, as horas subsequentes são as do enterro propriamente dito. Vamos descrever o ritual no caso de uma defunta. As mulheres da família, de luto fechado, perfilam-se em ordem hierárquica ao longo do muro interno do pátio da casa.

---

16 Cf. mais adiante.

Elas ficam ali à espera das mulheres que chegam para apresentar suas condolências e depois assistir à cerimônia. Cada uma que chega abraça a primeira da fila, a filha mais velha da defunta, inclina a cabeça ao seu ouvido e grita junto com ela: "Oh, meu Deus! Por que o Senhor levou nossa mãe? E a senhora, querida mãe, por que nos abandonou? O que vamos fazer sem a senhora" etc. Depois, cada uma delas recita a longa litania de seus próprios defuntos, de seus respectivos méritos, em dois longos monólogos clamados ao mesmo tempo. Cada visitante se dirige, então, para a segunda parente da falecida, e suas lamentações recomeçam, compondo rapidamente uma cacofonia tão sonora que fica difícil saber quem grita o quê, pois a assistência é muito densa... e ensurdecedora. Nesse momento, a aflição parece atingir seu ápice, mas, na realidade, isso é apenas o começo. Rapidamente a *bikhalfa* começa a recitar a sura de abertura, depois concentra-se na *Yasin*, a sura número 36 do *Alcorão*. As mulheres ouvem tudo de cabeça baixa, depois juntam as palmas da mão em direção ao céu, enquanto a *bikhalfa* pronuncia, na língua tajique, uma homilia fúnebre denominada "histórias feitas para chorar", enunciando as coisas boas realizadas pela defunta, sejam elas reais ou hipotéticas. Essas palavras, quase hagiográficas, devem desencadear os gritos de dor da assistência. *Ovoz kardan*, "chorar em voz alta", é uma obrigação, não importa qual sejam os sentimentos dos enlutados. Assim, uma nora que detestou a sogra que a subjugou por muitos anos, o que não é um caso excepcional em Samarcanda, deve se lamentar e clamar os méritos da tirana doméstica que estragou sua vida em termos laudatórios bastante codificados e estandardizados. Em seguida, a *bikhalfa* ordena que todas se coloquem em círculo para dar início ao *sadr*, durante o qual as parentes muito próximas da defunta, com seus ombros lado a lado, giram em uma lenta rotação, com pequenos passos laterais, seja no sentido da circum-ambulação de Meca, seja no sentido inverso dos ponteiros de um relógio, sempre rodeadas por outras mulheres, que compõem um outro círculo, maior e menos "redondo" – pois o lugar é limitado (trezentas a quatrocentas mulheres encontram-se presentes no pátio) –, que permanece estático. As lamentações transformam-se em gritarias trágicas quando as duas lavadoras de corpos (dois lavadores para um morto) atravessam o portal da casa vestidas com a *parandja* branca[17] e o rosto coberto por um véu feito de crina de cavalo. Com passos firmes, elas se dirigem para a câmara mortuária onde repousa o cadáver. Nesse momento, as enlutadas começam a bater as duas mãos violentamente contra o peito, voltando-se alternadamente para a direita e para a esquerda, em um ritmo muito regular, cadenciado pela batida das mãos e os gritos de dor: "Oh, Deus! Oh, minha querida mãe, a senhora era tudo para mim: a senhora era Meca e Medina; era mais do que nossa vida; a senhora era meu paraíso. Quem vai me dar conselhos agora? Não posso imaginar minha vida sem a senhora. Onde a senhora irá dormir agora? A senhora era tão bela, tão sábia!" etc. Essas palavras são escandidas sílaba por sílaba, o ritmo se acelera, a escansão torna-se cada vez mais rápida, as palavras são gritadas sem que as participantes recuperem a respiração, e a excitação se apodera de todos os espíritos. Quando a sequência ritual chega ao fim, as participantes não hesitam mais em começar o *djahr*: as palavras rituais tornam-se incompreensíveis e são acompanhadas de meneios do corpo de alto para baixo e para frente, de modo cada vez mais violento e rápido, o que provoca perturbações na sequência da performance, até então bem "coreografada". A agitação conduz não apenas à desordem na geometria desse primeiro círculo como também à desordem nos penteados; por isso, não é raro ver os lenços do luto caírem no chão, os cabelos se desgrenharem e as mulheres "histéricas"[18] desabarem, semidesfalecidas. "As mulheres são assim mesmo", afirmam os homens.

O *sadr* e o *djahr* são destinados, acima de tudo, a impressionar os anjos da morte, Munkar e Nakir, encarregados de interrogar a defunta e influenciar Alá antes do veredito final; entretanto, apenas as mulheres-mulás mais instruídas ainda conhecem os nomes desses anjos.

Em seguida, as lavadoras da morte, como são chamadas, deixam a câmara mortuária sob os lamentos lancinantes das mulheres que

---

17 Longo mantô com mangas falsas que as mulheres não usam sobre os ombros, mas sobre a cabeça para demonstrar justamente que não têm cérebro. A tradição impediu que elas saíssem sem a *parandja* e sem o véu facial até 1928, data em que os soviéticos as obrigaram a abandonar seus acessórios ornamentais e a queimar os véus em praça pública. Ainda hoje em Samarcanda existe o hábito de ofertar uma *parandja* a uma jovem no dia do casamento.

18 Essa é a opinião de um vizinho pouco influenciado pelas teses feministas e, que fique bem entendido, só diz respeito a ele.

abrem os círculos para deixá-las passar. Sua partida é o sinal para que quatro homens (não aparentados), dentre os que ainda permanecem na rua, entrem rapidamente no pátio, se dirijam até a câmara mortuária e levem o corpo, envolvido em seu sudário e recoberto por sua *parandja* (ou por seu longo mantô de veludo azul, se o morto for um homem). As mulheres do primeiro círculo tentam segui-los para fora do pátio, mas, na soleira da porta, um homem da família as impede de sair; enquanto isso, na rua, o corpo é depositado em um pesado caixão de madeira diante do qual é colocada a *parandja*. Os homens conduzirão o caixão até o cemitério, revezando-se a cada sete passos e pronunciando, mas a *mezzo voce*, as mesmas palavras padronizadas: "Por que a senhora nos abandonou?" etc.

No segundo e no terceiro dias, enquanto o corpo descansa no cemitério, desde a manhã, no pátio da casa, os dois círculos se renovam e, mais uma vez, todas clamam sua dor. No alvorecer do terceiro dia, denominado *khudoi*, "sacrifício", um carneiro degolado (por um açougueiro profissional) e cozido no pátio da casa pelos homens da família é oferecido aos homens e mulheres enlutados dos dois lados da rua.

A partir do quarto dia, os homens retornam às suas atividades rotineiras, mas não os parentes próximos. No quadragésimo dia, eles se reúnem para uma refeição em comum: as mulheres do primeiro círculo colocam um vestido e uma calça novos[19], pois desde o óbito elas não mudaram de roupa a fim de que todas pudessem constatar, ao cabo desse período, como suas vestimentas ficaram "desgastadas pelo pesar". Além disso, durante esse tempo, essas mulheres não devem se banhar (a regra, porém, não é muito respeitada quando as temperaturas ultrapassam os 45 °C). Todas recebem um sabonete de sua filha mais velha, para que se lavem e se purifiquem do contato com a morte. As que não possuem banheiro, no dia seguinte poderão ir ao *hammam*, o banho turco público.

No sétimo mês após o óbito, celebra-se o ritual do meio-luto das mulheres, denominado ambiguamente *osh sol*, "refeição do ano", embora o ano de luto ainda não tenha terminado; nesse dia, porém, as mulheres muito próximas formarão o círculo pela última vez. Assim que elas começam a usar a roupa verde do meio-luto, as vizinhas e parentes distantes colocam um retalho de seda em suas cabeças.

---

19   De seda azul, pois o azul é a cor do luto.

Os funerais ainda não terminaram, mas os círculos não se formarão mais. O luto é "aliviado" e, aos poucos, a família retorna à vida ordinária até chegar à última etapa, na qual o luto será definitivamente suspenso, após a realização de um banquete funerário de comemoração na data do aniversário da morte. As mulheres abandonarão suas vestes de luto, exceto as mais velhas, que muitas vezes preferem continuar a usar um pequeno lenço de seda amarrado atrás da nuca. Se o defunto era o marido, a viúva poderá se casar de novo (enquanto um viúvo pode ser autorizado a casar de novo após quarenta dias).

Essa última etapa assinala o "desligamento"[20] do defunto com o mundo dos vivos. A sociedade agora foi reorganizada sem ele. Mães que perderam um filho usam a roupa do meio-luto ainda por mais um ano, mesmo que essa obrigação não seja imposta pelas pessoas ao redor, uma atitude cujo significado é demonstrar a todos que seu trabalho de luto (dessa vez no sentido psicológico do termo) ainda não terminou.

Quando um autocrata decide modernizar a vontade divina

A partir da independência do Uzbequistão, os imãs declararam a vontade de se aproximar dos cânones muçulmanos sunitas ortodoxos e, de fato, exerceram uma forte pressão social para erradicar as lamentações e, sobretudo, diminuir a autoridade que as *bikhalfas* exercem sobre as mulheres. Algumas delas, cujo carisma e reputação indicavam que seriam capazes de fazer chorar até mesmo os mais insensíveis, foram aduladas como estrelas do *rock*. Como resistir, por exemplo, quando uma *bikhalfa* como essa se dirigia às lavadoras dos mortos e salmodiava com sua voz profunda: "Quando vierem me lavar, por favor, não me façam mal. Tomem cuidado para introduzir delicadamente o algodão em meus orifícios, pois esse algodão me

---

20 Etapa necessária para o prosseguimento da vida, esse "desligamento" é particularmente marcado em inúmeras sociedades africanas, sendo muitas vezes objeto de longas sequências rituais, nas quais "no óbito de uma pessoa é toda uma geração de filhos que deve ser redefinida e colocada no seu devido lugar". D. Liberski, "Le Lien défait (Kasena, Burkina Faso)", *in*: *Le Deuil et ses rites III: Systèmes de pensée en Afrique Noire*, CNRS-EPHE, 1994, p. 215.

parece duro como uma pedra: não fechem ainda o sudário, eu lhes suplico, deixem que eu possa beijar meus filhos, minhas filhas, minhas irmãs, pelo menos uma vez."?

Segundo os religiosos designados pelo regime, as mulheres não deviam mais demonstrar emoção por ocasião da morte de um parente próximo: "Deus dá, Deus tira. Portanto, nada de lágrimas, nada de gritos!". Retomando o argumento em causa própria, o presidente Islam Karimov, atormentado entre o medo dos opositores islâmicos – clandestinos ou refugiados no vizinho Afeganistão – e sua vontade de ostentar uma aparência de modernidade, utilizou o pretexto do respeito à "verdadeira" religião para ditar as regras referentes às cerimônias privadas. Depois de ter proibido o uso da língua tajique nos espaços públicos, tanto em Samarcanda quanto em Bukhara, ele declarou, em 2008, que todos os rituais familiares, inclusive os funerais, deveriam ser realizados na língua uzbeque[21].

O poder também proibiu que qualquer novo sepultamento fosse realizado no cemitério de Shoh-i-Zinda. A partir de então, as famílias de luto que ali possuíssem uma "concessão" multissecular deviam procurar com urgência uma sepultura, muitas vezes na outra extremidade da cidade, a fim de não perturbar a bela disposição dos monumentos dessa célebre necrópole, pomposamente restaurados. Muito visitado pelos turistas e denominado "o banheiro" pelos habitantes de Samarcanda[22], o vasto sítio de Shoh-i-Zinda agora é reservado às visitas profanas: enterrar os "nativos" ali seria correr o risco de amedrontar os turistas e estagnar os negócios.

Desde 2011, realizados em nova versão, sem *djahr*, sem *sadr* e, portanto, sem lamentações, os funerais não toleram exceção. Para substituir as *bikhalfas*, foi aconselhado um *zikr*, substantivo tomado

---

21 O presidente se considerava o novo Tarmelão da "Nação Uzbeque", aquele que retomaria novamente as fronteiras que Stalin havia estabelecido em 1924. Essa "uzbequistanidade" reafirmada necessitaria, portanto, da eliminação da língua e da "etnia" tajiques e, de fato, todos os povos de língua tajique deveriam declarar em seu passaporte como sendo de "nacionalidade uzbeque" caso quisessem encontrar um emprego (a menção obrigatória da "nacionalidade" – russa, judaica, armênia, tártara etc. – impressa no passaporte data da época stalinista).

22 Por ocasião de uma restauração recente, o uso abusivo de cerâmicas azuis dava um aspecto artificial às principais construções dessa necrópole, cujos primeiros túmulos datam do século XI.

de empréstimo do vocabulário sufi, o que para as parentes próximas, incluindo a *bikhalfa*, consiste em formar um único círculo estático. As mulheres não se tocam mais, seus ombros não ficam mais lado a lado, enquanto, com o caderno nas mãos, a *bikhalfa* lê a longa sura 36 em árabe. Em seguida, na língua tajique, ela pronuncia em dueto uma "oração de súplica", pedindo perdão pelos pecados da defunta. As enlutadas fora do círculo, as mais jovens de pé, as mais velhas sentadas, respondem calmamente à *bikhalfa*, sem elevar voz, em uma réplica que anuncia a desventura. A ritualista prossegue recitando a *shahada* (ou dupla profissão de fé), enquanto as enlutadas fora do círculo permanecem silenciosas e imóveis. Algumas delas, entretanto, em outubro de 2013, já se arriscavam a balbuciar a *shahada*. A partir de então, os versículos corânicos e as orações de súplica que pediam a Alá uma vida agradável para a defunta no mundo supraterrestre e imploravam a Deus para que o luto não voltasse mais a se abater sobre aquela família se alternam com as tímidas respostas das participantes dentro e fora do círculo.

Interrogada fora do ritual sobre as razões desse súbito entusiasmo em prol de uma performance ritual tão pacífica, a *bikhalfa* do meu bairro respondeu-me, sem hesitação, que é aconselhável imitar Jilani e seu *zikr*, adotado pela confraria Qadiriyya[23], da qual, aliás, ela admite não conhecer nada. Em contrapartida, quando lhe falo a respeito de uma eventual influência da confraria Naqshbandi, ela me afirma que ignora tudo dessa prática mística, dessa *tariqat*, embora a duas ruas de distância dali, na mesquita do bairro, construída no século XVIII, nossos vizinhos afirmem que todas as sextas-feiras realizam ali *zikr* silenciosos, segundo o modo de invocação da Naqshbandi.

Se acreditarmos nos principais interessados, esse *zikr* relembra mais ou menos o *zikr* fúnebre observado pela etnógrafa A. L. Troitskaia nos anos 1920, e há muito esquecido. Mas essa nova versão do *zikr* é suficiente para impressionar os dois anjos da morte? Há menos de dez anos, as mulheres-mulás afirmavam que o defunto devia ser lamentado com muita força, pois isso garantia a chegada

---

23 Surgida no século XII, essa confraria teve uma ampla difusão na Ásia Central até o século XVIII, mas não é a mais popular do Uzbequistão, onde nasceu Baha-ud-Din Naqshband, fundador epônimo da confraria Naqshbandi.

do *rûh* ao sétimo céu ou aos Jardins de Alá. Seduzido pelos charmes do paraíso, ele não ficaria tentado em descer à Terra para atormentar os vivos. Se os *rûh* maléficos são, acima de tudo, almas dos que tiveram morte violenta ou acidental, o espírito de um defunto que não foi lamentado – ou foi insuficientemente – pode se vingar de seus descendentes indelicados retornando para atormentá-los. Por isso, é para o bem de todos que as deplorações das mulheres sejam espetaculares. Pelo menos, era isso o que as *bikhalfas* mais instruídas ainda explicavam em 2007, enquanto as mulheres simples "do povo"[24], ou seja, a grande maioria delas, contentavam-se em fazer o habitual comentário: "Tudo é feito assim porque é a tradição e porque sempre se fez assim!", uma afirmação na qual fica subentendido que elas não sabem o que fazem, mas, como sempre deu certo, continuam a fazer.

Pela lei do "príncipe"[25], à qual ninguém sonharia em se contrapor, além desse *zikr* um pouco fastidioso, os habitantes de Samarcanda retomaram também o uso das *marsiya*, ou elegias fúnebres, que reapareceram sem que se pudesse dizer de onde nem como. Muitas vezes improvisados, com frequência recitados ou lidos[26], esses cantos constituem um gênero literário totalmente à parte. Nas três primeiras noites após o óbito, durante o velório, depois que os condolentes se vão, a *bikhalfa* declama esses poemas convencionais herdados da grande tradição persa, mas na língua uzbeque, por receio da delação; como muitas mulheres não dominam essa língua, as *bikhalfas* devem parar a declamação de tempos em tempos para traduzir essas estrofes de cinco versos para a língua tajique, o que, desconfiamos, quebra um pouco o ritmo de sua escansão. Os participantes choram sem fazer ruído, enquanto a *bikhalfa* "melodiza" os versos. É como se a ela tivesse sido delegado o direito de expressar uma perda e uma falta que ela mesma não sente, pois o luto não é dela. E, de fato, durante esses três dias, as enlutadas da família não verbalizam mais nenhuma emoção, e seus corpos também não expressam mais

---

24 As mulheres que permaneceram muito apegadas aos padrões soviéticos não demonstram nenhum interesse pelo fenômeno religioso.

25 A autora refere-se aqui ironicamente ao presidente Islan Karimov. [N.T.]

26 Após terem sido recopiadas num caderno e até mesmo publicadas por conta do autor. Do mesmo modo, por ocasião da morte de seu filho, minha vizinha mandou imprimir os poemas redigidos por sua avó nos anos 1910.

a aflição que, alguns anos atrás, eles ainda deviam imitar. Sob ordem governamental, elas delegaram a expressão de sua dor a uma única especialista ritual, foram privadas de manifestar sua tristeza e mantidas em um papel passivo, pois agora apenas a *bikhalfa* tem o direito de versificar a dor que as mães sentem. Com a condição de que isso permaneça na intimidade das casas!

Conclusão

Os habitantes de Samarcanda não tinham nada a dizer sobre as modificações impostas há cerca de trinta anos por sucessivos decretos. Há menos de dez anos, as mulheres-mulás ainda afirmavam que o devir da alma de um defunto, e por isso a tranquilidade dos sobreviventes, dependia do bom andamento das lamentações. Entretanto, a brutal revogação dessa prática multissecular não apenas não levantou nenhuma objeção como também não provocou qualquer questionamento sobre a nova versão do ritual. Sem dúvida alguma, um *ẓikr* sufi substituiu essas deplorações sonoras e, para causar boa impressão, os uzbeques se reapropriaram das *marsiya* ou elegias fúnebres, um costume relegado ao ostracismo pela União Soviética. Mas conceber que essa pálida cópia do *ẓikr* e essas elegias sussurradas na intimidade dos parentes muito próximos pudessem subitamente substituir a sequência essencial dos ritos funerários tradicionais fez com que eu me questionasse (sem nenhuma resposta até agora) sobre a eficácia ritual realmente esperada de uma cerimônia como essa.

Durante algum tempo, acreditei que as mudanças nas cerimônias multisseculares, feitas por imposição, tivessem permitido induzir nos enlutados uma "reflexividade", um "retorno a si mesmos", um distanciamento voluntário que os tornaria capazes de decifrar as lógicas de suas próprias práticas e representações e que ultrapassassem as explicações muçulmanas correntes. Mas, como inúmeros antropólogos de campo já constataram, essa reflexividade é raríssima, pois "os participantes não compreendem verdadeiramente o porquê do que fazem, mesmo que saibam por que fazem"[27]. Nesse caso, os parti-

---

27 G. Rozemberg, "Magie du rituel, démon de la réflexivité", *L'Homme*, 2011, n. 198-199, pp. 277-300.

cipantes não parecem ter sido desestabilizados pelos decretos de um poder ditatorial que usa a arma da ortodoxia muçulmana para pôr fim a séculos de práticas fúnebres. Parece claro, no entanto, que o "príncipe" desejava mesmo "desqualificar e até mesmo deslegitimar uma prática muito bem consolidada"[28]. Diante disso, a eficácia procurada não parece ser aquela proclamada pelas principais interessadas. Em uma primeira hipótese[29], fiquei tentada a sugerir que a "verdadeira" eficácia esperada dos funerais era recompor o grupo sem o defunto, baseado na "teoria relacional" de Michael Houseman[30], segundo a qual qualquer ritual seria executado, sobretudo, para reconfigurar ritualmente relações abaladas por um acontecimento extremo – no caso, a morte de um membro do grupo. Mas um ritual tão custoso e tão impositivo (para as mulheres) poderia ter sido elaborado unicamente para reconstruir relações familiares estáveis cujo falecimento de um de seus membros teria desestabilizado? E sua longa duração teria sido eliminada pelo simples capricho de um tirano local, mal de divisas financeiras, sem que os enlutados se rebelassem contra isso?

O tema mereceria um estudo muito mais amplo que não me recuso a prosseguir, mas que, no momento, não me sinto em condições de aprofundar de tão extraordinária que me parece a situação. Decididamente, após doze anos de pesquisa de campo, os uzbeques ainda possuem a capacidade de me surpreender!

---

28   *Ibidem*, p. 287.

29   A. Ducloux, "Funérailles, côté femmes, à Samarcande. Du réseau au cercle et du cercle au réseau", *in*: Anne Ducloux (éd.), *Anthropologie des réseaux en Asie Centrale*, Paris: CNRS, 2011, pp. 137-58.

30   Comunicação oral em seu seminário realizado na EPHE, em janeiro de 2010, *La Pratique rituelle: configurations classiques et contemporaines*.

A MORTE ENTRE O POVO TICUNA (AMAZÔNIA)

JEAN-PIERRE GOULARD

Os povos da etnia ticuna constituem um dos grupos mais importantes de índios da Amazônia. Nos dias atuais, distribuem-se de uma parte a outra das fronteiras do Brasil (46.045 em 2010), do Peru (6.982 em 2007) e da Colômbia (8.000 em 2011), mais de 60 mil pessoas que compartilham uma língua tonal (cinco tons) composta de três dialetos. Em sua maioria, vivem nas margens no rio Amazonas, onde praticam a horticultura sobre queimadas e a pesca; a caça continua a ser privilegiada por milhares deles que vivem no interflúvio, ou seja, na zona de relevo que separa os vales. Reconhecem-se como "seres vivos verdadeiros". A maioria foi forçada a migrar para as terras que margeavam os rios da Amazônia devido à pressão dos portugueses. Até o século XIX, compartilhavam uma área cultural com grupos vizinhos de línguas e práticas próximas, senão comuns. Alguns deles puderam praticar o endo e/ou o exocanibalismo ou, ainda, os duplos funerais, embora os dados sobre esse tema sejam pouco numerosos.

Origens

Quando os gêmeos míticos nasceram, a Terra era habitada pelos *du-ũgü*, seres vivos ou "existentes" em estado *ü-üne*. Ainda hoje, muitos seres vivos conhecem esse estado que pode ser traduzido por "fogo-corpo" ou "fazer corpo". A noção de "fogo-corpo" remete à de calor, e a de "fazer-corpo", a um estado que se poderia comparar ao corpo completo. O termo *ü-üne* é comumente traduzido por "imortalidade". Uma vez ordenado o universo, os gêmeos míticos Dyoi e Ipi deram origem a novos seres. Depois de ter cometido um incesto com a esposa de seu irmão mais velho, o mais novo reduziu-se a pó, ao mesmo tempo em que um fruto de jenipapo (*Genipa americana*); os dejetos foram atirados no rio onde se transformaram em peixes. Ao atingirem a maturidade, eles foram pescados sucessivamente pelos dois irmãos[1] e, quando chegaram à terra firme, assumiram a aparência humana. Uma parte deles, porém, não conhecia nenhuma regra cultural e suas relações eram incestuosas, o que provocava catástrofes (dilúvios, incêndios). Não aceitando mais essa situação, Dyoi, um dos gêmeos, propôs um modo de organização social fundado em um sistema clânico com metades exogâmicas. A partir daí, a Terra estabilizou-se. Mais tarde, por ocasião da celebração de um ritual de faixa etária, uma jovem, mantida em isolamento, respondeu ao espírito Velhice através da parede de sua clausura, embora tivesse sido advertida para não prestar atenção a nenhuma solicitação. Velhice, então, trocou suas peles com ela, e os humanos perderam seu estado de *ü-üne* e passaram para o da mortalidade, *yunatü*.

Os seres vivos ou existentes

Nos dias atuais, a Terra é povoada de uma multidão de seres existentes, *du-ũgü*. Cada um deles possui três princípios. Um remete ao corpo e à identidade; o outro, à energia; e um outro, ao princípio vital. O primeiro deles, o princípio corporal, é adquirido a partir do nascimento e conservado durante a vida inteira, e o sangue é seu suporte. O segundo, o princípio energético, fundamenta-se sobretudo em

---

[1] De acordo com a lenda, a esposa de um Dyoi pescou um peixe que, ao tocar a terra firme, se transformou novamente em Ipi.

uma boa alimentação, que assegura a força do indivíduo. O terceiro, o princípio vital, é o verdadeiro objetivo do ser vivo: ele é fortificado graças à prática de rituais até a idade adulta. No entanto, ele jamais está ao abrigo da predação, pois pode ser devorado, canibalizado. Se todos os seres existentes são humanos, há aqueles que conservaram a aparência humana e muitos outros que a perderam por diversas razões, como os animais, os grandes vegetais e as entidades, que podem reencontrar essa aparência em determinadas circunstâncias.

Os imortais

Assim, o universo é povoado de diferentes classes de seres que vivenciam o estado de imortalidade: "poderosos, eles guardam o mundo, são os 'pais da Terra'". Alguns previnem os acidentes que podem vir a ocorrer e buscam remediá-los. Para fazer isso, eles se servem de bolas de terra molhada e fria, material extraído de uma salina *waipu* situada no meio da "grande água" *tatü* ou Amazonas. É um lugar onde coabitam "as onças, todos os animais, a serpente, o cão, as antas e também a harpia. E lá se refugiarão, quando Tupã for destruir o mundo, toda a gente, toda a gente encantada". Ali vivem para sempre "os animais que se comem, cada animal com sua companheira, o macaco barrigudo com sua companheira, a serpente com sua companheira, a anaconda com sua esposa, a aranha". Esses seres possuem várias esposas, e os animais são ligados a cada um deles. São protótipos que permitirão a regeneração dessas espécies após o próximo cataclismo.

Os imortais residem na casca da árvore Ceiba, derrubada nos tempos primordiais, cujo tronco deu origem ao Amazonas. Os gêmeos míticos organizaram, então, o universo, delimitado por um "cinturão-invólucro" semelhante ao que envolve o corpo humano. Pela adição de um afixal, o povo ticuna distingue: "a terra do alto" e a "terra do baixo", que correspondem às expressões a jusante e a montante de qualquer curso de água. O lugar de "residência dos imortais", *taivügüne*, situa-se nas margens do mítico rio Eware. Acredita-se que ele se localiza a jusante, na margem esquerda, desse rio e corresponde ao alto mitológico. De fato, é sempre aconselhável distinguir o eixo mitológico do eixo geográfico. O primeiro resulta da rotação do universo realizada por Dyoi. Uma vez pescados os peixes, Dyoi propôs a seu irmão que cada um fosse para seu lado com seus peixes. Ipi, o mais novo, escolheu as terras do baixo, mas Dyoi, sabendo que a terra escolhida por seu irmão era a melhor, fez a Terra pivotar durante a última noite que passaram juntos. Sem se dar conta disso, seu irmão partiu rumo ao *baixo* mitológico, mas acabou indo parar no *alto* geográfico.

A morte

Hoje, muitas espécies de seres existentes conhecem a morte. Ela é consecutiva à perda do princípio vital por uma causa que nunca é natural. O processo é o mesmo para todos, mas para facilitar a argumentação vou optar por uma apresentação por gênero.

Os vegetais e os animais

Apenas os grandes vegetais são atingidos pela morte, os muito pequenos não possuem princípio vital suficiente para interagir com ela. Por isso, aproximar-se dos grandes vegetais é algo arriscado para a pessoa e para os seus. Eles reagem sem que um contato físico seja necessário: apenas se aproximar deles ou passar sob sua folhagem já desencadeia sua agressividade. O mais conhecido e mais temido de todos é a Ceiba de "tronco torcido", valorizada por sua longevidade: ela "não quer morrer porque tem seu coração". O cedro (*Cedrela fissilis*) é outra espécie cuja proximidade é igualmente perigosa em razão da facilidade com que ataca os humanos.

Esses vegetais têm "pais", quase sempre uma larva ou um verme instalados em seu tronco. São eles que buscam estabelecer relações sexuais com mulheres que poderiam ser fáceis de abusar. Mas possuem, sobretudo, a faculdade de atacar e sugar o princípio vital de todos os humanos. Por isso, se um pai, mesmo inconscientemente, não respeita o tempo de reclusão prescrito pelo período do parto e vai para a floresta, ele pode prejudicar seu recém-nascido e até mesmo levá-lo à morte.

Essas árvores possuem um "princípio corporal para que não morram, para que produzam frutos, para que as folhas cresçam, um princípio vital para que elas respirem...". Derrubar uma árvore é, antes de mais nada, extirpar seu princípio vital, daí decorrem as precauções a tomar. Antes da abertura de uma nova roça, o xamã estabelece um pacto com os grandes vegetais que ali se encontram. Ele pede a seus "pais" que deixem os locais para que qualquer risco seja evitado, por exemplo as doenças que podem atingir aqueles que vão explorar o terreno a ser desmatado. Em seguida, eles são acalmados com cerveja de milho jogada sobre o tronco da última árvore derrubada.

Durante seus deslocamentos na floresta, o povo ticuna não deixa de se esfregar nas ressumações das árvores. Para eles, é difícil não tocar nos troncos e nas folhas que contêm a seiva, seu "sangue"; o mesmo ocorre com os bananais, que por essa razão é o único vegetal que os homens são encarregados de cultivar, e com o tabaco – embora por outras razões. A mistura de sangues sempre prejudica o ser humano, que se banha assim que retorna para a casa coletiva.

A relação com os animais não é diferente. Ir à caça requer que se tomem certas precauções, como estar de jejum, não ter tido relações sexuais recentes. O homem vai se entregar a um ato de predação. Além disso, em caso de sucesso, ele deve restituir ao mundo da floresta uma parte de sua presa. Por exemplo, antes que sua esposa corte a caça em pedaços, ele joga na borda da floresta próxima um punhado de pelos retirados da parte superior do crânio do pecari. Por outro lado, a caça de uma anta requer um tratamento específico. O sangue do animal deve escorrer no mesmo lugar em que foi abatido; depois, sua carne deve ser transportada em quatro partes. No entanto, o que o caçador mata não é senão uma presa ilusória: na verdade, o animal é apenas a representação de sua espécie. Quando um animal é morto, o que o caçador atingiu foi somente uma "aparência". "Quando um animal se perde [quando ele foi morto], dele surge um outro porque ele [o 'pai'] os cria. São esses que vivem na salina". Ou, ainda, "é porque tem um pai que o animal jamais se acaba". Não existe perda verdadeira, seu "pai" assegura sua substituição nas salinas ou nos pântanos, onde ele os guarda. Lá, entre eles, retiram a pele que os recobre e, segundo as espécies, reassumem o aspecto humano que haviam perdido após um ou outro acontecimento; isso é o que diz a mitologia. A renovação dos animais depende, porém, da boa-vontade dos "pais", que reagem em função da quantidade de animais caçados. O excesso também pode ser sancionado pela raridade temporária da caça. Outra precaução ainda: o caçador não consome a cabeça do animal que matou, pois os outros da mesma espécie o reconheceriam quando ele voltasse para caçar e, então, poderiam facilmente se esquivar dele. De fato, todos sabem que "o princípio vital de uma vítima entra no corpo do matador".

A relação dos "pais" com os animais é da mesma ordem que a dos humanos com sua progenitura. Os animais são seus "filhos", literalmente seus "bebês". Eles os renovam continuamente: "os 'pais' doam o princípio vital e o princípio energético". Parece, no entanto, que eles geram um número finito deles, pois "é sempre o mesmo o número de princípios vitais" que se encontra na floresta. Os "pais" não são sempre individualizados, pertencem mais a um coletivo. Mantêm relações com os xamãs que os convidam "quando organizam festas". Eles administram o estoque de seus animais, que, regularmente, retornam para perto deles para se saciarem em suas salinas. Esses lugares desempenham a função de verdadeiras matrizes. Os termos para "líquido amniótico" e para "salina" são construídos a partir do mesmo radical que significa "líquido".

Entretanto, uma parte deles mesmos se importa com a morte de seus filhos-animais. Eles demonstram seu pesar e manifestam sua cólera quando uma quantidade muito grande de seus filhos morre. Longe de pensar no desaparecimento possível de uma espécie, o povo ticuna leva mais em consideração suas relações com os "pais", segundo o princípio de uma distribuição equilibrada. Nos dias atuais, foi esse equilíbrio que desapareceu nos rios da Amazônia, onde a predação massiva dos animais não permite mais assegurar sua renovação.

Os humanos

O povo ticuna, que ainda vive nas últimas casas coletivas do interflúvio, se lembra de que o morto era colocado com a face voltada para o sol nascente em uma urna funerária com tampa. Hoje em dia, esse procedimento foi substituído pelo enrolamento do corpo em uma rede. Pedaços duros de madeira são fixados em cada extremidade de um buraco cavado no centro da casa coletiva ou na roça da pessoa falecida. Sua rede é estendida nesse lugar, seu corpo é depositado nela envolto em uma capa de cortiça batida (*Ficus*) ou, mais recentemente, por um tecido; ele é ornado de plumas do pássaro tangara (*Thraupis episcopus*), colocadas em torno do pescoço, e de um colar de contas feito de miçangas e sementes, mas sem suas armas. A escavação é recoberta de pranchas de cortiça, talvez de *Campsiandra angustifolia* ou de palmeira *Iriartea exorrhiza*, e os pertences do morto são depositados ali.

Os mortos "comuns" são enterrados em sua própria roça, contrariamente aos defuntos "de prestígio", que são sepultados no centro da casa coletiva. Em ambos os casos, os espaços que lhes pertenciam não são mais frequentados pelos vivos por medo de seu espectro *nachi-i*. Essas zonas são guardadas na memória, evitadas e contornadas por ocasião dos deslocamentos na floresta. Após o enterro no interior da casa, ela é queimada e o lugar é abandonado por seus habitantes.

Com o uso da urna ou da rede, procura-se evitar qualquer contato do morto com a terra. A urna funerária e os utensílios de cerâmica utilizados para a preparação dos alimentos são designadas pelo mesmo termo, *churi*, o que dá a entender que o corpo passou por um processo de cozimento. Essa "endo-cozinha" assegura o desaparecimento das carnes e a conservação dos ossos. Não é apenas o espectro das pessoas enterradas que deve ser temido, mas também "o líquido do corpo", que atesta que o processo biológico perdura e, com ele, o risco de doenças.

Dali para frente, não se evoca mais a pessoa morta ou desaparecida, nem se pronuncia seu nome, mesmo que sua lembrança seja conservada. Mencionar seu nome seria enviar-lhe um sinal no exato momento em que ela continua a querer se aproximar dos vivos.

Percurso do princípio vital

A morte significa que o princípio vital deixou o corpo da pessoa. Essa dissociação põe um fim definitivo na existência física do *du-ügü*. O povo ticuna considera que esse princípio foi "capturado". Em consequência disso, o coração, que está colocado "bem no centro" do peito, para de funcionar, e o sangue, portador da identidade individual, não assegura mais seu papel.

A partir de então, o princípio vital empreende um longo percurso, passando por uma série de obstáculos que envolvem um amplo conjunto de provas que servem para testar suas qualidades. Essa trajetória o conduz rumo ao "alto" – que evidentemente se situa em um plano horizontal –, ou seja, no sentido da nascente do rio, e de modo algum remete a qualquer verticalidade.

Inicialmente, o princípio vital se apresenta a Chowatü, o rio mítico cuja "água cristalina e meio verde" jamais se consome. Se ele é portador de uma relação incestuosa, a ponte que ele deve atravessar desaba sob seu peso. O boto-cor-de-rosa (*Inia geoffrensis*), conhecido nesses lugares pelo nome de *choreruna*, então o devora. Se ele ultrapassa esse primeiro obstáculo, do outro lado do rio ele encontra uma onça que, de novo, testa sua condição. Continuando seu caminho, ele logo se choca contra uma parede semelhante a um "muro de casa". Esse muro compõe-se de dois blocos que, a um simples toque, se abrem e se fecham, destruindo o princípio vital quando sua condição é incestuosa. Mais longe ainda, ele cruza com um camarão (*Macrobrachium amazonicum*?), portador de um "princípio vital azul-verde" que destrói qualquer princípio vital deteriorado. Uma vez completadas essas provas, ele ainda prossegue no caminho para chegar a um local em que outros "princípios vitais" já estão presentes. Convidado a sentar-se em um banco, ele agita uma corda repleta de ninhos de abelhas que começam a chorar e a gritar: são os "espectros dos corpos" que se entrechocam devido ao intenso movimento da corda. Ao terminar sua viagem, ele é banhado para se limpar de todas as impurezas restantes, e lhe pedem que coma banana e inhame. O princípio vital recupera, então, um estado original. Oferece-se a ele a possibilidade de retornar para o lugar de onde veio e assumir a forma de um espectro ou de permanecer entre seus novos congêneres e dedicar-se a atividades integralmente semelhantes às que ele havia executado entre os seus quando vivia na Terra, mas isso sem fazer nenhum esforço para caçar ou praticar a horticultura, por exemplo.

O conhecimento do povo ticuna sobre esse mundo supraterrestre parece pouco amplo. Existe, entretanto, um código diferente do código dos humanos baseado em equivalências: por exemplo, sua serpente (*Bothrops bilineatus*) é o grilo dos humanos, ou, para as mulheres do povo ticuna, sua mandioca é a raiz das árvores *ngone* (não identificada). Nesse lugar, não existe acumulação; o meio ambiente satisfaz todas as necessidades.

Se opta por permanecer entre seus semelhantes, o princípio vital integra a *cognatio naturalis* de Dyoi. Essa terra é próxima e contígua à terra dos mortais e se inscreve em sua continuidade. Se o universo é percebido como algo contínuo no plano horizontal, a terra de Dyoi encontra-se na direção do alto invertido, ou seja, espacialmente a jusante. Muitos mortais tentaram chegar até lá. Se eles efetivamente descobriram essa terra e ouviram vozes, jamais puderam se aproximar e concluíram que sua própria condição não permitiu que tivessem acesso a ela.

O xamã, por sua vez, tem um destino diferente dos mortais comuns. Sua morte sempre se segue ao ataque de um confrade mais poderoso do que ele. Quando isso acontece, ele vai em direção da salina ou do pântano dos "pais" com os quais ele se relacionou quando era vivo. Tanto ele como aqueles que ele reencontra temem as fontes do calor, a do astro, pois "pegar sol é perigoso para eles", e também a do fogo de cozinha, isso porque eles se encontram em estado *ü-üne*. Por essa razão, vivem nos lugares "sombrios" e frios. Quando vivo, o xamã vive afastado das habitações e ninguém pode visitá-lo, salvo em caso de necessidade. É por sua própria vontade que ele se junta aos seus para participar dos rituais e assegurar os cuidados.

Após a morte

Em princípio, a morte é temida de maneira coletiva. O povo ticuna tem conhecimento do processo de desaparecimento das "gerações" precedentes. Os cataclismos ocorreram em uma época em que não existia separação entre os seres. Por excesso de condutas fora das normas, várias "gerações" já foram destruídas, e o subsolo conserva vestígios disso. Cada uma das camadas geológicas, cuja espessura atesta sua própria duração, confirma que, na época, um fenômeno sísmico foi responsável pelo sepultamento dos habitantes desse lugar: as de cor clara correspondem a dilúvios, e as de cor negra ou cinza correspondem a incêndios. Alguns indivíduos, no entanto, sobreviveram a cada catástrofe e iniciaram a "geração" seguinte. O povo ticuna de hoje constitui a última "geração", considerada em vias de esgotamento: "a terra está velha". Conscientes dessa situação, eles tentam fazer com que ela perdure.

Outras camadas geológicas, que se inscrevem nesse sistema, são testemunhas de uma história mais recente. Para o povo ticuna, as camadas de cor amarelada são provenientes da fonte de moedas reduzidas a pó pelo calor. Esse pó é constituído do ouro e da prata com os quais os brancos fabricavam sua moeda. Uma interpretação indígena como essa permite entrever que acontecimentos como a colonização tiveram papel relevante na leitura do universo. Por fim, a cor marrom da camada de terra sobre a qual o atual povo ticuna, e a geração anterior à sua, se desloca nos dias de hoje atesta que ela é resultante de um dilúvio. Seus habitantes, transformados em insetos denominados "ombros quebrados", encontraram refúgio em galerias encontradas no interior do solo das habitações, de onde eles observam os "vivos", por isso não é necessário fazê-los caminhar na superfície.

A morte é igualmente concebida no plano individual. A doença é consequência de um ataque ao princípio vital. Ela sempre resulta de um ato de predação posterior à transgressão de um interdito. O curador inicia, então, um trabalho de etiologia. Uma vez diagnosticada a causa, ou as causas, bem como a extensão do estrago, o curador negocia a reconstituição do princípio vital e empreende uma cura mais ou menos longa, se achar que tem capacidade para isso, senão ele convida o paciente a se dirigir a qualquer um que tenha esse dom. Nem todas as doenças podem ser curadas e algumas levam à morte, por exemplo o "ciúme". Por outro lado, ao longo de sua vida, cada ser humano é acompanhado por sua "própria sombra", a *tapechita*, que é a sombra do corpo projetada no chão ou em uma parede ou, ainda, o "retrato" que se reflete na água, e que de qualquer modo constitui seu duplo. Ela é considerada os contornos da massa corporal da pessoa sem os detalhes anatômicos; para alguns, é o reflexo do princípio vital.

A *tapechita* é quase sempre associada ao lagarto (*Dracaena guianensis*), animal que sempre se aproxima das moradias, nas quais ele assegura a "guarda" da pessoa que acompanha. Quando essa pessoa morre, ele vagueia pelos lugares em que ela viveu. O lagarto não é facilmente visível, as mudanças de coloração de sua pele lhe asseguram uma homocromia com o meio circundante. Pelo que se sabe, esse lagarto é sempre sinônimo da *tapechita*, metonímia que permite referir-se a uma pessoa sem nomeá-la. Um homem que evoca os adversários que acabam de falecer denigre seus "duplos" por meio de um canto considerado o primeiro aprendido pelo povo ticuna: "torto, torto, torto é seu peito de lagarto... esbugalhado, esbugalhado é seu olhar de lagarto".

Para outros ticuna, o encontro com uma *tapechita* é nefasto, porque a sombra é possuída por um "princípio vital maléfico"; as crianças também não devem ser tocadas por sua sombra, pois se arriscam a contrair doenças. Para alguns, porém, "a sombra não é perigosa", ela "é útil e protege". Durante a noite, alguma sombra pode sacudir a rede de uma pessoa adormecida; é aconselhável persuadi-la a se afastar, mas sem brutalidade, pois a *tapechita* é o duplo de uma pessoa falecida. Algum tempo depois do desaparecimento da pessoa que ela acompanhou, "ela sai do corpo" e se transforma em uma coruja grande, um murucututu (*Pulsatrix perspicillata*). "Na floresta onde ela vagueia, ouve-se ela chorar e, por vezes, pode-se vê-la". Ela é reconhecida pelo seu canto: "wü, wü, wü..." e acontece até mesmo de ela "penetrar nas casas".

No caso do *nachi-i*, componente pós-morte e espectro de todas as pessoas, as coisas são diferentes: são seus ossos que retornam a seu antigo lugar de habitação e às suas terras de cultivo. Ele pode assumir a forma de um pássaro crepuscular, sem dúvida o bacurau (*Caprimulgus sp.*), ou, por vezes, a de um sapo. Em contrapartida, ele representa um perigo real para os humanos, ataca o princípio vital da criança ou do adulto que encontra e provoca várias doenças; a morte chega em um tempo mais ou menos longo se nenhuma cura lhe for trazida pelo xamã. O *nachi-i* tem a reputação de sugar o sangue de sua vítima, como fazem os morcegos. Se uma criança cruzar com ele de noite, ela irá sofrer de "falta de ar", que pode ser curada se a fizerem respirar o odor do pó do chifre do veado-mateiro (*Mazama americana*) ou da vaca, atirados sobre as brasas. Esse odor faz com que a criança se alegre e ganhe vitalidade. Enfim, se acontecer de uma pessoa tocar um *nachi-i*, "ele a transforma em um deles [...] e isso a faz morrer". Ele é perceptível em determinadas circunstâncias: "é semelhante... à pessoa morta". O estado psíquico de uma pessoa viva, quase sempre um parente próximo, facilita um encontro como esse: de fato, "ele é visto quando se sente muito desgosto". Mas, se a impressão desaparece, ele perde progressivamente a visibilidade e se reúne ao conjunto indiferenciado dos *nachi-i*.

Certas situações podem ser mais complexas, como a que envolve o "pesadelo". Quando, durante o sono, uma pessoa "grita, quer se defender", isso é sinal de que está sendo perturbada por um importuno. Ela tem uma percepção bem real de sua presença. Existem, porém, meios de saber mais sobre isso. Um *nachi-i* pode ser reconhecido por sua "respiração" e foge quando uma pessoa o identifica. Se aquele que está dormindo continuar agitado, trata-se, então, de um "predador" (um "pai" ou um xamã) que pretende se apoderar de seu princípio vital. Para se contrapor a esse usurpador, é aconselhável chamar a vítima potencial, ainda adormecida, usando de um subterfúgio semântico qualquer, de tal modo que seu nome permaneça desconhecido pelo agressor. Assim que esse agressor é descoberto, ele vai embora, mas munido de um nome que o impedirá de encontrar novamente a pessoa viva que, contrariado, ele acaba de abandonar.

Por outro lado, diferentes indicadores são percebidos como sinais anunciadores da morte. Ruídos ou cantos ouvidos fora de seu contexto são sinais de que ela ronda: por exemplo, o canto de uma arara azul ouvido durante a noite ou o de uma garça real cinzenta, isso se forem emitidos pelo menos duas vezes em uma casa habitada. Encontrar uma serpente (*Bothrops atrox*?) é o presságio mais nefasto de todos. Ele é o vetor visual de um ataque iminente que culminará com a morte de um parente próximo. O canto do falcão acauã (*Herpetotheres cachinnans*) anuncia a morte futura de um dos que o ouviram. Se o povo ticuna afirma que o pica-pau verde (*Picus viridis*) "anuncia que a água baixa", eles também sabem que quando "ele chora de dia é sinal de que existe um morto". Assim como Bruce Albert observou entre o povo ianomâmi, existem muitos indicadores sonoros da passagem da vida para a morte.

O renunciante

Os ticuna conhecem uma conduta para evitar a morte, é a conduta adotada pelo renunciante. Um homem informa os seus que vai para a floresta para *au-re*, ou seja, que vai se submeter a uma dieta alimentar e renunciar a qualquer relação sexual. Ele leva consigo grãos de milho, que semeia depois de haver escolhido um lugar para se estabelecer. Constrói uma barricada para se proteger dos "ataques da onça" e, depois, prepara uma roça, pois dali para frente o milho será o único alimento que ele consumirá sob a forma de cerveja fermentada. Ele se instala próximo das palmeiras (variedade de *Mauritia*?) para produzir e colher larvas e gorgulhos dessas árvores. Fabrica com eles uma mistura com a qual impregna seu corpo a fim de "deixar sua pele negra e se tornar tão branco como as larvas". Seu modo de vida assemelha-se ao dos "imortais [que], se banham todas as manhãs nas larvas... e também bebem cerveja de milho". O renunciante se coloca, assim, em situação favorável. Em um dado momento, os "imortais" lhe farão uma visita e o convidarão a segui-los para estar perto de Dyoi.

Por meio dessa reclusão voluntária, o renunciante se entrega a um verdadeiro rito de purificação para aliviar seu corpo. O objetivo de sua dieta é tornar seu corpo leve, diáfano, cada vez mais próximo do estado dos "imortais". Progressivamente, ele fica cada vez menos vulnerável às forças que até então o ameaçavam. Purificado, os vestígios de sua humanidade mortal desaparecem. Com o sangue puro, ele se aproxima de um estado indiferenciado no qual as marcas individuais (pertencimento clânico, por exemplo) não têm mais razão de ser.

Pode acontecer que o renunciante queira se reaproximar de seus familiares próximos, ainda mortais. Se for assim, ele entra em contato com eles no decorrer de suas visões. Pode, igualmente, fazer uma visita e convidá-los a segui-lo: ele diz "venha junto com sua mulher e seus filhos e vá" para perto de Dyoi. Ele se apresenta diante dos seus com um aspecto deplorável, irreconhecível, com "o corpo coberto de feridas" e envolto em folhas de *Cecropia sp.*, vegetal conhecido por suas virtudes curativas. Ele se convida para a celebração de um ritual e solicita a bebida fermentada, mas sempre ouve uma recusa, precisamente por seu estado aparente: se ele pede a cerveja a uma irmã, ela invariavelmente o rechaça. Ele insiste para que seja a cerveja de milho, o que lhe permitiria recuperar sua aparência humana. Suas feridas desapareceriam, elas "caem [...], porque essa não é sua pele real", elas "caem e sua pele volta a ser limpa". Se essa bebida lhe fosse efetivamente oferecida, as pessoas presentes se beneficiariam de seu estado de imortalidade e o acompanhariam. Em contrapartida, se ele bebesse a cerveja de mandioca, perderia seu estado e voltaria a ser mortal. O renunciante abandona seu "invólucro corporal" quando encontra Dyoi, ou Tupã, pois "o corpo [é] como uma capa sem princípio vital".

O xamã

"O princípio vital do xamã vai fazer corpo *ü-ü*". Ele é reconhecido como alguém próximo dos "pais", que reencontra em sua jornada. Na verdade, a situação do xamã apresenta uma configuração específica. Mesmo vivendo afastado, ele participa da vida cotidiana de sua comunidade e, depois das "viagens" que realiza junto aos "pais", preside as curas e informa os seus sobre o estado de espírito em que se encontram. No curso de seus deslocamentos, seu princípio vital encontra-se no estado *ü-üne*, necessário para que as "entidades" se aproximem a fim de que ele possa tratar da distribuição dos animais ou recuperar o princípio vital das pessoas doentes. Suas capacidades, entretanto, dependem dessas entidades "auxiliares", cuja concentração assegura e reforça seus poderes. Quanto maior o número dessas entidades, mais poderoso ele é. Essa presença cumulativa se associa e reforça o precioso invólucro que recobre seu corpo e o protege, tornando-o mais poderoso e ainda mais temido.

Apenas o xamã possui a capacidade de lidar com os "predadores". Ele é, de fato, um intermediário obrigatório, um mediador. Consegue até mesmo recuperar o princípio vital de um paciente, isso depois de sorvido o fumo que lhe permite estabelecer a comunicação com esses predadores. Ele "enrola as folhas de tabaco", "assopra" e "chama o princípio vital". Em seguida, "aspira" as partes do corpo nas quais se encontram os dardos dos *ngaiti* (termo genérico para as entidades que atacam os humanos) e os vomita, indício da presença da "doença". O trabalho do xamã consiste em restabelecer o paciente em todas as suas dimensões, "recuperar bem o princípio vital, ou seja, torná-lo são".

Após sua morte, ele mesmo assumirá a forma de um *ti-iti*, onomatopeia do ruído produzido durante seus deslocamentos. Ao cair da noite, ele ronda a proximidade das habitações. Muitas vezes, encarna no pássaro *wu* (não identificado), onomatopeia de seu canto, "wu-i, wu-i", uma manifestação sonora de sua busca de "devorar alguém". No momento em que seu canto é ouvido, o silêncio se impõe a todos para evitar que eles sejam percebidos. Nada mais impressionante para o etnólogo do que se encontrar em uma casa plurifamiliar, na qual as discussões constantes param de uma só vez: sem se mover, eles seguem o ruído ou os cantos do pássaro.

Contexto atual

Os espectros dos mortos continuam a assombrar o mundo dos vivos. "Eles passeiam assoviando durante a noite e voltam para o cemitério de dia". A maioria do povo ticuna vive nas margens dos rios da Amazônia e de suas vizinhanças imediatas, reagrupados em aldeias onde as pessoas falecidas são enterradas em cemitérios afastados dos lugares habitados. Esses espaços não são frequentados e são até mesmo evitados, a não ser no dia da festa dos mortos. Nessa ocasião, as famílias vão ao cemitério e acendem velas "para oferecer luz ao morto". Eles levam abacaxis, goma de mascar, pão, cerveja de mandioca etc., pois "é preciso dar de comer ao morto". Quando as velas se apagam, as pessoas presentes consomem os produtos que levaram. Nesse dia, o princípio vital dos falecidos junta-se aos vivos, isso porque na hora da morte ele vai embora, vai ficar "ao lado de Tupã e não retornará mais à Terra". Contam os antigos que nesse dia, 1º de novembro, eles descem: "antigamente, não se sabia que festa era essa, antes dos papéis chegarem [calendários]". O nome da pessoa morta não é mais mencionado ali e, progressivamente, ela cai no esquecimento.

Qualquer que seja o contexto, o mesmo discurso escatológico é valorizado: todos do povo ticuna vivem apreensivos na expectativa do cataclismo que virá. Uma verdadeira obsessão pelo fim do mundo é incessantemente revisitada nos discursos, sejam eles mitológicos ou bíblicos.

> Algum dia, nosso Pai Dyoi vai enviar uma doença que não terá remédio. E, assim, iremos acabar, e os brancos também. Todos os 'doutores' e os *du-ũgü* afirmam isso. Isso vai ocorrer um dia desses ou, talvez, um pouco mais tarde. Os Antigos devem ter falado sobre isso, mas hoje também se ouve falar. Não se sabe se a Terra vai ser inundada.

Os movimentos messiânicos

Essa é a mensagem veiculada pelos movimentos messiânicos aos quais os povos ticuna aderiram, desde o final do século XIX. Embora não exista informação sobre o tratamento dos mortos praticados pelos primeiros movimentos, todos temem a extinção de sua "geração". Os profetas ou seus representantes também propõem o acesso à salvação. No plano coletivo, eles retomam o discurso da "velha Terra" e insistem nos sinais anunciadores da chegada do cataclismo.

Quando vivos, aqueles que aderiram a um ou a outro desses movimentos foram reagrupados pelo profeta ou pelo mensageiro nos locais escolhidos: em uma maloca para os seis primeiros movimentos, em uma aldeia para os que vieram depois, uma multiplicidade de espaços de espera que serão reconhecidos quando o cataclismo chegar. Eles agora compartilham suas roças, das quais cada um se serve de acordo com suas necessidades. Para eles, o cemitério é um local temporário onde os "fiéis" ficam à espera de sua ressureição, que acontecerá com o retorno do profeta. Quando isso ocorrer, ele fará com que todos se beneficiem de seu estado *ü-üne* e alcancem a imortalidade. Vivo ou ausente, o profeta continua a se manifestar de diversas maneiras junto a seus discípulos, visualizados pela presença física ou por meios técnicos. Assim, quando um movimento perdura depois da suposta morte do Fundador, o povo ticuna utiliza uma dialética para não aceitar seu desaparecimento. Para alguns, ele está viajando ou até mesmo decidiu se retirar voluntariamente e retornará quando decidir. Um deles "viajou para os Estados Unidos, para a França, em seguida para o Brasil e para o Peru... Ele usava roupas como as do Cristo. Com seu poder, ele tinha muita força... Ele irá reaparecer". Ou, ainda, "ele foi fazer uma viagem, sem dúvida para a Europa. Ele morreu, mas ressuscitou. Enviou uma mensagem pelo rádio: ele vai retornar no próximo ano. No momento em que isso ocorrer, todos irão segui-lo". A ausência regular do pastor evangélico americano, na origem de um desses movimentos, não é interpretada de modo diferente. Quando reside nos Estados Unidos, ele trabalha em prol de seus discípulos, que, em contrapartida, recebem uma ajuda material reforçada que os beneficiará até o momento de seu retorno.

Os profetas estão integrados na genealogia dos heróis míticos, associados a Ngutapa (pai dos Gêmeos) ou a Dyoi. A referência à temporalidade associada à espacialidade permite compreender por que eles insistem que seus discípulos se reagrupem nos espaços de espera nos quais serão reconhecidos quando a catástrofe chegar. É o equivalente das colinas *napü* da mitologia, onde se encontram os imortais: *napü* para alguns, aldeia *i-ane* para outros.

No seio desses movimentos, o destino do xamã é um pouco diferente do que vimos anteriormente. Mesmo condenado, muitas vezes até mesmo rejeitado, ele não deixa de ocupar um lugar discreto em cada aldeia, pelo fato de trabalhar para o bem de seus habitantes. Em caso contrário, na melhor das hipóteses, ele é expulso. Sua prática se inscreve como um complemento dos poderes terapêuticos dos "eleitos". Ele participa de um dispositivo de cura ampliado no qual, em ambos os casos, a consulta não é incompatível, mas sim complementar, uma vez que ela sempre faz um diagnóstico. Desse modo, o xamã continua a ocupar a posição de intermediário com as "entidades" (animais e outras), que muitas vezes precisa consultar, capacidade que nem o agente de saúde nem o eleito (pastor ou outro) possuem, mas que, mesmo assim, podem ser agentes de cura. Esses eleitos estabelecem relações diferentes com as entidades consultadas pelo xamã. Para eles, "a invocação se assemelha a um telefone. A comunicação se efetiva diretamente com Deus".

Nesse contexto neorreligioso, ao morrer, o xamã faz um percurso do qual não tira nenhuma vantagem. Quando chega a Chowatü, Tupã o queima e o joga num buraco negro no qual ele não morre facilmente, pois tem grande resistência e porque deve "pagar" a Tupã pelos estragos que causou. Dali para frente, ele irá viver com seus pares em um lugar separado das pessoas comuns e não será salvo no fim do mundo.

Considerações finais

O povo ticuna jamais deixou de almejar o estado inicial de imortalidade que foi perdido e que constitui seu ideal étnico. Os movimentos messiânicos integraram esse preceito, o que favoreceu sua aceitação por esse povo. Por translação, Dyoi transformou-se em Tupã, nome dado a Deus. O templo ou a igreja nos quais os fiéis se agrupam é sua maloca, onde ocorrem os milagres, comumente antecedidos por visões. Finalmente, não se trata senão da manutenção de fundamentos sociais adaptados a um novo meio.

Qualquer que seja o contexto, tradicional ou messiânico, o tempo e o espaço são os mesmos. Quando a próxima catástrofe ocorrer, uma ruptura necessária para recuperar o estado perdido, a terra dos mortais será confundida com a dos imortais. "Fazer corpo" seria, enfim, uma metáfora para expressar a busca individual e coletiva para recuperar a transformação, que não é outra coisa senão a metamorfose relembrada nos rituais tradicionais e messiânicos, atestada pelos cantos. Essa memória social é encorajada pela chegada ou pela presença das entidades no decorrer dos rituais, sob a ocultação de máscaras, ou pela descida do Espírito Santo nos últimos movimentos messiânicos. Em contrapartida, essas diversas formas de conjunção temporária permitem aos mortais a expectativa de se beneficiarem da oportunidade de recuperar o estado *ü-üne*.

REFERÊNCIAS BIBLIOGRÁFICAS

GOULARD, Jean-Pierre. *De Mortales a Inmortales: el ser en el mundo tikuna de la Amazonía*. Lime: Institut Français d'Études Andines/CAAAP, 2009.

_____; MONTES, Maria Emilia. "Los júri/júri-Tikuna en el complejo socio-linguístico del Noroeste Amazónico". *Liames – Línguas Indígenas Americanas*. Universidade Estadual de Campinas: 2014, 13: 7/65.

NIMUENDAJU, Curt. *The Tukuna*. Berkeley: University of California Press, 1952.

OLIVEIRA, Roberto Cardoso de. *O índio e o mundo dos brancos: uma interpretação sociológica da situação dos Tukúna do Alto Solimões*. São Paulo: Livraria Pioneira, 1972, [1964].

Ao viajar, diferentemente daquele que se diz explorador e do turista, o etnógrafo exibe sua posição no mundo, ultrapassa seus limites. Ele não circula entre o território dos selvagens e o dos civilizados: em qualquer sentido que vá, ele retorna entre os mortos.

CLAUDE LÉVI-STRAUSS[1]

A MORTE ENTRE O POVO MIRANHA (AMAZÔNIA)

DIMITRI KARADIMAS

Aproveito a ocasião da presente contribuição sobre a morte entre o povo miranha para retomar minha colaboração com esse grupo da Amazônia colombiana, que remonta ao fim dos anos 1980. Se a citação de Lévi-Strauss que aparece na epígrafe enfatiza essa estranha postura do etnógrafo de estar incessantemente entre dois lugares, de ter partido sem a certeza da volta e, quando volta, de perceber que alguns daqueles com os quais ele havia compartilhado sua vida deixaram definitivamente este mundo, nossa profissão então nos constitui em espécies modernas de Orfeu, heróis tristes por não ter conseguido resgatar do Hades das culturas aqueles que nos acolheram e iluminaram com seu saber.

Entre eles, encontra-se meu principal informante entre o povo miranha, cujo nome não revelarei aqui em respeito à tradição local, que prescreve que o nome de um defunto não seja mais pronunciado

---

[1] *Apud* Diogène Couché, *Les Temps Modernes*, n. 110, março de 1955.

por aqueles que viveram a seu lado enquanto ele era vivo. Esse homem, que se tornou para mim um informante sem par, foi vencido por forças contra as quais ele não tinha mais condições de se opor.

Será fácil compreender que o que pretendo aqui não é fazer o elogio fúnebre de um personagem da comunidade de Puerto Remanso del Tigre, situada nas margens do rio Caquetá, mas sim retomar algumas discussões travadas com meu informante quando ele já se sentia enfraquecido pela doença. Entre o povo miranha, morrer libera uma série de componentes pessoais que o indivíduo entreteceu para se constituir em um nó essencial na trama de um conjunto mais vasto formado pelo grupo de filiação.

Paralelamente a essa questão ligada à pessoa, coloca-se uma outra, conectada ao grupo como um todo, nesse caso, o povo miranha da Amazônia colombiana. Segundo fontes etno-históricas que remontam ao século XVII, essa etnia foi drasticamente afetada pela movimentada história da colonização espanhola e, depois, a da colonização portuguesa, na parte noroeste da Amazônia. Conhecidos, em primeiro lugar, como fornecedores de mercadoria humana para os traficantes de escravos da coroa portuguesa[2], dois séculos mais tarde, juntamente com outras etnias da região dos rios Caquetá e Putumayo, eles se tornaram as principais vítimas dos campos de exploração da borracha, matéria-prima que recentemente havia se tornado indispensável ao desenvolvimento capitalista da indústria automobilística na produção de pneus.

Enquanto Thomas Whiffen[3] contabilizou aproximadamente 15 mil "boro" (bora) no início do século XX, o fim do "período da borracha" reduziu o conjunto étnico bora-miranha a apenas 1500 pessoas vivas; os outros haviam sido mortos não só pelas armas de fogo, pelos chicotes, por golpes de machado, por doenças, como também pelos horrores da miséria gerada pela exploração dos índios, orquestrada me-

---

2   Cf. Dimitri Karadimas, "Parenté en esclavage: pratiques matrimoniales et alliances politiques chez les Miraña d'Amazonie colombienne", *Droit et Cultures*, 2000, n. 39, número especial: *L'Esclavage aujourd'hui et hier*, pp. 81-100.

3   Entre 1908 e 1909, o militar etnógrafo Thomas Whiffen (1819-1904) percorreu a região do rio Putumayo e publicou o livro *Noroeste Amazônico: notas de alguns meses passados entre tribos canibais*. Antes do lançamento do livro, Whifffen foi acusado de estabelecer um pacto com os exploradores da borracha e de não denunciar as atrocidades cometidas pelos colonizadores. [N.T.]

todicamente pela companhia anglo-peruana Casa Arana, por meio dos sinistros métodos do cônsul britânico Roger Casement[4], que designou a região do rio Putumayo como o "paraíso do Diabo"[5].

Como um grupo étnico se reconstrói de um quase-genocídio, talvez involuntário, uma vez que não havia intenção de suprimir fisicamente uma população específica? Perpetrado de modo sistemático em nome da "necessidade econômica" e do lucro, e apenas do lucro, a simples presença de indígenas, pouco propensos ao trabalho dirigido, em terras tão ricas de seringueiras tornava-se um obstáculo à exploração da preciosa borracha (lembremos que, nessa época, a Amazônia era a única região que possuía essa árvore, produtora de uma matéria-prima sem a qual a indústria automobilística não poderia ter prosperado).

Além da questão demográfica, como um conjunto cultural recupera a capacidade de se reconstruir como grupo constituído? Isso se faz com a lembrança dos massacres ou com seu esquecimento? Ou ao lembrar para esquecer, parafraseando o título dado por Anne Christine Taylor[6] a um artigo que tratava da morte entre o povo jivaro? Isso se faz pela renovação da lembrança e pela manutenção da memória dos massacres, ou seja, pela "memorialização" das vítimas? Ou, ao contrário, pela vontade de não manter presente a memória dos mortos no cotidiano e de não ter a obrigação compulsória de viver sempre com sua presença, isso é, pela recusa da "memorialização" e da transformação dos massacres em elementos constitutivos da identidade cultural do grupo? Se esse não for o caso, como as

---

4   Batizado por sua mãe na Igreja católica, Roger Casement (1864-1916) foi educado pela tradição protestante. Teve vários empregos no serviço público inglês e participou de missões colonizadoras na África. Nomeado cônsul da Inglaterra em 1895, Casement viveu em Santos, Pará, Rio de Janeiro e na região do Putumayo, no Peru. Depois de deixar o serviço consular, envolveu-se com setores irlandeses que pretendiam se tornar independentes da Inglaterra. Em 1916, foi preso, condenado e executado por traição. Em 2010, Mario Vargas Llosa publicou *O sonho do celta*, romance baseado em fatos reais da vida de Casement. [N.T.]

5   Walter E. Hardenburg *et al.*, *The Putumayo, the Devil's Paradise; Travels in the Peruvian Amazon Region and an Account of the Atrocities Committed upon the Indians Therein*, London: T.F. Unwin, 1912.

6   A.-C. Taylor, "Remembering to Forget: Identity, Mourning and Memory among the Jivaro", *Man*, 1993, v. 28, n. 4.

concepções tradicionais relativas à morte individual imprimem sua marca no comportamento de uma sociedade que passou por uma sangria como essa? Como as estruturas sociais podem sobreviver a uma tal degradação? Essas perguntas não são exatamente formulações retóricas que qualquer etnólogo tem o direito de fazer a si mesmo quando trabalha com populações indígenas; elas são uma outra maneira de reformular as reflexões mais gerais, ligadas à memória e à solução que um grupo indígena, praticamente dizimado, encontrou para ultrapassar as armadilhas da rememoração, sobretudo quando ela é utilizada para fins totalmente desviados do peso que representa para os vivos.

Os componentes do corpo e sua libertação mortuária

O corpo miranha mudou. Não o corpo físico da pessoa, mas o corpo tal como é pensado pelo povo miranha, como a soma de seus componentes. A grande divisão alma/corpo, característica da maneira cristã de construir o sujeito, foi gradualmente imposta a uma população que conhecia, sobretudo, uma ruptura vivos/mortos à qual se subsumiam as noções de integridade e de desmembramento dos seres. O ser vivo mantém unidos e subjugados todos os componentes de seu ser, enquanto os mortos já perderam sua capacidade de manter os espíritos juntos, bem como as entidades que tentam se tornar independentes ou se deixaram capturar ou conduzir por outros (xamãs, espíritos etc.). Aquele que as concepções ocidentais consideram vivo pode ser visto pelo povo miranha como "morto" desde que não tenha mais condições de mobilizar algumas de suas faculdades (discernimento, memória, capacidade de julgar, inteligência etc.). Um dos primeiros sinais dessa desagregação é a perda da faculdade de "perceber" os espíritos dos outros seres (noção que pode ser estendida aos animais, a certas plantas, a objetos manufaturados, em particular os que são fabricados pelas mãos de um artesão) por intermédio de seu próprio espírito, que lhes é análogo. O povo miranha afirma que uma pessoa que perdeu seu "espírito", ou pelo menos se dissociou da alma – uma espécie de "segunda morte" –, assemelha-se muito à maioria dos homens brancos cuja sensibilidade foi anulada pela superficialidade dos seres e coisas que povoam o mundo. Assim como os homens brancos, os "mortos" são incapazes de perceber o aspecto oculto das coisas que se apresentam no cotidiano da experiência onírica de cada um e, mais amplamente, nas interações com o meio ambiente. Com frequência, essa perda se deve ao fato de se ter infringido toda espécie de interditos (por exemplo, dietas alimentares não respeitadas, condutas sociais desviantes ou escolha de parceiros sexuais inapropriados – relações entre primos muito próximos, semelhantes ao incesto), mas também, no caso de um homem adulto, por não ter cuidado bem desse espírito, deixando de alimentá-lo de modo apropriado, com folhas de coca e fumo cultivadas por ele mesmo ou, para uma mulher adulta, de não ter cuidado suficientemente de sua roça. Os adultos quase sempre culpam a educação que os homens brancos e os colonos impuseram às crianças do povo miranha.

Esses colonizadores brancos forçaram as crianças a não prestarem atenção às imagens e às sensações que chegam à consciência da pessoa. A educação "branca" considera o sujeito um ser inteiramente responsável por seus pensamentos, enquanto, para o povo miranha, a educação transmitida por um pai a seu filho e por uma mãe à sua filha insiste na capacidade de captar signos e de interpretá-los, graças ao espírito que reside no corpo de cada um. Perder esse espírito implica cair numa situação de incapacidade geral de interação e ser reduzido a um comportamento errático, unidirecional, que, se não for cuidado, isto é, se esse espírito não for reintegrado em seu próprio ser, conduz à desagregação dos outros componentes do sujeito, momento em que a perda do elã vital e da força do sangue marcam o fim de sua própria integridade e indicam a dissociação da alma do corpo do indivíduo[7].

Paralelamente a essa desagregação dos componentes imateriais da pessoa, opera-se uma intrusão, cuja finalidade é atacar os componentes materiais do indivíduo. Pensado sob a forma de um elemento alógeno, enviado por outros grupos ou outros xamãs, o elemento patogênico devora literalmente a pessoa a partir de seu interior. A responsabilidade por atos como esse é quase sempre atribuída ao Senhor dos Animais, que, para se vingar daqueles que levaram os animais de caça sem sua autorização, permite sua reprodução à cus-

---

7   Cf. D. Karadimas, *La Raison du corps: idéologie du corps et représentations de l'environnement chez les Miraña d'Amazonie colombienne*, Dudley: Peeters, 2005.

ta dos humanos. Na verdade, esses humanos servem de alimento e de receptáculo de uma descendência não humana, isto é, são vistos como um equivalente de "mãe". Em um artigo intitulado "No corpo de meu inimigo"[8], mostrei que a imagem do inseto, como parasita de um hospedeiro, era o paradigma geral por meio do qual a doença e a predação eram pensadas. O corpo humano é inseminado pelo equivalente de uma larva carniceira, para a qual serve de receptáculo e de reserva alimentar. O ser que escapa da pessoa vencida considera o cadáver humano um corpo que ele alimentou e gerou.

A questão da morte entre o povo miranha não se resume a um simples questionamento originado de uma metafísica da predação; ela tem muito mais a ver com o fato de que esse povo escolheu o parasitismo como um paradigma global, considerado por ele a própria condição de reprodução da vida. Essa ideologia do parasitismo – ou seja, de uma predação efetuada a expensas de um ser mantido vivo – manifesta-se no noroeste amazônico como um todo, através da personagem e do ciclo ritual ligado a Jurupari[9].

Esse elemento alógeno, semelhante a uma larva carniceira, presente no corpo do indivíduo, não é o único responsável por seu óbito; ele não é senão o testemunho do agressor – que hoje, com muita frequência, é o Senhor dos Animais –, o responsável exclusivo pela morte da pessoa. Embora os atos de guerra não sejam mais a norma hoje em dia, o falecimento de um parente próximo, "ou mais próximo", que não resultou de um ato guerreiro e que foi perpetrado em um lugar *longe* é sempre interpretado como responsável pela criação de um espectro. No cotidiano, esse espectro manifesta-se em sonhos, nos quais o indivíduo se vê confrontado com grandes predadores, entre os quais, em primeiro lugar, aparece a onça, ainda que outras entidades como a Harpia Feroz ou a Anaconda estejam igualmente presentes.

---

8   *Idem*, "Dans le Corps de mon ennemi: l'hôte parasité chez les insectes comme modèle de reproduction chez les Miraña d'Amazonie colombienne", *in*: Élisabeth Motte-Florac e Jacqueline Thomas (éds), *Les "Insectes" dans la tradition orale*, Leuven/Paris/Dudley: Peeters, 2003.

9   *Idem*, "La Métamorphose de Yurupari: flûtes, trompes et reproduction rituelle dans le Nord-Ouest amazonien", *Journal de la Société des Américanistes*, 2008, v. 94, n. 1.

Outros acontecimentos singulares são igualmente interpretados como reencontros com uma ou duas almas libertadas por um morto: a repetida presença de aves de rapina noturnas, com seus gritos insistentes, nas proximidades da última habitação de um defunto, o encontro inesperado com um felino de grande porte na floresta ou qualquer comportamento considerado inadequado ou inquietante em um animal são signos da presença da alma do defunto que se recusa a deixar este mundo e de suas tentativas de comunicação com um parente próximo. As formas predadoras que a alma do morto assume o colocam do lado da alteridade e geram um comportamento de evitamento ou de afastamento de tudo o que pode religar os vivos ao morto. Os antigos lugares habitados por ele são evitados, dado que o espírito visita esses lugares regularmente; mais evitado ainda é o local em que ocorreu o óbito e que se torna a residência do espectro. Enquanto a carne e o sangue não forem inteiramente decompostos e devorados pelas larvas dos insetos necrófagos, o espectro continuará a vagar em busca de um parente próximo, mais frequentemente um consanguíneo. Ocorre o mesmo com o nome do defunto, que imediatamente atrai o espectro para perto da pessoa que o pronunciou, em uma perspectiva equivalente, porém inversa, àquela adotada na caça, quando não se pronuncia o nome do animal caçado por medo de que, alertado, ele possa fugir da ação do caçador.

De resto, essa preocupação concernente à devoração das carnes é uma das chaves da compreensão da alteridade do morto e, depois, de sua anonimização que culmina em sua ascensão à imortalidade, como veremos mais adiante. Na medida em que o povo miranha não efetua segundos funerais para exumar os ossos – ao contrário de outros grupos localizados mais ao norte de seu território –, o lugar relativo que ocupam aqueles que se encarregam da tarefa sarcofágica do cadáver (no sentido de "comedores de carnes") entra em total ressonância tanto com as antigas práticas antropofágicas do grupo quanto com suas atividades de caça.

A oposição osso/carne reaparece, por exemplo, nas explicações fornecidas pelo grupo a respeito de uma espécie de instrumento musical confeccionado a partir de um crânio de cervo, que cotidianamente serve para advertir os habitantes de uma casa comunitária do retorno de um caçador ou da chegada de uma caça. Em um mito miranha que trata da origem desse instrumento, os humanos que haviam comido um cervo se transformavam, aos olhos de seu irmão cervo, em *sarcófagos*: para vingar sua morte, esse irmão do cervo defunto, denominado "Cervo-do-alto", vinha raptar os filhos dos humanos que haviam comido dessa carne. Levadas "para o céu", essas crianças eram cozidas e devoradas, como ainda se fazia com os prisioneiros de guerra nos rituais antropofágicos há mais de um século. Em sua vingança, o "Cervo-do-alto" percorre as diferentes casas comunitárias em busca dos ossos de seu irmão, desde então desprovidos da carne: ele compara cada osso recuperado com um de seus ossos. Por um processo muito extenso para ser relatado aqui, ele acabará sendo vítima de sua própria vingança: acabará descarnado e se transformará em um esqueleto, em cujo crânio se sopra para advertir que a caça já está liberada para os caçadores.

É importante ressaltar que o povo sikuani-guahibo, ou cuiva--guahibo, na fronteira colombo-venezuelana, toca exatamente esse mesmo instrumento, feito de uma cabeça de cervo, por ocasião dos segundos funerais. Esses ocorrem um ano após o enterro, e a música acompanha o desenterramento e a recuperação dos ossos do defunto já desprovidos de todas as suas carnes[10]. Contrariamente a esses grupos, o povo miranha era antropófago, e a cerimônia da "festa do sangue", na qual o prisioneiro era devorado pelos habitantes de uma casa comunitária, confere aos vencedores o mesmo papel dos sarcófagos do mito da cabeça do cervo. Nesse caso, os vencedores fazem, literalmente, o papel de *sarcófagos* do vencido e se encarregam da desagregação material do corpo do inimigo, que eles não deixam se decompor.

Entre o povo sikuani-guahibo, ao contrário, quem sopra o instrumento feito da cabeça do cervo são aqueles que reconstituem o morto a partir dos ossos: eles se tornam consanguíneos rituais do defunto (que doravante se tornou outro); ou melhor, é o defunto, agora desprovido de suas carnes, que pode se tornar um ser equivalente à personagem ritual que sopra a cabeça do cervo, considerado uma figura celeste entre o povo miranha. Essa imagem mitológica e ritual é equivalente a um lucano, dotado de mandíbulas, cuja forma rígida assemelha-se à galhada dos cervos. O esqueleto ambulante de um inseto na derradeira metamorfose, aquela que o faz passar

---

10 Cf. C. Alès e J. Chiappino, *Del microscopio a la maraca*, Caracas: Ex Libris, 1997.

da condição de larva à de imago, serve de metáfora ritual para uma operação análoga pela qual o ser humano passa ao morrer. De seu estado de "larva" (ou "ser vivo do solo", como o povo miranha o denomina), esse homem passa à condição de adulto, isto é, daquele que renasce sob uma forma imortal, como a de um esqueleto animado (imago do inseto) que vive no céu. Desse modo, para o povo miranha, os humanos são "larvas" das quais os deuses se alimentam para se reproduzirem.

Tudo leva a crer que, do modo como é pensada pelo povo miranha, a imortalidade está associada à perda da carne do defunto e se passa no céu. Mas sob que forma?

As estrelas e os deuses

Em 1915, o explorador inglês Thomas Whiffen visitou os grupos que viviam nas margens dos rios Caquetá e Putumayo, entre o sul da Colômbia e o norte do Peru. Em uma breve observação feita em um capítulo de seu livro *Notas de alguns meses passados entre tribos canibais*, que trata das diferentes almas da pessoa bora, ele explicita que, no que diz respeito às estrelas, "essa gente parece ter ideias bem vagas a respeito delas, e um único bora (bora-miranha) me explicou que as estrelas eram as almas dos chefes e dos grandes homens de sua tribo"[11]. Hoje, sabemos que não se trata de ideias vagas, mas, ao contrário, de uma das formas que a imortalidade das almas das pessoas pode assumir. Assim, no que se refere exclusivamente à etnografia do povo mai huna (tukanos ocidentais) e de vizinhos próximos do povo miranha, estudados por Irène Bellier, as almas de certos homens do grupo, após terem passado por um ciclo de transformações, alcançam igualmente um destino pós-morte sob a forma de estrelas. Quando vivos, os homens se identificam com o astro lunar e, depois da morte, renascem sob a forma de estrelas – não sem terem sido previamente "cozidos", a fim de se tornarem estrelas azuis, ou assados, para se-

---

[11] "Of the stars these people seem to have the vaguest ideas, and only one Boro explained to me that they were the souls of the chiefs and of the great men of his tribe". Cf. Thomas Whiffen, *The North-West Amazons: Notes of Some Months Spent among Cannibal Tribes*, London: Constable, 1915.

rem estrelas vermelhas[12]. Observamos aqui também que a temática do cozimento do morto é necessária para remover as carnes: uma vez finalizado o processo, o que resta do defunto está pronto para se transformar em estrela (sem esquecer que o cozimento serve para a ingestão das carnes de um modo sarcofágico).

Para o povo miranha atual, uma das inúmeras almas da pessoa torna-se imortal e brilha na abóbada celeste sob a forma de estrela. Entretanto, segundo afirmações dos interessados, hoje em dia esse destino é difícil de atingir, e apenas os chefes das comunidades podem alcançá-lo. Havia antigamente uma outra categoria de pessoas que podiam ter a mesma sorte: eram as vítimas de atos antropofágicos, que alcançavam esse destino depois de serem devoradas e de terem suas cabeças penduradas no teto da casa comunitária ou *maloca*. Essas cabeças eram a manifestação das novas estrelas que o povo miranha havia colocado na abóbada celeste, de um modo análogo ao dos grandes heróis dos mitos que constituíram as constelações mais importantes. A casa convertia-se em uma réplica do cosmo, na qual toda a extensão do teto assumia o lugar do céu, alternativamente diurno e noturno. Para alcançar o mesmo destino pós-morte, os chefes eram enterrados no centro de sua maloca, na interseção das diagonais que ligavam os quatro pilares centrais. Na mitologia miranha, a extremidade superior de cada um desses quatro pilares abrigava uma cabeça do duruculi, ou macaco noturno (*Aotus trivirgatus*), que é a representação de uma estrela do trapézio da constelação de Órion[13]. Na mitologia miranha, essa estrela é associada à decapitação do Astro (da noite, ou seja, a Lua), e, depois, ao seu renascimento na pessoa de seu filho, que encarna o Astro do dia (o Sol). Sob a forma dos Quatro Macacos, a constelação representa os inimigos dos Astros (da noite e do dia), descritos nos mitos como seus parentes afins. A constelação dos Quatro Macacos promove um assassinato, o da Lua, depois come seu corpo, deixando de lado a cabeça, o que lhe permitirá se transformar no astro do céu noturno e, depois, diurno. Esse

---

12 Irène Bellier, *El tamblor y la luna: ensayo sobre las relaciones entre las mujeres y los hombres Mayuna*, Lima/Quito: Abya-Yala/IFEA, 1991.

13 Cf. D. Karadimas, "La Constellation des quatre singes: interprétation etno-archéologique des motifs de 'El Carchi-Capuli' (Colombie, Équateur)", *Journal de la Société des Américanistes*, 1999a, n. 85.

renascimento se efetiva na direção do oeste, para onde se dirige a constelação: o astro passa pelo inframundo antes de ser associado ao Sol, que reaparecerá no leste (precedido por essa constelação)[14].

Certamente, os desenvolvimentos astronômicos que descrevemos aqui brevemente são mais complexos. Entretanto, parece que esse modelo astronômico da passagem pelo inframundo associado à constelação de Órion é, igualmente, o de um percurso que os mortos enterrados devem seguir para poderem renascer no céu. Órion é a constelação que efetiva a transformação do morto ou que "faz" (no sentido de desconstruir) do morto uma constelação "tanato-úrgica", para a qual seria necessário empregar um neologismo: *taumaturgo*[15].

O que importa enfatizar é que o falecimento das pessoas importantes do grupo se fazia por intermédio dessa constelação, razão pela qual, aparentemente, o líder do grupo local e chefe de uma casa comunitária devia ser enterrado no centro da habitação. Ao contrário dessas personagens que ocupavam posições superiores, os guerreiros tinham a possibilidade de ir morrer "longe", nas expedições em que encontrariam entre seus inimigos aqueles que seriam encarregados do tratamento das carnes de seus corpos, fazendo o papel de *taumaturgos*; razão pela qual é necessário associar o ritual antropofágico a uma operação sarcofágica.

Essas considerações podem esclarecer a significação de vários artefatos nos quais aparecem desenhados animais ou estrelas que se referem a essa constelação de Órion.

Propomos, então, levar em consideração as aglomerações de estrelas e o conjunto das peças arqueológicas que se referem a Órion como *taumaturgos*, ou seja, literalmente "aqueles que constroem o morto". Enquanto a pessoa do chefe não estiver morta, ela não foi vencida pelos inimigos: quando esses inimigos triunfam, eles provocam a morte de sua alma, mas também revelam a primeira e a última fraqueza do corpo – humano – que o abrigava e que eles vão fazer desaparecer, devorando-o; fazem as vezes de sarcófagos, no

---

14 *Ibidem*.
15 Originário do grego, o termo *ourgos* significa "aquele que trabalha, que cria, que constrói, como um demiurgo, o criador do mundo". O sentido do neologismo utilizado pelo autor é o de uma constelação, no caso Órion, que expressa os sentidos da morte. [N.T.]

sentido etimológico do termo "comedor de carne". A ingestão das carnes do defunto efetiva uma desagregação do corpo humano para deixar somente os ossos.

Paralelamente a esse processo, o desaparecimento das carnes é acompanhado de uma extinção do indivíduo, de seus traços singulares, do que o fazia membro de um conjunto de relações sociais (pai, irmão, filho etc.). Em outros termos, a sarcofagia é a condição da criação da imortalidade, mas acompanhada de uma anonimização do defunto. Constata-se que o preço a pagar é elevado, pois não existe "memorialização" do defunto: é preciso esquecer, comer o indivíduo, ao mesmo tempo que suas carnes, para permitir a libertação de uma alma no mundo supraterrestre e, assim, autorizar o falecimento.

Quando as antigas sociedades dos Andes setentrionais utilizam a representação de Órion em suas iconografias ornamentais, sem representar um ou dois de seus astros principais, elas parecem postular outra relação entre a pessoa que usa esses ornamentos e o Sol e/ou a Lua.

Em certo sentido, a própria pessoa que usava esses ornamentos era a figura solar ou lunar ausente das representações. Se a análise for interrompida nessas primeiras constatações, não se fará senão reafirmar o que já se sabe: os caciques, ou as personagens que ocupavam uma alta posição nessas sociedades, extraíam a legitimidade de seu *status* de uma identificação com um dos dois astros principais. Por isso mesmo, eles não estavam mais restritos ao mesmo destino escatológico que o resto das pessoas de estratos sociais mais baixos ou menos altos.

Personagens masculinas de alta posição não deviam necessariamente encontrar a morte no campo de batalha, uma vez que a consumação de sua morte "ali mesmo", no seio de seu grupo ou de sua maloca, era considerada resultado da predação de seus inimigos. A diferença, porém, estava no fato de que essa pessoa levava sobre ela mesma a imagem ou as figuras de seus inimigos. Esses inimigos não eram humanos, mas seres de uma condição estelar, e a pessoa que usava esses ornamentos tampouco deveria ser percebida como portadora de uma essência humana, mas sim como alguém que tinha uma relação específica com o mundo superior. A relação de inimizade que certas cosmogonias indígenas reconhecem entre os dois astros mais importantes e o restante das estrelas era a garantia de uma relação similar entre as personagens de alta posição social e o resto do grupo, e até mesmo com os inimigos. Essas pessoas importantes expressavam, assim, sua identificação com um dos dois astros mais importantes (Sol ou Lua), isso porque usavam uma ornamentação que, na ordem cosmológica, se referia a seus inimigos personificados pela constelação de Órion. Essas pessoas importantes tornavam-se o *centro*, aqueles que as rodeavam eram *periféricos*; por isso, um conjunto de oposições era reconhecido como um reflexo invertido entre esferas celestes e terrestres. O único e o central se opõem ao múltiplo e ao periférico, enquanto a identificação solar expressa o antagonismo com as estrelas e sua alteridade mútua.

Quando o líder é um outro

Para certas classes das sociedades estratificadas, a consequência lógica dessa identificação com o Sol era que o chefe (ou o cacique) era um *outro*: ele extraía seu poder de sua essência solar ou lunar – o que é sempre o caso entre o povo miranha – e, como *outro*, ele podia exercer um certo tipo de predação sobre seu próprio grupo: ou seja, praticar uma certa coerção e legitimar o uso da violência contra aqueles que lhe eram submissos. O fato de que os caciques ou o Sol eram identificados com as onças ou com as vespas parasitoides – uma forma de onça alada – é apenas a afirmação de sua natureza predatória, uma espécie de definição pela figura prototípica do ser da predação. Por isso, eles deviam possuir algumas prerrogativas, hoje exclusivas dos xamãs, como as de negociar o destino das almas ou de ter controle sobre elas – sem que isso tenha sido sempre exclusividade deles. Essas prerrogativas estão associadas a importantes mudanças históricas, cuja consequência mais importante foi o desaparecimento dos grandes caciques e dos líderes independentes, o que fez nascerem sociedades nas quais o poder interno foi recuperado pelos xamãs. Ser um *outro* e poder exercer uma forma de coerção contra as pessoas de seu grupo era um privilégio da autoridade do chefe, uma espécie de ameaça permanente para o resto do grupo. As identificações solares e astrais de certos humanos não são apenas a evocação de uma ordem mítica ou religiosa: razões de cunho totalmente sociológico faziam com que essa identificação implicasse a existência de uma dominação interna sobre o grupo, calcada no modelo dos antagonismos entre grupos vizinhos, entre humanos e não humanos, entre os humanos e os deuses.

A relação Sol-Lua/Órion implica, igualmente, que o falecimento dos caciques ou dos chefes era compreendido como uma "imolação do cacique" que não era realizada por seus subordinados, mas por seus inimigos.

No caso das vítimas dos rituais antropofágicos, as pessoas do grupo que realizavam o ritual deviam ser assimiladas a seres do tipo estelar durante o tempo de duração desse ritual. Eles incorporavam a carne da pessoa submetida ao ritual para fazê-la ascender à imortalidade com a partida de sua alma para o mundo supraterrestre. O que Órion faz com o Sol ou com a Lua faz também com os seres semelhantes a esses dois astros. Enquanto a morte de um cacique ou de um chefe é interpretada como um assassinato simbólico (que se poderia até mesmo qualificar de "assassinato mitológico"), o "canibalizado", em contrapartida, é a vítima de um assassinato real. Entretanto, pela necessidade de fazer com que sua alma parta para longe[16], os protagonistas do ritual irão utilizar a mesma metáfora estelar que ocorria no assassinato do cacique ou do chefe. No ritual, os que participavam da morte do prisioneiro deviam se identificar com as estrelas em geral, mas não com as estrelas da constelação de Órion em particular. O prisioneiro sacrificado assumia a figura de um dos astros principais (como antigamente ocorria entre o povo tupinambá, em que o prisioneiro executado – mas também o carrasco – era chamado de Chefe "Lua"). Pelo menos, é isso que as deduções de Isabelle Combès, em sua análise do ritual canibal do antigo povo tupinambá, nos fazem pensar: Órion toma o lugar da Onça Celeste que devora a Lua nos eclipses lunares[17].

O assassinato do prisioneiro e a morte do chefe são tratados de um mesmo modo ritual e mitológico. Nos dois casos, são os inimigos que matam: no caso do líder ou do cacique, trata-se de inimigos estelares ou de suas figuras, que ele usa sobre ou ao redor de

---

16 Cf. D. Karadimas, "L'Impossible quête d'un Kalos Thanatos chez les Mirana d'Amazonie colombienne", *Journal de la Société des Américanistes*, 1999b, n. 85.

17 Cf. Isabelle Combès, *La Tragédie cannibale chez les anciens Tupi-Guarani*, Paris: PUF, 1992.

si; no caso do prisioneiro, sua imolação permite que seus carrascos se transformem nos astros durante o tempo do ritual. Se os modos rituais e mitológicos se assemelham nesse aspecto, as implicações estatutárias do tratamento da imolação do prisioneiro e da morte do líder são diametralmente opostas. No caso dos rituais antropofágicos, o prisioneiro deve assumir o papel de Lua *a fim de que seus carrascos possam se identificar às estrelas enquanto vivos* e ser percebidos como tais por seus inimigos, enquanto nos ritos funerários dos grandes guerreiros as personagens importantes ou, de modo mais prosaico, os chefes, se identificam com um dos dois astros principais; e são os artefatos – peças de ourivesaria, pequenos bancos taumaturgos ou personagens que a mitologia coloca dentro da habitação – que efetuam esse "assassinato mitológico". O líder, ou o homem importante, não é vencido por humanos ou por habitantes deste mundo terreno: ele sucumbe à predação daqueles que se encontram no mundo das alturas para se tornar um deles (cozido ou assado, como ocorre entre o povo mai huna, descrito por Irène Bellier), mas, sobretudo, para se tornar um dos deuses canibais Araweté, descritos por Viveiros de Castro[18], que analisou amplamente os sistemas de transformações ligados à antropofagia na criação das deidades.

Existiriam, então, duas maneiras de alcançar a imortalidade sob a forma de um astro: uma delas é ser transportado até as esferas celestes por estrelas de uma constelação que circunda as "portas" de entrada dos mundos subterrâneos e celestes; a outra é realizar na Terra o mesmo processo que ocorreu com as pessoas importantes, o que implica que os protagonistas do ritual transformem essa Terra em uma imagem das esferas celestes e a si mesmos em estrelas – uma reviravolta ritual que reinveste o tempo presente de uma temporalidade mítica. Os dois caminhos conduzem à imortalidade.

As diferenças de *status* constituem, assim, uma espécie de crédito no destino pós-morte das almas dos defuntos.

Por fim, se é permitida a utilização do termo "sacrifício" para descrever os diversos tipos de imolações, isso só poderá ser feito a partir de uma aceitação específica que ultrapassaria a do "sacrifício-

---

18 Cf. Eduardo B. Viveiros de Castro, *Araweté: os deuses canibais*, Rio de Janeiro: Jorge Zahar/ANPOCS, 1986; e "Os pronomes cosmológicos e o perspectivismo ameríndio", *Mana*, 1996, v. 2, n. 2.

-dádiva" sem esvaziar a noção de "sacrifício-homenagem"[19]. Seria necessário reter muito mais a interpretação dada por Lévi-Strauss, quando ele afirma que

> qualquer rito sacrificial tem por finalidade instaurar uma relação entre dois termos polares, um é o sacrificador, o outro a divindade, entre os quais, no começo, não existe homologia nem qualquer outro tipo de relação. O sacrifício não pode obter esse resultado senão por meio de uma série de identificações sucessivas que podem se efetivar em dois sentidos: [...] do sacrificante ao sacrificador, do sacrificador à vítima, da vítima sacralizada à divindade, ou na ordem inversa[20].

Em qualquer uma dessas duas possibilidades ligadas ao sacrifício, "fazer um morto" implica fazer desaparecer as carnes do defunto, uma responsabilidade que se confia aos inimigos e/ou aos parentes afins, segundo um mesmo esquema de pensamento indígena típico do conjunto das terras baixas, no qual as relações antagônicas são mediatizadas pela antropofagia. É ela que garante as distinções estatutárias no seio do grupo, bem como entre os grupos, permitindo que alguns possam alcançar a imortalidade e fazendo com que se transformem em astros.

Como vemos, a sobrevivência de sociedades como as do noroeste amazônico, em particular as do Caquetá-Putumayo, que sofreram um massacre sistemático, envolve uma nova maneira de entendimento das modalidades individuais da desagregação do indivíduo e dos destinos pós-morte. Não reter as almas dos defuntos aqui em-

---

19 Duas noções que devemos a Edward Tylor em *Primitive Culture* (1874), antes de serem recusadas como sucessão evolutiva, mas não como noções independentes por Henri Hubert e Marcel Mauss em seus *Essais sur la nature et la fonction du sacrifice* (1899).

20 *La Pensée sauvage*. Ed. bras.: *O pensamento selvagem*, trad. Tânia Pellegrini, Campinas: Papirus, 1989. O autor utiliza um excerto do capítulo 8, intitulado "O tempo reencontrado", pp. 155-286. A citação integral é a seguinte: "O objetivo do sacrifício é precisamente instaurar uma relação que não é de semelhança, mas de contiguidade, por meio de uma série de identificações sucessivas que podem se fazer nos dois sentidos, conforme o sacrifício seja expiatório ou represente um rito de comunhão: seja, pois, do sacrificante ou sacrificador, do sacrificador à vítima, da vítima consagrada à divindade ou na ordem inversa". [N.T.]

baixo na Terra permite aos vivos não ficarem prisioneiros da memória dos indivíduos. Rejeitar a "memorialização" dos massacres permite aos vivos existirem sem o fardo das memórias e não serem eternamente vítimas ou descendentes de vítimas.

Mais do que o esquecimento, o anonimato é a única garantia da imortalidade, do mesmo modo que todas as estrelas sem nome brilham no firmamento, até o dia em que algumas delas se extinguem sem que ninguém se aperceba disso.

REFERÊNCIAS BIBLIOGRÁFICAS

ALÈS, C.; CHIAPPINO, J. *Del microscopio a la maraca*. Caracas: Ex Libris, 1997.

BELLIER, Irène. *El tamblor y la luna: ensayo sobre las relaciones entre las mujeres y los hombres Mayuna*. Lima/Quito: Abya-Yala/IFEA, 1991.

COMBÈS, Isabelle. *La Tragédie cannibale chez les anciens Tupi-Guarani*. Paris: PUF, 1992.

HARDENBURG, Walter E.; ENOCK, Charles Reginald et al. *The Putumayo, the Devil's Paradise; Travels in the Peruvian Amazon Region and an Account of the Atrocities Committed upon the Indians Therein*. London: T.F. Unwin, 1912.

KARADIMAS, Dimitri. "La Constellation des quatre singes: interprétation etno-archéologique des motifs de 'El Carchi-Capuli' (Colombie, Équateur)". *Journal de la Société des Américanistes*, 1999a, n. 85.

_____. "L'Impossible quête d'un Kalos Thanatos chez les Mirana d'Amazonie colombienne". *Journal de la Société des Américanistes*, 1999b, n. 85.

_____. "Parenté en esclavage: pratiques matrimoniales et alliances politiques chez les Miraña d'Amazonie colombienne". *Droit et cultures*, 2000, n. 39. Número especial: *L'Esclavage aujourd'hui et hier*.

_____. "Dans le Corps de mon ennemi: l'hôte parasité chez les insectes comme modèle de reproduction chez les Miraña d'Amazonie colombienne". In: Élisabeth Motte-Florac; Jacqueline Thomas (éds). *Les "Insectes" dans la tradition orale*. Leuven/Paris/Dudley: Peeters, 2003.

_____. *La Raison du corps: idéologie du corps et représentations de l'environnement chez les Miraña d'Amazonie colombienne*. Dudley: Peeters, 2005.

_____. "La Métamorphose de Yurupari: flûtes, trompes et reproduction rituelle dans le Nord-Ouest amazonien". *Journal de la Société des Américanistes*, 2008, v. 94, n. 1.

TAYLOR, A.-C. "Remembering to Forget: Identity, Mourning and Memory among the Jivaro". *Man*, 1993, v. 28, n. 4.
VIVEIROS DE CASTRO, Eduardo B. *Araweté: os deuses canibais*. Rio de Janeiro: Jorge Zahar/ANPOCS, 1986.
_____. "Os pronomes cosmológicos e o perspectivismo ameríndio". *Mana*, 1996, v. 2, n. 2.
WHIFFEN, Thomas. *The North-West Amazons: Notes of Some Months Spent among Cannibal Tribes*. London: Constable, 1915.

A MORTE ENTRE O POVO BARUYA
(MELANÉSIA)

MAURICE GODELIER

Quem são e onde vivem os baruya? Eles constituem uma pequena tribo da Nova Guiné, cujas aldeias e comunidades mais afastadas distribuem-se ao longo de dois vales elevados de uma cadeia de montanhas, a Kratke Range, cujo pico mais alto, o Monte Piora, atinge a altura de 3720 metros. As aldeias situam-se entre 1600 e 2300 metros de altitude[1]. Essa tribo habitava uma das últimas regiões da Nova Guiné a passar para o controle da administração colonial australiana, em junho de 1960, e que em 1951 havia sido explorada por um jovem oficial, James Sinclair, que organizou uma expedição para descobrir uma tribo, os batias, fabricantes de uma

---

1   O povo baruya pertence a um grupo de tribos que se vinculam a um ancestral mítico comum e falam línguas aparentadas. Entre essas tribos, encontra-se o povo ankave, que vive muito mais ao sul do povo baruya, na direção do golfo de Papua. Pierre Lemonnier e Pascale Bonnemère estiveram entre eles por longas temporadas e lá realizam trabalhos muito importantes.

espécie de moeda de sal. Os batias eram na verdade o povo baruya. Em 1965, a região foi considerada pacificada e aberta à livre circulação dos homens brancos. Imediatamente, três missões protestantes vieram se estabelecer no local, entrando em concorrência para convertê-los à única e verdadeira religião, o cristianismo.

Em 1966, fui viver e exercer minha profissão de antropólogo entre eles, depois de ter pedido permissão ao povo baruya para residir em Wiaveu, a aldeia do vale do Wonenara mais afastada do Posto de Patrulha criado pela administração australiana para controlar a região. Passei quase sete anos, de 1966 a 1981, entre o povo baruya ou na Nova Guiné; no início, vivi ali por três anos seguidos, depois retornei outras vezes por períodos menos longos de vários meses.

Em 1966, o povo baruya era uma tribo composta por quinze clãs, dos quais oito eram descendentes de clãs que haviam conquistado o território e sete eram grupos locais aliados e reagrupados. O sistema de parentesco era patrilinear e patrilocal. Uma instituição unia todos os membros da tribo, não importava a idade, o sexo, a linhagem, a aldeia: eram as iniciações femininas e masculinas.

Por intermédio dos ritos que se encadeavam no transcorrer dessas iniciações, e que se reproduziam mais ou menos a cada três anos, o povo baruya reafirmava não apenas sua unidade, que não era afetada por sua divisão em diferentes clãs, mas também sua soberania comum sobre seu território, seus habitantes e seus recursos. Cada um dos clãs era dono de uma floresta comum na qual caçavam e que queimavam para cultivar o inhame e a batata-doce, bem como uma variedade de bambu cujas cinzas eles utilizavam para produzir barras de sal. Essas barras serviam de moeda para suas trocas com as tribos vizinhas. Tribos que viviam em guerra perpétua umas com as outras e eram sucessivamente aliadas ou inimigas. Para o povo baruya, entretanto, a tribo dos andjes, de quem eles haviam usurpado metade do território, constituía um inimigo permanente. As iniciações preparavam os jovens para serem guerreiros, e fazer a guerra era algo necessário para transformá-los em verdadeiros homens.

Como a morte era pensada e vivida antes da chegada dos europeus e da perda da soberania do povo baruya sobre ele mesmo? É preciso distinguir a morte como os últimos momentos de vida das diferentes maneiras ou razões de morrer; por exemplo, morrer de velhice, morrer em combate, morrer dando à luz um filho, morrer picado por uma serpente ou caindo do alto de uma árvore ao tentar perseguir um gambá (marsupial). Além dessas mortes involuntárias, é necessário mencionar as mortes desejadas. Para o povo baruya, em primeiro lugar estavam o suicídio por enforcamento e a queda voluntária do alto de uma falésia para se vingar de uma humilhação e se transformar em um morto que viria assombrar os vivos. A análise dessas diferentes maneiras de morrer e de como o povo baruya levava isso em conta são assuntos que nos levariam muito longe e, por isso, precisamos escolher.

Duas ideias estavam no centro das representações que eles faziam da morte antes da chegada dos homens brancos e de sua conversão ao cristianismo: a ideia de que a morte não é um fato "natural" e a ideia de que a morte consiste na partida sem retorno definitivo do espírito que habita o corpo de uma pessoa, seja ela homem ou mulher.

A morte é resultado de maquinações de outros seres humanos ou de espíritos maléficos. Os humanos matam outros humanos seja de maneira visível, ao assassiná-los, ou de maneira invisível, por atos de feitiçaria. Os próprios espíritos agem de modo invisível. Eles perambulam ao redor das aldeias, dos caminhos, ou vivem escondidos na floresta. Atacam os humanos devorando seu fígado ou se apoderam do espírito dos bebês, que as mães levam com elas quando vão até as roças no meio da floresta, provocando sua morte súbita.

Em que consiste o ato de morrer propriamente dito? Para o povo baruya, um indivíduo é feito de um corpo e de um espírito, que é o de um (ou de uma) ancestral de quem ele leva o nome. Todos os dias quando cochila, toda noite quando dorme e sonha, o espírito de um ou de uma baruya pode deixar seu corpo e escapar para o espaço, indo na direção dos cumes das montanhas que circundam o território da tribo ou dos rios que o atravessam de cima a baixo. Trata-se de um momento perigoso, pois os espíritos dos xamãs das tribos vizinhas e inimigas vigiam e tentam capturar os espíritos dos adormecidos para levá-los e devorá-los. É trabalho dos xamãs do povo baruya, sejam homens ou mulheres, impedir que eles sejam capturados e devolvê-los a seus corpos para que retomem sua vida normal. Muitas vezes, o espírito de alguém se ausenta durante vários dias e noites. A pessoa respira, come, dorme, mas não é mais a mesma. Ela está "ausente", está doente.

A morte surge quando a partida de um espírito é sem volta, é irreversível, embora o espírito do defunto possa continuar a rodear seu corpo, retornar à sua aldeia, ameaçar seus habitantes, principalmente seus parentes próximos. Ele pode reaparecer sob a forma de um espectro, de um fantasma. O espírito não é imaterial, mas sua materialidade habitualmente o torna invisível.

O que ocorre quando um homem ou uma mulher está morrendo? Que condutas e atitudes seus parentes próximos e aliados devem adotar? O povo baruya não esconde do morto que ele irá morrer e não espera que ele esteja morto para manifestar sua tristeza. Durante minha pesquisa de campo, tive a oportunidade de acompanhar vários baruyas até seus últimos momentos. Escolhi, porém, apenas um deles em particular para ilustrar pensamentos e condutas de uma morte à qual pude assistir passo a passo: refiro-me a Dabwi, um homem com cerca de 30 anos, sem grande destaque social, que pertencia ao clã dos ndelies, ao qual eu era ligado. Um dia alguém me informou que Dabwi havia voltado da montanha se sentindo muito mal. Fui visitá-lo levando comigo alguns comprimidos de penicilina e outros medicamentos. Ao chegar, vi que ele estava sentado, apoiado na parede de sua casa já com dificuldade de respirar e também de falar. O grande xamã Inamwe estava a seu lado e preparava-se para cuidar dele. Convenci Inamwe, e até a mim mesmo, de que devíamos nos ajudar mutuamente; eu daria a Dabwi o remédio dos homens brancos e prepararia os maços de folhas habitualmente empregados nos ritos, e Inamwe aplicaria sua magia no rosto e no corpo do doente. Permaneci como ajudante do xamã enquanto, ao fim de um longo silêncio e de um canto, ele lançou seu espírito em busca do espírito de Dabwi. Um procedimento normal do ato xamânico, que consiste no xamã enviar seu espírito para descobrir onde se encontra o espírito da pessoa, que provavelmente foi atacado e levado por um ser maléfico que ele, então, tem que combater para libertar o espírito do doente e trazê-lo de volta para seu corpo. Naquele dia, nada resultou de nossas duas intervenções.

No dia seguinte, retornei com Inamwe para uma segunda intervenção conjugada, mas, ao fim de um certo tempo, depois de ter travado uma grande luta contra um espírito hostil, ele declarou que era inútil continuar, que não valia mais a pena dar remédios dos homens brancos a Dabwi. Ele já sabia que Dabwi havia sido vítima de um espírito que habitava uma floresta que o rapaz havia atravessado alguns dias antes, quando descia de uma montanha, cujo nome e localização ele me indicou. Diante de Dabwi, que podia ouvi-lo e compreendê-lo, ele anunciou para mim e para todos os presentes que ele havia falhado e que o homem ia morrer. Todos começaram a chorar rodeando o doente, acariciando-o e suplicando que ele não os deixasse. Algumas horas mais tarde, Dabwi morreu e, durante vários dias, parentes, coiniciados, vizinhos e amigos de Dabwi e de seu clã vinham visitar o morto, abraçando seu corpo contra o dele, que era mantido sentado diante de um fogo, cujo calor acelerava a decomposição. De tempos em tempos, alguns visitantes manifestavam uma grande cólera e entravam intempestivamente na roça do defunto, destruindo suas colheitas e derrubando a golpes de machado as bananeiras que ele havia plantado. Quase todos, mulheres e homens, dilaceravam a fronte com as unhas, ou com facas de bambu, e deixavam escorrer o sangue, gemendo e chorando.

Três dias depois, ainda sentado, o morto foi transportado por vários homens e parentes, que o levaram carregado sucessivamente de ombro em ombro, para ser enterrado em seu território. O cadáver estava vestido com roupas novas e alguns objetos pessoais o acompanhavam. Uma vez terminada a inumação, todos começaram a correr de volta para a aldeia, sem olhar para trás e atirando atrás de si plantas mágicas destinadas a rechaçar o espectro do defunto caso ele quisesse segui-los. Antes de deixarem os lugares, a superfície do túmulo era cuidadosamente alisada para que, no dia seguinte, ao raiar da aurora, se pudesse ir até lá verificar se no chão havia pegadas que o morto deixara ao sair de seu túmulo. A partir desse momento, os parentes próximos, homens e mulheres, estavam de luto, o que para eles implicava não cortar os cabelos nem fazer a barba durante meses, usar roupas esfarrapadas, reabrir regularmente as feridas da fronte para fazer o sangue escorrer de novo. Acima de tudo, eles não deviam pronunciar mais o nome do defunto, que iria ser esquecido durante duas gerações antes de ser dado novamente a um dos membros do clã. Antes dos funerais, a esposa do defunto havia feito com que os dedos dele fossem cortados e postos para secar, para depois usá-los em um colar sobre o peito, junto com outros adereços do luto. O povo baruya costuma usar as relíquias de seus mortos no corpo, o que os faz relembrar deles. Foi assim que, depois do falecimento de sua esposa, o xamã Inamwe esperou que o cadáver se decompusesse para retirar a mandíbula inferior da defunta, que, em seguida, passou a usar no braço esquerdo como uma espécie de adorno.

Como o povo baruya se desfaz do corpo dos mortos? Existem duas maneiras de isso acontecer e que diferem segundo o clã ao qual o morto pertencia. Eles podem ser enterrados ou ficar expostos sobre uma plataforma na qual suas carnes irão se decompor. Nesse caso, plantam-se inhames sob a plataforma, plantas ancestrais que irão se impregnar dos fluidos do morto e que, quando crescerem, serão arrancadas e depois replantadas nas roças deixadas pelo defunto ou pela defunta. Desse modo, os mortos participam de um ciclo de vida que vai dos homens às plantas e das plantas aos homens. Esse é também o momento em que se recolhem os ossos do defunto para depositá-los no vão de uma árvore, entre as muitas que povoam as florestas pertencentes ao clã do morto. A partir de então, seu espírito irá velar por seus descendentes nas terras que exploram para caçar e cultivar. Mortos maltratados tornam-se mortos maléficos que assombram as montanhas e as florestas. Normalmente, os mortos adoram andar juntos, e dizem que eles vivem em aldeias sob a Terra, mas alguns deles também nas estrelas. Nesses lugares, eles levam uma vida semelhante à dos humanos. De tempos em tempos, um dentre eles reencarna em um de seus descendentes – quando esse descendente recebeu o mesmo nome do morto quando era vivo. Entretanto, se o morto é uma criança que faleceu antes de ter recebido o nome de um ou de uma ancestral do clã de seu pai (o sistema de parentesco é patrilinear), seu cadáver é levado por sua mãe e enterrado onde ela desejar, mas em uma terra de ninguém. Sem nome, a criança ainda não existe socialmente e, por isso, também não existe realmente.

Entre o povo baruya, morrer de velhice não era algo desconhecido, embora ocorresse raramente. De fato, eles não manifestavam um respeito profundo pelos velhos e velhas que continuavam a viver por muito tempo. Consideravam que essas pessoas haviam perdido a autonomia e, doravante, viviam "nas mãos" de seus descendentes, de quem elas haviam se tornado dependentes como as crianças. Antes de sua cristianização, o ideal do povo baruya era ser materialmente independente e autônomo em suas decisões. Uma velhice prolongada implicava a perda desses dois aspectos da vida. O único domínio de sua existência no qual eles aceitavam estar "nas mãos" de alguém era a guerra. O Aulatta, o grande guerreiro que avança sozinho na frente dos outros para desafiar os guerreiros inimigos e os mata em combate sob os golpes de seu tacape, ou de seu machado, é quem tem "em suas mãos" a vida dos outros, ele é seu escudo protetor. Finalmente, como faziam os gregos, o povo baruya guarda apenas a memória dos grandes homens, dos grandes guerreiros, mas também de algumas grandes mulheres, responsáveis por trazerem ao mundo muitas crianças que elas alimentaram e que conseguiram sobreviver.

Antes da chegada dos homens brancos, os baruya morriam muito cedo (com menos de 40 anos) e consideravam que a morte de homens e mulheres muito jovens era quase sempre consequência de ataques invisíveis de espíritos maléficos, que viviam nas montanhas ao redor, ou de xamãs de tribos vizinhas e inimigas que vinham capturar seus espíritos durante o sono. É por isso que as mortes por acidente, a queda de uma árvore, a picada de uma cobra venenosa, nunca eram consideradas acidentais, mas um ato de agressores invisíveis incumbidos dessa tarefa. Os deuses do povo baruya, mais especificamente o Sol e a Lua, eram forças poderosas que geralmente se mantinham muito longe dos humanos; eles só se aproximavam para terminar de dar a forma humana ao feto gerado pelo esperma dos homens no ventre das mulheres ou, mais tarde, no momento das iniciações dos meninos e das meninas, antes de retornarem a seu lugar no céu. Nunca, porém, se pedia a eles para intervirem antes ou depois da morte de um baruya. Por outro lado, é importante ressaltar que, mesmo se no curso de sua vida os mortos houvessem praticado crimes ou outras ações condenáveis contra outros baruyas, eles não eram julgados depois de sua morte, e sua existência era igual às dos outros defuntos.

É igualmente importante ressaltar que matar um inimigo, homem, mulher ou criança, não era um crime, mas, ao contrário, uma grande façanha. O que era feito, então, de seus cadáveres? Eram comidos. O povo baruya praticava o canibalismo contra seus inimigos. Eles consideravam que a carne humana era boa e que, ao comerem seus inimigos, eles os impediam de se transformar em ancestrais que iriam proteger seus descendentes. E quando faziam prisioneiros, um ou vários, eles os sacrificavam. Quebravam seus braços e pernas e os colocavam sentados, expostos ao sol. Depois, um grupo de jovens guerreiros descia correndo pelo flanco da montanha, brandindo suas facas de bambu, cujo cabo era envolvido por uma fita de cortiça pintada de vermelho, a cor do Sol. Ao chegarem junto do prisioneiro, eles cravavam as facas em seu peito, o sangue que jorrava era recolhido nos bambus, e as pessoas que assistiam eram besuntadas com ele. Em seguida, o supliciado era executado, abriam seu ventre e arrancavam seu fígado, sede da vida para o povo baruya. O fígado era fatiado em finas lâminas e servido aos jovens guerreiros nos últimos estágios da iniciação, que o comiam cru e no meio do inhame cozido.

Conforme dissemos, o povo baruya guarda a memória de seus mortos, embora sejam proibidos de pronunciar seu nome por duas gerações, ao final das quais os mesmos nomes serão dados novamente aos meninos e meninas que nasceram em uma determinada linhagem e pertencem a um clã. Cada clã possui um estoque de nomes que logo o diferenciam dos outros. Se uma criança sobreviveu a seu primeiro ano de vida, dar a ela um nome que já pertenceu a uma série de ancestrais parece ser um ato que faz com que um espírito penetre em seu corpo. Entretanto, entre o povo baruya não existe o culto dos ancestrais, embora seus espíritos sejam invocados e estejam presentes nas grandes cerimônias de iniciação.

A memória de um ou de outro ancestral existe, mas sempre associada a episódios importantes da vida de um clã ou da tribo. O nome de alguém que cultivou pela primeira vez uma roça na vertente de alguma montanha é habitualmente lembrado. São lembrados os nomes de todos os guerreiros mortos em combate e quais foram os inimigos que os mataram. Também é lembrada uma mulher que deu à luz nove filhos e filhas, que foram alimentados com o produto de sua roça, e que conseguiram sobreviver. Em resumo, todos se lembram daqueles a quem o povo baruya dá o nome de "grandes homens" e também, com menor frequência, de "grandes mulheres". Por essa razão, eles guardavam os dedos ressequidos de Bakitchatche, um grande guerreiro que expulsou sozinho a tribo andje quando esta quis retomar seu território, do qual tinha sido banida pelo próprio povo baruya. Eles expunham e manipulavam essas relíquias sagradas nas iniciações dos meninos. Infelizmente, os dedos de Bakitchatche desapareceram na fumaça; isso aconteceu quando um jovem oficial australiano incendiou a aldeia onde eles eram conservados, pois queria punir seus habitantes por terem usado armas para se vingar de uma ofensa cometida pelos membros de um clã baruya, habitantes de uma aldeia vizinha. Os dedos desapareceram, a lenda permanece.

Nos dias atuais, todos os baruyas se tornaram cristãos. Lembremos que os primeiros homens brancos a chegar, assim que o povo baruya foi considerado "pacificado", foram os missionários de diferentes seitas protestantes. No início, os mais eficazes foram os luteranos, cujo pastor era um alemão que havia fugido do regime comunista da Alemanha Oriental. Ele criou uma escola e os ensinava a ler e a contar na língua *pidgin* melanésio, ao mesmo tempo que recebiam o ensino religioso. Os sermões explicavam ao povo baruya que sua alma era negra como a cor de sua pele, pois sofriam a influência de Satã e viviam em pecado. O pastor chegara para trazer-lhes a luz da verdadeira religião, que iria iluminar sua alma e salvá-los do inferno e da danação. Alguns dos alunos mais brilhantes foram enviados para prosseguir seus estudos em escolas religiosas. Um foi enviado à universidade na Austrália e tornou-se professor de matemática na Universidade de Lae, cidade da Papua-Nova Guiné. Outro se tornou guarda florestal etc.

Depois de 1981, o povo baruya parou de realizar as grandes iniciações masculinas. Muitos jovens foram embora para trabalhar nas plantações da costa ou buscar emprego nas cidades. Jovens que se defrontaram com o desemprego, a solidão, a insegurança, a fome. Nesse período, várias seitas protestantes, importadas nos Estados Unidos, instalaram-se no local, como "A Igreja de Cristo" e outras que pregavam o "Renascimento", e chegaram para fazer concorrência aos luteranos. Desde então, todos do povo baruya se tornaram cristãos e, frequentemente, mudam de uma comunidade para outra de acordo com seus interesses, mas não por querelas teológicas. Após vinte anos de interrupção, porém, o povo baruya, o único entre as tribos da região igualmente convertidas ao cristianismo, retomou a iniciação de seus filhos e filhas. Seus membros veem nesse ato uma força necessária para enfrentar o novo mundo no qual devem continuar a viver.

Os baruyas estão inventando um sincretismo religioso que mistura elementos de sua antiga visão de mundo e de suas antigas práticas com outros elementos oriundos e adotados do Ocidente cristão. Nos dias atuais, essa mistura é encarnada por um pastor de origem baruya que, aos domingos, prega que todos devem confessar seus pecados, fugir de Satã, o demônio, e buscar a graça de Deus, mas que no decorrer da semana volta a ser um xamã que cura os doentes, empenhando-se em combates contra os espíritos que os agrediram. Pouco a pouco, porém, os baruya começaram a pensar sobre o que se passa em seu mundo por meio da noção de pecado, do mal que os humanos fazem contra si mesmos e contra Deus. Eles constroem um futuro e uma nova identidade, selecionando e combinando elementos reativados e reinterpretados de sua cultura passada com uma visão ocidental do homem e de seu destino. Para eles, a fórmula da modernidade implica, como afirmam, "seguir Jesus e fazer negócios". Todos eles podem compreender isso. Daqui para frente, sua nova vida não pode prosseguir senão por uma nova maneira de morrer e pensar a morte.

REFERÊNCIAS BIBLIOGRÁFICAS

GODELIER, Maurice. *La Production des grands hommes: pouvoir et domination masculine chez les Baruya de Nouvelle-Guinée*. Paris: Fayard, 1982 (prêmio da Academia Francesa); Champs Essais, 2009.

_____. *Métamorphoses de la parenté*. Paris: Fayard, 2004; Flammarion, 2010.

LEMONNIER, Pierre. *Le Sabbat des lucioles: sorcellerie, chamanisme et imaginaire cannibale en Nouvelle-Guinée*. Paris: Stock, 2006.

_____. "Funérailles et cannibalisme imaginaire en Nouvelle-Guinée: chasser les morts en attendant l'enfer?". *Religions et Histoire*, 2006, n. 9.

_____. "Objets d'ambiguïté: Funérailles ankave (Papuasie Nouvelle-Guinée)". *Journal de la Société des Océanistes*, 2007, n. 124.

_____. "Quand la mort est toujours extrême: la complémentarité entre rites de mort et formes d'imputation du malheur en Nouvelle-Guinée". *Études sur la mort*, 2009, n. 136.

A MORTE ENTRE O POVO SULKA (MELANÉSIA)[1]

MONIQUE JEUDY-BALLINI

A tradição oral do povo sulka da Nova Bretanha (Papua-Nova Guiné) ensina que, no começo dos tempos, todos os humanos eram dotados da faculdade de se metamorfosear e, por isso, estavam destinados à eterna autorregeneração. Um dia, porém, aconteceu que em lugar de responderem ao apelo lançado por um caranguejo, eles responderam ao de um sapo. Privados da capacidade de mudar de pele como faz o crustáceo, a partir de então, foram condenados à velhice e à morte. Enquanto a imortalidade constituía a condição primordial da humanidade, a morte, que era evitável, não fazia senão sancionar uma possibilidade perdida. Ela marcou a intrusão da história.

Tanto para os seres humanos como para os animais, a morte chega quando "a respiração acaba" (*ka ngauwur ta nop he*). É também o momento em que a separação do duplo, contido no envol-

---

1 Os dados etnográficos apresentados neste texto foram coletados junto ao povo sulka durante quatro missões financiadas pela CNRS, entre 1980 e 1994.

tório corporal – que muitas vezes precede o óbito de várias horas –, torna-se definitiva. Esse componente impalpável, que os missionários comparavam a uma "alma", é literalmente designado como uma "imagem", *nunu,* à semelhança de um reflexo especular, de um desenho figurativo, de uma fotografia ou de uma figura impressa em uma cédula bancária. Descrito pelo povo sulka como um princípio vital presente em todo ser humano, esse duplo está sujeito a variações, segundo a idade e as circunstâncias da vida. Perfeito em adultos jovens que gozam de boa saúde, ele ganha vigor sob a influência da alegria, de um sucesso, de um prazer sensorial, de uma manifestação de solidariedade ou de estima social, enquanto, sob os efeitos da velhice, de um sofrimento ou de uma doença, ele perde sua plenitude. Atribui-se a esse duplo a faculdade de se separar momentaneamente do corpo em circunstâncias tais como um sonho, uma emoção súbita, um acidente e qualquer estado de choque. Nesse caso, o corpo pode viver sem ele, mas de modo bem temporário. Enfraquecido, vulnerável, obrigado a economizar suas forças e sua mobilidade, o corpo subsiste somente em estado de amortecimento. Essa forma de desvitalização caracteriza a condição dos iniciados, que acabam de ser perfurados, mutilados, escarificados ou brutalizados, ou seja, expostos a violências emocionais ou físicas. Quando se prolonga por muito tempo, a separação do duplo do envoltório corporal conduz inevitavelmente à morte. Sob esse aspecto, qualquer iniciação é uma prática de alto risco.

A velhice, o suicídio, o assassinato, a feitiçaria, a doença ou os acidentes são as seis causas possíveis da morte na sociedade sulka, embora não exista doença ou acidente que não possa ser atribuído à maldade de um espírito ou a um ataque de feitiçaria. Reputadamente muito numerosos durante os conflitos intertribais ou intracomunitários que precederam a instauração da pacificação pelas autoridades coloniais, nos dias atuais os homicídios ocorrem sobretudo em decorrência de rixas nas quais o consumo de álcool desempenha papel decisivo. A interpretação dada a um óbito não tem repercussão nas modalidades dos rituais funerários nem na capacidade atribuída ao espírito de um morto de acessar a morada dos ancestrais. Veremos também que as circunstâncias da morte não têm incidência significativa na memória que se pode guardar de um falecido.

Os antigos ritos funerários

Com o desaparecimento do sistema de chefia, ocorrido há várias décadas, as diferenças constatadas no tratamento do cadáver e no desenrolar dos rituais funerários apoiavam-se em um único critério: o que discriminava as pessoas comuns e as personalidades que herdavam uma posição social eminente. Segundos funerais eram prerrogativas exclusivas de um chefe de aldeia (*taven*) ou de uma filha de chefe (*kheng*)[2].

Depois do óbito, o cadáver ficava exposto na casa, deitado sobre um leito ou sentado, com o corpo semienterrado ao lado de um fogo até que sua decomposição se efetivasse. Os aldeões se revezavam noite e dia a seu lado até que o processo de putrefação chegasse ao fim. Uma magia pronunciada sobre o fogo preservava os presentes de inalar o odor do defunto propalado pela fumaça, isso por meio de um buraco feito no teto, enquanto em um movimento inverso o líquido cadavérico escorria pelo chão. Dizem que esse odor era imperceptível pelas pessoas presentes, que comiam, mascavam folhas de bétele, contavam histórias ou dormiam próximas ao morto sem se sentirem incomodadas. Uma vez decomposto o cadáver, os ossos mais longos dos membros e a mandíbula inferior do crânio eram separados e limpos dos restos da carne, antes de serem expostos no chão para secar. Essas relíquias, embrulhadas em um pedaço de tapa vermelha – um tecido feito de cortiça batida –, eram suspensas ou colocadas no lugar mais alto da Casa dos Homens[3], enquanto o resto do esqueleto era enterrado na casa do defunto, em um local marcado por uma pedra. Os parentes próximos podiam continuar a residir nessa habitação, que, quando tombava em ruínas, era substituída por uma nova, construída com um recuo para não encobrir o lugar da pedra. De aspecto rudimentar, destituída de forma, de tamanho

---

2   Trata-se da primeira filha do sexo feminino do chefe da aldeia, que era iniciada no saber esotérico dos homens por meio de ritos e de interditos específicos das mulheres.

3   Em cada aldeia sulka, há uma casa reservada exclusivamente para os homens. É ali que eles se reúnem durante o dia, que os jovens iniciados passam as noites até seu casamento e onde se hospedam os eventuais visitantes. É proibido às mulheres entrarem nesse recinto; no passado, a única exceção era a filha do chefe.

e aspectos específicos, essa pedra não se distinguia em nada de uma pedra comum.

Designado como "pai" da comunidade aldeã, o *taven* também era chamado de "osso", aquele em torno do qual (unidade residencial, seres humanos, bens materiais) tudo se "mantinha", como a carne no esqueleto. Era exatamente a circulação dos ossos do defunto que impulsionava a realização de um ciclo cerimonial de vários anos (*nik*). No subclã do defunto, cada transferência das relíquias de um membro para outro possibilitava a construção de uma nova Casa dos Homens e a organização de trocas entre os aldeões. Esses procedimentos eram relançados de forma análoga, desde que o depositário das relíquias dispusesse de recursos suficientes em porcos, tubérculos e moedas de conchas para colocá-las de novo em circulação. No fim de seu percurso entre os membros do subclã, essas relíquias eram confiadas ao substituto estatutário do defunto, que os enterrava no chão da Casa dos Homens. Isso porque as cerimônias em função do falecimento de uma pessoa de alta posição social constituíam-se, ao mesmo tempo, em festas que consagravam a legitimidade de seu sucessor. Esse laço estrutural entre os dois acontecimentos – morte de um, investidura de outro – explica o fato de a interdição dos segundos funerais, denunciados conjuntamente pelo governo colonial e pelas missões religiosas nos anos 1940, ter consumado o desaparecimento do sistema da chefia do povo sulka.

Por sua amplitude, por sua duração, pela quantidade de porcos abatidos e a mobilização massiva que provocavam nas diversas localidades, esses ciclos funerários pareciam não ter uma medida comum com os rituais realizados no falecimento de outros aldeões. No caso desses mortos comuns, o cadáver era deixado em decomposição na parte exterior da unidade residencial – na floresta sobre uma plataforma, sobre um rochedo, no interior de uma gruta ou de um abrigo construído de forma simples. Não se velava o morto nem se procedia à retirada prévia dos ossos. Mas os parentes próximos do defunto podiam guardar seus cabelos e pedaços de suas unhas para usá-los como dispositivos protetores, segundo uma prática ainda em vigor nos dias de hoje. Considerado portador de uma toxicidade mortal, o líquido cadavérico, quando recolhido, servia para fins ligados à feitiçaria.

Os ritos funerários atuais

De acordo com a tradição oral do povo sulka, a origem da Terra, do cosmos e de tudo aquilo que os povoa – coisas ou seres vivos – não requer nenhuma explicação. Sabe-se apenas que, no começo dos tempos, os humanos não conheciam nem o mar, nem o fogo, nem a noite; contentavam-se em comer um alimento insípido e cru, sob um sol escaldante que jamais mudava de lugar. Foi a partir do mundo subterrâneo que a cultura chegou aos humanos. A noite, o mar (o sal) e o fogo sempre existiram, mas unicamente na morada dos ancestrais (*mlol*). A passagem desses elementos do mundo invisível dos espíritos para o mundo visível dos humanos deveu-se à ação involuntária de um herói mítico. A concepção cosmológica dos sulka postula a justaposição de dois espaços distintos, embora indissociáveis: o mundo inferior, que abriga a morada dos mortos, situado sob o mar, mas em um lugar impreciso, do qual não se conhecem os limites físicos particulares; e o mundo superior, a superfície terrestre compartilhada por todos os seres vivos existentes: humanos, vegetais, animais, espíritos que povoam o ambiente e seres cujos mitos alimentam a memória, mesmo que sua sobrevivência atual não seja comprovada (monstros antropófagos, anões com poder sobrenatural). O céu aparece como um espaço praticamente insignificante. Se a tradição oral evoca brevemente a figura da Lua, que regula o ciclo menstrual das mulheres, ela não faz nenhuma referência ao Sol, nem às estrelas, a não ser em uma ou duas narrativas[4].

Ainda que não se comuniquem entre si, os primeiros espaços não são estanques um ao outro. Uma espécie de barreira imaterial (*tap*) separa os vivos dos mortos; ela permite que os mortos vejam os vivos, mas não o inverso. O espaço que abriga a morada dos ancestrais (*mlol*) situa-se no mundo "inferior", segundo uma concepção que décadas de cristianização tentaram desacreditar. Esse espaço representa a antítese da morada dos vivos: lugar de uma abundância renovada, que nada se deve ao labor, que ignora a velhice, a doença, o sofrimento, o assassinato; um lugar da maior alteridade que se

---

4 O povo sulka faz uma distinção entre os mitos ou "histórias verdadeiras" (*ngothei*) e as narrativas consideradas contos ou fábulas (*morei*), que só podem ser relatadas à noite, sob pena de se expor às represálias dos espíritos da floresta.

possa imaginar. Comparado ao purgatório e aos limbos, na língua corrente de alguns catecismos católicos, é nesse lugar que se encontram todos os espíritos dos defuntos, independentemente da qualidade de sua vida passada e das circunstâncias de sua morte. Alguns mitos narram que um aldeão que havia se aventurado a chegar ao fundo de um rio para ali recuperar um adereço precioso que havia caído de sua orelha penetrou, sem saber, no mundo dos ancestrais. Ele tomou consciência de sua intrusão quando teve a surpresa de reencontrar seus parentes mortos. Apesar de seu desejo de continuar ao lado deles, ele foi obrigado a deixar o lugar; os espíritos o enxotaram dali, pois achavam que não era aconselhável uma pessoa viva permanecer no mundo inferior. Antes que ele voltasse para casa, os espíritos dos mortos o presentearam com esses bens, dos quais os humanos são sempre dependentes: a noite, o mar e o fogo.

Envelhecer, morrer, desaparecer

A maioria dos aldeões com menos de 50 anos, e que ainda não são considerados velhos, trata a velhice com uma repugnância não dissimulada. Comparadas à impureza e à feiura, as marcas da degradação que se espalham pelo corpo com a passagem do tempo não inspiram respeito ou compaixão dignos de nota; muito pelo contrário, as atitudes para com os velhos são caracterizadas por uma certa impertinência. Os narradores dos mitos sobre os velhos divertem-se em inventar detalhes sórdidos que enfatizam seu aspecto repulsivo e, por isso mesmo, risível. Pelo fato de terem o corpo "frio", os velhos têm a reputação de passar o tempo todo sentados junto das fogueiras ou das brasas, com seus membros recobertos de cinzas, como fazem as pessoas enlutadas – de qualquer modo, é como se eles estivessem sempre de luto. Sua mobilidade reduzida e seu hábito de permanecer muito tempo sentados na soleira da porta de suas casas faz com que se afirme, ironicamente, que eles só servem para "decorar a aldeia". Eles são constantemente lembrados da proximidade de sua morte, como, aliás, se faz com adultos mais jovens atingidos por doenças incuráveis: sem nenhum cuidado especial, com um fatalismo que não demonstra intenção alguma de alimentar neles qualquer ilusão ou esperança. Embora os cuidados materiais com os velhos sejam assumidos por seus familiares próximos, eles não são objeto de nenhuma solicitude afetiva, nem são especialmente cercados de atenções. Por isso, seus últimos momentos não parecem ser de foro íntimo, e nenhuma restrição é feita a quem quiser assisti-los. Ao contrário do nascimento, excluído da visão do público, a agonia jamais é dissimulada.

Exceto em casos raros de falecimentos imputados à idade avançada ou resultantes de um suicídio, qualquer morte, especialmente se ela sobrevém sem sinais anunciadores, é atribuída a uma intenção de prejudicar; em geral, proveniente de um espírito da floresta que sanciona um comportamento não apropriado ou de um aldeão que usou de feitiçaria. Décadas de ação missionária não conseguiram alterar muito essa convicção, que muitas vezes leva os indivíduos a adotarem procedimentos de adivinhação. A diferença é crucial, pois o defunto punido por um espírito adquire, retrospectivamente, a condição de culpado, enquanto aquele que deve sua morte a um ser humano é considerado uma vítima a ser vingada, concepção decorrente de uma lógica social de reciprocidade. De fato, qualquer homicídio (por envenenamento, feitiçaria ou violência) exige uma reparação possível de assumir a forma de um assassinato, de represálias contra um suposto culpado ou contra alguém que o represente (filho, pai, homônimo, corresidente...). Na eventualidade de um aldeão morrer no lugar de outra pessoa, como vítima substituta ou vítima por procuração, esse fato permite identificar toda a extensão do laço entre pessoas que se reconhecem como próximas socialmente, uma intersubjetividade relacional[5] que faz com que a ocorrência da morte seja um acontecimento negociável.

Não existe morte gratuita, e todo óbito tem forçosamente um autor presumido. Mesmo que considerem essa morte previsível ou inesperada e "extrema"[6], os sulka não opõem em termos de valor o que decorreria de uma "boa" ou "bela" morte e o que adviria de uma morte "abominável". Eles não aspiram mais a um tipo de desapare-

---

5   Cf. Marshall Sahlins, "What kinship is", *Journal of the Royal Anthropological Institute*, 2011, v. 17, n. 1-2.
6   Cf. Pierre Lemonnier, "Quand la mort est toujours extrême: la complementarité entre rites de mort et formes d'imputation du malheur en Nouvelle-Guinée", *Études sur la mort*, 2009, n. 136.

cimento capaz de perenizar uma lembrança ilustre de sua existência; suas figuras heroicas mais memoráveis são as das personagens sobrenaturais representadas na tradição oral. Independentemente do desejo de morrer na aldeia, mais do que longe dela – o que motiva a recusa dos doentes em estado muito grave de serem hospitalizados na cidade –, nenhuma forma de óbito é considerada moral ou socialmente preferível a qualquer outra. Menos do que as condições de sua própria morte, o que importa para um homem ou para uma mulher são, sobretudo, os meios de sobreviver à morte dos outros.

Apesar da ocorrência frequente da morte em uma sociedade afetada por patologias endêmicas (malária, hepatite), na qual o interconhecimento acentua sua visibilidade, a notícia de uma nova morte, quando não é a de um velho ou de um aldeão muito doente, parece sempre desconcertar e tomar de surpresa. Se nos referirmos à concepção da pessoa e de seu duplo, evocada anteriormente, podemos considerar que uma notícia como essa constitui em si mesma um ataque corporal. Costuma-se dizer que ela produz a sensação de um "fogo" que abrasa o ventre e é sentida como uma mescla de tristeza e raiva assassina. Nessa ocasião, árvores ou coqueiros são derrubados, porcos ou galinhas encontrados nas redondezas são abatidos – no passado, podia ser até mesmo um aldeão. Matar ou destruir, uma "transformação da dor em cólera"[7], da qual a etnografia fornece outros exemplos[8], permite "redirigir a agressão"[9], neutralizando a

---

7 Edward L. Schieffelin, *The Sorrow of the Lonely and the Burning of the Dancers*, St. Lucia: University of Queensland Press, 1997, p. 177.

8 Cf., principalmente, Karen K. Brison, "Giving Sorrow New Words: Shifting Politics of Bereavement in a Papua New Guinea Village", *Ethos*, 1998, v. 26, n. 4, pp. 371 e 378; Pierre Lemonnier, "Objets d'ambiguïté: funérailles ankave (Papuasie Nouvelle-Guinée)", *Journal de la Société des Océanistes*, 2007, n. 124, p. 35. Para a Nova Guiné, cf. Roger Ivar Lohman, "Souvenirs des morts: techniques de gestion de la mémoire dans un village de Nouvelle-Guinée", *Journal de la Société des Océanistes*, 2007, n. 124, p. 53. Para a Nova Bretanha, cf. Renato L. Rosaldo, "Grief and a Headhunter's Rage: On the Cultural Force of Emotions", *in*: Edward M. Bruner (ed.), *Text, Play and Story: The Construction and Reconstruction of Self and Society*, Washington: American Ethnological Society, 1984; ou Thomas Maschio, *To Remember the Faces of the Dead: The Plenitude of Memory in Southwestern New Britain*, Madison: University of Wisconsin Press, 1994, pp. 195-8.

9 Arnold L. Epstein, *In the Midst of Life: Affect and Ideation in the World of the Tolai*, Berkeley: University of California Press, 1992, p. 187.

violência emocional sofrida por meio de uma violência infligida. Evidentemente, sua finalidade excede a gestão individual e terapêutica dos sentimentos. Qualquer óbito coloca a comunidade em estado de extrema vulnerabilidade, pois ela não o concebe como um acontecimento isolado, mas, ao contrário, o apreende como uma espécie de desencadeador, pois o perigo reside no fato de que uma morte sempre atrai outra morte. Uma vez que a morte de um inevitavelmente ameaça a vida dos outros, o trabalho ritual do luto deve ser feito de forma a restaurar o equilíbrio ameaçado, fornecendo aos seus e a si mesmo os meios de prevenir o risco de uma sucessão de mortes anunciadas. Os atos de destruição ligados ao anúncio de um óbito, e que os aldeões executam como uma reação emocional espontânea, já fazem parte desse trabalho ritual.

Os coqueiros ou os porcos só podem ser derrubados e abatidos em número ímpar, ou seja, em um número cuja única paridade concebível seja com um morto. Um aldeão explicava isso da seguinte maneira: "Se derrubo três coqueiros, dois deles combatem entre si e um combate com o morto. Pode-se derrubar um único coqueiro ou muitos: cinco, sete coqueiros... Mas todos os coqueiros não devem combater entre si, senão não existiria mais nenhum para combater o morto, que permaneceria simplesmente como morto"[10]. Cometer esse erro poderia expor a comunidade a mortes em série (*koter*). O trabalho ritual de destruição, entretanto, não para por aí. No próprio dia do óbito, os parentes próximos do defunto se incumbem de destruir as roças que ele cultivava. Tudo o que ele possuía é abatido ou arrancado do solo e partido em pedaços, com exceção de certos tubérculos que pertencem a espécies mais raras e mais valorizadas. Desenraizadas e levadas intactas com suas raízes e folhas, elas são depositadas atrás da casa do morto, onde permanecerão até que se decomponham "com ele", sem possibilidade de serem replantadas nem consumidas e, por isso, sem conseguirem nem sobreviver a ele nem sobreviver por reprodução. Emanações do homem ("pai") ou da mulher ("mãe") que os plantaram, os vegetais que saíram de uma mesma terra criam entre as pessoas

---

10 A expressão "combater coletivamente", *ngin da momgu*, ou "combater com (o morto)", *mongu oron* (*a yur*), designa tanto um enfrentamento físico como uma troca com o idêntico.

que se alimentam deles um laço de parentesco[11] caracterizado por um interdito matrimonial, cuja transgressão (*knen*) se assemelha a um "incesto pelo alimento" (*kuis pum klol*). Durante o luto, o apodrecimento dos tubérculos destituídos de sua finalidade alimentar acompanha a decomposição do cadáver, como se fossem feitos da mesma substância que ele.

O cadáver repousa estendido, com os braços ao longo do corpo, em uma esteira colocada sobre a cama ou no chão da casa. As mulheres em lamentações abanam o morto e espantam as moscas, enquanto os homens, parentes ou visitantes, se mantêm à distância. Como dito, ao contrário do nascimento, oculto da visão do público, a morte não se esconde. Embora seja fato reconhecido que as pessoas dos dois sexos têm a mesma capacidade de se sentirem afetadas e de derramar lágrimas, a expressão das emoções se efetiva segundo modalidades diferentes. Ao comportamento agitado e ruidoso das mulheres aflitas, contrapõe-se o abatimento silencioso dos homens que, quando choram, o fazem com discrição. Passados os primeiros momentos de cólera, a dor provocada pela perda de um parente próximo é vivida como um estado de desvitalização física, traduzido por um intenso esgotamento. Para os parentes afetados, o corpo salpicado de cinzas, a renúncia da mobilidade, a paralisação das atividades de subsistência e dos cuidados corporais são uma maneira de compartilhar temporariamente a condição do defunto, morrendo para uma socialidade normal.

A inumação sempre ocorre no dia seguinte ao falecimento, não longe da casa do morto, ou no cemitério da aldeia, realizado por qualquer um que seja voluntário. As pessoas presentes ao enterro são em número reduzido, o cônjuge e os parentes próximos se abstêm de assistir a ele. Levando em conta a extrema aflição da ocasião, essa ausência é uma atitude que contrasta com a ostentação dos parentes afins do morto em testemunhar sua dor e evocar as boas relações

---

11 Como acontece em outras localidades da Melanésia (cf. M. Godelier, *Métamorphoses de la parenté*, Paris: Fayard, 2004), pode-se considerar que o alimento cria consubstancialidade. Na acepção do povo sulka, o parentesco não se reduz ao alimento, uma vez que o simples fato de aceitar tubérculos cultivados por um parente próximo, para fazê-los circular entre terceiros sem consumi-los, assumiria um caráter "incestuoso".

que mantinham com ele, isso para afastar qualquer suspeita de responsabilidade por seu falecimento.

Antes de sua inumação, o corpo, que não deve entrar em contato com a terra, é salpicado de talco perfumado ou de cal virgem misturada com folhas de bétele e plantas aromáticas locais; em seguida, é recoberta por vários metros de tecido novo e depois colocado em uma casca de palmeira ou em uma piroga com as extremidades cortadas, que faz as vezes de um caixão. Em geral, o cemitério está situado em uma pequena extensão de terra afastada, rodeada de arbustos de dracena cordilínea, na qual não há qualquer vestígio material que identifique os corpos já sepultados ali. Os aldeões jamais visitam esse espaço inabitado, lugar de absoluto anonimato, desprovido de qualquer referência visual ou de suporte de memória capaz de individualizar os corpos que abriga. O defunto literalmente desaparece da superfície da terra, não deixa indícios de sua vida passada no mundo terreno, exceto alguns objetos cujo destino, como veremos mais adiante, é ritualmente codificado.

Sobreviver à morte dos outros

Imediatamente após o enterro, todos os que haviam tocado no cadáver, ajudado a transportá-lo ou participado de seu funeral vão até o rio para fazer abluções, cujo objetivo é "expulsar o odor" do defunto, concebido como uma aderência patogênica transmissora de uma afecção mortal das vias respiratórias. No fim dessa lavagem purificadora (*parur*), os aldeões se reúnem na casa do morto e nas redondezas para expulsar seu duplo e fazer com que ele se dirija à morada dos ancestrais (*mlol*). Aparentemente, poucos sulkas têm ideia de como os espíritos de mortos recentes chegam até esse lugar; poucos, aliás, parecem se preocupar muito com isso. Os mais esclarecidos referem-se ao nome de um lugar na costa de onde os espíritos tinham o costume de saltar para dentro do mar a fim de deixar esse mundo e reencontrar seus semelhantes. Mas isso foi até algumas décadas atrás, quando a plantação de um coqueiral por um cultivador australiano os levou a escolher outro local do litoral, na direção oposta. Narrativas evocam também o desespero de espíritos perdidos, inconsoláveis, que imploram para que alguém lhes mostre o caminho, que aparentemente acabam sempre encontrando, depois de uma errância solitária e patética. Para a maioria dos aldeões, porém, a questão das modalidades de acesso ao mundo inferior não tem importância significativa diante da preocupação primordial, já mencionada, de evitar o contágio da morte (*koter*).

Isso ocorre porque, costuma-se dizer, o espírito de um defunto recente se aferra a seu meio familiar. Do mesmo modo que a personagem do mito entrou inadvertidamente na morada dos ancestrais e desejou permanecer ali junto dos parentes mortos a quem ela amava, o espírito do morto não se decide a ir para longe de sua aldeia e alcançar o lugar que, a partir de então, passa a ser seu. Nostálgico de sua vida anterior, ele assombra os antigos lugares que frequentava, segue os passos dos entes queridos que não quer deixar – isso é o que eles temem –, tentando atraí-los para o mundo dos ancestrais junto com ele. É precisamente para esconjurar esse perigo que os aldeões procedem à expulsão ritual do *nunu*. Ao redor de uma fogueira acesa na casa do defunto, eles se esforçam para espantar o espírito do morto, fazendo o maior barulho possível. Clamores, golpes dados nos pilares das casas, batidas de tambor, marteladas nas pedras: todos os meios disponíveis são utilizados para amplificar o barulho e convencer o *nunu* a fugir definitivamente do lugar. No fim desse rito e nos cinco dias que se sucedem, a contar do dia do enterro, as tarefas ordinárias nas roças são suspensas, os aldeões se dedicam apenas a atividades que, em oposição à horticultura e às atividades de predação (trabalho assalariado nas plantações, casa, pesca, coleta de larvas ou crustáceos), não entram na definição sulka de "trabalho". Durante o dia, nenhum grito ou interpelação deve ser ouvido, sob pena de ser interpretado como um sinal de indiferença e, até mesmo, de alegria, o que faz com que pese sobre seu autor uma presunção de culpabilidade ou cumplicidade de assassinato.

Toda noite, os habitantes da aldeia e de outras localidades se juntam aos parentes próximos do defunto para começar uma vigília que só terminará ao amanhecer do dia seguinte. Agrupados ao redor das fogueiras acesas na casa do morto e nas circunvizinhanças, homens, mulheres e crianças se revezam mutuamente para narrar contos ou fábulas, essa categoria de histórias comumente engraçadas que só se conta de noite. Nessa ocasião, a assistência pode dar livre curso à sua diversão e às suas risadas. Essa, aliás, é a finalidade dessas narrativas, pois o que se pretende é atenuar a tristeza dos parentes enlutados e distraí-los de um eventual desejo de suicídio. Trata-se também de afastar o sono das pessoas presentes durante essas noites, não apenas para que elas possam assegurar sua função de sustentação moral, mas porque mantê-las acordadas é uma maneira de protegê-las do perigo de sonhar. Decorrente das escapadelas e das errâncias do duplo (*nunu*) fora do corpo de quem dorme, o sonho o torna vulnerável, isto é, expõe essa pessoa a riscos em um período de fragilidade da aldeia, lugar em que ainda há pouco o espírito do morto (*nunu*) vagava.

Além disso, levando em conta o que já se sabe de outras populações da Nova Guiné, podemos considerar que o riso tem um poder transformador para um grupo que, devido à morte de um dos seus, mergulhou em uma espécie de morte social; sem dúvida alguma, o riso é um modo de "redirecionar a atenção para os vivos e reafirmar a presença da comunidade"[12] – embora a hilaridade sulka não possa ser comparada de modo algum, por exemplo, às palhaçadas extremas que ocorrem entre os bwanabwanas, que fazem as pessoas passarem da prostração às gritarias de alegria coletiva[13], ou à do povo murik, que consiste em sacudir o cadáver e convidá-lo a ficar de pé para dançar[14]. Contra os sentimentos de aflição, de solidão ou de medo que desvitalizam os seres enlutados e têm efeito mortífero, o riso contribui gradualmente para restaurar a integridade das pessoas, fortalecendo seu duplo. Nesse sentido, o riso é "um ativador e um indicador das transformações da socialidade"[15], como também observa Mark Mosko sobre o humor funerário do povo mekeo[16].

---

[12] Kathleen Barlow, "Dance When I Die!: Context and Role in the Clowning of Murik Women", *in*: William Mitchell (ed.), *Clowning as Critical Practice: Performance Humor in the South Pacific*, Pittsburgh: University of Pittsburgh Press, 1992, p. 79.

[13] Martha Macintyre, "Reflections of an Anthropologist Who Mistook her Husband for a Yam; Female Comedy on Tubetube", *in*: William Mitchell (ed.), *op. cit.*, p. 133.

[14] K. Barlow, *op. cit.*, pp. 74-5.

[15] M. Macintyre, *op. cit.*, p. 134.

[16] Mark S. Mosko, "Clowning with Food: Mortuary Humor and Social Reproduction Among the North Mekeo", *in*: William Mitchell (ed.), *op. cit.*, p. 124.

Livrar-se dos mortos e refazer o mundo

Na quinta noite da vigília mortuária, os aldeões reunidos nas proximidades das fogueiras acesas dedicam-se a proclamações rituais. Todos eles, um de cada vez, fazem uso da palavra e declaram: "eu sou sol" ou "eu sou mar" ou, ainda, "eu sou lua", "eu sou rio", "eu sou areia", "eu sou pedra", "eu sou estrela", "eu sou terra", enumerando, como se costuma dizer, "todas as coisas que não morrem jamais", "essas coisas que nunca têm um fim" e que, em suma, partilham da condição da humanidade desde antes do infeliz aparecimento da História. A reivindicação – sobre o modo encantatório característico das magias – de constituir um dos elementos imperecíveis de uma mesma totalidade visa evitar que a localidade seja atingida por uma epidemia de mortes. A assistência exorciza a morte reafirmando pela palavra a existência do cosmos, "palavra" cujo valor performativo o povo sulka conhece, que designa pelo mesmo termo corrente da "magia" (*are*), e considera como a origem mitológica de tudo o que existe[17].

No fim desse rito, as trocas de alimentos considerados equivalentes ocorrem entre o cônjuge viúvo ou entre os filhos do morto e os visitantes que assistem à cerimônia. Na ausência de porco doméstico, essas trocas podem incluir peixe ou caça, ou seja, carne de animal proveniente de uma atividade predatória[18]. Dizem que por meio dessas dádivas os visitantes desbloqueiam para si mesmos o caminho que lhes permitirá "se desligar"[19] da casa do morto e retornar às suas próprias casas. Essas trocas colocam um ponto final na série de vigílias funerárias designadas como o momento do luto no qual "se extingue o fogo", o que se faz literalmente apagando a fogueira acesa na véspera. Nesse mesmo dia, o quinto depois que o defunto foi enterrado, um pedaço de raiz de inhame selvagem é picada nos fundos

---

17   Segundo a tradição oral, foi por meio da palavra que o ancestral, ao qual é atribuída a existência dos costumes mais antigos, fez com que todas as coisas passassem a ser reais.

18   Essa exceção caracteriza as trocas funerárias, estando totalmente excluídas das prestações rituais associadas às cerimônias de iniciação e casamento.

19   *Harpet*: "afastar-se", "livrar-se de" ou, ainda, "desligar-se" (como também se diz de um fruto amadurecido).

da casa para marcar ritualmente a suspensão dos interditos sobre o barulho, o trabalho e a lavagem corporal.

Quando uma pessoa falece, o viúvo ou seus filhos não podem dispor livremente dos bens que ele possuía, considerados manifestações variadas de seu ser. Sua piroga, sua rede de pesca, seu sabre de cortar árvores, seu machado, seu tambor, sua peneira, seu recipiente de folhas de bétele e seus diversos trajes são, de certa maneira, sequestrados. Ninguém pode pedir esses objetos nem para guardar nem emprestados, mesmo que seja para uso provisório, pois primeiro eles devem circular entre os membros do subclã do morto, como se fossem as relíquias das antigas festas funerárias (*nik*). Fazê-los circular, porém, tem um preço, pois cada uma dessas transferências está vinculada a um pagamento funerário (tubérculos, porcos, ouro e/ou moedas de conchas). A finalidade explícita desse pagamento (*kek*) é "devolver a respiração" do morto a seus parentes classificatórios, uma "respiração" que encontra seu equivalente ritual na respiração dos porcos sacrificados por ocasião dos rituais. Desse modo, como ocorre igualmente entre os mekeos, embora o corpo se transforme sob o efeito da morte, o fluxo de seus componentes perdura sob novas configurações, fazendo com que, aí também, a morte seja somente o "fim do Eu circunscrito em uma forma corporal singular"[20].

A cada vez que os bens pessoais do defunto mudam de mãos, aquele que se separa deles deve ser reembolsado por quem os recebe. Quando essas transferências sucessivas no interior do subclã chegam ao fim, ou seja, depois de vários anos, quando todos os membros, um por um, já receberam os bens e efetuaram um pagamento por eles, os objetos do defunto são devolvidos ao sujeito para quem o cônjuge viúvo os transferiu pela primeira vez. Essa pessoa tem a opção de recuperar esses objetos ou de queimá-los. Se resolver guardá-los, não poderá se contentar em jogá-los fora ou destruí-los quando não servirem mais para o uso, por isso deverá quitar um pagamento ao subclã do defunto; será essa prestação que, muitos anos depois do óbito, encerrará o ciclo funerário. Nesse meio tempo, para que uma cerimônia de iniciação ou de casamento, que mobiliza dançarinos mascarados, possa se realizar na aldeia, seu organizador terá a

---

20 Michele Stephen, *A'aisa's Gifts: A Study of Magic and the Self*, Berkeley/London: University of California Press, 1995, pp. 301-8.

obrigação de fornecer uma compensação aos parentes maternos do defunto, a fim de "romper a aflição" (*kser aye*).

A exemplo dos bens que haviam pertencido ao morto, a emoção causada por seu desaparecimento tem a propensão de ser ritualmente – ou seja, coletivamente – extirpada das memórias. Ao cumprirem os ritos funerários, e apenas sob essa condição, os vivos concordam em "esquecer" o morto, em se livrar do luto e em recobrar a integridade social prejudicada pelo choque da perda. A não realização desses ritos supostamente não traria nenhuma consequência para o morto, em particular, nenhuma consequência no que se refere à capacidade de seu duplo de aceder à morada dos ancestrais ou de exercer eventuais represálias contra os vivos. Seu efeito, porém, seria tornar esses vivos incapazes de afastar os riscos das mortes anunciadas (*koter*) e também incapazes de "esquecer o morto" e de se libertar do luto. Do defunto, os parentes próximos conservam alguns vestígios: alguns cânticos de tristeza nos quais choram muito menos o desaparecido do que sua própria condição de órfãos sobreviventes, abandonados e nostálgicos; outros cânticos compostos de palavras mágicas ensinadas por ele e que foram sacrificadas no dia de sua morte – ou seja, se tornaram "frias" (ineficazes), pelo fato de terem sido reveladas em público como forma de expressão agônica de aflição; a atribuição de seu nome a uma criança que vai nascer; novos interditos alimentares ou comportamentais adotados logo após seu óbito; magias inéditas que ele inspira nos sonhos; sinais tangíveis pelos quais seu espírito se manifesta para aqueles que deixou recentemente, por exemplo sob o aspecto de um inseto ou mesmo de uma semente desconhecida, à qual eles darão nome em sua homenagem e que vigiarão para assegurar sua multiplicação em suas roças. A partir de então, tudo o que parecer inabitual e deslocado será incluído no conjunto desses signos, seja um pequeno crustáceo marinho encontrado em uma água estagnada, seja o canto de um pássaro diurno ouvido durante a noite.

"Não se morre apenas em um dia", como escreveu muito bem Joël Candau[21]. Entre os sulkas, mesmo depois que a respiração para,

---

21 Cf. Jöel Candau, "Est-on définitivement mort (socialement) quand on ne sent plus?", *in*: H. Guy *et al.* (eds), *Rencontre autour du cadavre: actes du coloque de Marseille*, BMVR, *15, 16 et 17 décembre 2010*, Marseille: GAAF, 2012.

são necessários anos para que um defunto morra de verdade. Nessa sociedade de memória genealógica fraca, a longevidade dos mortos é apenas relativa. Depois de uma ou duas gerações, no máximo, eles acabam desaparecendo como indivíduos biograficamente situados e singularizados por uma aparência e um temperamento distintos, isso sem que nenhuma narrativa pitoresca ou proeza específica dos combates que travaram sejam relembradas como uma memória da comunidade. A partir de então, seus espíritos acabam todos se reunindo à massa indiferenciada dos "ancestrais" (*mkor ngores*), anônimos e dissolvidos em um passado que tende a se confundir com o começo dos tempos. Como seres existentes genéricos da cosmologia sulka, os mortos permanecem como presenças marcantes que acompanham os vivos. Reconhecidos por sua disposição de cooperar com aqueles que os solicitam por meio de suas magias, eles dão prova de benevolência, e seu poder de prejudicar se limita a uma falta de assistência quando desaprovam os comportamentos humanos. Nisso, eles se opõem aos espíritos sombrios ou maléficos do meio social que, juntamente com a feitiçaria, são a principal causa de todo tipo de infortúnios humanos.

Como se demonstrou anteriormente[22], o desenvolvimento do cristianismo não esvaziou essas representações de seu sentido, e é sempre ao se livrarem dos mortos que os vivos acreditam que permanecerão salvos no mundo superior. Depois de um século de evangelização, eles persistem em fazer desse ritual de liberação uma urgência social indispensável a cada vez que um dos seus desaparece.

REFERÊNCIAS BIBLIOGRÁFICAS

BARLOW, Kathleen. "Dance When I Die!: Context and Role in the Clowning of Murik Women". *In*: MITCHELL, William (ed.). *Clowning as Critical Practice: Performance Humor in the South Pacific*. Pittsburgh: University of Pittsburgh Press, 1992.

BRISON, Karen K. "Giving Sorrow New Words: Shifting Politics of Bereavement in a Papua New Guinea Village". *Ethos*, 1998, v. 26, n. 4.

---

22 Monique Jeudy-Ballini, "Le Christianisme revisité ou le meilleur de la tradition", *in*: Christine Hamelin e Éric Wittersheim (éds.), *La Tradition et l'État: églises, pouvoirs et politiques culturelles dans le Pacifique*, Paris: L'Harmattan, 2002.

CANDAU, Jöel. "Est-on définitivement mort (socialement) quand on ne sent plus?". *In:* GUY, H. et al. (eds). *Rencontre autour du cadavre: actes du coloque de Marseille,* BMVR, *15, 16 et 17 décembre 2010.* Marseille: GAAF, 2012.

EPSTEIN, Arnold L. *In the Midst of Life: Affect and Ideation in the World of the Tolai.* Berkeley: University of California Press, 1992.

GODELIER, Maurice. *Métamorphoses de la parenté.* Paris: Fayard, 2004.

JEUDY-BALLINI, Monique. "Le Christianisme revisité ou le meilleur de la tradition". *In:* HAMELIN, Christine; WITTERSHEIM, Éric (éds.). *La Tradition et l'État: églises, pouvoirs et politiques culturelles dans le Pacifique.* Paris: L'Harmattan, 2002.

_____. *L'Art des échanges: penser le lien social chez les Sulka (Papuasie Nouvelle-Guinée).* Lausanne: Payot, 2004.

LEMONNIER, Pierre. "Objets d'ambiguïté: funérailles ankave (Papuasie Nouvelle-Guinée)". *Journal de la Société des Océanistes,* 2007, n. 124.

_____. "Quand la mort est toujours extrême: la complementarité entre rites de mort et formes d'imputation du malheur en Nouvelle-Guinée". *Études sur la mort,* 2009, n. 136.

LOHMANN, Roger Ivar. "Souvenirs des morts: techniques de gestion de la mémoire dans un village de Nouvelle-Guinée". *Journal de la Société des Océanistes,* 2007, n. 124.

MACINTYRE, Martha. "Reflections of an Anthropologist Who Mistook her Husband for a Yam; Female Comedy on Tubetube". *In:* MITCHELL, William (ed.). *Clowing as Critical Practice: Performance Humor in the South Pacific.* Pittsburgh: University of Pittsburgh Press, 1992.

MASCHIO, Thomas. *To Remember the Faces of the Dead: The Plenitude of Memory in Southwestern New Britain.* Madison: University of Wisconsin Press, 1994.

MITCHELL, William E. (ed.). *Clowning as Critical Practice: Performance Humor in the South Pacific.* Pittsburg: University of Pittsburgh Press, 1992.

MOSKO, Mark S. "Clowning with Food: Mortuary Humor and Social Reproduction Among the North Mekeo". *In:* MITCHELL, William (ed.). *Clowing as Critical Practice: Performance Humor in the South Pacific.* Pittsburgh: University of Pittsburgh Press, 1992.

ROSALDO, Renato L. "Grief and a Headhunter's Rage: On the Cultural Force of Emotions". *In:* BRUNER, Edward M. (ed.). *Text, Play and Story: The Construction and Reconstruction of Self and Society.* Washington: American Ethnological Society, 1984.

SAHLINS, Marshall. "What kinship is". *Journal of the Royal Anthropological Institute,* 2011, v. 17, n. 1-2.

SCHIEFFELIN, Edward L. *The Sorrow of the Lonely and the Burning of the Dancers*. St. Lucia: University of Queensland Press, 1997.
STEPHEN, Michele. *A'aisa's Gifts: A Study of Magic and the Self.* Berkeley/London: University of California Press, 1995.

A MORTE ENTRE OS NGAATJATJARRA
(AUSTRÁLIA)

LAURENT DOUSSET

Na Austrália, a região denominada Deserto do Oeste, composta pelos desertos de Gibson, Great Victoria e Great Sandy, cobre uma superfície de cerca 600 mil km², mais de um quarto do continente australiano. É habitada por quarenta grupos dialetais que, por suas semelhanças culturais e linguísticas, constituem um "bloco cultural"[1]. Caracterizada por uma densidade demográfica particularmente fraca (entre 500 a 1000 pessoas por 100 mil km², de acordo com as regiões), segundo os arqueólogos, o Deserto do Oeste é o ambiente mais inóspito já habitado por humanos antes da Revolução Industrial. Os habitantes desse bloco falam variedades dialetais de uma língua comum, o *wati*. Caracterizam-se por um sistema de paren-

---

[1] Ronald Murray Berndt, "The Concept of 'The Tribe' in the Western Desert of Australia", *Oceania*, 1959, v. 30, n. 2.

tesco particular denominado Aluridja[2], constituído de traços mitológicos e complexos rituais comuns e, no passado, por um acentuado nomadismo, uma vez que vinte quilômetros de caminhadas diárias não eram uma exceção. O grupo dialetal que nos interessa mais particularmente, mesmo que a etnografia seja comparável à de muitos outros grupos vizinhos, denomina-se ngaatjatjarra e se situa na parte central do Deserto do Oeste.

Até os anos 1950 e 1960, décadas em que ocorreram os primeiros contatos com o Ocidente[3] e o início progressivo de sua sedentarização – o que na Austrália é denominado "comunidades"[4] –, o povo ngaatjatjarra vivia em pequenos grupos sub-regionais constituídos de várias famílias nucleares ou ampliadas. A composição desses grupos variava consideravelmente, de acordo com as condições ecológicas –, em particular, as intensas chuvas que ocorriam em lugares e estações do ano imprevisíveis – e as atividades rituais, cuja frequência era condicionada pela possibilidade de alimentar indivíduos e famílias temporariamente sedentárias e concentradas. Esses grupos sub-regionais eram os guardiões do espaço que habitavam e dos sítios sagrados que ali se encontravam.

No curso de sua vida, os membros desses grupos sub-regionais acumulavam progressivamente saberes religiosos sobre os locais que habitavam, em razão de seus hábitos nômades e de suas práticas rituais. Entretanto, eles não podiam ser considerados seus proprietários absolutos e exclusivos, pois não possuíam o direito formal de

---

2   De acordo com Elkin, seu sistema terminológico denominado Aluridja foi classificado por Lévi-Strauss entre os sistemas "aberrantes". Cf. Adolphus Elkin, "Kinship in South Australia", *Oceania*, 1938-40, v. 8, n. 4; v. 9, n. 1; v. 10, n. 2; v. 10, n. 3; v. 10, n. 4; Claude Lévi-Strauss, *Les Structures élémentaires de la parenté*, Paris: Mouton, 1967, [1947]; Laurent Dousset, "On the Misinterpretation of the Aluridja Kinship System Type (Australian Western Desert)", *Social Anthropology*, 2003, v. 11, n. 1; e *Australian Aboriginal Kinship: An Introductory Handbook with Particular Emphasis on the Western Desert*, Marseille: Pacific-Credo, 2011a.

3   L. Dousset, *Mythes, missiles et cannibales: le récit d'un premier contact en Australie*, Paris: Société des Océanistes, 2011.

4   Aldeias aborígenes majoritariamente construídas e financiadas pelo Estado e comandadas por dispositivos jurídicos semelhantes aos das empresas (conselho, secretariado, departamento financeiro e obrigações contábeis específicas, de onde decorre a necessidade, presente nos dias atuais, de delegar a gestão a conselheiros e tecnocratas ocidentais).

excluir o acesso dos membros de outros grupos a essas terras e aos recursos dessas regiões. O acesso a esses recursos era amplamente condicionado pelas relações de amizade ou, ao contrário, de hostilidade entre as famílias e pela capacidade dos indivíduos de criar redes de interdependência e de solidariedade. Desse modo, a propriedade era melhor explicitada em termos de responsabilidades e de poder nos processos de tomada de decisão, um poder que constituía amplamente o reflexo da acumulação de acontecimentos particulares a cada indivíduo: os lugares em que foi gerado, onde nasceu, sítios sagrados onde adquiriu saberes rituais e míticos ou, ainda, lugares de residência prolongada construíam progressivamente a cartografia de sua afiliação espacial. Quanto mais um indivíduo pudesse enumerar critérios que legitimassem sua ligação com um lugar particular, tanto mais sua palavra sobre esse assunto seria ouvida.

Além desse direito à palavra sobre sítios específicos, o objetivo explícito de cada ngaatjatjarra era estender sua rede de inter-relações em todas as direções cardiais e sociais. Para fazer isso, vários dispositivos encontravam-se à sua disposição, por exemplo as iniciações, que criavam laços inalienáveis entre a família próxima do iniciado e a do iniciador, escolhido meticulosamente segundo as oportunidades de ampliação das redes; as múltiplas formas de casamento, reais ou rituais, mas que sempre evitavam a reprodução de alianças já estabelecidas[5]; a circulação e a troca de saberes míticos e rituais, que estabeleciam as famílias em relações de interdependência religiosa[6]; a transmissão das personalidades dos indivíduos por meio de um ritual denominado *kalyartu*, sobre o qual voltarei a falar; e, é claro, a organização dos funerais, que, como veremos mais adiante, são um dos lugares importantes nos quais, por meio da ruptura coletiva, os corpos dos vivos são reaproximados ao corpo do defunto. Desse modo, para assegurar o acesso aos sítios geográficos e aos seus recursos, os indivíduos deviam ser capazes de justificar a existência de laços e de redes e, assim, fazer parte de seu *walytja*, expressão que se poderia traduzir por "família", mas que – para além da família

---

[5] Cf. L. Dousset, "L'Alliance de mariage et la promesse d'épouses chez les Ngaatjatjarra du désert de l'ouest australien", *Journal de la Société des Océanistes*, 1999, n. 108.

[6] Cf. Sylvie Poirier, "'Nomadic' Rituals: Networks of Ritual Exchange Between Women of the Australian Western Desert", *Man*, 1992, v. 27, n. 4.

nuclear e para aquém da família classificatória – remete a essa rede de interdependência, cujas modalidades acabo de esboçar aqui. É também por meio da ampliação dessas redes, simultaneamente sociais e míticas (veremos isso depois), que os indivíduos se constroem progressivamente como pessoas.

As responsabilidades que os indivíduos acumulavam nos espaços por meio de suas atividades econômicas, residenciais e rituais não propiciavam uma transmissão dessas relações essenciais à sua descendência. A gestão dos espaços era amplamente dominada não por uma consolidação da relação com a posse ou com a ocupação em si, mas pelo uso de estratégias que permitiam (e ainda permitem) antecipar as penúrias locais. A exigência expressada, refletida simultaneamente na terminologia do parentesco e nas regras de casamento, é a da diversificação dos parentes e dos aliados econômicos e políticos, bem como a da ampliação de *walytja*, no interior da qual as reciprocidades sociais representam uma exigência moral expressada por dois conceitos locais fundamentais: *kurnta* (a discrição e o pudor) e *ngaltutjarra* (a empatia). A partir do momento em que esses laços são reafirmados e confirmados, a discrição exigida não autoriza mais a recusa da partilha dos bens e do viver junto, e a empatia almejada se materializa pela redistribuição e pela solidariedade.

Caracterizado como particularmente flexível e pragmático[7], esse sistema social também reflete, sem dúvida alguma, um modo de adaptação econômica e ecológica particular nesse meio ambiente extremamente hostil. Outra consequência dessa aridez ambiental foi um contato muito tardio com a sociedade ocidental. Motor da engrenagem colonial, o gado não podia subsistir nessa região, que, por isso, havia sido esquecida e até mesmo julgada desabitada na primeira metade do século xx. Os ngaatjatjarra só entraram em con-

---

7   Cf. L. Dousset, "Inclusion-Exclusion: Recasting the Issue of Boundaries for the Western Desert", *Anthropological Forum*, 2013, v. 23, n. 4. Para outros grupos do Deserto do Oeste, cf. também Fred R. Myers, *Pintupi Country, Pintupy Self: Sentiment, Place and Politics among the Western Desert Aborigines,* Washington/Canberra: Smithsonian Institution Press/Anthropological Institute of Aboriginal Studies, 1986; Sylvie Poirier, "'Nomadic' Rituals: Networks of Ritual Exchange Between Women of the Australian Western Desert", *op. cit.*; Robert Tonkinson, *The Mardu Aborigines: Living the Dream in Australia's Desert,* New York: Holt, Rinehart & Winston, 1991, [1978].

tato permanente com os colonizadores a partir de 1956[8]. No fim da Segunda Guerra Mundial, o Reino Unido e a Austrália decidiram empreender testes nucleares em comum. Em 1952, ocorreram explosões nas ilhas de Monte Bello, de Emu e de Maralinga, no Deserto de Victoria, um dos três desertos do bloco cultural do Deserto do Oeste. Simultaneamente, essa região foi objeto de experiências de lançamentos de mísseis continentais a partir de Woomera, na Austrália Meridional, que iriam explodir em algum lugar do Deserto Grand Sandy, parte ocidental do Deserto do Oeste. O controle desses mísseis revelou-se difícil, e a administração decidiu, em outubro de 1955, estabelecer uma estação de controle a meio caminho de sua trajetória. Foi nesse contexto que a região dos Rawlinson Ranges, território tradicional do povo ngaatjatjarra, foi explorada e, alguns meses mais tarde, a estação de controle Gilles foi construída.

Em um primeiro momento, algumas famílias ngaatjatjarra se concentraram ao redor dessa nova estação, atraídas pela chegada dos estrangeiros e pela presença de um poço de água permanente. A administração não havia previsto uma afluência tão grande em uma região que considerava desabitada, por isso, inicialmente, a Operação "Gilles", que era secreta, tentou aniquilar as famílias, mas anos depois acabou por deportá-las para a Missão de Warburton, cerca de trezentos quilômetros a oeste de Gilles, onde elas se defrontaram com a religião cristã. Desde o início dos anos 1970, as famílias voltaram a se instalar em seu território. Nesse meio tempo, os missionários passaram a ser ameaçados e, mais tarde, foram expulsos de Warburton. Sua ingerência permanente, até mesmo nas maneiras mais cotidianas de fazer e de pensar, bem como suas tentativas de separar os filhos dos pais, em dormitórios e na escola, de retardar a idade do casamento, de proibir as armas e os objetos rituais e, é claro, a falta de respeito pelos lugares sagrados, foram progressivamente conduzindo esses aborígenes a rejeitarem os cristãos e a integrarem a mensagem bíblica apenas como uma narrativa igual a qualquer outro mito.

Junto com o povo pitjantjatjara, seu vizinho – que havia sido deportado da região de Uluru para cerca de trezentos quilômetros

---

8   L. Dousset, *Mythes, missiles et cannibales: le récit d'un premier contact en Australie*, op. cit.

a leste –, o povo ngaatjatjarra estabeleceu a primeira comunidade aborígene oficial dessa região, denominada Docker River, construída onde antes havia um posto de distribuição de rações alimentares às populações autóctones, durante a seca dos anos 1960. Rapidamente foram criados postos remotos, pequenas aldeias situadas ao redor de uma comunidade central. Anos mais tarde, algumas delas se transformaram em comunidades ou aldeias residenciais. A razão pela qual o povo ngaatjatjarra deixou Docker River para se instalar nesses *postos remotos* está ligada à morte de um de seus membros, um homem importante, e ao tabu associado ao local do óbito.

O tratamento da morte e do morto é complexo no Deserto do Oeste. Ali, a noção de tabu constitui um eixo que transforma as individualidades em atores inseridos em novos coletivos. Veremos como as representações compartilhadas e as transformações de *status* e de papéis são condições que fabricam socialidades quase sempre temporárias, embora eficazes. Os elementos implícitos da análise freudiana, em particular em *Totem e Tabu*[9], são identificáveis: processo, linguagem, espaço e contágio na constituição da relação do indivíduo e do grupo.

De fato, o título do capítulo no qual Freud acredita poder resolver o problema do tabu resume o ponto central do problema: "a ambivalência dos sentimentos"[10]. A primeira ambivalência, que seria inerente ao "tabu" e que ele extrai da leitura dos trabalhos etnológicos, é constituída pela coexistência de duas séries de significações em um único e mesmo termo e fenômeno social: de um lado, o tabu é sagrado e consagrado, de outro, ele é perigoso, interdito, impuro[11]. A presença dessa dupla significação é portadora de uma ambivalência que tem a ver com a capacidade e o perigo do contágio do tabu, do que é sagrado e do que é impuro: aquele que infringe um tabu pode, ele mesmo, se transformar em tabu.

---

9 Ed. bras.: *Totem e Tabu (1912-1913): algumas concordâncias entre a vida psíquica dos homens primitivos e dos neuróticos*, in: *Obras completas*, trad. Paulo César de Souza, São Paulo: Companhia das Letras, 2012, v. 12, pp. 13-244. [N.T.]

10 A ambivalência dos sentimentos constitui o capítulo 2 de *Totem e Tabu* (pp. 42-120), no qual Freud reitera que a preponderância dos elementos instintuais sexuais constitui o fator primordial das neuroses. [N.T.]

11 Sigmund Freud, *Totem und Tabu: Einige Übereinstimmungen im Seelenleben der wilden und der neurotiker*, Frankfurt: Fischer Taschenbuch, 1989, p. 21.

O que une o sagrado e o impuro é o medo do toque, explica Freud[12]. Ele estabelece aqui um paralelo com a neurose, na qual a proibição do incesto é igualmente centrada no contato dos corpos e das substâncias. São quatro os pontos que permitem a Freud construir o analogismo entre o tabu das sociedades ditas "primitivas" e a neurose[13]:

1. a ausência de motivação das proibições;
2. sua fixação, em virtude de uma necessidade interna;
3. sua facilidade de deslocamento e a força do contágio dos objetivos proibidos;
4. a existência de ações e mandamentos cerimoniais decorrentes das proibições.

"Não resta dúvida de que, na primeira infância como um todo, manifesta-se um intenso prazer de tocar... Mais tarde, a esse prazer opõe-se uma proibição *externa* que se refere à realidade desse toque"[14]. Essa proibição foi aceita, prossegue Freud, "pelo fato de que ela podia se apoiar em importantes forças interiores [nas relações com as pessoas amadas de onde a proibição emanava]". Assim, ele conclui, o traço característico dessa associação é "a atitude ambivalente": o que é tabu é também o que é desejado. "O tabu é uma ação proibida para a qual há um pendor no inconsciente, como se ele fosse pressionado por uma tendência muito forte"[15].

Ao aproximar as ambivalências que articulam simultaneamente o tabu das sociedades ditas "primitivas" e o dos neuróticos, Freud propõe a seguinte definição geral: "O tabu é uma proibição muito antiga, antiquíssima, imposta do exterior (por uma autoridade) e dirigida contra os desejos mais intensos do ser humano. A tendência em transgredi-la persiste em seu inconsciente: os homens que

---

12   *Ibidem*, p. 27.
13   *Ibidem*, p. 30.
14   *Ibidem*.
15   *Ibidem*, p. 32.

obedecem ao tabu demonstram uma ambivalência em relação ao que é tabu"[16].

Em sua argumentação, Freud apoia-se essencialmente na discussão do tabu em torno dos mortos e da morte em geral. Ele destaca, em particular, as tendências gerais ao evitamento do contato com o defunto e com seus objetos pessoais ou, ainda, o evitamento de pronunciar seu nome ou nomes associados a ele, características que afirma encontrar entre os neuróticos em contextos similares. Suas reflexões o conduzem a uma conclusão geral, que resumo aqui em algumas linhas, nas quais enfatizo elementos que me parecem centrais nesses aspectos da análise freudiana e que nos permitirão, mesmo sem adotar uma perspectiva psicanalítica, compreender melhor o que se passa no Deserto do Oeste.

A dificuldade de interpretação da morte e a ambivalência afetiva do indivíduo que deseja a morte de certas pessoas próximas, e que sofre muito quando ela efetivamente ocorre, encontram-se na origem de sentimentos e atitudes que só podem ser projetados pelo aparecimento da linguagem abstrata e articulada. Fonte da projeção para o exterior, a ambivalência afetiva permanece real e adquire visibilidade na contradição inerente aos significados que o próprio termo "tabu" contém. A ideia da necessidade de um processo desencadeado por seres humanos (a ausência de motivação das proibições, fixadas em virtude de uma necessidade interna, segundo Freud), a gestão e o controle das coisas no espaço (proibição do contato, segundo Freud) e a gestão da consubstancialidade (o perigo do contágio das substâncias, segundo Freud) revelam-se aqui elementos estruturais do tabu. Retornemos agora ao Deserto do Oeste.

Nenhuma morte é natural (tanto é assim que o adjetivo *natural* faz sentido aqui ou em qualquer lugar). Expressemos isso em termos positivos: qualquer morte é induzida por seres humanos ou por diversas formas que eles podem adotar, quando têm essa capacidade.

---

16 *Ibidem*. Tradução da autora feita a partir do original alemão. Na tradução brasileira de Paulo César de Souza, o mesmo trecho, igualmente traduzido do alemão, consta assim: "O tabu é uma proibição antiquíssima, imposta do exterior (por uma autoridade) e voltada contra os mais fortes desejos do ser humano. A vontade de transgredi-lo continua a existir no inconsciente: aqueles que obedecem ao tabu têm uma postura ambivalente quanto ao alvo do tabu" (S. Freud, *op. cit.*, p. 65). [N.T.]

Mesmo os espíritos mais canibais, como os *mamu*, que rondam durante a noite e atacam principalmente as crianças, agem por solicitação de um *maparn*, um xamã, que com sua capacidade de controlar seres visíveis e invisíveis, materiais e imateriais, ordena o ato fatal. Nenhuma morte é natural, mas toda morte deve ser explicada e o culpado identificado, se possível punido, e a morte vingada.

Lembro-me de um dia que me marcou para sempre: foi nos meses iniciais de minha primeira pesquisa de campo na comunidade de Tjukurla, e colocou seriamente à prova a integridade de minha relativa "racionalidade" e de minha convicção humanista. Quatro jovens tinham dado um jeito de conseguir um carro para ir até a cidade, Alice Springs, situada há mais de oitocentos quilômetros dessa comunidade. Antes de voltar, eles compraram garrafas de cerveja que pretendiam consumir na estrada. Quando estavam quase na metade do caminho, sofreram um acidente; três passageiros, entre os quais o motorista, morreram na hora. O quarto sobreviveu. No dia seguinte, quando o socorro finalmente chegou ao local, uma das pernas do rapaz sobrevivente encontrava-se em avançado estado de decomposição, prensada sob as ferragens da carroceria totalmente destruída. Ele foi conduzido a Alice Springs e sua perna foi amputada.

Várias semanas mais tarde, com uma perna de pau e apoiado em duas muletas, ele finalmente aterrissou na arenosa pista de aviação da comunidade. Resolutos, os habitantes esperavam por ele. Sua sorte estava selada: claro que ele não tinha sido o motorista, mas era o único sobrevivente e, por isso, seu papel na morte de seus companheiros era suspeito; de outra forma, como ele poderia ter sobrevivido? A punição tradicional, que iria aliviar a desolação das famílias dos defuntos, foi infligida ao rapaz no exato momento em que ele chegou. Diante da multidão, com uma lança farpada, um caçador experiente transpassou-lhe a coxa da perna amputada. Tratado por sua família e por um curador, ele se reintegrou à sua comunidade sem guardar rancor de ninguém, embora tenha ficado completamente inválido durante meses e manco para o resto da vida.

Para o antropólogo e para o aborígene, a morte implica vários problemas. À primeira vista, ela se integra mal na cosmologia geral dos povos do Deserto do Oeste, e eles mesmos fazem parte da hesitação provocada pelas incessantes perguntas do etnógrafo: perguntas que habitualmente não são formuladas de forma concreta. Como veremos mais adiante, se de algum modo o nascimento é a reencarnação dos heróis míticos nos seres humanos, por que a morte não é concebida como uma passagem temporária que liberta essa reencarnação mítica? Já que o número de figuras míticas é limitado, que cada uma delas reencarna várias vezes nos humanos, que cada humano é diferente, uma vez que é um simples produto dessas figuras, por que razão, quando um ser humano morre, o espírito totêmico que o constituiu, e que por isso mesmo não é humano, não retorna ao estoque das substâncias míticas? Por que não é possível falar de renascimento, já que os humanos falam na primeira pessoa quando evocam "suas" peripécias sob a forma de heróis míticos ancestrais? Veremos que é a confusão entre indivíduo e pessoa que nos leva a colocar questões como essas, que não fazem o menor sentido aos olhos dos aborígenes.

Inicialmente, relembremos o ciclo da reprodução humana, já discutido em um trabalho anterior[17], e que também nos remete à reprodução cosmológica. Esse ciclo deve ser imaginado como dois circuitos diferenciados segundo o gênero, cuja complementaridade é indispensável e que constituem um único circuito da reprodução global. Do lado das mulheres: elas transmitem seu sangue (menstrual) ao filho que vai nascer. Esse sangue, cujo nome elas são proibidas de pronunciar, constitui a matéria indispensável para a modelagem do indivíduo. Trata-se do fundamento de sua existência física. As filhas dessas mães transmitirão seu sangue a seus próprios filhos, e assim por diante. A existência dos humanos depende desse ciclo materno que não fabrica indivíduos idênticos nem matrilinhagens, mas que está na base da capacidade da própria reprodução. Não se leva em consideração o fato de que uma filha e sua mãe receberam e transmitem o mesmo sangue, mas seu sangue só existe porque elas o receberam de suas respectivas mães. Assim, as mulheres constroem linhagens da condição de existência, mas não a existência em si mesma.

Os homens não transmitem seu sangue aos filhos, mas a todas as crianças de maneira indiferenciada e de modo indireto, como intermediários das figuras míticas de quem possuem a autoridade

---

[17] L. Dousset, "Production et reproduction en Australie: pour un tableau de l'unité des tribus aborigènes", *Social Anthropology*, 1996, v. 4, n. 3.

ritual. Cada filho iniciado, e que por isso aprendeu a reconhecer as figuras míticas responsáveis pelos elementos do cosmos, reabre periodicamente suas cicatrizes para que possa escorrer o sangue (que obteve de sua mãe), a fim de alimentar as pedras sagradas, lugares nevrálgicos da ligação com as figuras míticas pelas quais ele é responsável – o cordão umbilical entre *tjukurrpa* (época na qual as coisas foram definidas pelas figuras míticas) e *mularrpa* (realidade presente dos homens contemporâneos).

Revigorados pela ação ritual masculina, esse sangue e essas pedras reproduzem a espécie natural associada ao mito e permitirão aos espíritos-filhos, que esses heróis míticos deixaram quando passaram pela Terra, penetrarem em uma mulher grávida e, com isso, dar vida ao indivíduo que está sendo fabricado a partir de seu sangue menstrual. Aqui, como em toda parte, um homem e uma mulher não são suficientes para produzir um novo ser humano[18]. Em outros termos: as mulheres fabricam e transmitem o sangue indispensável aos homens para alimentar ritualmente os espíritos-filhos, restos míticos, eles mesmos indispensáveis à vivificação dos fetos humanos alojados nas mulheres. Esses espíritos-filhos, e os heróis míticos dos quais se originam, bem como as espécies naturais associadas a eles, se transformarão no totem da criação (*tjuma*) do indivíduo. Eles constituirão o primeiro aspecto do espírito humano (*kuurti*), alojado no fígado e no peito, que religa, para não dizer reproduz, em cada ser humano determinados ancestrais míticos, e que compõe a primeira etapa da fabricação da pessoa. A partir desse momento, quando for narrar histórias míticas, o indivíduo poderá falar na primeira pessoa, como se ele próprio tivesse vivenciado essas histórias; assim, pelo fato de cada ser mítico estar associado aos lugares sagrados que modelou, o indivíduo poderá ser chamado pelo nome desses lugares, aos quais ele passa a ser associado.

Se o *tjuma* (o totem) fabrica o primeiro aspecto do espírito humano, seu princípio vital, o segundo constitui sua personalidade e o lugar das emoções. A raiva (*lirri waru*, que literalmente quer dizer "fogo na garganta"), a tristeza (*turni kartakatingu*, literalmente "intestinos dilacerados") ou, ainda, a solidão (*kuurti wayliuwayilu*, literalmente "dor no peito") se expressam no lugar em que a parte pessoal

---

18   Cf. Maurice Godelier, *Metamorphoses de la parenté*, Paris: Fayard, 2004.

do *kuurti*, o espírito de cada indivíduo, se instala. Essa parte pessoal é constituída por meio de um pequeno ritual denominado *kalyartu*, que reproduz em um indivíduo a personalidade de outro e, por isso, contribui para sua construção como pessoa. *Kalyartu* define uma relação privilegiada entre duas mulheres ou dois homens de gerações alternadas. Esse termo, porém, possui duas significações. Primeiro, ele descreve a relação propriamente dita, incluindo o pequeno ritual que a precede e que lhe confere seu fundamento. Em seguida, ele pode igualmente ser utilizado como forma de comunicação ou de referência entre as duas pessoas implicadas. Quando o recém-nascido chega na comunidade acompanhado por sua mãe e pelas irmãs do pai, conforme se trate de um menino ou de uma menina, os respectivos avôs ou avós classificatórios, mas jamais os avós biológicos, se lançam na direção da criança a fim de se tornarem o ou a *kalyartu*. Intensas discussões entre eles precedem a chegada do recém-nascido. Quem irá ser essa pessoa privilegiada, e qual delas será *kalyartu* da criança? Os avós que esperam participar dessa relação se enfrentam mutuamente e argumentam. Eles se desafiam com insistência, mas tudo ocorre com bom humor. Quando o recém-nascido chega, o avô (*tjamu*) ou a avó (*kaparli*) que conseguiu se impor como vencedor dessa contenda corre em sua direção, seguido dos outros avós, que controlam sua própria velocidade a fim de que aquele ou aquela que se materializou como privilegiado possa ganhar confortavelmente essa corrida-espetáculo.

Como foi o primeiro a chegar perto do recém-nascido, o futuro *kalyartu* pega a criança do colo de sua mãe e a toma nos braços, depois se afasta e se isola com ela durante várias horas a fim de transmitir-lhe seu nome e sua personalidade. Ele acaricia os braços do recém-nascido, aperta seu ventre contra o dele, fala com ele em voz baixa, mas com insistência e, pouco a pouco, transmite à criança seu próprio espírito, bem como seu nome. Conta-lhe sua vida, suas características, seus lados bons e maus. Transmite a ele tudo o que é, confessa tudo o que amaria fazer, desvela tudo o que não pode ou não pretende ser. A intimidade, a abertura quase psicanalítica, é o ponto central da relação entre dois *kalyartu*. Durante toda sua vida eles permanecerão um o espelho do outro, a referência mútua e os testemunhos mútuos não de sua razão de ser, mas de sua maneira comum de ser e de aparecer. A camaradagem, a cumplicidade, o estar-junto e um desejo pelas mesmas coisas marcarão suas respectivas vidas. Os direitos de um serão os direitos do outro. Suas obrigações serão idênticas, seus papéis serão similares, sua rede de interdependências será a mesma. Um se beneficiará da afiliação geográfica do outro, um poderá contar com a mesma solidariedade e obrigação de partilhar que beneficia o outro. Assim, a passagem do indivíduo à pessoa ocorre por meio de sua inscrição simultaneamente mítica e espacial, inscrição que lhe conferirá um lugar, papéis e *status* sociais que não podem mais ser diferenciados dos de seus ancestrais totêmicos; ela ocorre também pela transmissão, da parte de um avô ou avó longínquos e socialmente distantes, da personalidade individual de cada um. São as combinações únicas de dois espíritos, totêmico e *kalyartu*, que estão na origem da especificidade de cada pessoa.

Retornemos, porém, aos ciclos da reprodução. Os ritos masculinos de multiplicação das espécies, como são denominados na antropologia australiana[19] e, portanto, de alimentação dos espíritos-filhos, reinjetam no circuito global da reprodução dos seres humanos e das espécies naturais substâncias de que tanto homens quanto mulheres não podem prescindir; substâncias que, sem dúvida alguma, são produto das mulheres, mas que necessariamente transitaram pelo corpo e pelas habilidades dos homens. A endoteoria, termo que utilizo para designar a capacidade autóctone de formular teorias sobre a própria existência, ressalta essa complementaridade elementar e essencial entre os gêneros. As práticas e sua observação de campo testemunham, igualmente, outra complementaridade, desejada e realizada entre os homens responsáveis por diversas espécies naturais; uma complementaridade que se encontra na origem de numerosas incertezas, hesitações e, muitas vezes, conflitos que reorientam ou revigoram as redes sociais que cada ngaatjatjarra pretende ativar no território em que vive. De fato, quando certos recursos naturais

---

19 A. Elkin, "Totemism in North-Western Australia (the Kimberley Division)", *Oceania*, 1933, v. 3, n. 3; Annette Hamilton, "Descended from Father, Belonging to Country: Rights to Land in the Australian Western Desert", *in*: Eleanor Leacock; Richard Lee (eds.), *Politics and History in Band Societies*, Cambridge: Cambridge University Press, 1982; Lester Richard Hiatt, "Secret Pseudo--Procration Rites among the Australian Aborigines", *in*: Lester Richard Hiatt e Chandra Jayawardena (eds.), *Anthropology in Oceania: Essays Presented to Ian Hogbin*, Sydney: Angus & Robertson, 1971.

se tornavam rarefeitos, os responsáveis pelos ritos encarregados de multiplicá-los eram acusados de ter efetuado um trabalho incompleto ou mesmo errôneo. No caso da ausência dos cangurus, porém, isso era considerado uma falha dos responsáveis pelo ritual do ancestral canguru ou dos encarregados da gramínea que o alimenta, que executaram mal o ritual; ou, ainda, do grupo de homens incumbido de fazer chover sobre a grama que não havia cumprido sua tarefa? Respostas a essas questões não são jamais unívocas, mas são sempre o lugar de reafirmação ou, ao contrário, de questionamentos sobre as interdependências e solidariedades entre os grupos de atores sociais.

A partir desse contexto geral, abordemos de maneira mais específica a questão da morte e do morto no Deserto do Oeste. O segundo aspecto do espírito humano evocado, que constitui a personalidade e que é herdado de um outro, desaparece no momento da morte, mas subsistirá a ela pela transmissão que o defunto teria realizado por meio de seu próprio ritual *kalyartu* a um recém-nascido. O destino do primeiro aspecto, o espírito totêmico, é mais complexo.

A morte "natural" não é concebível. No entanto, estamos de acordo em ressaltar que cada um de nós deve morrer, aconteça o que acontecer. A morte é necessária para que a separação entre indivíduo e pessoa, ou entre corpo humano e o que podemos denominar princípio vital, o espírito totêmico proveniente do ancestral mítico, possa acontecer e para que esse espírito possa retornar ao estoque dos espíritos disponíveis. A ação humana causadora da morte, por mais lamentada e punida que possa ser, é necessária. Essa ambivalência entre a necessidade da morte e sua necessária causa humana voluntária é lamentada e expressada no luto. As mulheres esfregam o rosto com o carvão de um fogo extinto, começam a chorar e uma incita a outra. De casa em casa, seu choro se propaga por todas as comunidades como um fluxo de reivindicação, seguidos do choro e do canto dos homens, menos intensos e mais reservados. Em voz alta, dirigidos a todos que possam e devem ouvir, esses choros e cantos monótonos relembram o morto pela última vez: o local onde ele nasceu, o que ele fez, a relação que tiveram com ele, a tristeza profunda de não voltar a vê-lo... Lágrimas que só têm eficácia quando são ouvidas pelas testemunhas da relação entre o chorão e o defunto, e que relembram sua importância e prestígio.

No passado, o corpo era rapidamente enterrado. Nenhum cemitério ou marca específica acompanhava sepultura. O defunto era sepultado em uma duna ou próximo a um rochedo que, por isso, se transformava em um sítio especial, um lugar identificado com a continuidade da espécie. A partir de então, esse sítio se tornava um elemento da cartografia, e sua localização, bem como as aventuras do defunto, eram transmitidas às gerações seguintes, até que o tempo se incumbisse de apagá-lo da memória e outras sepulturas o substituíssem.

Nos dias atuais, os rituais que precedem e acompanham o enterro são seguidos de funerais considerados cristãos e, por isso, de um sepultamento em um cemitério, um lugar único e idêntico para todos, fato que tende a empobrecer a memória sociogeográfica dos sobreviventes. Provenientes de outras comunidades próximas, ou muitas vezes a centenas de quilômetros de distância, os participantes deslocam-se em respeito à família próxima do defunto e vão encontrá-los nos *rapitji*, que nos dias de hoje são frequentemente denominados "espaços de tristeza", um acampamento improvisado, instalado fora das comunidades, no qual, além das lágrimas, o silêncio é uma obrigação. Ali, ninguém pode evocar o defunto, seu nome não deve ser citado, nem mesmo se o endereço ou a referência concerne a um homônimo. Aliás, esses homônimos são todos rebatizados de *kumarnarra*, "sem nome". As coisas pessoais do morto são queimadas, e o local onde ele faleceu é evitado, muitas vezes durante meses e anos. Tudo o que o morto possuía de material e de imaterial é interditado, se torna tabu. Como já indiquei anteriormente, em 1974, a própria comunidade de Tjukurla foi criada porque um homem importante havia sido morto em Dover River, posto governamental no qual numerosos ngaatjatjarra haviam se sedentarizado. As famílias consideraram impossível permanecer ali e mudaram-se para um local a mais de cem quilômetros de distância, onde hoje se encontra essa aldeia. O "espaço de tristeza" é um lugar de recolhimento situado longe do local da morte. É também o lugar onde, diante de todos, as pessoas buscam consolo.

O objetivo desse tabu radical sobre o morto e sobre tudo o que faz lembrar dele é explícito. Evocá-lo seria chamar por ele, e isso tornaria a separação de seu corpo (*yarnangu*) e de seu espírito ancestral (*kuurti*) impossível. Uma separação inacabada fabrica espíritos maléficos, os *mamu*. Meio-homens, meio-ancestrais, eles não podem realmente deixar a comunidade dos homens e se vingam disso devorando as crianças durante a noite. Corpo e espírito não podem permanecer juntos no defunto, pois o primeiro é apenas humano e profano, o segundo é de origem mítica e sagrada. Sua coabitação é necessária para que o indivíduo seja uma pessoa, mas ela se torna impossível desde o momento em que a pessoa não pode mais deixar marcas definitivas (*tjina*).

De fato, para os aborígenes do deserto, a *tjina* não é apenas e simplesmente essa forma incrustada no solo que remete a uma identidade de indivíduos, humanos ou animais. A noção é complexa por sua polifonia: uma *tjina* é um vestígio que necessariamente se prolonga no espaço e no tempo. É, sobretudo, um caminho, uma via. De um lugar para outro, é uma *tjina* que seguimos. De um sítio sagrado a outro, as figuras míticas deixaram suas marcas na *tjina*, na via a ser seguida, que é ao mesmo tempo o caminho a percorrer e a maneira de fazê-lo. Essa marca é a identificação da coisa – ser humano, animal ou figura mítica –, mas é também a rota traçada pelos precursores e tomada de empréstimo por um determinado indivíduo. A *tjina* é também o verbo "fazer", e fazer é mover-se à maneira dos ancestrais e das figuras míticas, quando eles deixaram suas marcas definitivas e modelaram a face da Terra; quando, por meio de suas andanças, eles transformaram uma terra amorfa em lugares identificáveis e reconhecíveis. Estrutural ou não, a relação é evidente para o próprio aborígene. Os sítios sagrados são, para os ancestrais míticos, o que as marcas são para a pessoa: uma extensão do Si. Um indivíduo que não deixa marcas, um lactante, por exemplo, ainda não é uma pessoa e não terá nome pessoal. Da mesma forma, o morto, um indivíduo que não deixa mais marcas, deve também restituir o que o caracterizava como pessoa.

Quando a família, mais especificamente os cônjuges e primos classificatórios do defunto, decide que o número de convidados é suficiente e que não há mais razão para esperar a chegada de outros visitantes no "espaço de tristeza", os funerais propriamente ditos se iniciam. São os parentes próximos do mesmo nível geracional do defunto (esposos, esposas, primos cruzados) que organizam a cerimônia, sendo chamados de *tiltitjartu*. Com a ajuda de ramos de acácia, eles tocam os corpos dos outros participantes que, deitados de bruços, choram com o rosto encostado no chão. Eles dançam em torno da assistência, com seus corpos pintados de carvão negro e ocre terroso, purificando os sobreviventes com seus gestos e cantos. Em compensação por seu trabalho, recebem presentes que a assistência empilha no centro do círculo formado pelas pessoas de bruços.

Precedido de uma missa, o enterro propriamente dito encerra o procedimento, pelo menos aparentemente. Aqueles que se consideram particularmente ligados pela morte, ainda permanecem por vários dias no "espaço de tristeza", muitas vezes por várias semanas e até mesmo meses. Os parentes próximos do defunto continuam a ser chamados de *purrukutjarra* (literalmente, "recobertos com carvão"). Somente um ano depois, quando a grama fresca já tiver crescido e recoberto o túmulo, e que o espírito, no caso de ele ainda não ter deixado o corpo, não puder mais atravessar a densa camada de vegetação, é que os funerais serão considerados verdadeiramente acabados. A partir de então, em princípio, será novamente possível fazer referência ao defunto, e o lugar do óbito poderá ser revisitado. Apenas esposos e esposas do defunto, os *warlukurta* (literalmente, "irmão de fogo"), continuarão a ser marcados pela morte. Dali para frente, os viúvos deverão habitar um local específico, denominado *tawarra*, juntamente com os outros viúvos e os homens adultos não casados. As viúvas procederão da mesma maneira em seu local, denominado *yarlukuru*. Viúvos e viúvas jamais poderão frequentar novamente o *ngurra*, o acampamento familiar, enquanto não voltarem a se casar.

Progressivamente, alguns *kumarnarra* (os "sem nome") recuperarão seu nome de origem. Para outros, sobretudo quando o defunto era uma mulher ou um homem respeitados, com uma descendência numerosa e uma rede importante de interdependências, o tabu sobre o nome perdurará. Até os dias de hoje, o alimento vegetal é denominado *nandanigarri*, e os dentes, *katili*, mesmo que na língua ngaatjatjarra as palavras verdadeiras sejam *mirka* e *kartiti*, isso porque, há várias décadas, uma mulher e um homem que usavam, respectivamente, esses nomes morreram; sua importância e a de sua descendência eram tão grandes que o tabu que pesa sobre esses nomes jamais poderá ser liberado.

Longe de querer me aventurar em uma antropologia ou sociologia da morte no Deserto do Oeste, domínio muito complexo para ser abordado em algumas páginas, chamo a atenção para alguns pontos que me parecem importantes para nossa discussão. A análise deve ser diferenciada em duas esferas: a das crenças e práticas, que são compartilhadas e contribuem para organizar os funerais e o luto. Trata-se de uma esfera cultural propriamente dita: os habitantes do Deserto do Oeste estão globalmente de acordo em suas maneiras de fazer e de pensar a organização dos funerais. A segunda esfera é a das práticas individualizadas, particulares: a organização de determinados funerais, o óbito de um indivíduo específico, que fazem emergir nuanças de interpretação e aplicação dos interditos, obrigações, protocolos. Parece bem evidente que a segunda esfera retira sua substância da primeira, mas, se a primeira constrói uma comunidade por adesão a princípios gerais — uma comunidade amplamente virtual —, é a segunda que fabrica os coletivos observáveis. Acreditar na mesma coisa, porém, não basta para criar a socialidade. É a prática dessa crença que faz isso. Vejamos rapidamente em que medida esses aspectos se tornam perceptíveis.

Na crença sobre a morte e nas normas associadas ao modo de tratá-la, encontramos elementos evocados por Freud. Em princípio, a ideia de processo: como ocorre com o nascimento, a morte é um processo no qual a intervenção humana é necessária, indispensável. A associação entre o princípio vital de uma figura mítica e totêmica e um corpo humano individualizado, que juntos constituem a pessoa observável, que age, tem direitos e deveres, poderia durar e perdurar para sempre. Apenas a morte da parte física e individual rompe esse pacto: e essa morte é causada por um ser humano maldoso ou negligente, possa ele ser identificado ou não. O ser humano é ator na decisão de morte.

Encontramos, igualmente, o perigo do contágio e a necessidade de separar substâncias e lugares, dois elementos que, segundo Freud, seriam inerentes ao tabu. Separação de viúvas e viúvos, evitamento do lugar do óbito, separação entre aqueles que estão de luto e se instalam no "espaço de tristeza" e os que não fazem isso, destruição dos pertences pessoais do defunto ou, ainda, a purificação dos que assistem aos funerais pelos parentes do mesmo nível geracional. Seria difícil afirmar que essas separações e distinções são simétricas àquelas que libertam o espírito totêmico do corpo físico no momento do falecimento. Em compensação, o que se pode observar é que aqueles que respeitam escrupulosamente essas separações, que participam dos funerais, que se deitam no chão para serem purificados, expressam a profunda ligação que consideram ter com o defunto e, por isso mesmo, reforçam explicitamente a vontade de manter e reproduzir as interdependências que mantêm com a família daquele.

Em contrapartida, em dado momento, a família do defunto decide realizar os funerais, purificar a assistência e consolidar as separações evocadas. Aqueles que decidem esse momento nem sempre esperam a chegada de todos os que gostariam de participar e, muitas vezes, nem mesmo os informam dos funerais, orientando, de fato, as interdependências para direções oportunas e escolhidas. Por trás dessas explicações quase sempre banais, tais como "o corpo já está muito decomposto" (embora eu tenha chegado a ver corpos permanecerem mais de um mês no necrotério porque uma personagem importante ainda não havia chegado) ou mesmo "porque ventava muito e fazia frio no espaço de tristeza", a verdadeira razão era a inclusão de alguns e a exclusão de outros desses funerais. Pela separação das substâncias corporais do morto e evitamento do contágio, os corpos e as vidas de certos sobreviventes escolhidos são reaproximados.

Encontramos, enfim, elementos de linguagem na interdição de falar no "espaço de tristeza" e na proibição de pronunciar o nome do defunto, sob pena de perturbar a separação necessária entre os constituintes da pessoa: indivíduo e espírito. Mesmo aqui, um grau de livre arbítrio é necessário: por quanto tempo o nome será tabu, por quanto tempo aqueles que têm o mesmo nome permanecerão anônimos? Quanto mais o defunto era respeitado, por ter numerosos parentes, uma extensa rede de interdependências e solidariedade, e saberes rituais e religiosos significativos, mais seu nome permanecerá tabu e, durante muito tempo, seus homônimos continuarão anônimos. A pessoa é, ao mesmo tempo, múltipla e única. É múltipla porque cada pessoa representa o conjunto de suas relações essenciais, míticas, sociais e, ao mesmo tempo, porque cada uma também é seu *kalyartu*. Ela também é única porque não é reproduzível, nem mesmo por seu nome; e o anonimato dessa massa de pessoas que possuem o mesmo nome só poderá ser rompido quando uma pessoa viva tiver sido reconhecida como a criadora de sua própria unicidade.

À guisa de exemplo, citamos o caso de um homem chamado Muljamarru. Falecido há cerca de vinte anos, seu nome continua a ser considerado tabu, e todos seus homônimos são *kumarnarra*, os "sem nome". Pelo fato de ter estabelecido durante sua vida uma rede expressiva de interdependência, a partir de suas três esposas reais e de numerosos parentes rituais, e de ter sido um grande viajante que adquiriu saberes religiosos a respeito de vários sítios e mitos, ele é considerado ainda hoje uma pessoa demasiadamente notável e única para que se possa esquecer sua trajetória, sua história de vida e sua importância. Seus filhos e netos continuam a se beneficiar de sua fama e das interdependências que ele construiu, e são inúmeros os que, por meio de reinterpretações genealógicas ou pela mobilização de lembranças que teriam fabricado essa consubstancialidade, tentam reunir esse conjunto difuso de pessoas que se tornaram solidárias pela existência e pelo trabalho de Muljamarru.

Esquecer o morto e, com isso, fazer sair do anonimato todos os indivíduos que se assemelham a ele por terem o mesmo nome não é algo desejado por inúmeros ngaatjatjarras. Enfatizando a necessidade e a força do tabu ligado a seu pai, avô e bisavô, os descendentes de Muljamarru reproduzem um coletivo, uma comunidade de interesses, que não poderá ser substituída por novas morfologias sociais, a não ser quando um outro indivíduo, com o mesmo nome, tiver legitimamente rompido com essa memória para construir uma nova. Quando isso acontecer, a rede de interdependências dos descendentes de Muljamarru se reorientará, se modificará e tomará novos rumos.

Analisar a morte e sua concepção mobiliza uma reflexão que ultrapassa o momento único da extinção da vida e de seu tratamento social. Essa análise deve necessariamente integrar as crenças e representações a respeito do nascimento, do ciclo de reprodução humana e cósmica ou, ainda, das transformações da cartografia espacial. Neste texto, tentei ilustrar a relação necessária entre o ciclo da reprodução, a constituição dos indivíduos como pessoas, por intermédio de sua inserção social e religiosa, e a morte. Assim como as precedentes, a morte tem a ver com o corpo. Corpos humanos, é claro, mas sobretudo com um corpo social. Os processos que remetem a isso são a unificação e a separação, a distinção e a assimilação. Unificação dos espíritos e da matéria, por exemplo, e distinção dos homens pela especificidade atribuída a cada uma dessas unificações.

De um lado, existe a endoteoria, ou seja, as crenças e representações compartilhadas que orientam as maneiras de pensar a existência e de tratar de seu fim. Por outro lado, existe sobretudo o modo como elas são postas em prática e concretamente executadas. Por meio da linguagem abstrata ou, ainda, pelo controle do espaço de contágio mencionado por Freud, essas crenças e representações permitem aos vivos orientar e reorientar as redes de interdependência e, assim, construir e viver em sociedade, constituir coletivos que, mesmo temporários, não deixam de ser observáveis e eficazes.

REFERÊNCIAS BIBLIOGRÁFICAS

BERNDT, Ronald Murray. "The Concept of 'The Tribe' in the Western Desert of Australia". *Oceania*, 1959, v. 30, n. 2.

DOUSSET, Laurent. "Production et reproduction en Australie: pour un tableau de l'unité des tribus aborigènes". *Social Anthropology*, 1996, v. 4, n. 3.

_____. "L'Alliance de mariage et la promesse d'épouses chez les Ngaatjatjarra du désert de l'ouest australien". *Journal de la Société des Océanistes*, 1999, n. 108.

_____. "On the Misinterpretation of the Aluridja Kinship System Type (Australian Western Desert)". *Social Anthropology*, 2003, v. 11, n. 1.

_____. *Mythes, missiles et cannibales: le récit d'un premier contact en Australie.* Paris: Société des Océanistes, 2011.

_____. *Australian Aboriginal Kinship: An Introductory Handbook with Particular Emphasis on the Western Desert.* Marseille: Pacific-Credo, 2011a.

_____. "Inclusion-Exclusion: Recasting the Issue of Boundaries for the Western Desert". *Anthropological Forum*, 2013, v. 23, n. 4.

ELKIN Adolphus P. "Totemism in North-Western Australia (the Kimberley Division)". *Oceania*, 1933, v. 3, n. 3.

_____. "Kinship in South Australia". *Oceania*, 1938-40, v. 8, n. 4; v. 9, n. 1; v. 10, n. 2; v. 10, n. 3; v. 10, n. 4.

FREUD, Sigmund. *Totem und Tabu: Einige Übereinstimmungen im Seelenleben der wilden und der neurotiker.* Frankfurt: Fischer Taschenbuch, 1989, [1913]. Ed. bras.: *Totem e tabu (1912-1913): algumas concordâncias entre a vida psíquica dos homens primitivos e dos neuróticos.* Trad. Paulo César de Souza. São Paulo: Companhia das Letras, 2012.

GODELIER, Maurice. *Metamorphoses de la parenté.* Paris: Fayard, 2004.

GOULD, Richard A. "Subsistence behaviour among the Western desert Aborigines of Australia". *Oceania*, 1969, v. 39, n. 4.

HAMILTON, Annette. "Descended from Father, Belonging to Country: Rights to Land in the Australian Western Desert". *In:* LEACOCK, Eleanor; LEE,

Richard (eds.). *Politics and History in Band Societies*. Cambridge: Cambridge University Press, 1982.

HIATT, Lester Richard. "Secret Pseudo-Procration Rites among the Australian Aborigines". *In:* HIATT, Lester Richard; JAYAWARDENA, Chandra (eds.). *Anthropology in Oceania: Essays Presented to Ian Hogbin*, Sydney: Angus & Robertson, 1971.

LÉVI-STRAUSS, Claude. *Les Structures élémentaires de la parenté*. Paris: Mouton, 1967, [1947]. Ed. bras.: *As estruturas elementares do parentesco*. Trad. Mariano Ferreira. Petrópolis/São Paulo: Vozes/Edusp, 1976.

MYERS, Fred R. *Pintupi Country, Pintupy Self: Sentiment, Place and Politics among the Western Desert Aborigines*. Washington/Canberra: Smithsonian Institution Press/Anthropological Institute of Aboriginal Studies, 1986.

POIRIER, Sylvie. "'Nomadic' Rituals: Networks of Ritual Exchange between Women of the Australian Western Desert". *Man*, 1992, v. 27, n. 4.

TONKINSON, Robert. *The Mardu Aborigines: Living the Dream in Australia's Desert*. New York: Holt, Rinehart & Winston, 1991, [1978].

SOBRE OS AUTORES

Anne Ducloux, antropóloga aposentada, é membro associado do CETOBAC (Centre des Études Turques, Otomanes, Balkaniques e Centrasiatiques).

Bernard Formoso é professor de etnologia da Universidade Paris--Ouest-Nanterre-La Défense.

Christian Jambet é diretor de estudos da EPHE (Ciências Religiosas); titular da cátedra "Philosophie en Islam".

Dimitri Karadimas é etnólogo do CNRS, vinculado ao Laboratoire d'Anthropologie Sociale.

Françoise Frontisi-Ducroux é subdiretora honorária no Collège de France e membro do laboratório ANHIMA (Anthropologie et Histoire des Mondes Antiques).

Jean-Claude Galey é diretor de estudos da EHESS, ligado ao Centre d'Études de l'Inde et de l'Asie du Sud.

Jean-Claude Schmitt é diretor de estudos da EHESS, responsável pelo Groupe d'Anthropologie Historique de l'Occident Médiéval.

Jean-Louis Voisin, antigo membro da École Française de Rome, é mestre-honorário de conferências.

Jean-Pierre Goulard é pesquisador do Laboratório de Antropologia e Sociologia comparadas (EREA/CNRS).

Joël Thoraval é mestre de conferências da EHESS, vinculado ao Centre d'Études sur la Chine Moderne et Contemporaine.

Laurent Dousset é mestre de conferências da EHESS (École des Hautes Études en Sciences Sociales), diretor do CREDO (Centre de Recherches et de Documentation sur L'Océanie).

Maurice Godelier é diretor de estudos da EHESS, antigo diretor científico do departamento das Ciências do Homem e da Sociedade no CNRS, e foi agraciado com a medalha de ouro da instituição.

Monique Jeudy-Ballini é diretora de pesquisa do CNRS, membro do Laboratoire d'Anthropologie Sociale.

Sylvie-Anne Goldberg é diretora de estudos da EHESS, Centre de Recherches Historiques – Études juives.

fonte Fournier e Aperçu
papel Avena 80 g/m² e Color Plus Mendoza 240 g/m²
impressão Mundial Gráfica
data outubro de 2017